PHILOSOPHIE
DE
LA NATURE

PAR

HENRI LEVITTOUX

Docteur en Médecine de la Faculté de Paris et de Varsovie.

TROISIÈME ÉDITION ORIGINALE FRANÇAISE,

PUBLIÉE D'APRÈS LA QUATRIÈME ÉDITION POLONAISE, REVUE ET CORRIGÉE.

PAR

L'AUTEUR.

PARIS
F. SAVY, LIBRAIRE-ÉDITEUR,
24, Rue Hautefeuille, 24.
1874.

Tous droits de traduction et de reproduction réservés.

PHILOSOPHIE DE LA NATURE.

PHILOSOPHIE
DE
LA NATURE

PAR
HENRI LEVITTOUX

Docteur en Médecine de la Faculté de Paris et de Varsovie.

TROISIÈME ÉDITION ORIGINALE FRANÇAISE,

PUBLIÉE D'APRÈS LA QUATRIÈME ÉDITION POLONAISE, REVUE ET CORRIGÉE.

PAR

L'AUTEUR.

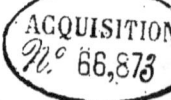

PARIS
F. SAVY, LIBRAIRE-ÉDITEUR.
24, Rue Hautefeuille, 24.
1874.

Tous droits de traduction et de reproduction réservés.

Дозволено Цензурою.
Варшава, 22 Апрѣля (5 Мая) 1873 года.

Imprimerie de la **Gazette Médicale**, rue S-te Croix N. 9.
à VARSOVIE.

AUX

MÂNES

DE

BERNARD PALISSY,

SIMPLE POTIER DE TERRE.

MENTION

SUR

BERNARD PALISSY

d'après

FLOURENS [1]).

„Un potier *de terre*, qui ne savait ni latin ni grec, fut le premier, dit Fontenelle, qui, vers la fin du XVI-e siècle, osa dire dans Paris, et à la face de tous les docteurs, que les coquilles fossiles étaient de véritables coquilles déposées autrefois par la mer dans les lieux où elles se trouvaient alors, que des animaux, et surtout des poissons, avaient donné aux pierres figurées toutes leurs différentes figures, et il défia hardiment toute l'école d'Aristote d'attaquer ses preuves [2]).

Le potier de terre, qui *défia toute l'école d'Aristote* était Bernard Palissy, aussi grand physicien que la na-

---

[1]) Flourens: De la longévité humaine. Paris 1854. Voir pour plus amples renseignements l'ouvrage de Louis Audiat: Bernard Palissy, Etudes sur sa vie et ses travaux. Paris, I vol. in 8-vo.

[2]) Histoire de l'académie des sciences, année 1720, p. 5.

ture seule en puisse former un [1] et, comme parle un écrivain de son temps, homme d'un esprit merveilleusement prompt et aigu [2]).

Cet homme, dit Venel, qui n'était qu'un simple ouvrier sans lettres, montre dans ses différents ouvrages un génie observateur, accompagné de tant de sagacité et d'une méditation si féconde sur ses observations, une dialectique si peu commune, une imagination si heureuse, un sens si droit, des vues si lumineuses, que les gens les plus formés par l'étude peuvent lui envier le degré de lumière où il est parvenu sans ce secours, et cette tournure d'esprit qui l'a fait réfléchir avec succès..... La forme même de ses ouvrages annonce un génie original. Ce sont des dialogues entre *Théorique* et *Pratique*; et c'est toujours *Pratique* qui instruit *Théorique*, écolière fort ignorante, fort indocile, et fort abondante en son sens. Je le crois le premier qui ait fait des leçons publiques d'histoire naturelle [3]).

Tout cela est aussi vrai que bien dit. On ne pouvait mieux sentir Palissy. *Ce simple ouvrier* touche aux questions le plus élevées de la science, et quelquefois il les résout. Il a résolu celle des *coquilles fossiles*. Et par ce qu'il se trouve, dit-il, des pierres remplies de coquilles, jusqu'au sommet des plus hautes montagnes, il ne faut pas que tu penses que les dites coquilles soient formées comme aucuns disent que nature se joue à faire quelque

---

[1]) Expression de Fontenelle: Histoire de l'acad. des sciences. année 1720, p. 6.

[2]) La Croix du Maine, Bibliothèque etc. 1584.

[3]) En 1575 à Paris — Venel: article Chimie de l'Encyclopédie.

chose de nouveau ¹). Il ajoute: Quand j'ai eu de bien près regardé aux formes des pierres j'ay trouvé que nulle d'icelles ne peut prendre forme de coquilles, ni d'autre animal, si l'animal mesme n'a basti sa forme ²). Il faut donc conclure, dit-il encore, que, auparavant que ces dites coquilles fussent pétrifiées, les poissons qui les ont formées estoyent vivants dédans l'eau..... et que, depuis, l'eau et les poissons se sont pétrifiés en un mesme temps, et de ce ne faut douter ³).

Et de ce ne faut douter. On voit quelle est l'assurance de Palissy. Et cependant il avait contre lui toute l'Ecole, qui voulait alors que les *coquilles fossiles* ne fussent que des *jeux de la nature*. Mais il écoutait peu l'Ecole, et ne lisait pas des livres.

„Ce n'est pas qu'il n'eût été bien aise de les lire, et cela par une raison qu'il nous dit fort naïvement, c'est qu'il aurait pu les *contredire*.

„J'eusse été fort aisé, dit-il d'entendre le latin et lire les livres de philosophie, pour aprendre des uns et contredire aux autres ⁴). Il se félicite de pouvoir lire Cardan, dont le livre *De la Subtilité* ⁵) venait d'être traduit en français ⁶) et d'y voir des fautes si lourdes ⁷) pour avoir occasion de contredire un homme tant estimé ⁸).

---

¹) Oeuvres de Bernard Palissy, p. 88, édition de Faujas de Saint-Fond.
²) Ibid.
³) Ibid. p. 90.
⁴) Oeuvres de Bernard Palissy p. 75.
⁵) Hieronymi Cardani.... De Subtilitate 1553.
⁶) Par Richard Leblanc. Paris 1556.
⁷) La *faute lourde* est ici du côté de Palissy.
⁸) Oeuvres de Bernard Palissy p. 75.

„Dans ses *Dialogues*, *Pratique* est lui-même, et *Théorique* est *l'Ecole*. Ou, si l'on aime mieux, *Pratique* est la méthode expérimentale, l'observation de la nature, et *Théorique* la méthode scholastique, l'abus de l'autorité des anciens, partout invoquée, et presque partout mal comprise.

Je t'assure, dit-il à son lecteur, qu'en bien peu d'heures tu apprendras plus de *philosophie naturelle* sur les faits des choses contenues en ce livre, que tu ne saurais apprendre en cinquante ans, en lisant les théoriques opinions des philosophes anciens.

Ne pouvant lire les livres des savants, écrits en latin il imagina d'assembler les savants eux mêmes, pour voir *s'il pourrait en tirer quelque contradiction* [1]. Sachant bien, dit-il, que si je mentois il y en auroit de grecs et de latins qui me resisteroyent en face, et qui ne m'espargneroyent point tant à cause de l'escu que j'avois pris de chascun,.... que parce que j'avois mis dans mes affiches que, partant que les choses promises en icelles ne fussent véritables, je leur rendrois le quadruple. Mais grâce à mon Dieu, jamais homme ne me contredit d'un seul mot [2].

Il dit ailleurs: je n'ai point eu d'autre livre que le ciel et la terre, lequel est connu de tous, et est donné à tous de connaître ce beau livre.

Et ce qu'il dit là, on le sent à son style, qui a quelque chose de spontané, de soudain, de direct, de pur. Ce style est d'une clarté singulière: cette clarté vient du génie.

---

[1] Expression de Palissy, p. 75.
[2] Ibid.

Dans Pallisy, le génie était soutenu par une âme forte, et qui le fut constamment au milieu de l'adversité la plus rude. Lorsque, nous racontant ses longs et héroïques travaux sur *l'émail* [1]) il se peint, n'ayant aucun secours, aide ni consolation, étant toutes nuits à la mercy des pluyes et des vents.... n'ayant rien de sec sur moi.... et, ce qui lui était bien plus cruel, se voyant soupçonné de faire de la fause monnaie, qui dit-il „estoit un mal qui me faisoit seicher sur les pieds, et m'en allois par les rues tout baissé, comme un homme honteux......" on ne peut le lire sans trouble; il réussit enfin, et c'est alors qu'il fait entendre ces belles paroles.

„Quand je me fus reposé un peu de temps avec regrets de ce que nul n'avoit pitié de moy; je dis à mon âme: qu'est-ce qui te triste, puisque tu as trouvé ce que tu cherchois? Travaille à présent....."

Sa mort fut admirable comme sa vie. Persécuté comme partisan de la religion réformée, et enfermé à la Bastille, à l'âge de quatre-vingt dix ans il y mourut. Le roi Henri III qui l'avait longtemps protégé et qui l'aimait, étant allé le voir, lui dit; „Mon bon homme, si vous ne vous accomodez sur le fait de la religion, je suis contraint de vous laisser entre les mains de mes ennemis.

---

[1]) La découverte de la composition de *l'émail* pour la poterie lui coûta plus de vingt cinq années d'essais et d'études; „Sachez, dit-il à ses lecteurs, qu'il y a vingt-et cinq ans passez qu'il me fut montré une coupe de terre, tournée et esmaillée d'une telle beauté, que dèslors j'entroi en dispute avec ma propre pensée.... et je me suis mis à chercher les esmaux, comme un homme qui taste en ténèbres." Oeuvres de Pallisy, p. 14.

Sire, répondit le noble vieillard, ceux qui vous contraignent ne peuvent rien sur moy, parceque je sçay mourir [1]).

Palissy est donc le premier homme de son siècle, qui ait vu juste sur les *coquilles fossiles*. On s'étonne aujourd'hui d'entendre louer un homme de génie pour une chose qui parait si simple. Il semble que l'idée absurde des *jeux de la nature* ne pouvait guère être qu'une idée d'école, et qu'il fallait être bien philosophe, à la manière de ce temps-là, pour ne pas voir dans les *coquilles fossiles* de véritables coquilles.

Eh bien! cette idée absurde de XVI-e siècle règne encore au XVII-e, où Stenon, Scilla, le grand Leibnitz la combattent. Elle règne au XVIII-e, où Buffon la combat dans Voltaire. L'absurde a toujours quelqu'un qui le représente, et n'a pas toujours un Voltaire."

Or, sans l'idée de Palissy nous n'aurions pas l'anatomie comparée de G. Cuvier, ni la Paléontologie; nous n'aurions pas la science sur les révolutions du globe, nous n'aurions pas d'idée sur les changements que la terre a subi dans le passé, nous ne saurions pas aujourd'hui tracer un mot sur le mystérieux passé de notre planète et des êtres organisés qui l'ont jadis habitée, nous n'aurions pas de Géologie moderne.

Bernard Palissy est le créateur de la Paléontologie et de la Géologie moderne.

---

[1]) Voyer la notice sur Palissy. Edit. de ses oeuvres p. Faujas de Saint-Fond.

PHILOSOPHIE
DE
LA NATURE.

„Natura appetit unitatem." *St. Augustin.*

„La nature travaille constamment avec les mêmes matériaux; elle n'est ingénieuse qu'à en varier les formes." *E. Geoffroy Saint-Hilaire.*

„Il n'y a rien d'absolu; tout est relatif et conditionnel dans la nature." *Fr. Arago.*

„Ce n'est qu'en comparant que nous pouvons juger." *Buffon.*

„Des faits, quelqu'importants qu'ils soient, ne constituent pas la science. Pour arriver à ce résultat, il faut coordonner toutes les observations, les lier entre elles, en déduire les conséquences qu'elles renferment, y appliquer notre faculté d'abstraction, et former ainsi un corps de doctrine." *G. Cuvier.*

„La force des théories repose sur l'harmonie de leurs parties, au moyen de laquelle elles se soutiennent mutuellement comme les pierres d'une voûte et forment un tout cohérent." *Bacon.*

PRÉFACE
de la
première édition.

La philosophie et les sciences exactes n'ont depuis longtemps rien créé chez nous, comme si elles étaient mortes. La littérature en général ne donne aucun signe de vie.

Nous prenons journellement les créations intellectuelles de l'étranger et elles nous suffisent.

Digestives ou non, nous les ruminons depuis le matin jusqu'au soir, tranquilles de les avoir englouties; nous ne rendons rien à l'humanité en échange de son labeur.

Nous vivons en vérité au milieu d'un calme sépulcral au champ de l'intelligence. Nous vivons comme des parasites, muets et.... indifférents, voués exclusivement à l'exploitation de notre prochain.

Il est temps de réveiller l'esprit des Kopernik et des Sniadecki. Il est temps d'arracher la pensée à l'apathie universelle. Il est temps de montrer que nous sommes dignes de la divinité que nous portons en nous; que les sciences exactes et les recherches philosophiques touchant l'humanité ne sont pas mortes dans nos cœurs; que si notre époque a été longtemps silencieuse, qu'elle sait sortir de sa léthargie et donner un démenti à la mort.

Par la philosophie de la nature nous n'entendons pas la philosophie de la nature morte, ni organique, ni spirituelle; nous n'entendons pas la philosophie des forces simples, ni des facultés de l'âme. La philosophie de la nature envisagée dans le sens le plus général, traite toutes ces questions ensemble, et doit dans l'ordre logique les embrasser toutes, dans leur développement naturel et leurs rapports solidaires — elle doit être matérielle et spirituelle à la fois [1].

---

[1] L'homme n'est ni corps, ni esprit séparément pris, mais il est l'intime union de l'un et de l'autre; la nature n'est ni force, ni matière, mais elle constitue le mariage de la force et de la matière. — La philosophie de la nature par conséquent ne peut pas être ni spirituelle ou idéale, ni matérielle, mais en bonne logique, elle doit être spirituelle et matérielle à la fois ou être basée sur l'observation des faits et être positive.

„Il est également dangereux pour les sciences, dit Flourens, et nous ajouterons pour l'humanité aussi, d'accumuler sans cesse des matériaux sans s'élever à aucune idée générale et de vouloir pour ainsi dire deviner ces idées avant qu'elles soient sorties d'elles-mêmes des observations déjà acquises."

„La disposition d'esprit qui porte à ces deux écueils est comme on voit tout-à-fait opposée: „je l'appelle dans un cas, l'esprit de routine et dans le second l'esprit de précipitation" [1].

Le temps est venu d'avertir que des simples observations ont un résultat stérile, que la disposition contraire de l'esprit en nous éloignant du véritable but de ces dernières entre dans la sphère des rêveries stériles.

On courait après les détails et à chaque pas on s'éloignait du nœud d'ensemble, qui seul en tempérant la fougue de l'esprit dans son tout harmonieux répond à la vraie dignité et à la destinée de l'homme, au vrai progrès sur la terre.

Saisir le secret du rapport et de l'unité en tout, saisir la loi commune à toute la nature, expliquer la cause et le but de la création, doit être le problème de la Philosophie de la Nature.

Indiquer la voie des recherches philosophiques pour l'avenir, c'est sauver l'esprit humain des aberrations morbides des siècles passés, c'est maintenir l'esprit et le cœur dans l'harmonie, c'est tracer les bases hygiéniques de l'esprit pour les générations futures....

La philosophie de la nature doit nous amener à ré-

---

[1] Flourens, Analyse de la Philosophie Anatomique.

pondre à cette question: *que sommes nous, qu'est-ce que la création entière?*

J'ai assez vu et assez médité pour ne pas laisser à la postérité le fruit de mes méditations, de mes vues sur la nature et sur l'homme.

Devant tout à la science, pourquoi ne marcherais-je pas sur les traces de Flourens et d'Etienne Geoffroy Saint-Hilaire, afin d'encourager les penseurs d'appuyer toujours leurs conclusions philosophiques sur l'observation?

La médecine à laquelle j'ai consacré toute ma vie devrait-elle être oubliée dans mon travail?

Devant beaucoup à l'histoire du développement de l'esprit humain de Georges Cuvier [1]) et non moins débiteur des travaux philosophiques d'E. G. Saint-Hilaire, écrits le scalpel à la main, démontrant mathématiquement l'unité de type pour les animaux vertébrés, avec la seule différence de leurs développements et de leurs perfections organiques....

Devant beaucoup aux travaux de Flourens, de ce naturaliste-philosophe, qui par ses expériences sur un organe des plus compliqués de l'homme — *le cerveau*, a dévoilé tant de mystères dans ses fonctions, a tranché et résolu tant de questions dans le domaine de l'intelligence, qui a tracé aux philosophes la voie qu'ils doivent suivre pour ne pas tomber dans les utopies et les vaines illusions....

Devant plus aux autobiographies des grands hommes, qui éclaircissent mieux que le scalpel de l'anatomiste l'histoire de la nature humaine, l'histoire des nations

---

[1]) Cours de l'histoire des sciences naturelles et de la philosophie de l'histoire naturelle.

et des époques, qu'aux grands folios de l'histoire *ex professo* et à la routine de l'école.... [1]).

Admirateur de la *nature*, c'est-à-dire du *vrai*, devrais-je me taire sur ce qui élève et ennoblit tant la dignité de l'homme, sur ce qui éclaircit la noblesse de son origine, de ses destinées... devrais-je me taire sur ce qui le rapproche de Dieu?

Devrais-je envers les grandes oeuvres et les grands noms de l'humanité me montrer ingrat et muet.....?

Je n'offenserai pas l'Ecriture-Sainte, si basé sur les données de l'état actuel de la science, je remplace, contrairement à la *lettre* du livre de la Genèse, la création du monde en six jours, par des époques embrassant des siècles et même, si contrairement aux idées actuellement admises, je cherche à prouver, que l'*Esprit Créateur* dans sa volonté toute-puissante s'est instantanément incarné dans la création, que l'oeuvre de la création par conséquent, fut l'affaire d'un instant; que les époques admises par la science dans la création se rapportent non pas à la création dans le sens rigoureux du mot, mais bien aux changements que la terre a subi depuis la création dans

---

[1]) Lisez les autobiographies de Pasek, de Benvenuto Cellini, les Confessions de JJ. Rousseau, de St. Augustin, les mémoires de Goëthe. la vie de Byron, de Dante, de Silvio Pellico, de Tasse, de Camoens, de Mozart, les mémoires de Lüther par Michelet, la vie des savants illustres par L. Figuier etc. etc, Lisez le chant XXXIIIème de l'enfer de Dante et vous verrez ce qu'un homme qui, n'avait aucun sentiment de famille est capable de faire—vous y verrez un homme-hyène, qui fait murer un père avec ses trois fils et qui les fait mourir de faim — vous y verrez des époques historiques dépeintes de main des maîtres.

sa structure, ainsi que dans le développement des êtres organisés qui l'habitent.... Je n'offenserai pas, dis-je, l'Ecriture Sainte, si ne faisant pas cas de l'arc-en-ciel, symbole de la paix et de l'harmonie dans la nature, je prédis encore plusieurs déluges, plusieurs catastrophes et peut être même d'incalculables changements plus ou moins généraux, non seulement dans le système solaire, mais même dans le système de l'univers; si à l'existence du monde au lieu de 5,000 ans, je fixe une éternité de siècles, si j'essaie de démontrer le rapport de la *force* à la *matière* et le *lien* de *l'âme* avec le *corps*, que la création aura une *fin* comme tout ce qui vit et existe, et qu'elle retournera un jour à sa cause première, à la *force*, à *l'idée*, à *Dieu;* qu'il n'y a pas de matière *morte*, que tout *vit* dans la création; que la pierre, comme la bête, comme l'homme, comme l'univers tout-entier, que tous les êtres de la création ont une âme *sui generis* qui est immortelle.......!

L'église qui emprisonnait Galilée pour une vérité, reconnut avec les progrès du temps, que la terre tourne autour du soleil; devrait-elle méconnaître que Celui qui a créé l'homme, l'a doué de la puissance des découvertes et du progrès — qu'en dévoilant les mystères de la nature, non seulement nous ne manquons pas à l'Eternelle Sagesse, mais nous contribuons à sa plus grande gloire sur la terre.

Le génie de Cuvier me contestera-t-il, si contrairement à sa puissance et avec quelques débris seulement de l'industrie naissante, trouvés dans les dépôts sousmarins du dernier déluge [1] tout en laissant de côté les

---

[1] De la Marmora a le premier découvert dans l'Ile de Sardaigne des débris de l'industrie naissante avant le déluge.

découvertes faites depuis plusieurs années dans le domaine de la Paléontologie, je reporte l'existence de l'homme à quelques milliers milliers d'années avant le dernier déluge....?

Veillons donc pendant qu'il en est temps, car viendra un moment où il n'y aura plus de télégraphes pour annoncer le malheur imminent, il n'y aura plus de main pour le signaler, il n'y aura plus de fil pour transmettre la nouvelle sinistre! Le jour où nous apercevrons les vagues furieuses de l'océan rouler sur nos habitations et nos familles, sera le dernier pour toute la terre. Un cri, un seul cri se fera entendre, le cri de la mort! et tout sera fini! Un instant effacera toute existence sur la terre [1]) et la déposera comme un immense linceul dans la fosse commune....!

Génies des Moïse et des Luther, d'Apelles et des Matejko [2]); des Mozart et des Chopin, des Phidias et des Michel Ange, d'Homère et des Mickiewicz, des Socrate et des Kopernik, des César et des Napoléon, [3]) que vous êtes petits au milieu de ce calme funèbre!

Tu ne seras plus mentionnée sur la terre ô gloire et grandeur humaine! Vos mérites et vos noms illustres en face de Dieu auront le même sort, que le plus simple jouet éblouissant il y a un moment le regard d'un enfant et qui à peine donné, sera bientôt jeté dans un coin pour y être oublié à jamais.

---

[1]) Nous donnerons en son lieu une idée exacte sur ce que nous entendons par le déluge universel, nié de nos jours par M. D'Orbigny, Ch. Lyell, Hutton, Huxley, Darwin et autres savants de premier ordre.

[2]) Le plus grand peintre moderne.

[3]) Allusion au génie belliqueux de Napoleon I-er.

Viendra un jour un nouveau Dante, qui donnera une description des tortures des damnés de l'enfer, qui racontera en vers immortels la mort d'Ugolino et de Françoise de Rimini, mais il ne se trouvera plus de plume qui exprimera la grandeur des souffrances de l'humanité entière, qui saura dépeindre l'immensité de la perte des siècles pour les sciences et les arts, qui saura exprimer le dernier cri de la vie, le dernier cri du cœur, qui saura décrire le mugissement d'un élément aveugle engloutissant la vie, effaçant le passé.... qui saura décrire le déluge!

Une seule immortalité nous attend sur la terre, que nous devons avoir présente à la pensée — résurrection terrible, attérante — dernière punition de Dieu ici-bas: lorsque après ce déluge viendra un second Cuvier, qui après avoir ramassé à ses pieds nos ossements, les ossements de nos pères et de nos enfants, et après avoir reconnu notre espèce d'après la plus minime de ses facettes, prononcera: il y eut jadis un être sur la terre qui avait des dents pour arracher sa proie, des ongles pour déchirer, une langue pour ne jamais exprimer le fond de sa pensée, un instinct pour exploiter ses semblables, qui avait un morceau de chair dans la poitrine et qui pour la forme seulement s'appelait coeur et cet animal était l'homme du dernier déluge [1], Malheur à nous à ce jugement des générations futures, où la doctrine du Christ qui nous recommande *d'aimer notre prochain comme nous*

---

[1] Lartet a trouvé dans les grottes de pareils squelettes d'homme, où tout porte à croire que surpris par le dernier déluge, l'homme a trouvé sa fin au milieu d'un repas de famille, où il savourait avec ses convives la moëlle crue des os d'animaux.

même, peut être mieux comprise, fera une plus ample récolte....!

Le lecteur trouvera dans mon livre en fait de questions scientifiques et historiques approuvées par la science et d'une précision mathématique, des conclusions philosophiques et des vues nouvelles. Il y trouvera des hypothèses et même des suppositions toujours appuyées sur les sciences exactes et sur l'observation.

En pliant ma pensée à la routine généralement admise je me serais écarté de la nature.

Pourquoi devrais-je contrairement à ma pensée et à mes convictions intimes, renier l'élan de mes convictions personnelles, lorsque justement je parle de la nature?

Le monde est aujourd'hui par trop plongé dans l'égoïsme et dans les spéculations des chiffres, il est trop adonné à la minutieuse spécialité, il court trop après les œuvres immenses de l'esprit et cherche des perfections dans les détails, pour ne pas le détourner de son aveuglement par des vues plus générales, pour ne pas fortifier son âme d'une nourriture plus en rapport avec ses hautes destinées, pour ne pas réveiller en lui dans ses œuvres de tous les instants le côté agonissant de l'amour de ses semblables.

Telle société, tel homme. La société viciée par sa base ne peut pas marcher dans la voie du vrai progrès. Les sciences trop perdues dans la routine ne peuvent plus fournir de sève vivifiante aux nouvelles genérations, car les générations qu'elle donnera seront imprégnées de la même routine. Je prends l'exemple suivant: dans les forêts qui confinent la Lithuanie et la Russie on a pris en 1694, un jeune homme d'environ dix ans qui vivait parmi les ours ¹). Or d'après Connor „cet enfant n'avait ni *raison*, ni langage, ni même voix humaine" et d'après Condillac le même enfant „imitait les ours en tout, avait un cri à peu près semblable au leur et se traînait sur les pieds et sur les mains. Nous sommes si fort portés à l'imitation, ajoute Condillac, que peut-être un Descartes à sa place n'essaierait pas seulement de marcher sur ses pieds."— Que dirons nous maintenant de l'intelligence dirigée par une éducation viciée dans sa base par la routine et les préjugés du siècle? Que dirons nous de ceux qui écrivent exprès des livres imprégnés des préjugés de l'église pour la jeunesse universitaire, comme cela se pratique en France, lorsqu'ils sont contraires à leurs convictions intimes, lorsqu'ils sont contraires au bon sens commun, lorsque la science les désapprouve?

Il existe de grands physiciens, de grands ingénieurs de grands mathématiciens, de grands peintres et sculpteurs. Il ne manque pas de grands noms dans l'histoire, dans la poésie et dans la morale; mais nous n'avons plus de Leonard da Vinci ²), qui excellant dans toutes les branches du savoir et de l'art, sinon à la même hauteur du moins dans une grande puissance fut maître. Nous n'avons plus de Leibnitz, Cuvier, le grand Cuvier n'est plus. E. Geoffroy Saint-Hilaire et Lamarck, ces grands hommes, que je ne mentionne pas comme génies universels, mais comme génies qui voyaient plus juste dans les sciences que leurs contemporains les plus éminents, ne

---

¹) Essai sur l'origine des conn. hum. 1-re partie sec: IV, ch. 11.
²) Leonard da Vinci avait des idées justes sur les coquilles fossiles. Celui qui les a développées avec le plus de force est Palissy.

sont plus ; et surtout Geoffroy Saint-Hilaire, qui aimait son prochain comme soi-même, n'est plus......!

Le chimiste pour paraître plus grand, se cache aujourd'hui avec ses connaissances en physique, tout occupé à augmenter le nombre des faits, ou borné à faire ses applications à l'industrie, qui ne fait malheureusement, qu'une vaste branche de l'exploitation de l'homme par l'homme. L'astronome ne connaît pas, ou semble ne pas connaître la géologie, pour prouver son amour exclusif pour les étoiles......

On exige impertinemment du médecin qu'il ne s'occupe que de médecine. On veut le voir toujours gonflé, la grosse canne traditionelle à pomme d'or à la main, l'oignon antique avec de formidables breloques, le bas cylindre à larges bords, tâtant continuellement le pouls, regardant la langue de ses malades, ou occupé du matin au soir à lire une des gazettes de sa spécialité— soutenant, que la vie entière d'un homme ne suffit pas pour approfondir les matériaux amassés ; que chaque moment perdu est une perte pour l'humanité. Grande erreur! On oublie, que la science de la médecine la plus vaste, fait du médecin l'homme du savoir plus ou moins universel, que toute la nature est, et doit être le champ de ses observations. Rien ne doit lui être étranger, bien que tout en lui doit tendre vers le même but.

Vouloir soulager non pas un malade, mais tous les malades, désirer arracher notre siècle à la manie du calcul et de l'exploitation de l'homme par l'homme, en lui montrant la grandeur de ses destinées et la petitesse de choses d'ici-bas, n'est-ce pas être médecin ?

Nous feignons très-souvent un savoir que nous n'avons pas, nous passons pour des hommes spéciaux, souvent par besoin, toujours par spéculation, sans en avoir ni le droit, ni le mérite nécessaire: car nous avons remarqué que les spécialistes sont recherchés, qu'ils sont en vogue, que la spécialité rapporte, qu'elle est lucrative. ... Partout et toujours l'exploitation du prochain..... Nous avons hélas! trop de ruse et pas assez de coeur et de vraie sagesse. Lorsque au déclin du jour nous avons tout pesé et calculé, il nous semble que nous avons tout fait, que nous avons loyalement répondu à notre destinée et que nous avons bien rempli notre devoir.

Nous avons oublié que l'harmonie du savoir et de l'amour du prochain fait la base du vrai progrès, qu'elle est la seule digne de l'homme; qu'autrement l'homme même le plus honnête, renfermé dans sa spécialité ressemblera toujours à cette mouche à miel, qui ne fait toute sa vie que construire les rayons et remplir ses cellules d'une savoureuse liqueur, qu'il y aura de plus beaux et de plus symétriques rayons aux cellules de la subtile matière de cire, mais ce seront toujours des cellules, toujours les mêmes gâteaux de miel; que l'homme, autrement dit, ressemblera toujours à un castor, qui construit sa maison riche en étages, mais qui *ne transportera pas une montagne d'un endroit dans un autre, par la seule puissance de sa volonté*, comme dit le Christ.

Je n'écris pas toutefois la philosophie de la nature pour nier l'importance des *faits*, pour chercher à effacer la chimie, la physique, la géologie, la botanique, la minéralogie, l'astronomie, ou la géométrie; pour chercher à effacer de la science les mots *mouvement, gravité, chaleur, lumière, force organique, intelligence....*! [1] pour chercher

---

[1] Le R. P. Secchi qui a publié son livre en 1869 et qui ne pouvait pas connaître la première édition de mon ouvrage paru à Varso-

à replonger les sciences dans le chaos, d'où le génie d'Aristote les à retirées.

Bien loin de là. Que ce qui est considéré utile pour ses progrès, reste; mais que chaque branche de cet arbre immense ne soit pas regardée comme détachée et à part, sans rapport avec la sève circulant dans le tronc du géant; que la nourriture puisée dans le sol par les milliers des racines soit vivifiante et commune à toutes; qu'elles ne soient pas regardées comme autant de sciences et forces isolées, sans rapport intime et solidaire......

La nature malgré son unité, vue à de grandes distances— l'homme et la plante par exemple, dans l'échelle des êtres organisés, la nature, dis-je, envisagée dans ses détails, dans ses parties isolées et détachées, se soumet à cette division, c'est-à-dire à cette division du travail ayant en vue le progrès. Serait-on toutefois coupable de vouloir la réunir, et la montrer dans son ensemble aux yeux étonnés.....?

Le croisement des races a pour résultat, comme nous le savons, le perfectionnement progressif de l'espèce. Pourquoi le croisement des sciences ou l'application de l'une à l'autre, [2]) ou l'éclaircissement des points obscurs de l'une par les lumières de l'autre, ne serait-il pas appelé à ouvrir une ère nouvelle dans le domaine du progrès intellectuel de l'humanité?

---

vie en 1868, propose de bannir de la physique les mots chaleur, lumière, électricité comme termes, qui ne servent que pour masquer l'ignorance de la science sur ce point et de substituer à leur place le mot mouvement. *L'unité des forces physiques* Paris 1869, pag. 685.

[1]) Descartes créa de cette manière une science nouvelle— l'algèbre appliquée à la géométrie.

Le livre que nous offrons à nos lecteurs, donnera des faits isolés et des observations que nous tâcherons de lier dans un ensemble commun, en cherchant en tout l'unité de cause et de but, conformément à la loi de la nature: *unité de cause, dans la diversité des formes.*

Ecrivant sans modèle, ne suivant que l'exemple d'Etienne Geoffroy Saint-Hilaire et de Flourens — le premier tracé dans le domaine de l'anatomie comparée, le second borné aux deux organes: le *cerveau* et les os; n'imitant personne dans mon travail, écrivant de ma propre intuition, ce qui sera bon et utile dans mon livre restera, ce qui sera contraire à la vérité et inutile, retournera..... à l'oubli.

Si donc mon livre paraît aujourd'hui ou demain, s'il attire sur moi la colère des faux amis de la science et du préjugé, de l'amour-propre blessé ou du fanatisme, ou s'il ne jette qu'après ma mort quelques rayons de sympathie sur la froide poussière à jamais sourde et silencieuse.... n'importe! Si c'est un rayon d'approbation, qu'il répande ses bienheureux effets sur mes enfants chéris, qu'il leur rappelle les sentiments d'amour pour l'humanité et d'admiration pour le Créateur de celui, qui leur a donné le jour.

Varsovie le 22 Juillet 1868.

Dr. Henri Levittoux.

AVANT-PROPOS

de

la troisième édition.

„Cherchez et vous trouverez."

Il y a deux créations bien distinctes — l'une soudaine comme un éclair, comme la conception d'un être vivant, comme la formation d'un composé chimique; l'autre qui s'accomplit sous nos yeux, qui s'accomplit depuis l'éternité — lente, progressive et continue ou celle de la continuité de la première création, de son perfectionnement, de son développement, de ses évolutions ou de ses métamorphoses.

Tous les livres sérieux, qui ont paru jusqu'à ces jours, comme ceux de Buffon, de Lamarck, de Laplace, de Deluc, d'Etienne Geoffroy Saint-Hilaire, d'Isidore Geoffroy Saint-Hilaire, de Goëthe, de Darwin, de Pictet, de de la Rive, de Vogt, de Huxley, de Hutton, de Thomson, d'E. Quinet, de Charles Lyell et d'autres, et qui touchent de près ou de loin cette question, ne l'envisagent que dans le sens de cette dernière, savoir: celle du développement progressif de la nature déjà créée.

Dans la *Philosophie de la Nature* que j'offre au public, en m'occupant des métamorphoses de la nature créée, de ses phases diverses dans le développement progressif et continu des êtres organiques, je cherche à résoudre les questions culminantes du XIX siècle, savoir: qu'est-ce que la *force*? qu'est-ce que la *matière*? quel est l'*élément* de la *création*? quelle est la *force élémentaire* de toutes les forces dans la nature: comme des forces simples, organiques et des facultés de l'âme et en quoi différent-elles entre elles? quel est le rapport de la *force* à la *matière*, autrement dit: jusqu'à quel point la *matière* est la *force* et réciproquement?, de quelle mystérieuse manière la force est *liée* à la matière, pour pouvoir vivre au milieu d'elle et la gouverner? si c'est la force qui a créé la matière organique ou l'organisme, ou si c'est ce dernier qui a créé la vie? qu'est-ce que la *vie*? qu'est-ce que la *mort*? de quelle manière l'esprit est uni au corps? qu'est-ce que l'*esprit*? qu'est-ce que l'âme? est-elle immortelle? où est le monde spirituel—séjour de l'âme après la mort du corps? les animaux et les végétaux ont-ils une âme? la pierre a-t-elle une âme? qu'est-ce que l'*individu*? qu'est-ce que le *libre arbitre*? la *matière* est-elle douée de la propriété de *sentir* et de *penser*? dans quelles limites le développement ou la transformation ou la métamorphose des êtres organiques est possible dans les conditions actuelles ou post-diluviennes de notre planète? à quelle époque de la création ces évolutions pouvaient dépasser la limite de l'*espèce*, du *genre* et même de la *famille*? en quoi consiste le mystère de la *conception* chez les êtres organiques animaux et végétaux? qu'est-ce que le *soleil*? quel est son avenir?

quelle est la cause des révolutions du globe? que doit-on entendre par *déluge universel* — quelle en est la cause et la date? quel est l'*avenir* de la *terre?* l'*ancienneté de l'homme*, son *origine* dans la voie du développement ou des métamorphoses des êtres organiques et jusqu'à quel point *cette doctrine* est d'accord avec la religion et avec la *morale?* quel est l'avenir de l'homme sous le rapport physique, moral et intellectuel? quelle est la *cause première?* qu'est-ce que Dieu? qu'est-ce que la *nature?* quel est le rapport de l'*Esprit Créateur* à la *nature* ou de l'être créateur à l'être créé? quel est le rapport des lois de la nature à l'Esprit Créateur? de quelle manière la science arrivera à la connaissance de Dieu? et finalement, je cherche à résoudre le problème de la Création dans le sens le plus rigoureux du mot.

Varsovie le 20 Septembre. 1872.

Dr. H. Levittoux.

PHILOSOPHIE

DE

L'ATOME.

Par le nom de corps, nous entendons toute partie limitée et impénétrable de l'espace.

L'impénétrabilité est la propriété en vertu de laquelle deux corps ne peuvent occuper en même temps la même place.

Tout corps, tel que la pierre, le fer etc. etc. peut être divisé et même réduit en parcelles infiniment petites.... imperceptibles....

Si les corps n'étaient pas composés des particules, seraient-ils soumis à cette loi de divisibilité?

On peut par opposition diminuer le volume de chaque corps par la pression centripète, c'est-à-dire de la circonférence au centre.

Est-ce que les corps obéiraient à la loi de cette réduction dans leur volume, s'ils n'étaient point composés des parcelles placées à une certaine distance l'une de l'autre?

La force, qui maintient ces parcelles ou molécules dans un corps, qui les attire l'une vers l'autre pour en faire un tout donné, est appelée en physique *attraction*. La force, qui cherche à les éloigner, à les désagréger ou qui empêche la première à tenir ces parcelles collées l'une à l'autre, se nomme *répulsion*. Leur rapport, la prépondérance de l'une sur l'autre dans un cas donné, constitue l'existence du corps, son existence individuelle et par conséquent, ses propriétés physiques. Autrement, tous les corps seraient de la même *densité*, de la même *porosité*, de la même compressibilité, de la même sonorité, de la même divisibilité, fondraient dans la même température etc. etc. etc. Tandis, que nous savons, quelle force il faut employer pour réduire un gaz, par exemple, à l'état liquide et d'autant plus à l'état solide, quelle force il faut employer pour diviser certains corps; tandis, qu'il y en a d'autres, comme *l'eau* par exemple, qu'il suffit de toucher pour en détacher une parcelle, pour se mouiller.

Nous verrons dans la suite, dans quelles conditions ce qui s'est laissé diviser avec effort, fait céder ses molécules avec la même facilité comme l'eau, (nous venons de voir qu'il suffit de toucher l'eau avec la main, pour en détacher une partie ou en un mot, pour la diviser); dans quelles conditions, ce que nous ne pouvions pas amener à l'état liquide, passe spontanément à l'état solide.... Je dirai par parenthèse, que c'est l'abaissement et l'élévation de la température dans un corps donné, c'est-à-dire, le réveil de la force répulsive et de l'attraction entre les mollécules d'un corps donné, explique d'une manière naturelle tous ces phénomènes.

Mais ne devançons pas notre pensée, suivons l'ordre des choses.

Comme les corps diffèrent entre eux dans la seule et même propriété, appelée élasticité, je citerai comme exemple, l'expérience suivante: sur une bille d'ivoire et sur une balle de plomb de la même dimension,

Eh bien, si nous jetons avec une force convenable une bille d'ivoire sur une dalle de marbre polie et enduite d'huile, la bille rebondira, en laissant sur le marbre l'empreinte du diamètre de son grand cercle, tout en ne perdant rien de sa forme sphérique avant l'expérience; tandis, que la balle de plomb jetée avec la même force et sur la même dalle de marbre bougera à peine et s'applatira. L'acier à son tour se brisera et ne se laissera pas courber par la puissance de sa trempe.

Qu'est-ce que cela nous explique?

Cela nous explique, que l'ivoire dans tout son hémisphère s'est réduit à *zéro* dans un instant donné, et qu'il a repris au même instant sa forme sphérique primitive.

L'ivoire ne nous donne-t-il pas l'exemple de l'élasticité de l'esprit des Talleyrand ? l'acier ne nous frappe-t-il pas par l'analogie de sa trempe, avec la trempe du coeur des Mucius Scevola?!

L'expérience que nous venons de citer prouve de plus, que non seulement les corps simples diffèrent entre eux dans leurs propriétés extérieures, mais bien dans leurs propriétés intimes et profondes, que j'appellerai leurs *fonctions*.

Jusqu'à quel point d'autres causes, mettant de côté le rapport de l'attraction à la répulsion, nous expliquent une si grande différence entre les corps ou leurs diversités dans l'univers; jusqu'à quel point ces causes ne font qu'une seule et même force, la suite de ce travail le démontrera.

Quant à la première ou rapport de l'attraction à la répulsion, la chose est très-simple:—car s'il n'existait que l'attraction entre les mollécules d'un corps donné, comme entre les corps ou mollécules sui-generis de l'univers entier, toutes les mollécules de ce corps, ou de l'univers se colleraient si hermétiquement l'une à l'autre, que non seulement la diminution du volume des corps serait impossible, vu, que l'attraction réduirait l'univers entier à un point physique, mais que l'univers, ni aucun corps dans cette hypothèse ne pourrait exister, et que toute division des corps, toute désagrégation de leurs mollécules serait impossible, par la simple raison de non existence de la force *répulsive*. Les corps pour le moins dans ce cas seraient tous par exemple, de la même sonorité, etc., ou plutôt, il n'y aurait plus ni sonorité, ni vibrations dans leurs mollécules, ni autres propriétés physiques.

Si la *répulsion* seule existait, les corps ne seraient pas accessibles à nos sens;—nous ne pourrions ni les voir, ni les toucher: car, repoussés dans leurs mollécules aux limites de l'infini matériel, leur existence sans bornes serait tout éthérée, idéale....; il n'y aurait pas d'existence matérielle, il n'y aurait pas de création.

Ce qui se passe, d'après cette loi, avec les mollécules d'un corps donné, quant aux forces qui les maintiennent dans un tout harmonieux, se passe de même, mais sur une échelle immense, gigantesque avec les corps ou mollécules célestes, constituant le système solaire et celui de l'univers.

Les corps célestes restent dans le système solaire à une telle distance les uns des autres, qu'ils se disperseraient tous dans un sens centrifuge du soleil à l'infini, s'ils n'étaient maintenus entre eux par l'attraction. Ils retomberaient tous sur le soleil ou centre de gravité, si cette même force attractive n'était pas douée du pouvoir aveugle de répulsion—si l'attraction, et je me servirai pour la première fois ici de l'expression intime de ma pensée, présidait seule à l'harmonie du système solaire sans la *sage modération dans sa fougue illimitée par la répulsion* qui lui est inhérente, qui la constitue et qui fait son être.— Les corps, dis-je, célestes se disperseraient dans l'espace, sans la modération, en un mot, de l'attraction dans le système solaire par sa propre répulsion et *vice versa*.

Or, le rapport de l'une de ces deux *propriétés réelles* à l'autre dans la même force ou de la sagesse de l'une à la fougue de l'autre dans leurs tendances extrêmes à tout concentrer, ou à tout distendre, à se concentrer, ou à se disperser à l'infini, constitue les corps, ou les distances d'une précision mathématique entre leurs mollécules, comme entre les corps jetés dans l'espace, préside à l'harmonie dans le système solaire et constitue une seule et même force.

Nous voyons par là, que la force attractive n'existe pas et ne peut pas exister isolée, ainsi que la force répulsive; et puisque nous ne trouvons *partout* que, le rapport de ces deux forces et *jamais* une seule, nous concluons à l'existence *d'une force type, douée de deux propriétés réelles qui lui sont inhérentes et qui constituent un entité, un fait primitif et élémentaire, un être dans sa nature:* comme l'homme, ou comme la plante en constitue un dans son être, savoir: que dans un nombre donné de degrés d'intensité de l'attraction et de la répulsion, la résultante penchera dans un cas du côté de la répulsion— que l'attraction par exemple, dans un cas, sera plus grande que la répulsion et *vice versa* ; en un mot qu'il n'y a pas deux forces, mais qu'il en existe une, dans laquelle, la fougue aveugle est modérée par sa raison aveugle, et que la force de l'intelligence, (comme nous le verrons plus loin en parlant de l'unité des forces de l'intelligence) est modérée, retenue, concentrée, resserée, attirée dans ses élans par une raison, qui connaît son *moi*; que la raison, dis-je, se replie en elle-même, qu'elle se demande à elle-même, quelle s'attire, si je puis m'exprimer ainsi, et que c'est par ce travail intérieur, entre les forces en apparence opposées, que c'est par sa modération dans sa fougue, que c'est par son attraction dans sa répulsion, qu'elle fait une force *indivisible* et *une*; que dans les forces simples la raison est cachée, où elle trahit sa présence par ses lois ou par les lois de la nature;[1]) tandis que dans la dernière, elle agit spontanément, libre et dévoilée.

Le R. P. Secchi doute de l'existence de la force tout en parlant de l'unité des forces physiques, lorsqu'il dit:[2]) „Dans nos études, il nous a fallu recourir aux termes: forces d'affinité, forces électives, forces attractives; expressions, dit-il, qui, à *dire vrai*, désignent simplement des propriétés occultes ou cachées de la *matière*, et malgré la guerre déclarée par nous aux *entités* scientifiques, (et pourquoi? La science doit marcher avec la nature et exprimer la nature. En faisant de la force nn entité, nous ne manquons pas à la synthèse scientifique, ni à celle de la nature; comme l'unité de l'homme ou l'unité d'une plante comme *être*, n'empêche pas la synthèse naturelle de la création; car si la nature a fixé les espèces et les individus, elle ne les a pas fait sortir pour cela de la chaîne commune de l'unité de l'univers), „nous serons contraints encore pendant longtemps, poursuit le R. P. Secchi, à employer les locutions consacrées. Ces façons

---

[1]) Nous expliquerons cette vérité dans le chapitre: „De l'immortalité de l'âme."

[2]) L'unité des forces physiques. Paris, 1869, p. 156.

de parler servent seulement à cacher notre ignorance"
(sur la nature intime de la force et de la matière) et pour
le dire franchement une fois pour toutes, *elle ne sont que
la représentation du fait à l'aide de termes convenus.* Inutile de batailler sur ce point, avant d'avoir recherché attentivement qu'elle est la *constitution de la matière* „(à la
bonne heure)," et avant d'avoir fixé nos idées sur le point
fondamental que voici: en outre de la matière tengible
et pondérante, existe-t-il, oui, ou non un fluide coopérant
aux phénomènes présentés par la matière commune?" Et
plus loin ajoute le P. Secchi. „*Le calorique est un mode
de mouvement de la matière.*"

Le R. P. Secchi doute de l'existence de la force et
nous enseigne, que le calorique est un mode de mouvement
de la matière, comme il y a quarante ans Humphry Davy
ne pouvant pas expliquer de quelle manière le *corps* est
uni à la *pensée*, défiait toute intelligence humaine de pouvoir résoudre le problème du rapport de la *force* avec
la *matière* et par conséquent, à se faire une idée juste
de la *force* et de la *matière*.

Or, dans notre livre, contrairement aux doutes de R.
P. Secchi et de Humphry Davy, provenant, de ce qu'il
existe réellement une lacune dans la science sur la connaissance de la nature de la *force* et de la *matière*, de ce
qu'on ne s'est pas encore fait une idée juste de la *force*,
ni de la *matière*; non seulement nous concluons en faveur
de l'entité de la force, non seulement nous tâcherons de
saisir, basé sur l'unité de la loi de l'univers, le *rapport*
de la *force* avec la *matière*, mais nous essaierons de donner la vraie signification de la nature intime de la force,
comme de la matière et de trancher le problème du rapport de la première à la dernière.

Je reprends la question de la divisibiltié des corps

de notre planète, ou plutôt celle de la philosophie de l'atome.

Or, la physique nous enseigne, que les corps sont susceptibles d'une division mécanique. Avant que la chimie nous ait démontré la limite extrême de leur divisibilité, arrivons au maximum de la divisibilité physique.

Dans ce but, si nous faisons bouillir de l'eau dans une chambre froide et au milieu de l'hiver, la quantité d'eau va diminuer, mais nous apercevrons au dessus du vase, pris pour notre expérience, une quntité de vapeur ou une masse de mollécules d'eau très-rapprochées les unes des autres, remplissant l'atmosphère sous forme de nuage.

Si nous répétons la même expérience au milieu de l'été, ou dans une température élevée, la quantité d'eau diminuera; mais nous ne verrons plus de vapeur au dessus du vase. Et pourquoi?

Parceque les mollécules d'eau s'échappant de l'eau bouillante se tiennent au milieu de la température basse l'une près de l'autre, parceque cette température commande le raprochement, parce qu'en hiver par une température basse de l'atmosphère les parcelles s'échappant de l'eau en contact avec cette froide atmosphère ne leur permettant pas une grande désunion, leur impose au contraire un rapprochement, dont la température de $100°$ les a fait sortir.

En été, ou dans une température plus élevée, favorisant leur dissémination, qui est la suite de la désagrégation mécanique des parcelles d'eau, ces mêmes parcelles se trouveraient si loin les unes des autres, que malgré leur existence dans l'air, nous ne les apercevrions plus. Elles sont si petites, et les espaces entre elles sont si approximativement grandes, que non seulement nous ne les apercevrons plus, comme invisibles en elles-mêmes, mais qu'elles ne nous empêcheront même pas de voir les objets qui se trouvent derrière elles.

Ce qui s'est passé avec l'eau bouillante au dessus du vase, et avec la vapeur dans l'atmosphère, se passe de même avec les brouillards par les matinées fraîches, ou les froides soirées sur les rivières, sur les lacs, sur les mers et sur les océans, et la cause qui nous expliquait la formation de la vapeur au dessus du vase, nous explique la formation des nuages gigantesques et leur disparition dans les espaces....

Suivons toutefois un nuage de notre regard....

Comme il est vite disparu! Et pourquoi? Car rechauffé par le soleil, ou attiré dans une région plus chaude de l'espace, il s'est distendu dans ses parcelles, parceque ses molécules se sont éloignées les unes des autres. Toutes ces molécules séparément prises périssables et invisibles, se sont dissipées ou retirées pour ainsi dire, du champ de notre vision.

Regardons le firmament pur et serein des cieux. Tout à coup un petit nuage s'est dessiné sur son azur et a bientôt pris des dimensions gigantesques, effrayantes! D'où est venu le petit nuage, quelles sont les causes de ses progressions si rapides?

Or, il y a toujours beaucoup d'eau en dissolution, ou pour mieux dire, des parcelles invisibles d'eau suspendues ou nageant dans l'atmosphère, lesquelles attirées dans un milieu d'une plus basse température, ou traversées par un léger souffle de vent, ou d'un mouvement de l'air dans l'espace, vont se rapprocher l'une de l'autre et nous apparaîtront sous forme d'un nuage naissant. Nous ne voyons pas une mouche dans l'air, mais que de milliards traversent l'espace, elles cacheraient le soleil à notre vue et feraient du jour la nuit,....

En revenant à l'expérience de l'eau, jetons un coup d'oeil sur les croisées de notre logis, dans lequel l'eau, il y a un instant, se soutenait au dessus du vase, sous forme de vapeur et nous la verrons sous forme de rosée couvrir les vitres et puis, tomber en gouttes le long de leur surface et reprendre ainsi l'aspect primitif de l'eau employée pour l'expérience.

Faisons tomber la température de l'eau au dessous de 0, et nous serons surpris que le même liquide, que la même vapeur éthérée, que cette rosée, que ces nuages et les gouttelettes imitant la pluie, tombant le long des vitres, nous apparaîssent sous forme d'un corps diaphane, dur, extrêmement froid, en un mot sous la forme dun morceau de glace.

Jetons les yeux sur les vitres de nos habitations au milieu du froid intense d'hiver et un singulier phénomène va nous frapper. Nous y apercevrons des esquisses d'une parfaite végétation, nous y reconnaîtrons les feuilles de fougère sur un fond d'une cristallisation admirable....

En réfléchissant sur ce dernier phénomène, qui ne verra dans la force simple, qui arrange ainsi les molécules deau, le germe de la force organique? qui ne remarquera dans ces images, rappelant les feuilles de fougère ou la mousse de nos forêts, le premier plan de l'organisation; qui n'apercevra dans les cristaux de tendance vers l'organisation, qui donc en approfondissant ces merveilleux mystères ne verra entre la force simple et la force organique des liaisons intimes et profondes, qui osera contester à ces deux ordres de forces une communauté d'origine, de principe et d'espèce?

Réunissons maintenant par la pensée les parcelles d'eau éparses dans l'atmosphère, suivant la loi de la cristallisation et nous verrons de blanches étoiles à formes géometriques de six rayons, avec le centre occupé par une petite lame hexagonale brillante, ne cédant en rien quant à sa légèreté et à sa blancheur à celle du duvet, tomber des hauteurs des cieux — nous verrons la neige tomber sur la terre.

Celui, qui n'aurait jamais vu ni eau, ni glace, ni neige, ni brouillard, ni vapeur, ni nuages; celui qui n'aurait jamais vu des bas-reliefs d'eau cristallisée sur les croisées, représentant si bien les premières ébauches de la végétation, voudrait-il croire qu'un seul et même corps peut exister à l'état solide, liquide et gazeux, sans compter toutes les nuances de formes, dont chacun de ces états est susceptible?

Voyons en quoi consiste la différence de ces états.

Or l'éloignement plus ou moins grand des molécules constituant un corps entre elles et l'arrangement de ces mêmes molécules, (de l'une par rapport à l'autre) ou le rapport entre les attractions et les répulsions moléculaires des corps, nous résout le mystère de l'énigme entière.

Mais ici même, il y a des lois qu'on ne peut impunément violer.

Ainsi, l'état solide est un état dans lequel les molécules adhèrent le plus les unes aux autres ou dans lequel elles sont le plus rapprochées entre elles [1]), dans les

---

[1]) La chimie nous apprend, que l'eau en passant à l'état solide augmente de volume, mais la science ne nous explique pas en quoi consiste ce phénomène.

limites toutefois qui n'empêchant pas leur mouvement d'oscillation, ne leur permettent pas un mouvement complet autour de leur axe (Secchi).

Dans l'état liquide, les molécules constituant un corps n'ont pas d'axe stable de rotation, ont une adhérence si faible entre elles et sont éloignées l'une de l'autre au point, que chacune d'elle peut décrire les *courbes*, dont les *orbites* se réduisent à la figure formée par ses molécules voisines. Il ne se produit aucun mouvement de translation dans ce système en dehors de l'agitation de toute la masse.

L'état de gaz est le maximum de la mobilité des molécules et de la distance entre elles. Car l'eau par exemple, à O, en se réduisant en vapeur, augmente environ 1700 fois son volume. Si d'un autre côté nous unissons deux litres d'hydrogène et un litre d'oxygène, nous n'aurons pas trois litres d'eau, mais à peine quelques gouttes de ce liquide. La critique nous répondra, que nous aurons dans ce cas si peu d'eau, car l'hydrogène s'est trouvé brûlé ici dans l'oxygène et que l'eau dans ce cas est le résultat d'une combinaison chimique de ces gaz. Je répondrai à cette objection, que quoique dans ce cas une combinaison chimique de deux gaz a eu lieu, puisque nous pouvons obtenir l'hydrogène de l'eau par l'analyse chimique, que contrairement aux idées de la science sur ce point, rien ne s'est *brûlé* pendant cette combinaison ou pendant cette action de *brûler*, puisque nous pouvons retirer de l'eau l'hydrogène non *brûlé*— seulement, comme nous le verrons en son lieu, que les éléments d'hydrogène et d'oxygène se trouvaient ici une fois à l'état de gaz, une autre fois sous forme de *feu* et en fin sous forme de l'eau— que dans tout le cas, savoir: si nous considérons l'eau, ou les deux gaz en question, que ces gaz représentent l'eau à l'état de gaz — en dernier lieu, que les parcelles extrêmes sont plus éloignées dans les corps à l'état de gaz qu'à l'état liquide. Dans cet état en plus les molécules tournent librement autour de leur axe (Cauchy), serpentent indéfiniment dans l'intérieur du corps, en passant d'une molécule à une autre et ont en un mot un mouvement comparable aux *comètes* hyperboliques (Secchi), qui passent d'un système stellaire à un autre.

D'où il résulte, que dans tous les corps faisants partie de l'ensemble de la nature, que dans tous les états dans lesquels un corps quelconque puisse se trouver, les parcelles infiniment petites et imperceptibles qui les composent, n'adhèrent pas les unes aux autres et sont suspendues dans l'espace, oscillent, tournent autour de leur axe et décrivent même quelquefois des courbes comme les corps célestes.

D'après cela, la plus minime parcelle d'un corps dans la nature est dans ses atomes le *microcosme* de l'univers, comme l'univers peut être regardé comme son *macrocosme*.

Nous avons donc vu, qu'en divisant la pierre en plus petites parties, nous distinguons encore ses parcelles, que nous pouvons les voir et les toucher.

Nous avons vu, qu'on peut ramener l'eau à tel état de divisibilité, qu'elle échappe à nos sens pour reparaître sous forme de vapeur ou de glace — que l'eau par conséquent peut exister à l'état invisible, idéal en quelque sorte, qu'elle peut passer d'un état à un autre, sans rien perdre de ses propriétés intimes.

Passons à présent de la physique à la chimie, étudions la divisibilité des corps par les procédés chimiques et nous verrons, que la limite de ces deux sciences est toute fictive, que cette limite n'existe pas, que la chimie n'est que la suite de sa sœur aînée dans la science, que la chimie s'occupe des mêmes questions que la physique, seulement qu'elle les traite d'une façon plus profonde, plus intime, et plus mystérieuse. Nous verrons plus loin que toutes les sciences s'enchaînent, que toutes viennent l'une de l'autre, que toutes ne forment qu'un tout solidaire, que lorsque une d'elles forme la base, l'autre fait sa conclusion ou sa couronne, que l'une dépend de l'autre, que l'une ne peut se passer de l'autre, que toutes forment une science, comme les plus diverses parties de la nature, le moins en rapport l'une avec l'autre au premier coup d'œil, ne font qu'une seule et même nature.

Nous expliquerons en son lieu les mystères des combinaisons chimiques, nous dirons en quoi consiste cet intime procédé qui fait qu'un composé de deux corps donnés, n'a ni les propriétés de l'un, ni de l'autre et qu'il constitue un corps, dans lequel les propriétés de l'une et de l'autre *sont profondément altérées.*

Ainsi donc, si nous décomposons l'eau par les procédés chimiques, comme par le potassium, le zinc, ou la pile de Volta, nous n'aurons plus la vapeur, ni les parcelles d'eau, mais nous aurons deux corps—deux gaz invisibles, l'un et l'autre doués de propriétés différentes. Si nous plaçons dans un de ces gaz un corps brûlant sans flamme, ce corps s'allumera immédiatement et brûlera d'un vif éclat; l'autre gaz est bien plus léger que l'air atmosphérique — propriété, qu'on utilise pour en remplir les balons et les faire remonter aux hautes régions de l'atmosphère.

On nomme ces corps, le gaz oxygène et le gaz hydrogène.

On obtiendra un litre du premier, lorsqu'il y en aura deux du second dans une quantité d'eau donnée.

Mais où nous mène tout cela?

Or, sachons d'abord, que les deux corps simples ainsi obtenus par la décomposition de l'eau, le gaz H et le gaz O, forment des corps à part, comme la pierre et le fer par exemple, en font un, chacun de son côté; qu'ils se laissent mesurer à leur tour, comme l'eau et la pierre, qu'ils ont leur poinds spécifique, qu'ils sont doués des propriétés physiques et chimiques qui leurs sont propres; que si nous plaçons ensemble ces deux corps dans le même rapport, savoir: deux litres de gaz H et un litre de gaz O, dans un vase en verre, et si nous les faisons traverser par une étincelle électrique, ils vont s'unir ensemble et se convertiront en eau—liquide, que nous reconnaîtrons par la vapeur, qui va recouvrir les parois internes du vase et par quelques gouttes d'eau qui vont tomber au font du même vase.

Nous voyons par cette expérience, que l'eau se décompose en principes donnés et qu'on peut obtenir l'eau de ces mêmes principes; nous voyons, que l'eau non seulement se subdivise en parcelles comme corps, mais qu'elle se décompose en principes ou corps simples.

Si nous prenons un de ces principes, ce principe à son tour est susceptible de la division de sa substance à l'infini.

Or, la science est parvenue sur ce point à la conclusion suivante: que si une quantité d'eau donne une quantité de gaz O et deux quantités de gaz H, que dans la plus petite parcelle d'eau que la pensée puisse matériellement concevoir, insaisissable et qu'on ne puisse voir même à l'oeil armé d'un microscope il y a encore trois plus petites parcelles, savoir: deux de gaz Hydrogène et une de gaz Oxygène.

Chacune de ces trois parcelles constituant la plus petite parcelle d'eau que la pensée seule puisse concevoir, constitue d'après la science actuelle un *atome*.

La science admet aussi comme *atome* toute parcelle extrême et indivisible de chaque corps composé de plusieurs principes et comme de raison de plusieurs atomes de corps simples.

Ainsi par exemple, d'après les données de l'état actuel de la science deux atomes de gaz Hydrogène et un atome de gaz Oxygène ou plutôt un atome d'hydrogène et la moitié d'un atome d'oxygène forment un atome d'eau et constituent une particule élémentaire, un élément d'eau, un *atome*.

Si nous étudions toutefois de plus près les actions chimiques et si nous en pénétrons les mystères, sans perdre de vue les phénomènes qui les accompagnent, nous saurons [1]), que lorsqu'un corps se combine avec un autre, que de même qu'une idée se transforme en verbe ou s'incarne dans le verbe, que de même qu'une chenille se change en chrysalide et celle-ci en papillon, les atomes pondérables du premier corps, réveillés dans leur nature intime, se transforment en état impondérable ou se divisent en atomes impondérables, qui étant *libres* et se trouvant par cela même — *comme déjà force*, en action ou en mouvement de vibration extrêmement accéléré, produisent les phénomènes de la chaleur et de la lumière ou de la force physique, quelquefois portés à la puissance du feu, ou à une étincelle électrique, et que dans cette

---

[1]) Voir le chapitre: „Philosophie de la Force."

voie en rencontrant les atomes d'un autre corps métamorphosés de la même manière, qui se trouvaient prêts à leur rencontre s'unissent ensemble, se neutralisent et forment des atomes pondérables d'un corps nouveau. Que le moment par conséquent du passage d'un composé à un autre, pour un *atome*, est le retour de la matière à la force physique et de la force physique à la matière ou la métamorphose de la force en matière et de la matière en force.

La matière pesante comme nous voyons, se transforme dans ses parcelles extrêmes en matière impondérable ou en force physique. Et puisque cette dernière est divisibles, l'atome d'après cette manière de voir, est par conséquent une particule extrême et indivisible de la matière impondérable ou de l'éther de la physique moderne. Il fait donc par là, la plus minime partie matérielle, que nous concevons seulement par intuition, au moment des combinaisons des corps ou au moment de la métamorphose des atomes pesants en atomes impondérables, qui hors du moment de ces opérations est force spirituelle ou matière pesante. L'existence par conséquent de notre *atome* est instantanée et s'opère dans le même instant, dans lequel la *force* spirituelle sortant de son état de repos ou d'équilibre, passe à l'état d'action, à l'état de sa métamorphose en matière [1]), à l'état impondérable en mouvement, à la création; dans lequel en se réunissant avec un autre atome donnent naissance par leur mariage ou par leur fusion réciproque à un atome composé ou au *premier couple matériel de la création* ou à *un atome pondérable*.

---

[1]) Nous donnerons dans les chapitres „Philosophie de la Force" et „Dieu et la Nature" l'explication du mystère de la métamorphose de la force spirituelle en force physique ou en matière impondérable et *vice-versa*.

Un atome par conséquent, d'après ma théorie, n'est qu' un instant de la création de l'élément type de la matière; c'est la plus minime parcelle indivisible de la matière impondérable, c'est la *force spirituelle exprimée*, c'est le *verbe incarné*, c'est la *chair de la Bible*, c'est la création!

L'existence de l'atome se trouve donc placée sur les limites de la force pure et de la matière, c'est une idée dans le domaine de la matière, c'est une matière dans le domaine de la force spirituelle, c'est l'état intermédiaire entre la fore pure et la matière pesante, c'est le lien de la force et de la matière. L'atome est *force* et matière; car il constitue la plus minime parcelle indivisible de la force physique ou de la matière impondérable. Il est donc *matière*, car il constitue la plus minime parcelle de la matière impondérable et il n'est pas matière, par le seul fait qu'il est du domaine de l'état impondérable de la matière. Il est force, car il est du domaine de la force, physique et il n'est pas force, dans le sens rigoureux du mot, car il n'est pas force spirituelle. Par conséquent il est et il n'est pas *force*, il est et il n'est pas *matière*. Quelques philosophes prenaient indistinctement la force dans le sens de la matière et *vice-versa;* ce qui n'est vrai que dans un moment donné de la création, dans l'atome, ou dans la force physique dont il fait la plus minime parcelle indivisible. L'union de deux atomes n'est plus une idée mais bien la matière. On ne peut donc pas, comme le faisaient Kant et Leibnitz, prendre indistinctement la force pour la matière et regarder la force et la matière comme choses identiques.

Je fais une comparaison: la glace est de la glace, l'eau de l'eau, l'oxygène et l'hydrogène sont toujours oxygène et hydrogène; quoique la glace soit un certain état de l'eau, l'eau un certain état de l'oxygène et de l'hydrogène; quoique d'un autre côté tous ces corps ayant le même principe pour base, la glace ne soit pas la même chose que l'eau etc. etc. Tous ces états sont donc au fond même chose, quoiqu'ils diffèrent beaucoup en apparence entre eux et ne peuvent être pris indistinctement l'un pour l'autre.

L'atome dis-je n'a qu'un moment *d'existence*. Il a son existence dans le moment de la métamorphose de la force pure en matière ou du passage de la force pure à l'action ou à l'état impondérable ou de son premier mouvement à la vie, à la création, à la matière; il a son existence éphémère au moment seulement de combinaisons des corps, au moment de la création d'un corps par les procédés chimiques, ou naturels et n'est en définitive qu'un état de la force pure, que la métamorphose de la force pure, qu'une force exprimée.

L'union de deux atomes ainsi créés par la force pure, et par la concrétion de la force physique en elle même, si je puis m'exprimer ainsi, forme le germe de la matière ou plutôt le type ou l'élément pondérable de la matière, avec toutes ses propriétés inhérentes — c'est la matière conçue dans la force, c'est la force déposée dans la matière et se manifestant dans la matière.

La matière donc est force en tant, qu'elle est conçue par la force, qu'elle est l'expression de le force, qu'elle est dépositaire de la force et qu'elle est capable d'exprimer tous les phénomènes de la force, qu'elle est l'organe de la force, capable de manifester toutes les propriétés inhérentes à la force [1]).

---

[1]) Voyez les chapitres de ce livre „Philosophie de la Force, et Dieu et la Nature."

La matière le je répète est l'organe de la force simple, comme l'organisme vivant, qui a la matière simple pour base sert d'organe aux forces simples, organiques, végétales et animales, et à la force de l'intelligence ou à l'âme, et jusqu'à Dieu même qui est en nous.

En parlant de la force, nous rendrons la conception de l'atome ou du principe élémentaire de la création, que nous venons de formuler, plus claire et plus palpable — nous démontrerons l'unité de type pour toute la création; nous démontrerons que l'atome impondérable est l'élément aussi bien des corps simples, que des êtres organisés, que des corps de notre planète, que des mondes de l'univers; nous démontrerons l'unité des forces de la création entière depuis les forces simples, comme l'attraction-répulsive, jusqu'aux forces de l'intelligence…. jusqu'à Dieu!

Nous démontrerons dans cette synthèse de la création, que tous les êtres si différents en apparence entre eux, comme les plantes, les animaux et les corps inertes, ne sont qu'un seul et même être, avec la différence du degré supérieur ou inférieur de la métamorphose de l'élément type de la création — de l'atome, et de l'arrangement plus ou moins compliqué entres les atomes pesants; que toutes les forces si différentes entre elles à première vue comme la gravitation Newtonienne, la raison et l'amour par exemple, ne sont dans le fond qu'une seule et même force; que toute la différence entre elles consiste, en ce que l'une est d'un ordre plus élevé et que l'autre est de l'ordre moins élevé de la force type ou de la force élémentaire; que l'une n'est que la métamorphose de l'autre, que toutes ne sont au fond qu'une seule et même force, réduite dans sa plus simple expression à *l'attraction-répulsive*.

Mais m'objectera-t-on d'abord: comment un atome

qui n'est pas matière pondérable, et dont l'existence est si éphémère — comment l'union de non-corps, de la matière qui n'existe pas comme telle, qui est à l'état impondérable, comment l'union ou le mariage de deux *zéro* puisse former la base, l'élément matériel de la matière proprement dite?

Je répondrai, que je ne regarde pas un atome comme un *zéro*, mais comme une existence momentannée de la parcelle extrême et indivisible de la matière impondérable; que son existence quoique passagère, constitue toujours une existence et est du domaine de la création ou de la matière, quoique cette matière est impondérable, et puis, si notre atome était matière, dans le sens du mot adopté par la science, il devrait avoir toutes les propriétés du corps pondérable, savoir: il devrait être vibrant, sonore, divisible etc. Et comment peut-il être sonore et divisible, puisqu' étant le dernier élément de la divisibilité, il n'est pas composé des particules, puisqu'il est lui même placé sur la dernière limite de la divisibilité? comment peut-t-il se dilater, ou être susceptible de la diminution dans son volume, ou produire un son, ou se trouver à l'état solide, liquide, ou gazeux, puisqu'il n'est pas composé de parties, et puisqu'il fait l'unité élémentaire de tous ces états?

On me dira que mon atome est matière, puisqu'il est impénétrable. Je répondrai, que mon atome est pénétrable en lui même, et que par son union intime avec un autre ou par sa fusion avec un autre (expressions qui *démentent* à l'impénétrabilité), faisant un tout minime de la matière, il constitue le *premier couple de la création* et qu' étant alors un fait accompli, exprimant un élément pesant de la matière, devient alors seulement impénétrable; que *deux atomes de la matière impondérable*, ainsi unis, forment un *atome pondérable* ou noyau élémentaire de la matière avec toutes ses propriétés de la divisibilité— parcequ'il se compose de deux atomes matériels quoique impondérables; parce que ces deux atomes vibrent continuellement par la force qui est leur âme vivante et peuvent se séparer et retourner à la force au moment de la décomposition des corps et qu'au moment de cette séparation et de ce retour à la force, leur état naturel, leurs *vibrations* deviennent tellement rapprochées, ils s'agitent avec une si grande vitesse, qu'ils deviennent étincelle électrique, qu'ils produisent les phénomènes de la chaleur et de la lumière de l'intensité du feu.

Eh bien, j'essaierai de prouver que même l'impénétrabilité est relative et qu'elle peut ne pas exister. Prenons un homme. Or l'homme comme matière est impénétrable. S'il occupe une place dans un moment donné, un autre homme ne peut pas occuper cette place dans le même temps. Que dirons-nous pourtant de ce fait, que, quoiqu'il ne puisse occuper en même temps un espace occupé par un autre homme, que pourtant des milliers de particules extrêmement subtiles, invisibles, entrent dans son économie par la voie de la respiration et de la digestion, gouvernent en lui, entrent dans de nouvelles combinaisons, se métamorphosent, chassent les autres particules de l'économie...? Que dirons-nous de cette unité matérielle qui s'appelle homme, de ce laboratoire, de ce théâtre d'une perpétuelle conception en lui-même, de cette succession de la vie et de la mort de la matière, en considérant, que chaque moment de l'union de deux atomes, que chaque moment de l'incarnation des atomes impondérables en lui et de l'élimination des atomes pesants et de leur remplacement par d'autres est un fait qui dément l'impénétrabilité.—Que dirons-nous de l'homme, que nous ne pouvons mieux comparer qu'à un esprit, qu'à une force de forme humaine invisible, qui entraînant dans le tourbillon de sa vie une masse incalculable de parcelles de la matière du monde extérieur, maintient chacune d'elles palpables et vivantes, pendant un instant pour la repousser au même instant et la vouer à la mort—qui lui marque sa place dans l'harmonie vivante de son être avec les autres, pour la constitution et le maintien de son existence physique, pour s'en séparer dans le même instant, — qui se fait visible et palpable au moyen de ces parcelles, qui se fait un être vivant, qui se fait modèle de la machine la plus compliquée dans la création, qui se fait *homme*, pour les chasser au même instant du théâtre de son être à jamais!

Nous parlerons plus en détails de ces admirables mystères dans le cours de notre ouvrage, pour le moment nous revenons à la question.

Ainsi donc l'atome est impénétrable, en tant, qu'il reste uni avec un autre et forme par cette union un élément pesant de la création. L'atome est la manifestation, est la révélation physique de l'attraction dans la répulsion, est une étincelle éléctrique, est lumière, chaleur, est le premier noyau de la matière, est une métamorphose de la force pure, est la *création!*

Pour mieux faire comprendre ma manière de voir au sujet de l'atome et du premier *couple* d'atomes et la rendre plus palpable, je ferai une comparaison.

L'homme pris en lui même fait l'unité—*existe*. La femme en fait une aussi et est douée d'une existence personelle et indépendante. L'homme toutefois envisagé devant la loi de la nature, qui a la continuité de l'existence pour base et pour but, ne fait pas une unité d'existence; car avec la cessation de son existence individuelle, la suite de la création se trouverait arrêtée; car avec sa mort, toute son existence individuelle et toute celle qui pourrait émaner de lui, serait à jamais interrompue; quoique sans l'homme et sans la femme séparément pris, il n'y a pas d'unité de l'être, il n'y a pas d'élément de la création.

L'union de l'homme avec la femme constitue une vraie existence; elle est une garantie de l'existence, car elle constitue l'unité élémentaire de la conservation de son espèce dans la création, car elle constitue un être parfait.

Même chose avec l'atome.

L'atome est et n'est pas matière comme la plus minime parcelle de la *matière* impondérable, avons-nous dit. Il n'est pas matière, car comme unité, il n'a pas les propriétés de la matière qui est divisible, sonore etc. etc. — L'union de deux atomes fait l'atome pondérable ou unité de la matière proprement dite, susceptible de la division, de la sonorité, de la compressibilité etc. L'atome impondérable étant l'élément de l'atome pondérable est le principe élémentaire, ou l'élément de toute la création.

Nous sommes donc arrivés au terme de la matière à sa plus minime parcelle indivisibles. Nous sommes arrivés à la limite extrême de la matière, où la matière s'échappant à nos sens et à toutes sortes d'investigations physiques, entre dans le domaine de l'idée, de la force pure, dans laquelle *l'idée* est le *verbe*, et le *verbe* est la *chaire;* nous sommes arrivés à l'idéal de la matière, nous somme arrivés à l'élément de la création—à *l'atome.*

Comme d'après l'état actuel de la science il y a 67 corps simples ou élémentaires et comme de raison autant d'éléments pondérables simples, il y aura aussi 67 différents *atomes pondérables*. Ce qui signifierait, que la force élémentaire aurait pu s'exprimer en 67 doubles rapports de son attraction dans sa répulsion ou que l'atome impondérable ou élémentaire a subi 67 métamorphoses.

Quant à moi, il existe un *atome pondérable—type* de la matière, et s'il n'y a que quatorze corps simples, tels que: l'oxygène, l'hydrogène, le carbone, le silicium, le magnezium, le chlore, le fer, le calcium, etc. qui en admettant le pouvoir de leurs atomes impondérables ou élémentaire de se métamorphoser à l'infini, suffisent pour expliquer l'existence et l'individualité des milliers d'êtres organisés et de leurs formes variables, les corps simples, moins riches en variétés et en nombre devraient-ils en avoir jusqu'à 67?

On regardait jadis la terre, le feu, l'air et l'eau comme principes ou comme corps simples; bien que la chimie moderne en ait trouvé jusqu'à 67 divers.

Ces 67 corps simples ne pourront-ils pas se réduire à un seul et même élément pondérable?

Les chimistes en assistant à la combinaison des corps, ne voyant pour toute transition et pour tout état intermédiaire entre la disparition d'un corps et la formation d'un autre, que la suite ou la succession des points lumineux infiniment petits (et encore pas toujours), trouvant seulement que certains principes ont *disparu* du corps soumis à l'action chimique, que d'autres principes sont restés isolés et qu'il s'est formé un corps nouveau doué de propriétés *nouvelles*, ont conclu: que tel principe s'est combiné avec tel autre et a donné naissance à un nouveau composé, dans lequel les propriétés de deux corps ainsi combinés sont profondément et essentiellement changés—

mais la chimie ne nous a point expliqué en quoi consiste cette modification *intime* et *essentielle*.

Or, appuyé sur le fait, que tous les corps organiques malgré leur variété infinie se composent de quelques principes seulement, tels que: l'azote, l'oxygène l'hydrogène, le carbone etc. et qu'ils se décomposent tous également en ces mêmes principes — qu'il est donc impossible d'expliquer leur variété si nombreuse rien qu'en admettant les combinaisons mécaniques seules de leurs principes entre eux, sans la métamorphose de leur élément ou de l'atome impondérable; appuyé sur le fait, que justement comme nous allons le voir en son lieu, les atomes des corps simples, comme le fer par exemple, est autre chose dans le corps humain que du fer chimiquement pur, qu'il y est à l'état morphoplastique, qu'il y est métamorphosé — qu'un atome simple peut devenir vivant dans un corps organisé et n'est pas le même par exemple, dans le corps d'un vieillard, d'un enfant, d'un animal et dans une plante; appuyé sur le fait, que l'atome impondérable par conséquent ou l'atome élémentaire des corps est infiniment plastique et qu'il peut constituer la parcelle extrême, indivisible de la matière impondérable ou de la force simple comme de l'intelligence et de la matière simple comme de la matière organisée.... je dis; que les atomes pesants des corps qui s'unissent chimiquement, ne conservent pas dans le corps qui est le résultat de cette union leurs propriétés individuelles, mais qu'ils se métamorphosent dans leurs atomes élémentaires; autrement, que lorsqu'un corps s'unit chimiquement avec un autre, l'oxygène par exemple, avec l'hydrogène, que dans le produit qui en résulte il n'y a plus ni oxygène, ni hydrogène, quoique par la voie de l'analyse chimique nous puissions retirer de l'eau et l'oxygène et l'hydrogène, mais, que ces deux corps simples, y sont devenus quelque chose, qui pris ensemble constitue l'eau, dans laquelle, je dirai pour la première fois, que l'oxygène et l'hydrogène sont métamorphosés ou que l'oxygène et l'hydrogène sont un certain état d'atomes impondérables ou élémentaires, donc communs à tous les corps, qui pendant la combinaison de ces deux gaz se transforment, entrent dans de nouveaux raports entre eux et apparaissent sous forme de l'eau — autrement, que les deux gaz se transforment pendant leur union en atomes impondérables en action ou en feu et que ce feu ou force physique se transforme dans ce cas en eau; finalement, que les atomes pesants se métamorphosent en atomes impondérables ou que la force se transforme en matière et que la matière se transforme en force.[1]

---

[1] „Lors d'une combinaison chimique, dit le R. P. Secchi pag. 153, il s'opère dans les corps de notables changements, sinon elles seraient des simples mélanges. Voilà pourquoi l'ancienne théorie, tout en admettant l'action de forces spéciales, croyait également aux changements dûs seulement à des réunions moléculaires de nouvelle formation. — Mais en quoi consistent ces changements? *A cette question il a été jusqu'ici impossible de répondre, car nous ne connaissons pas la nature intime des corps.* Si à la constitution des corps prend part un fluide spécifique formant des petits tourbillons autour de chacune des molécules, on comprend comment une combinaison peut jeter un trouble complet dans les atmosphères des atomes élémentaires, et établir un nouveau régime dans celles des molécules-composées; il se produira donc dans la masse à ce moment une grande agitation."

„Nous voulons actuellement faire remarquer une chose importante, poursuit le R. P. Secchi, c'est une certaine discontinuité *apparente*, facile à observer dans tous les phénomènes naturels. — En effet, les

Or, comme un atome, comme une molécule, en un mot, comme la matière n'est autre chose, comme nous venons de le voir, qu'un état, que l'expression sui generis, que la métamorphose de la force; l'atome et la molécule ayant leur source dans la force, doués en un mot, de toutes les propriétés de la matière par la force, qui constitue son être, sont entourés de la force, exhalent, si je puis m'exprimer ainsi, la force, au moyen de laquelle les atomes sont unis entre eux, comme les planètes, comme les grands systèmes solaires de la création.

---

changements ne se font par degrés *insensibles*, mais le phénomène paraît s'établir *brusquement*: ainsi lors de la solidification d'un liquide les capacités calorifiques changent *subitement*. Semblable chose arrive pendant une réaction chimique. Il importe de chercher quelle est la cause de ces *soubresauts* de la matière. Les brusques variations éprouvées par un corps en passant d'un état à un autre sont dues à des causes multiples: au moment de la liquéfation, ils peuvent s'expliquer par la délimitation apportée à l'amplitude des mouvements de translation; dans la solidification, rien n'empêche de les attribuer *à l'orientation des axes et au changement du moment d'inertie des molécules.*"

„La modification subite qui s'accomplit pendant une action chimique, est due certainement au moins en partie à des causes analogues; seulement l'effet porte sur des groupes moléculaires plus petits et de masse différentes; *toutefois le phénomène paraît être un peu plus complexe.* Ceux qui admettent les forces abstraites expliquent tous ces faits avec une grande facilité, en disant qu'ils dépendent de l'intensité des différentes forces d'affinité; mais si l'on veut donner une raison vraiment physique des phénomènes, je ne crois pas qu'il soit possible de la trouver dans les principes exposés jusqu'ici."

„Il nous reste toujours „termine le R. P. Secchi" à chercher quelle est la cause déterminante de la combinaison des atomes, car toutes nos connaissances sur ce point sont insuffisantes."

Je rapporte à dessin cette théorie du R. P. Secchi comme expression, entre autres, de l'état actuel de la science sur ce point.

La même loi de la métamorphose, tant de la force simple, que de la matière inerte, que de la force en matière et viceversa, qui nous a servi pour expliquer le mode de création du premier élément de la nature, — de l'atome, qui nous a servi à expliquer les mystères des combinaisons chimiques, s'applique à toute matière organisée et à toute force jusqu'à l'intelligence, comme nous le verrons en son lieu et à la création tout entière.

En revenant donc à notre question principale d'où quelques digressions nous ont éloigné, je dirai, que si la nécéssité voulait absolument qu'il existât jusqu'à 67 éléments pondérables ou divers atomes pesants de la matière, que dans ce cas un élément exprimerait, par exemple, comme 2 degrés d'intensité d'attraction sur 4 de répulsion, tandis qu'un autre serait la métamorphose d'un dégré d'intensité d'attraction sur 2 degrés de sa répulsion etc. etc. Cette manière de voir m'est personnelle. Est-ce que le progrès de la science va sanctionner ma théorie? Je n'en sais rien. Je sais seulement, qu'on ne peut ni poser, ni résoudre cette question d'une manière différente.

Lorsque tout dans la nature s'enchaîne et tend vers l'unité, lorsque dans les corps simples, la même force simple existe toujours avec ses propriétés invariables d'attraction et de répulsion, avec la différence dans le rapport entre ces deux propriétés, qui constituent toute la variété des propriétés de ces corps; en d'autres termes, puisque l'atome impondérable est l'élément de l'atome pesant et peut se métamorphoser à l'infini, pourquoi la matière n'aurait-elle pas aussi son type pesant unique, dont les métamorphoses nous expliqueraient la différence entre le 67 corps simples?

Sur cent millions de figures humaines composées de quelques données si simples comme le nez, les yeux, la bouche et le menton, nous avons cent millions de types divers de figures humaines...

Le même nuage brillant couleur d'arc-en-ciel, sera rouge de pourpre, ou nous surprendra par son éclat d'or.... et pourtant rien n'est changé dans ce nuage—toujours les mêmes parcelles d'eau assemblées et surnageant dans l'atmosphère, si ce n'est, que le rapport de molécules entre elles et par rapport au soleil, qui les éclaire de ses rayons, a changé.

L'eau comme nous l'avons déjà dit, se présente tantôt comme glace, tantôt comme vapeur et enfin comme gaz oxygène et hydrogène, et tantôt elle disparaît de notre vision...

Pourquoi donc un atome pondérable augmenté dans son nombre à l'infini, par les combinaisons purement mécaniques, en se groupant par deux, par trois, trois par cinq, un par huit etc etc—en admettant une distance plus ou moins grande entre ces atomes et entre les groupes ainsi composés, ou la puissance de la force nécessaire, pour maintenir ces atomes et les groupes composés avec, — en y ajoutant toutes les métamorphoses possibles de l'atome impondérable ou élémentaire et comme de raison de l'atome pesant *type* lui même, ne pourrait-il pas nous expliquer les variétés dans les propriétés tant physiques que chimique de nos 67 corps simples, puisqu'il nous les explique dans l'ordre plus élevé de la métamorphose de tous les êtres organisés; lorsque, comme nous le verrons dans ce livre, toute la création tant végétale qu'animale a pour type ou pour principe élémentaire l'atome impondérable ou l'atome proprement dit; seulement, que cet atome est moins organisé dans la plante et plus métamorphosé dans l'organisme humain, qu'il est plus proche de sa simplicité primordiale dans un organe de son être et plus organiquement développé dans l'autre [1]).

Mais passons à la philosophie de la force, tout en regardant notre théorie de l'atome comme suspendue pour le moment.

---

[1]) Six mois après la publication de la 1-re édition de ce livre, M. Claude Bernard a publié son rapport sur l'état actuel de la physiologie générale, dans lequel il fait dépendre le phénomène de l'apparition de l'intelligence et de sa disparition dans le cerveau de l'arrangement de sa matière primordiale. Je crois que le grand physiologiste français ne s'écarterait pas de la vérité s'il avait ajouté à sa proposition „du degré *et de la métamorphose de ces éléments primordiaux* et du nombre d'atomes simples entrant dans la composition des atomes du cerveau.

PHILOSOPHIE

DE

LA FORCE.

L'homme est placé dans la nature au centre de l'infini. Il voit d'un côté les mondes infiniment petits et de l'autre infiniment grands. — Tourne-t-il son regard vers le ciel, ou examine-t-il la nature au microscope, il sera toujours frappé par l'infini.—La matière même en apparence finie, lui paraîtra dans l'atome infinie.—Dieu et la force cosmique d'un autre côté, sont les deux extrêmes de son côté spirituel. L'homme est donc le centre de deux extrêmes de la nature, aussi bien sous le rapport physique, que moral; car, par sa nature physique tout borné qu'il est, il est infini dans l'atome, et par son côté moral il est borné par rapport à l'infini de la Sagesse et de l'Amour suprême; et si en rentrant en lui même il se voit petit et borné comme intelligence, en approfondissant toutefois sa source divine, en pénétrant dans l'esprit des générations passées et futures, en s'élevant à sa Cause suprême, il se sent une infinité, puisant son onction dans l'infini du Créateur.

Les lois de la nature émanant de la plus haute Sagesse, imprégnées de sagesse, en plaçant l'homme sur la limite de deux extrêmes de la nature—de l'infiniment grand et de l'infiniment petit, tant à la matière, qu'à la force, voulaient dans leur sagesse primitive, que l'homme en expliquant les mondes infiniment petits par des infiniment grands, l'infini par le fini, la matière par la force et la force par la matière arriva à la résolution de ces mystérieux problèmes.

Nous répétons depuis l'antiquité les mots *force* et *matière* et nous ne connaissons ni l'une, ni l'autre.

Avant de donner une juste idée de la *matière* et de la *force* dans le chapitre „*Dieu et la Nature*," autant que les lois de la nature le permettent, voyons ce que c'est que la *force* et quel est son *rapport* à la *matière*.

Il n'y a rien d'absolu, tout est relatif et conditionnel dans la nature. Le repos et le mouvement sont des choses relatifs et dépendent de la manière de les envisager. Ainsi, toutes les choses qui nous paraissent le plus immobiles à la surface de la terre, ne sont que dans un rapport relatif. Ce chêne qui est immobile devant nous, cette montagne touchant la voûte des cieux par son sommet immobile depuis des siècles, pouvons-nous supposer, qu'elle parcourt dans une seconde quarante fois plus d'espace que n'en parcourt dans le même temps un boulet qui sort du canon. Ainsi les arbres sont en repos par rapport aux montagnes et les montagnes sont en repos par rapport au sol et à la masse du globe; mais les arbres et les montagnes, sont emportés avec nous dans la vaste orbite de notre planète. — Cependant, en parcourant aussi vite les espaces du ciel nous ne pouvons pas juger de notre mouvement absolu, car il faut ajouter au mouvement de notre planète celui du système solaire, qui emporte dans son mouvement la terre, comme la terre emporte avec elle tout ce qui se trouve à sa surface; comme elle emporte son air et ses nuages, ses arbres et ses montagnes.

Les idées de repos et de mouvement, sont, comme idée d'impénétrabilité, des conceptions simples et primitives qui ne peuvent se définir. Le mouvement est *absolu* ou *relatif*, selon qu'on le compare à un espace absolu ou relatif.

Ainsi le repos et l'impénétrabilité des corps sont relatifs. La gravitaition et la pesanteur des corps envisagées de plus près ne sont autre chose que l'attraction [1]. Je dirai plus et je tâcherai de prouver, que les forces regardées jusqu'à présent comme *entités* indépendants, comme forces types, commes forces à part, telles que: l'attraction par exemple, la répulsion, la pesanteur, la gravitation, la cohésion, l'affinité, l'électricité, le galva-

---

[1] *L'attraction universelle* comme on sait, est une force en vertu de laquelle tous les corps de l'univers tendent sans cesse les uns vers les autres. Cette force agit sur tous les corps. Elle est réciproque entre eux et s'exerce à toutes les distances, ainsi qu'à travers toutes les substances. *L'attraction Universelle* prend le nom de *gravitation* lorsqu'elle s'exerce entre les astres; celui de *pesanteur* quand on considère l'attraction que la terre exerce sur les corps pour les faire tomber; tandis qu'on donne le nom d'attraction *moléculaire* à la force qui lie entre elle les molécules des corps (Ganot), celui de *cohésion* à la force qui réunit les molécules d'un même corps et celui *d'affinité* à la force qui lie les molécules de plusieurs corps simples pour constituer la molécule d'un corps composé (J. Pelouse. E. Fremy:). D'où *l'attraction universelle*, la *gravitation*, la *pesanteur*, la *cohésion* et *l'affinité* ne sont dans le fond qu'une seule et même force.

nisme, la chaleur, la lumière, la force organique végétale, la force organique animale ou la force de la vie, l'intelligence et l'âme, que toutes ces forces sont l'état relatif et conditionnel d'une seule et même force élémentaire — de la force type, envisagée seulement dans les différentes conditions de son être et vue dans les divers degrés de sa puissance, de son développement, de sa métamorphose, ou plutôt dévoilant ses propriétés élémentaires, par les divers états du monde physique, qui lui permettent dans de certaines circonctances de n'être que lumière, tandis que dans d'autres circonstances ils permettent à cette même lumière de briller d'intelligence.

Avant de nous acquitter de notre thèse, de l'unité des forces, tant simples, qu'intellectuelles et de leur indentité dans le principe; avant de démontrer leur identité avec la matière dans l'atome, voyons comment les savants ont défini la force et les forces diverses et si dans leurs définitions mêmes, nous n'allons pas trouver le germe de notre pensée: que l'*attraction-répulsive* est la force élémentaire type de toutes les forces de la création.

Ainsi „*Aristote*' considérait la chaleur comme une qualité qui réunit les choses homogènes, et qui désunit les choses hétérogènes." Réunir et désunir, notons le bien, veut dire: *attirer* et *repousser*...

Pouillet donne la définition suivante de la force: „Par le mot force dit-il, nous entendons des causes diverses, qui ont pour but de passer un corps de l'état de repos à l'état de mouvement et lesquelles modifient ce mouvement." Passer un corps de l'état de repos à l'état de mouvement, signifie aussi, attirer, ou repousser. — Modifier le mouvement, veut dire encore diriger ce mouvement, retenir la fougue du mouvement, veut dire en définitive *attirer et repousser*.

Boerhaave définissait ainsi le feu: „Un corps sui generis qui, a été créé tel, qui ne peut être altéré en rien et ne saurait être produit de nouveau *par aucun autre corps, ni être changé en aucun autre*, et dont les effets sont la chaleur et la lumière."

D'après Bacon et Newton „la chaleur n'était pas une propriété originairement *inhérente* aux corps, mais une propriété qui pouvait y être développée *mécaniquement*."

Il résulte de ces deux définitions, que ni Boerhaave, ni Newton ne connaissaient pas la nature intime de la *force*, ni de la *matière*, ni jusqu'à quel point la *force* est *matière* et viceversa.

Dufay regarde l'électricité, „comme composée de deux fluides ou de deux électricités; l'une résineuse et l'autre vitrée ou l'une *négative* et l'autre *positive*, l'une *attractive* et l'autre *répulsive*." C'est différent, car quoique ces deux forces ne puissent exister isolement, comme nous l'avons démontré dans le chapitre précédent, cette théorie donne toutefois deux forces opposées, nécessaires pour expliquer tous les phénomènes de la force. Il est à regretter, qu'elle ne les ait pas fondues en un être ou en une existence à part, aux deux propriétés distinctes et ne soit pas arrivée à l'élément de la force, ni à sa synthèse. Newton il est vrai a découvert la loi de la gravitation, mais il ne la considère pas lui-même, comme nous le verrons en son lieu, comme force élémentaire, car il encourage à en trouver deux ou trois propriétés distinctes..

Franklin en donnant la définition de deux électricités savoir: de l'électricité *positive* et *négative* ou de *l'attraction* et de la *répulsion*, n'admet pourtant qu'une seule force électrique, „*qui serait en elle même une répulsion*" ou qui agirait par la répulsion sur elle même et par l'attraction sur les corps pondérables.

Dans la définition de Franklin nous faisons un grand pas en avant, car, il semblerait qu'il touche à l'élément de la force. Dans sa définition toutefois, on sent une certaine incertitude dans la seconde moitié de la phrase.

D'après Franklin, chaque corps doit contenir une certaine quantité de fluide électrique dépendant de sa masse et de sa nature, afin qu'il y ait équilibre de l'électricité entre ce corps et tout ceux qui l'entourent, „que le frottement, par exemple, peut augmenter, ou diminuer cette quantité nécessaire pour l'équilibre, et le corps est alors électrisé positivement, ou négativement." Franklin est donc pour les deux forces comme Dufay.

Peltier n'admet ni les deux fluides de Dufay, ni les deux forces de Franklin. Selon lui, la cause des phénomènes électriques comme celle de la lumière et de la chaleur est une modification du fluide universel qui remplit l'espace et que tous ses phénomènes ne sont que les degrés différents du même état. Peltier ne nous dit pas toutefois en quoi consiste son fluide universel. Il dit seulement, que la force est en repos lorsqu'elle ne manifeste rien ou lorsqu'elle est inerte et que par le frottement d'un corps sur un autre on la fait sortir de cet état de léthargie et la mettre en action.

Faraday regarde le magnétisme comme électricité en mouvement etc. etc.

Nous voyons déjà par ces définitions, que la science a fait quelque pas vers l'unité de la force.

D'ailleurs il est reconnu aujourd'hui, que l'électricité,

le magnétisme et le galvanisme sont au fond la seule et même force.

„Nous nommons *lumière*, dit encore aujourd'hui la science, *cause inconnue* de la visibilité."

Cause *inconnue....!*

La science après avoir avoué ainsi son ignorance sur la cause de la lumière ajoute: que la lumière se produit d'une infinité de manières, que ses principales sources sont comme on le sait, le frottement, le choc, l'électricité, et les actions chimiques. — Nous savons aussi que les mêmes causes produisent la chaleur et l'électricité. Nous savons en un mot que la chaleur, la lumière, l'électricité, le magnétisme et le galvanisme, sont dus à un seul et même agent, mais dont la science ne donne pas la cause première, car si elle connaît l'effet des vibrations ou du mouvement des parcelles du fluide impondérable, qu'elle prend à tort pour des parcelles de la matière pesante, elle ne connaît ni la nature, ni la cause du mouvement.

Une haute température peut suffire aussi pour produire la lumière et nous savons qu'un corps solide devient lumineux quand il atteint une température de 5 à 600 degrés.—Nous savons, qu'en faisant chauffer le fer jusqu'à une certaine température, que ce metal, par le seule fait de l'élévation de sa température ou de l'accélération du mouvement dans ses atomes, va d'abord briller d'une couleur sombre, à peine perceptible, qui à mesure de l'élévation de la température ou lorsque ses atomes pesants se trouvent déjà en voie de transformation en atomes impondérables en mouvement, en passant par le rouge, l'orange, et le jaune, (lorsque toutes les couleurs sont au complet), deviendra enfin de couleur blanche. Ce qui prouve une fois de plus l'identité de ces deux fluides dans leur nature intime et que les différentes couleurs de la lumière ne sont que la métamorphose d'une couleur élémentaire ou d'une cause que nous signalerons plus bas, et que la couleur blanche est la synthèse de toutes les couleurs.

Je dirai, par parenthèse, que ce que je viens d'exprimer sur les différentes couleurs de la lumière et sur leurs métamorphoses, a une grand analogie avec les facultés de l'intelligence, telles que: la perception, l'attention, la mémoire, le jugement et la volonté, et que ces facultés d'une intelligence *une*, comme forces, ne sont que les métamorphoses successives d'une faculté intellectuelle élémentaire:—car lorsque dans des circonstances, que nous rapporterons plus loin, une de ces facultés apparaît, la perception par exemple, toutes apparaissent successivement les unes après les autres, ainsi: après la *perception* apparaît *l'attention*, la *mémoire* etc, — et lorsqu'une de ces facultés disparaît, toutes disparaissent et l'intelligence entière disparaît.

Le Père Secchi en étudiant la cause du *son* et de la *chaleur*, est arrivé à reconnaître, que le mouvement des parcelles de la matière produit le *son*; que les vibrations acoustiques sont comprises entre 30 et 50,000 vibrations par seconde; que lorsque ces vibrations arivent à 63 trillions par seconde, le *son* se transforme en *chaleur* et lorsque ces mêmes vibrations atteignent le chiffre de 63 à 946 trillions par seconde la chleur se transforme en *feu* etc. Le P. Secchi n'explique pas toutefois, comme nous venons de le voir, la cause, ni la nature intime du mouvement.

Les physiciens se partageaient jusqu'à ces jours

entre deux opinions principales sur la nature de la chaleur: celle de *l'émission* et des *ondulations*.[1])

Les uns la regardent comme un fluide matériel extrêmement subtil, impondérable, dont les molécules sont dans un état constant de répulsion, et sont sans cesse projetées dans toutes les directions et à toutes les distances, d'un corps à un autre. Ce fluide, qu'on a nommé calorique, existerait dans toutes les substances, accumulé autour des molécules, en s'opposant à leur contact immédiat. La plus ou moins grande quantité de ce fluide dans un espace donné, serait la cause du froid ou de la chaleur.

Les autres regardent la chaleur comme résultat des vibrations des molécules matérielles sur un fluide infiniment subtil et homogène, élastique, accumulé autour d'elles, appelé éther. Ces vibrations, suivant leur nombre et leur intensité, seraient la cause d'une température basse, ou élevée. Joung, Arago et Fresnel ont le plus contribué à faire prévaloir cette théorie, quoique cette théorie en tirant la chaleur de l'éther, c'est-à-dire, d'une matière déjà créée, ne donne pas la cause première de la chaleur, car elle n'explique ni la cause, ni la nature de l'éther.

Même chose dans l'état actuel de la science avec la *lumière*. Les uns n'ont pas cessé de regarder la lumière avec Newton, comme une matière extrêmement subtile, impondérable, traversant les corps transparents, impénétrable, relativement aux corps opaques, émanant dans toutes les directions des corps lumineux—matière par conséquent, qui a besoin des corps lumineux ou de la lumière pour

---

[1]) Voyez la Physique de Pouillet, Ganot, etc., etc.

se produire. Cette théorie comme nous voyons, ne donne pas la cause première de la lumière, parcequ'elle confond la cause avec ses effets et réciproquement; et surtout, parcequ'elle n'explique pas la nature intime de la matière impondérable à laquelle elle donne seulement le nom de *fluide subtil*, croyant tout dire.

Les autres n'admettant pas que la transmission d'un agent matériel puisse avoir lieu à d'aussi grandes distances soutiennent, que des vibrations nées des oscillations des molécules propres des corps lumineux autour de leurs positions d'équilibre, sont communiquées aux molécules, d'un fluide éthéré répandu partout; se propageant à travers ce fluide, elles arrivent à l'organe de la vue où en agissant sur la rétine déterminent la sensation qui constitue la vision.

Fr. Arago s'appuyant sur l'analogie de cette hypothèse de la transmission de la lumière par ondulation avec la théorie du son, d'après laquelle le son est aussi transmis à notre oreille par les vibrations des molécules d'air et la transmission de ces vibrations à travers les fluides et les corps pondérables, a adopté cette théorie de l'ondulation de Descartes, avec Young, Huyghens et Fresnel.

Or, nous avons vu, que la première opinion des savants, celle de l'émission des anciens, appuyée par Newton, comme forcée d'admettre la préexistence d'un corps lumineux ou qui a de la lumière[1], *ou de la lumière dans*

---

[1] Tous les corps, comme nous le verrons en son lieu, n'étant qu'un certain état de la matière impondérable ou de la force physique dont la lumière à son tour n'est qu'un certain état, ont de la lumière dans ses entrailles, dans ses atomes, vu, que les atomes en action d'une puissance donnée sont *lumière*.

la production de la lumière!! ne donne pas une explication suffisante sur la *cause première* de la lumière, et ne nous explique ni l'*origine*, ni la *nature intime* de ce fluide.

La théorie des ondulations d'un autre côté, tout en expliquant la formation mécanique des ondes et des rayons lumineux, *ne donne pas la cause de la première onde*, et en admettant dans l'explication de la cause première de la lumière l'existence de l'éther ou d'un fluide, ou d'une cause déjà existante, dont elle n'explique pas la nature, ni la cause première, ne donne pas non plus de réponse suffisante sur la *vraie cause* ou sur la *nature intime* de la chaleur et de la lumière.

Ainsi, la théorie admise par la science actuelle, tout en expliquant le mécanisme des phénomènes de la chose déjà créée, peut seulement en un seul point nous rendre service dans notre travail, touchant la question de la cause première de la lumière et de la thermicité, par l'adoption de l'existence d'un fluide homogène et universel: d'une substance en un mot *impondérable*, *subtile* et remplissant aussi bien l'espace, qu'entourant les molécules des corps, qu'en pénétrant les corps de toute la création; comme aussi par l'adoption de la loi, que la lumière aussi bien que la chaleur ou la thermicité, sont les fluides de même nature, qu'ils naissent de la même source, que leur vitesse par exemple, et leur mode de propagation sont les mêmes.

Quant à la formation de la première *onde lumineuse*, je dirai de suite, que de même que l'intelligence, que l'idée se concentre en elle-même, s'exprime, se *concrète* pour ainsi dire en elle-même pour s'exprimer, pour se rendre palpable et accessible à nos sens dans le *verbe*, pouvant se passer dans ce travail intime de tout agent étranger, excepté son *moi* ou sa volonté qui lui est inhérente, qui constitue son être; de même la force simple ou cosmique, ou l'éther de la physique moderne, relativement inerte, étant de la même nature dans le *principe*, que l'intelligence, ou l'idée, étant seulement un degré inférieur de l'idée dans le domaine de la métamorphose de la *force* (comme dotée dans sa nature comme l'âme de la continuité de l'existence ou de la vie), que la force dis-je, s'exprime en elle-même et sans interruption depuis le moment de sa création, savoir: qu'elle n'a cessé d'agir un instant depuis la création, que si elle semble ne pas agir, c'est que son action est seulement masquée pour nos sens par de certaines conditions de la matière; *qu'ainsi donc, la première impulsion de la force pour produire la première onde du rayon lumineux siège dans la force même, dans la continuité de sa vie,* dans les lois de sa nature, qu'elle gît dans la continuité des moments de sa vie, qu'il suffit en un mot de lever le voile qui masque son action à nos sens, pour que nous la voyions agir sans relâche depuis l'éternité.

Frotter un corps avec un autre, veut dire, dans mon langage, lever le masque à la force, qui, quoique à l'état d'apparente *inertie* entre deux molécules, n'est pas inerte, puisqu'elle tient ces molécules dans un tout commun et s'y trouve comme on dit, à l'état latent.

Il n'y a donc pas des forces *inertes*, des forces *mortes*, et des forces *vivantes*. *Tout vit dans la nature* et agit d'une façon, ou d'une autre, depuis le commencement de la création. D'où il résulte, que la *cause* des oscillations des molécules dans un corps donné, *gît dans l'attraction-répulsive en action permanente*, qui est leur âme et essence; car, comme nous l'avons vu, ni l'une de ces deux forces, ni l'autre, ne peut exister seule; que leur mariage constitue l'existence des corps par la constitution et par le maintien de leurs molécules dans une harmonie déterminée d'avance; que la matière impondérable ou l'éther qui entoure les atomes et les constitue, n'est autre chose que cette attraction-répulsive en action; qu'il n'est autre chose que la force en voie de métamorphose ou en action ou en mouvement; qu'il n'est autre chose qu'un état, qui tient le milieu entre la force pure et l'atome pondérable, que c'est l'atome proprement dit ou l'atome impondérable et qui est en mouvement ou en action, que c'est la *première onde* par conséquent, ou le *premier mouvement* de la force dans le monde de sens, et que les ondes suivantes avec les phénomènes de la lumière et de chaleur, phénomènes qui sont les manifestations de la vie de la force ou de la force en action ou en mouvement, ne sont que la *continuité ou la suite du réveil primitif de la force en sa source suprême, en Dieu, lors du moment de la création ou de son réveil à la création ou au monde de sens.*

Et comme ce réveil dans l'idée est spontané, individuel et embrasse l'idée entière; comme l'idée entière travaille dans un moment donné — pourquoi la première impulsion dans la force simple, qui remplit l'espace, ne serait-elle pas générale et n'embrasserait-elle pas la force cosmique tout entière à la fois, dans la direction d'un rayon déterminé? pourquoi ne serait-elle pas commune à un rayon de lumière donné et ne serait-elle pas réveillée spontanément et à la fois dans ses deux extrémités opposées?

Ce qui nous explique une si grande vitesse de la lumière et de la chaleur, pour laquelle on ne pouvait pendant longtemps à la surface de la terre, constater aucun intervalle appréciable, quelle que soit la distance, entre l'instant où un phénomène lumineux se produit et celui où l'œil le perçoit. Aussi, est-ce d'abord aux moyens des observations astronomiques seulement que l'étude de cette vitesse pouvait être logiquement confiée. Enfin de nos jours Foucault et Fizeau sont arrivés à la déterminer expérimentalement et ont trouvé, qu'elle est pour le premier de 74500 lieues de 4000 mètres par seconde et pour le dernier de 78800 lieues de 4000 m. par seconde.

Je prends l'exemple suivant. Un télégramme, s'il n'y avait pas de stations ou de moments d'arrêts dans le cours de l'électricité, s'il n'y avait pas de molécules dans la matière du métal qui sert sous forme de fil, de conducteur à la dépêche — que nous regardons comme autant de stations sui generis ou autant de points d'arrêts, dans le cours de l'électricité (et n'oublions pas, qu'il y a des corps qui coupent le cours de l'électricité en lui faisant une barrière infranchissable, comme les mauvais conducteurs de l'électricité), le télégramme dis-je, traverserait l'univers entier dans un moment. Le moment de l'émission d'un signal, celui de son parcours de l'univers et sa réception, ne serait que l'effet d'un seul instant. Même chose avec *l'idée*, qui, pour un certain nombre de stations ou d'obstacles, n'est pas toujours d'égale rapidité, ni d'égale lucidité, et le plus grand de ces obstacles, c'est, qu'elle est emprisonnée dans la matière ou plutôt qu'elle est emprisonnée dans un organe matériel, dont la plus ou moins parfaite organisation est intimement liée avec la lucidité de l'idée, et que tous les cerveaux ne se ressemblent pas, et même que le cerveau du même individu n'est pas le même ajourd'hui, qu'il a été hier, qu'il sera demain...

Or, ce que nous disions du télégramme, ce que nous venons de dire par rapport à l'idée, s'applique à la lumière et à la chaleur et que si le R. P. Secchi attribue tous les phénomènes de la force *au mouvement de la matière*, c'est que la matière comme nous l'avons dit, étant un état de la force, étant une métamorphose de la force, exhalant la force, et vivant par la force, se meut et oscille par la force: car ce qu'il y a de plus éternel dans la matière, c'est la force: parce que la matière se change et la force élémentaire reste. Je dis la force élémentaire ou l'attraction-répulsive, car les autres forces et le P. Secchi l'a démontré pour les divers ordres ou états de la force simple, ne sont à leur tour que la métamorphose de cette même cause élémentaire.

Je reviens donc à la question et je dis, que la même chose a lieu avec la lumière et avec la chaleur, comme avec l'électricité, comme avec l'idée. Qu'il y a des corps transparents, qu'il y en a de demi-transparents et qu'il y a des corps opaques; qu'il y a de bons et de mauvais conducteurs de la lumière et de l'électricité ou stations ou entraves ou points d'arrêt à son cours. Que les corps se composent des molécules, et que ces dernières se composent des atomes pesants qui sont autant de stations. Qu'en calculant la vitesse de la lumière ou de la chaleur, nos formules ne donnent pas la vitesse de la lumière par exemple, dans le sens intime du mot, mais qu'elles donnent le *nombre des stations et des moments d'arrêt dans son cours en un temps donné*. Que la vitesse, je le répète, de la lumière sans ces stations ne connaîtrait ni temps, ni espace. Qu'en recherchant la cause de la première onde lumineuse entre les molécules, nous indiquons seulement le moment de l'effacement de la cause, qui voilait pour nos sens le cours de son action dans une direction déterminée: car, cette action est comme nous l'avons dit, *continue* et *éternelle* comme la création, et qu'elle a reçu la première impulsion à l'action du Créateur même, au moment de la création.

Ainsi donc, la théorie du mouvement ondulatoire de Descartes, d'Euler, de Huyghens, de Fresnel, de Faye et du R. P. Secchi, ce dernier considérant le mouvement de la matière, comme cause première de tous les phénomènes physiques de la force, quoique ingénieuse dans l'explication des phénomènes de la lumière, de la chaleur, de l'électricité, du magnétisme et des forces moléculaires, quoique entre les mains du R. P. Secchi donnant pour la première fois au monde étonné une synthèse des forces physiques, regardées jusqu'à ce jour comme entités, comme existences à part, n'est pas satisfaisante pour nous; car elle ne nous donne pas la *cause première* de la *force*, ni de la *matière*, ni de la *création* (en fait de force, depuis les forces simples jusqu'à l'intelligence et en fait de la matière, depuis la matière brute jusqu'à l'homme); car elle ne nous donne pas la synthèse de toute la création; car elle ne nous donne pas un mot de réponse sur la nature intime de la force et de la matière, ni sur le rapport de la force à la matière.

Mais ne devançons pas les faits, suivons le cours de notre idée.

Or, Becquerel prétend et avec raison, que tous les phénomènes de la phosphorescence ou de la production spontanée de la lumière entre les molécules d'un corps en décomposition lente, sont le résultat de la neutralisation de deux électricités (son expression), qui s'opère entre les molécules dont un corps donné est le théâtre etc.

D'où il résulte, que toute séparation de deux molécules, produit la lumière, qui pour de certaines causes sera une fois visible et une autre fois invisible.

La phosphorescence, que je regarde comme un état particulier de l'électricité, serait donc une manifestation lente et continue de l'action de la force présidant à la désagrégation, à la séparation, ou à l'union des molécules entre elles dans un corps donné et *l'attraction dans sa répulsion en action serait lumière et chaleur…!* Pensée féconde, que nous tâcherons d'appliquer dans notre théorie du soleil en tant, comme centre d'un système des corps maintenus dans un tout harmonieux, au moyen d'une force en action continue, qui se concentre dans le point occupé par cet astre.

La physique moderne en parlant en général des causes de la lumière, de la chaleur, de l'électricité, du magnétisme, du galvanisme etc., leur assigne comme sources le soleil, les actions chimiques, le frottement, le mouvement etc..., oubliant, qu'elle n'exprime en beaucoup de mots qu'une seule et même chose ou plutôt qu'elle indique les sources, mais qui, philosophiquement parlant, ne sont au fond que la seule et même chose.

Car, la force qui préside aux combinaisons et aux décompositions chimiques entre les molécules d'un corps donné, est exprimée sur une échelle gigantesque dans le centre du système solaire ou système de corps ou molécules célestes, occupé par le soleil, et le frottement est dans le fond la même opération qui se passe entre les molécules pendant les actions chimiques—diversité de forme et de langage, identité dans le fond de la chose.

Enfin l'illustre P. Secchi, par l'analyse des trois ordres de phénomènes, constituant les forces regardées jusqu'à présent comme autant d'entités à part, tels que: lumière, chaleur et électricité, a démontré l'identité de ces forces dans le principe et les a ramenées à une cause ou principe élémentaire unique — au *mouvement* de la matière.[1] Fait, qui existait déjà en principe dans l'esprit de Cuvier[2] et de Galilée.

Ainsi la science est arrivée à la synthèse des forces simples et nous enseigne, que leur *élément* ou *cause première* est le *mouvement*.

Examinons, si le mouvement de l'illustre physicien de Rome est l'élément des forces simples ou s'il n'est qu'un phénomène à son tour de l'élément des forces simples et quel est le vrai *élément* de la force physique.

Or, si nous montons dans une voiture, ou si nous entrons dans une nacelle, ni la voiture, ni la nacelle ne bougeront de place. Que faut-il pour les mettre en mouvement?

Que faut-il faire pour leur imprimer un mouvement, pour les faire avancer? Il faut ou les pousser, ou les attirer. Que font les chevaux traînant une voiture? Les chevaux l'attirent vers eux, par la concentration de leur force individuelle, ayant le sol pour point d'appui ou de repos ou d'équilibre. Que fait le batelier avec sa nacelle pour avancer sur l'eau? Il s'appuie au moyen de sa rame à une couche d'eau, il se place au moment du repos relatif ou de l'équilibre de la force et une fois attiré en lui-même, par la concentration de sa propre force, une quan-

---

[1] L'unité des forces physiques. Paris 1869.
[2] Histoire du progrès des sciences naturelles.

tité de la force surpassant la résistance de la nacelle, par la répulsion en lui-même de cette force du point qui lui servait d'appui, par sa répulsion subite en elle-même, il donnera un mouvement à la nacelle en avant.

Si nous nous rendons à présent au champ de manœuvres, pour assister aux exercices des soldats, nous apercevrons, qu'il y a des instants, où nous les verrons immobiles et puis, exécuter de brusques mouvements, suivis de changements complets dans leur rapports réciproques. Que font-ils ces soldats pour faire ces mouvements? Ils concentrent, chacun en lui-même une certaine dose de sa propre force pour la repousser en elle-même au même instant ou pour l'utiliser dans un but déterminé — travail intérieur et intime, qui a pour effet le mouvement. D'après Secchi et Tyndall, le mouvement est ici synonyme de la force et si ce mouvement a une certaine vitesse dans les molécules de la matière, que je représente par nos soldats, il changera en son, en chaleur, en lumière, en électricité etc. etc. D'après ma manière de voir le *mouvement* brusque ou lent des molécules, (de nos soldats), ne constitue pas la force, mais bien les phénomènes d'une cause invisible et qui pour nous est l'attraction-répulsive en action dans ses atomes, dont sont tissés les atomes pesants. Il en résulte, que chaque fois, que pour des motifs quelconques, ces atomes se trouvent libres, comme ils sont des parcelles de la force, ils seront par cela seul en action, qui sera suivie pendant leur transformation en matière de mouvement et donnera les phénomènes de la chaleur et de la lumière. Ou pour mieux dire, que chaque fois, qu'un corps se transforme en un autre corps ou qu'un système d'atomes constituant un corps se transforme en un autre système, ces atomes étant en liberté, sont en action (comme force) et engendrent les phénomènes du mouvement, de la chaleur, de la lumière etc. etc.

Ainsi, le mouvement n'est pas l'élément de la force, mais bien son effet; il est comme nous venons de le voir la conséquence, l'effet de l'attraction dans la répulsion.

Nous dirons donc, que ce n'est pas le mouvement qui est l'élément des forces physiques, mais bien une force, que nous avons appelée *atraction-répulsive*.

Et comme le mot *homme* ne signifie rien par lui-même, mais nous donne l'idée d'un être animé et intelligent; nous voulons qu'on ne s'attache pas ici à l'expression, mais à un fait, à la force, aux propriétés de la force que cette dénomination exprime; que l'on considère la force non pas comme un *nom*, mais comme un *fait*, comme un *être*, qui a son existence.

En écrivant la synthèse de la création, je ne serai pas accusé d'être pour les *entités*, et de créer des *entités*. Je dirai donc d'avance que mon *attraction-répulsive* est un *état*, qui sans être *entité*, comme nous le verrons plus loin, fait un entité dans la création; comme l'homme, comme je l'ai déjà dit, comme la plante en fait un, sans empêcher pour cela que la création ne fasse qu'un *tout* parfaitement *un* et *harmonieux*.

Ainsi le *mouvement* n'est pas la cause première, mais un phénomène de la force en action; comme la lumière et la chaleur, comme nous le verrons plus loin et comme je viens d'essayer de le prouver, ne sont pas force, mais bien les phénomènes de la force en action; que la lumière n'est pas comme le veut le R. P. Secchi une matière en mouvement, mais qu'elle est le résultat ou le phénomène de *l'attraction-répulsive* en *action*, ou de la force physique ou de la matière impondérable vibrant par la force;—en d'autres termes que la lumière, la chaleur, l'électricité, le magnétisme etc. sont identiques par leur base, car elles sont toutes force physique en action ou en mouvement dans ses atomes et ne diffèrent entre elles, que par la plus, ou moins grande vitesse d'action de cette force dans ses éléments et par le degré de sa métamorphose.

Je m'explique.

La chaleur ne donne pas la lumière, mais désagrège, éloigne, divorce, met en liberté les atomes impondérables constituant les atomes pesants, lesquels atomes impondérables une fois émancipés et libres, entrent au même instant *comme force*, en action, laquelle action est suivie de mouvement, lequel donne les phénomènes de la *lumière*, ou de la *chaleur*, ou de l'électricité, ou de l'intelligence—selon la plus, ou moins grande vitesse dans l'action de ses atomes impondérables et le degré de la métamorphose de la force élémentaire.

Il en résulte, contrairement à l'opinion du P. Secchi, que ce n'est pas le mouvement de la matière pesante qui engendre les phénomènes de la lumière, de la chaleur, de l'électricité et d'autres forces physiques, mais bien que c'est l'action des atomes ou des parcelles finalement indivisibles de la force même dont est tissée la matière, qui est cause des phénomènes des forces et qui les constitue et que la différence entre les forces, depuis la lumière jusqu'à l'intelligence dépend de la vitesse d'action des atomes de la force et du degré de sa métamorphose.

D'où il résulte, que le temps compris entre le changement d'un système d'atomes, constituant un corps, en un autre système, ou entre la transformation d'un corps en un autre, constitue la durée d'action de la force — procédé, qui constitue pour nous, comme nous avons expliqué dans le chapitre précédent, la *combustion*.

La lumière semble au premier abord ne pas avoir de prise sur la matière et ne pas avoir d'influence sur l'éloignement de ses molécules ou sur le réveil de leur action, qu'elle ne peut pas réveiller l'action dans une force qui se trouve dans un repos apparent — qu'elle est sans influence sur les forces organiques et sur l'intelligence!

Or, laissant de côté les expériences dans lesquelles la lumière seule suffit pour opérer une combinaison chimique, exemple: le gaz hydrogène et le chlore s'unissent avec détonation sous la seule influence de la lumière solaire et donnent un composé d'acide *chlorhydrique*; si je passe sous silence toute la photographie, cette admirable découverte, qui est toute basée sur l'influence de la lumière sur la matière; si je passe sous silence les faits dans lesquels la lumière seule décompose les composés chimiques et comme de raison éloigne les molécules dans un corps donné, y détermine les métamorphoses tant dans la force élémentaire que dans les molécules des corps simples, où la lumière par conséquent, appelle la force à l'action... voyons ce que deviendrait la nature toutentière organique, tant végétale, qu'animale sans cet agent modificateur puissant, ou abstraction faite des phénomènes lumineux de la force occulte, qui pour de certaines conditions de la matière au milieu de laquelle nous la voyons, nous apparaît comme lumière et qui apparaîtra dans d'autres conditions comme chaleur, comme magnétisme, comme intelligence; voyons ce que deviendrait la nature tout entière sans cette force, qui apparaît à nos sens et vivifie toute la nature sous forme de lumière?

Entrons dans un appartement sombre, descendons dans une cave et après y avoir séjourné quelque temps rentrons dans un appartement bien éclairé ou qu'une matinée claire et sereine nous réveille et nous verrons de quelle accablante tristesse nous sortirons pour passer à une joie pure et enchanteresse, quel sentiment d'espoir et de béatitude ne se réveillera-t-il pas en nous, comme nous nous sentirons libres et joyeux, comme notre intelligence sera fraîche et lumineuse, comme notre corps sera frais et dispos, comme nous sentirons toutes nos forces animées. Le temps serein et clair élève l'âme et convie toutes nos forces à l'action, il réveille dans l'oiseau une béatitude qui se répand en gazouillement mélodieux, il élève le front du sauvage vers le soleil et lui fait honorer le Créateur La lumière excite et réveille visiblement jusqu'aux facultés de l'intelligence, étant en principe la même force que l'intelligence.

L'intelligence n'est pas lumière, la lumière n'est pas chaleur, la mémoire n'est ni instinct, ni jugement; la volonté n'est pas la digestion, ni la respiration; la lumière toute fois comme la chaleur, comme la digestion, comme l'intelligence sont les forces de la même espèce en principe, sont dans le principe, *une attraction-répulsive*.

La lumière est une condition *sine qua non* de la vie des plantes, des animaux et même de toute la création en ce sens, qu'étant un ordre donné de la métamorphose de la force depuis la force type jusqu'à l'intelligence, si cet ordre, si ce degré dans la force manquait, la métamorphose ou le développement de la force se trouverait ainsi coupé et il n'y aurait plus de forces supérieures, il n'y aurait plus ni forces organiques, ni facultés intellectuelles! Toute force dans des circonstances données, peut se convertir par la voie de la métamorphose en une force au dessus d'elle-même; toute force supérieure n'est que le développement, que la transformation de la force inférieure. La nature serait estropiée non seulement si la lumière manquait, mais s'il lui manquait un seul ordre des forces, elle ne pourrait plus exister. — Voyez l'homme, ou une plante gardés pendant un certain temps dans l'obscurité, quoiqu'on ne peut s'imaginer une obscurité absolue, l'homme sera anémique, bouffi, malade; la plante perdra de *sa verte fraîcheur — elle sera malade, mourra*. La lumière est partout et toujours, seulement à un degré plus ou moins élevé. Je dirai encore une fois, qu'il est même impossible de se figurer par la pensée, la non existence d'un ordre de force quelconque sans la mort de la nature.

La lumière et la chaleur ne sont pas force, mais comme phénomènes de la force physique en action elles l'accompagnent dans sa fougue dans l'action ou dans sa métamorphose, qui dans la nature est continue.

Elles sont donc d'inséparables et intimes phénomènes *sui generis* de la matière *impondérable* en action; elles diffèrent comme je l'ai dit plus haut, entre elles en tant, qu'elles se manifestent par différentes facettes du *prisme-nature*, à travers lesquelles vient avec elles la force élevée à tel, ou tel autre degré de la métamorphose dans la création.

La lumière n'est pas chaleur, la chaleur n'est pas lumière, la lumière n'a pas de température en jugeant la chose d'après ses manifestations. — Puisque toutefois le *modus faciendi* de la chaleur et de la lumière est le même, savoir: puisque l'une, comme l'autre sont forces et peuvent réveiller la force à l'action ou au mouvement; étant donc différentes comme phénomènes, elles sont identiques dans le principe. Il y a donc des conditions dans lesquelles une fois le réveil de la force en elle-même à l'action ou à la conception, (pour se métamorphoser en matière), sera lumière, une autre fois chaleur, une autre fois chaleur et lumière, une autre fois ces forces vont toutes ensemble, ou séparément faciliter la digestion, ou soutenir et même remplacer les forces organiques, etc., ce qui ne conteste pas l'unité de toutes ces forces dans le principe: qu'elles expriment la même force de différentes manières et dans différentes conditions.

La lumière, la chaleur etc. etc., sont donc des phénomènes de la matière impondérable en action, sont des manifestations du fluide infiniment subtil en mouvement, ayant la force pour essence, pour base, pour âme—laquelle en déterminant en lui ce mouvement, enfante les phénomènes en question au moment de se métamorphoser en atome pondérable ou de s'incarner dans la matière proprement dite.

Quant à l'élément de la force simple, c'est donc un esprit aveugle, c'est une volonté passive, c'est la loi de la nature,[1]) *réduite dans sa plus simple expression à l'attraction-répulsive—lequel esprit, laquelle volonté passive dans la force simple est active dans l'intelligence, se connaît et s'élève à Dieu ou au principe actif de l'esprit passif de la force simple.*

La chaleur et la lumière etc., prises comme entités, sont des états impondérables intermédiaires entre la force considérée comme esprit pur et l'atome pondérable, et constituent les agents physiques ou les forces physiques.

---

[1]) Nous donnerons l'explication de cette définition dans le chapitre qui traite la *définition de la force*.

Tyndall ayant isolé les rayons calorifiques obscurs de la lumière des rayons lumineux, en leur faisant traverser une dissolution d'*iode* dans le sulfure de carbone a obtenu des phénomènes d'incandescence; car il pouvait allumer le bois dans l'obscurité avec les rayons calorifiques obscures de la lumière ainsi isolé. Je connais des physiciens qui voient dans cette expérience une différence tranchée entre la lumière et la chaleur. — Pour moi, ce n'est pas une différence, mais au contraire la plus grande preuve de l'identité de la chaleur et de la lumière dans le principe, puisque la chaleur dans certaines conditions peut remplacer la lumière, puisque la chaleur peut se transformer en lumière et réciproquement.

Toute température depuis la plus basse, jusqu'à la plus élevée peut devenir lumière; car au fond elle n'est autre chose que la lumière. — Je dirai même plus, je dirai, que partout où l'on trouvera une température quelconque, il y aura aussi lumière tantôt visible et éclatante, et tantôt cachée ou voilée ou invisible; que partout où il y a de la lumière, la chaleur doit être aussi et que nous manquons seulement d'instruments assez délicats et sensibles pour apprécier ses degrés — pour voir dans les mysterieux ténébres de la nature.

Si je dis par conséquent 2, 3, 10, 50, 5000 degrés au dessus de O; si je dis 10, 30 degrés au dessous de O, cela reviendra au même, et ne va pas démentir la vérité, car il y a partout et toujours de la lumière!

Une si grande différence entre les forces et une si grande analogie entre elles!

Que cette analogie n'ait pas servi jusqu'à présent à faire reconnaître l'unité et l'identité dans le principe de toutes ces forces ou états impondérables en action ou fluides animés, avec une différence dans leur phénomènes; qu'elle n'ait pas servi à reconnaître le principe élémentaire actif commun à toutes ces manifestations si dissemblables au premier abord?

Peltier et Secchi sont allés loin, mais ce dernier a embrassé seulement la lumière, la chaleur, l'électricité, le magnétisme et les forces moléculaire dans sa synthèse, et encore après avoir dit, que ces forces ne sont que des *modes* du mouvement de la matière il se demande,[1] en outre la matière pondérable existe-t-il oui, ou non un fluide coopérant aux phénomènes présentés par la matière commune?" comme si un fluide et la matière n'étaient pas matière et comme si la force devait avoir absolument une consistance fluide. — La force comme je l'ai déjà dit n'a rien de matériel, quoiqu'elle ait du pouvoir sur la matière — quoiqu'elle engendre la force physique, ainsi que la matière, et que la matière en soit la concrétion, la métamorphose.

Nous avons démontré que les forces physiques, telles que: la chaleur et la lumière se transforment en forces organiques.

Geoffroy Saint-Hilaire, comme nous allons le voir bientôt, a ramené les animaux vertébrés, malgré tant de différences dans leur organisation, à l'unité de type. Ce qui est déjà un grand pas dans la synthèse de la création.

Mais revenons aux corps simples et aux forces simples.

Or, toutes les propriétés générales des corps, com-

---

[1] Ouvrage cité p. 156.

me la gravité, la pesanteur, la divisibilité, la sonorité, la dilatabilité, l'élasticité etc. etc. se laissent remplacer par le terme d'attraction-répulsive; car elles ne sont que l'expression d'un certain rapport et d'un certain mode d'être de ces deux propriétés de la même force simple entre les molécules des corps...

Nous savons, que l'attraction entre les molécules des corps solides est si grande, que si nous prenons deux dalles de marbre bien polies et si nous les mettons l'une sur l'autre, ces dalles se colleront si bien ensemble, qu'il nous faudra employer une grande force pour vaincre leur adhésion *méoaniquo*.

Quant aux corps solides et liquides, cette tendance à s'unir est plus grande encore; car il suffit de plonger un corps solide quelconque dans un liquide pour en enlever une partie qui y restera attachée.

Les liquides s'unissent entre-eux très-facilement par la voie mécanique. — Tant est grande parmi les corps simples la tendance à s'unir entre eux.

Les gaz malgré leur nature centrifuge s'unissent entre eux par le seul contact.—Ils s'unissent plus facilement lorsque nous les ramenons à l'état liquide. Je parle toujours de l'union mécanique, qui peut même devenir très-facilement chimique: car il suffit par exemple, d'élever la température de l'oxygène et de l'hydrogène à un certain degré, pour qu'ils s'unissent chimiquement et se convertissent en eau.

La cristallisation donne la meilleure preuve de l'attraction naturelle et spontanée entre les molécules d'un corps donné en dissolution dans un liquide.

Or, la force qui unit ainsi les corps, unit aussi leurs molécules.

Je ferai toutefois remarquer à cette occasion que je regarde la force d'*affinité* ou celle qui unit les molécules de différents corps simples dans un corps donné, qui au moment des compositions et des décompositions chimiques va abandonner une molécule pour aller à la recherche d'une autre, qui va jusqu'à l'arracher à une autre, qui la tenait unie à elle, que l'affinité dis-je est d'un ordre plus élevé que la cohésion et qu'elle préside dans toutes les compositions et décompositions chimiques, que c'est toujours *l'attraction-répulsive*, quoique plus intelligente dans sa sphère que la simple attraction.

On peut décomposer l'eau comme nous l'avons déjà dit, de différentes manières. Ainsi, nous pouvons obtenir son analyse au moyen du zinc, de la pile de Volta, de potassium, du fer passé au rouge etc. etc.

Je prends l'analyse de l'eau par le zinc.

Il faut trois corps pour cela: l'eau (corps composé), le zinc et l'acide sulfurique (corps composés).

Si nous plaçons tous ces trois corps ensemble dans un vase en verre, chaque molécule de la surface du zinc touchant à l'eau, va attirer comme le voulait jusqu'à présent la science, une molécule d'oxygène de la molécule d'eau, qui lui était la plus rapprochée et mettra l'hydrogène en liberté—qui, plus léger que l'air va atteindre la partie supérieure du vase. D'après ma manière de voir tout atome pondérable ou tout couple d'atomes de la superficie du zinc, retournera comme nous l'avons dit, à moitié route à son origine ou à la force physique; va se divorcer pour ainsi dire avec sa moitié ou avec l'atome proprement dit, qui passera au même instant à son état primitif, à l'état impondérable, à l'état d'une parcelle d'éther en mouvement ou en action, retournera à l'état, que les physiciens appellent force, ou chaleur, lumière, etc. etc. ou matière impondérable en vibration — passera à la lumière et à la chaleur, passera à une étincelle électrique, à l'éther, et en rencontrant dans cette voie un atome d'oxygène de la molécule d'eau, qui lui aussi a subi la même métamorphore de retour à la force, à une étincelle électrique, à l'éther en vibration, s'uniront, en donnant naissance à un atome ou à un couple d'atomes d'un nouveau corps pondérable.

En parlant du retour de la matière à moitié route à la force, j'entends par *la force*, comme nous le savons déjà non pas la force physique, ou demi-matérielle, impondérable, mais son essence, son esprit, son âme, qui agit en elle. Il en résulte que la lumière et la chaleur ne sont ni *force pure*, ni *matière pesante*, mais elles sont des états intermédiaires entre la force regardée comme *esprit créatur* et la matière pondérable, sont force physique au moment de son action, au moment de sa conversion en matière, sont donc une matière pas définitivement formée et pour cela elles sont des modes d'être d'une matière impondérable.

Nous ne pourrions jamais présumer l'existence de l'état impondérable d'un atome, ni deviner que l'atome pesant se transforme en atomes impondérables, qu'il passe à un état, qui a pour phénomène la chaleur et la lumière, et qu'il se transforme en *force physique*, que la matière pesante se transforme en force physique, si un myriade d'atomes d'une surface donnée de la matière, si un corps tout entier ne passait pas quelque fois à l'exemple de la poudre à canon enflammée à l'état de la matière impondérable ou à l'éther, pendant une action chimique des corps et ne donnait pas naissance aux phénomènes de la lumière et de la chaleur ou du feu. — Car, s'il se forme de la fumée pendant cette combustion de la poudre et s'il en reste un résidu noir après, cette fumée et ce résidu n'est pas de la poudre, mais bien un corps nouveau, créé pendant le passage de la poudre par le feu ou par l'état impondérable. Dans une barre de fer chauffée à blanc, les atomes impondérables du fer sans cesser de former les atomes pesants du fer, quoiqu'ils y soyent jusqu'à un certain point emancipés, se trouvant dans un mouvement extrêmement acceléré, donnent les phénomènes du *feu* où de la force physique en action. Ainsi les atomes pesants du fer ou le fer proprement dit se transforme en atomes impondérables ou en force physique. La bougie allumée et qui sera bientôt consommée ou qui passera bientôt d'un bout à l'autre par le feu pour disparaître à jamais, laisse entre autre produits sur une soucoupe en porcelaine tenue au dessus de sa flamme une tache de suie, ou un corps, dans lequel les éléments de la bougie sont profondément changés et transformés.

Il en résulte, que l'atome pesant se transforme en atome impondérable ou élémentaire ou que la matière se transforme en matière impondérable ou en force simple et réciproquement et que l'existence de l'atome est *compatible avec la plus haute température;* ou en d'autres termes, que la plus haute température non seulement ne détruit pas *l'atome* ou *l'élément de la nature*, mais que cette température de feu constitue un de phénomènes de son existence — bien, qu'il suffit d'une température de 100 à 130 degrés pour détruire la vie d'une cellule ou d'un germe organique. Ce qui nous explique encore, que quoique l'atome simple ou élémentaire, comme tout corps céleste, comme nous le verrons en son lieu, ait été au moment de la création, ou au moment de la métamorphose de la force spirituelle en matière à l'état de *feu*, qu'il est une *parcelle de feu* ou de la *matière impondérable* ou de la *force* en action; que non seulement l'élément vivant de la création ne s'y est pas trouvé détruit, mais que cet état de feu n'était que cet élément même, qu'une condition *sine qua non* du commencement de la création ou de la transformation de la force pure en matière — Un atome, dis-je, ne peut être attaqué même par le feu, parceque le feu n'est que l'atome en action ou en mouvement extrêmement accéléré, parceque le feu n'est, que le phénomène de son état naissant ou de la force physique en action, parcequ'un atome d'oxygène par exemple, une fois formé ou sorti de la température d'une étincelle électrique ou de l'état impondérable en mouvement, introduit dans notre économie et assimilié, comme parcelle constituante de l'eau par exemple, ne tardera *pas* à y revivre et à prendre le rang ou le degré du développement organique, dépendant de l'importance de l'organe dans lequel il s'est trouvé fixé. — D'où nous concluons, tout en nous promettant d'y revenir dans le cours de ce livre, que l'atome est un entité vivant et compatible avec le feu: puisqu'il est force active comme chaleur, lumière et électricité, puisqu'il constitue une parcelle extrême et indivisible de l'état impondérable vivant — infiniment plastique, puisqu'il peut se changer comme nous l'avons dit, à l'infini et revêtir la vie organique des milliers des variétés de toutes les plantes et de tous les animaux, dans toutes les nuances de leurs âges et dans toutes les conditions de leurs existences [1]).

L'éther est donc pour nous un monde de moitiés d'atomes pondérables, ou de *couples d'atomes* en voie de leur union, de leur incarnation ou de leur transformation en matière pesante; est un monde de particules impondérables liées ensemble toujours vibrantes, quoique en apparence inertes et à l'état d'équilibre, dans la matière pondérable, toujours prêtes à aller

---

[1]) Quant au mode d'action du feu ou d'une certaine masse d'atomes impondérables en action sur les corps en général, quant au mécanisme de l'augmentation du volume de ces corps ou d'un certain degré d'éloignement des parcelles, dont ils sont constitués, quant au changement dans leur température et à la transformation du *son*, par exemple, en chaleur et de ce dernier en lumière, le procédé est très-simple.

Avant toutefois de donner une explication de ces phénomènes je dois rappeler 1° que Newton regardait déjà le feu comme composé de petites parcelles, 2° que Galilée et Huygens prétendaient, que le feu pénétrait dans les corps sous forme de corpuscules, 3° que les physiciens modernes croient à tort, comme nous venons de le voir, à l'existence d'un fluide subtil, incoercible, entourant les molécules des corps et qui tient ces molécules les unes avec les autres dans un corps donné, 4° que personne avant nous n'a dévoilé le rapport de la force à la matière et n'a dit que la matière ou l'atome pesant fût l'intime union ou la transformation de la matière impondérable ou d'un fluide extrêmement subtil ..., 5° que les atomes impondérables constituent la matière pesante et tiennent ses moindres parcelles par l'attraction répulsive qui est leur essence ou principe élémentaire; 6° que le R. P. Secchi en parlant de la transformation du son en chaleur et de cette dernière en lumière, enseigne: que, lorsque les vibrations moléculaires dans un corps, (n'oublions pas le terme *moléculaires*, donc des molécules pondérables et non pas des parcelles d'éther ou du fluide impondérable) sont d'une certaine intensité que

à l'autel de la création, à s'incarner, à subir une plus haute métamorphose et à devenir la matière proprement dite, ou l'intelligence....! c'est l'effet de la vie de la création, de l'échange continuel de la matière, de son rapport avec la force, c'est le passage de la force à la matière, c'est le retour de la matière à la force, c'est la force non encore matérialisée et changée en état pondérable, c'est la matière moitié route vers la force spirituelle, c'est le monde des liens de la force pure avec la matière, c'est un état dans lequel l'âme

---

les corps vibrants nous envoient des bruits de diverse nature, et que lorsque ces vibrations sont exaltées, ils leur succèdent des vibrations calorifiques obscures, dont il est très-difficile d'apprécier la vitesse et finalement que l'agitation moléculaire s'exaltant toujours, la rapidité du mouvement devient telle, que les ondes engendrées impressionnent la rétine et à ce moment apparaissent les radiations lumineuses. Le savant physicien enseigne, ce que nous savons déjà, que les agents physiques sont des modes de mouvement de la matière et il dit formellement que le travail produit par l'intensité des vibrations moléculaires donne la mesure du *son* et le degré de la chaleur et de la lumière..

Ceci posé, quant à moi, je suis d'abord de l'avis, que c'est l'action des atomes de la matière impondérable se transformant en matière pesante qui engendre les phénomènes lumineux et caloriques et non pas les vibrations moléculaires des corps et que plus cette action est vive, plus les phénomènes ainsi engendrés sont intenses.

Quant au mode d'action du feu sur les corps, l'augmentation de leur volume et d'autres phénomènes résultant de cette action sur la matière pesante il résulte de ma manière de voir, que de même, que pendant les décompositions chimiques les atomes les plus superficiels d'un corps, en contact avec un autre, agissent sur les atomes pesants de sa superficie, les décomposent en atomes impondérables ou en force physique en action, les divorcent de leurs moitiés, les rendent libres pour s'unir à eux, leur impriment le mouvement

se transforme après la mort du corps; c'est un fluide subtil et impondérable, qui, une fois en action d'une intensité donnée dans ses parcelles extrêmes, produit les phénomènes de la lumière, de la chaleur, de la vie! et constitue la force *cosmique*.

La matière pondérable une fois formée, la lumière s'éteint; car l'action de la force se ralentit, car les vibrations dans les parcelles d'éther devenus *atomes pondérables* par leur mariage réciproque, devenus matière, se ralentissent, mais ne cessent pas; car les conditions

---

qui se propage à leurs atomes voisins, que de même que le frottement imprime le mouvement aux parcelles les plus superficielles du corps, qui en se communiquant de proche en proche se propage à tous les atomes du corps, de même le feu composé d'atomes en action ou en vibrations d'une extrême vitesse en contact avec un morceau de fer par exemple, imprime ce mouvement ou cette action aux atomes les plus superficiels du fer, lesquels communiquent ce mouvement aux atomes voisins, s'éloignent les uns des autres dans la limite extrême de l'atome pesant, d'abord, sans la destruction de ce dernier ou de la matière du fer. Ainsi l'éloignement des atomes entre eux et même entre les atomes pesants constituant le commencement d'action ou de mouvement, donne les premiers degrés de l'augmentation de température dans le fer et de l'augmentation de son volume. Plus à présent l'éloignement, ou l'action, ou le mouvement des atomes sera grand, plus leur mouvement vibratoire ou leur action sera vive, le fer sans cesser d'être fer, sera d'une plus haute température, augmentera de volume et brillera d'une couleur plus blanche et plus sidérale. Supposons l'éloignement entre les atomes impondérables constituants les atomes pondérables du fer poussé jusqu'au divorce complet, comme cela a lieu pendant les actions chimiques, et le fer disparaîtra, changera en feu, pour devenir ensuite un corps nouveau. Quant aux phénomènes du son, je suis d'avis, qu'en effet les vibrations des atomes pesants et même des molécules, qui en sont composés, sont la cause unique de sa production.

pour l'apparition des phénomènes lumineux dans ce cas se trouvent ralentis, car la chaleur passe à l'état latent, cachée, car la chaleur et la lumière deviennent cachées, *comme témoignage de l'action cachée de la force entre les molécules du corps créé.*

La science actuelle, admet l'existence de l'éther ou d'un fluide subtil entourant les molécules des corps. Quant à moi, je regarde l'éther comme constituant par l'union de ses particules ou *atomes*, les *premiers couples d'atomes* ou la *matière pesante*, comme *force en action* ou force en partie changée en matière ou fluide extrêmement subtil oscillant par la force, qui est son essence, son esprit, son âme, et donnant avec ses oscillations ou avec ses *modes d'être* les phénomènes de la lumière et de la chaleur; ou en un mot, comme *l'état impondérable* toujours prêt à se métamorphoser et une matière nouvelle, en *premier couple d'atomes*, qui maintient les atomes à des distances données dans un corps quelconque, les constitue et préside par là à l'existence de la matière et à la production de ses phénomènes.

Le R. P. Secchi semble même supposer pour faire comprendre la matérialité de *l'éther* et sa différence de la matière pondérable, que l'éther est un fluide homogène, *inerte* et en équilibre, qu'il est composé *d'atomes* autres et plus subtils que ceux de la matière pondérable.

Pour moi, les *atomes* de la *matière impondérable* sont des *atomes proprement dits*, comme vivants, comme compatibles avec le feu, indestructibles et comme force en action, étant la base de la matière pesante ou de la matière proprement dite. — Aussi le R. P. Secci s'empresse-t-il d'ajouter, „qu'il est complètement inutile d'imaginer deux espèces de matière" (et pourquoi inutile, puisqu'il existe effectivement une matière impondérable et une autre pondérable?), puis il ajoute (pag, 601) „il n'appartient pas à la physique de décider, si les éléments sont simples ou non, disons plus, cela lui importe peu, que l'atome primitif soit impondérable ou non etc, la physique n'a pas qualité pour trancher cette question, c'est l'affaire de métaphysique". A la bonne heure!

La force physique d'ailleurs qui maintient les molécules dans un corps donné toute inerte en apparence et à l'état d'équilibre, n'est-elle pas vivante et active pour nos sens pendant les actions chimiques, ne brille-t-elle pas de lumière, ne rompt-elle pas l'équilibre et l'inertie apparente entre les molécules fluides de l'éther comme chaleur, ne les met-elle pas en mouvement? L'éther qui rappelle à son tour à la vie, à l'action par sa force intime, ne détermine-t-il pas des combinaisons et des décompositions chimiques dans les corps pondérables comme nous l'avons vu sur le chlore et l'hydrogène *exposés* aux rayons de la lumière solaire?

Quel est le but de l'éther, de ce monde à part, de cet entité abstractivement pris? L'éther selon nous est un état de la nature naissante, est un état sans lequel beaucoups de phénomènes ne pourraient avoir lieu. Il est le conducteur de la force (de lui-même), qui agit dans le corps à des grandes distances. Il remplit dans l'espace de l'univers la fonction que remplissent les nerfs dans notre organisme. Il est donc placé entre la force pure et la matière pour l'accomplissement de certaines fonctions de la nature, comme pour produire les phénomènes de la chaleur, de la lumière, de la vie et de l'intelligence! pour les propager et finalement, pour entretenir les phénomènes de l'harmonie et de la vie continuelle de la nature.

Tout se lie, tout s'enchaîne, car tout ne fait qu'un dans le fond, qui est la force et dont toute la création n'est que la métamorphose poussée dans ses gradations à l'infini. S'il nous a donc toujours été si difficile de reconnaître la même cause dans toutes ces variétés types, dans tous ces phénomènes de la création, c'est que la nature en rendant ces phénomènes comme lumière et chaleur, comme plante et animal si tranchés et si dissemblables entre eux, a mis au désespoir l'intelligence humaine de ne pas pouvoir comprendre, que des choses si variées et si dissemblables pouvaient avoir une source commune et n'être que les états particuliers d'un seul et même principe, qu'ils sont au fond tous identiques, qu'ils sont tissés d'atomes ou de parcelles extrêmement petites et indivisibles de la matière impondérable ou de la force physique ou de *l'éther cosmique*.

La chaleur et la lumière comme l'électricité, sont comme je l'ai dit, des phénomènes d'un état intermédiaire entre la force pure et la matière, entre la force pure et le premier couple d'atomes et finalement entre la force et l'atome pondérable, qui est la réalisation de l'état impondérable ou de l'éther, par l'union intime d'un atome impondérable avec un autre. Un atome d'éther n'est donc qu'un atome impondérable, qui par son union avec un autre devient finalement concret, devient élément pesant de la matière ou atome pondérable, qui à son tour par son union avec un autre de même genre constitue une molécule élémentaire etc. etc.

La lumière donc comme la chaleur, n'est ni force, ni matière. Elles sont forces en tant, qu'elles se sont réveillées dans la force à l'action, à la vie; en tant, qu'elle sont sur la voie vers la force qui est leur essence; elles sont matière en tant, qu'elles accompagnent la force comme phénomène dans sa métamorphose en matière. La force n'a pas de température et ne brille pas; comme l'esprit, comme la volonté, n'a pas de température et n'éclaire pas dans le sens matériel du mot. La force est, je le répète, *l'attraction-répulsive* passive pour nos sens, dans la force cosmique ou dans l'atome et active dans notre raison. La lumière et la chaleur ou les phénomènes du mouvement des parcelles d'éther ou des parcelles de la matière dans son retour moitié route à la force spirituelle ou de la force en action, sont des effets de la force pure dans le monde des sens, comme le *verbe* est une expression de la pensée; elles dépendent des conditions matérielles au milieu desquelles nous les avons produites, des moyens que nous avons employés pour cet effet et des conditions dans lesquelles se trouvait la force appelée à l'action ou de la vitesse des vibrations de ses atomes. Au fond elles sont la même force, qui dans l'intelligence est d'un ordre plus élevé et comme je l'ai dit, atteint en Dieu la plus grande sagesse et une volonté des plus puissantes.

L'état impondérable, je le répète, est un état de la force en action; de la force prise au moment de sa métamorphose en matière, est un état de la matière naissante et palpitante, *vibrante* par la force et comme le veut le R. P. Secchi de la matière en mouvement, quoique les molécules d'éther ne soient pas encore matière dans le sens du mot. La lumière par conséquent, l'électricité, la force organique et l'intelligence sont des phénomènes de la force en action dans la matière naissante.

L'*atome* est donc comme je l'ai dit, un état de la force spirituelle, dans lequel elle s'exprime en elle-même, se concrète pour ainsi dire, se transforme pendant sa métamorphose en matière pesante; c'est donc le lien du monde de l'idée ou de la force spirituelle avec la matière; c'est un moment de la création, c'est la création.

Nous voyons par là, que la masse de la matière impondérable, ou le phénomène qui est l'effet direct de la continuité de la mutation de la matière de l'univers,[1] *considéré comme être, qu'en un mot la force physique en action qui entoure et constitue aussi bien chaque molécule de l'espace, que remplit l'espace constitue l'éther de la nature.*

D'où *l'éther* ou fluide impondérable, extrêmement subtil, remplissant l'espace est, d'après notre théorie vivant et à *chaque moment nouveau;* car il est l'effet direct de la continuité de la transformation de la masse d'atomes pondérables de l'espace, car il est force cosmique se changeant continuellement en matière, car étant force physique ou matière impondérable, il est force et matière à la fois. *L'éther du moment actuel n'est pas par conséquent, l'éther du moment à peine écoulé, ni du moment qui le suivra; il est constitué par un océan d'un fluide subtil, intermédiaire entre l'esprit et la matière dans la nature; il est le témoignage de la continuité de la mutation de la matière dans toute la création, il est la continuité éternelle de la création, il est la vie de la création, il est l'éternité.* Et comme l'éther remplissant l'espace est une réunion d'atomes, ou

---

[1] Voir le chapitre sur les *mutations de la matière*.

de parcelles extrêmement petites d'une substance impondérable, ou de la force en action de tout l'univers, donc chacune étant d'une existence éphémère est fatalement en mouvement. Il en résulte, que l'éther qui remplit l'espace et qui est continuellement *nouveau*, est *en mouvement perpétuel, mouvement, qui se manifeste, par la continuité des phénomènes de la lumière et de la chaleur, relativement cachés, ou visibles dans tout l'espace constituant la nature*[1]): *ce qui dépend de la grande vitesse, ou de la lenteur de ce mouvement*. D'où, nous concluons, que chaque instant de l'existence de la nature est le premier moment de sa création et le dernier de son existence; que la continuité de ces moments de la naissance et de la mort apparente de la nature constitue la continuité de son existence, constitue sa vie, constitue l'éternité! que la création a à chaque instant son commencement et sa fin; qu'il ne faut pas par conséquent, attendre la fin du monde, car nous l'avons à chaque instant sous nos yeux et qu'il est superflu de s'efforcer d'atteindre l'origine de toutes choses, car la *nature nous le montre* à tout instant dans ses éléments. Ce qui nous explique à son tour, comment la nature qui a son commencement et sa fin à chaque instant, est sans commencement et sans fin et réciproquement; ce qui nous explique *l'infini* du commencement et de la fin de la *Cause* de la création, ce qui nous explique encore une fois, le rapport entre *l'infini* et le *fini*. Mystè-

---

[1]) Par le mot *espace*, j'entends toute la création, ou toute la masse des corps à l'état solide, liquide et gazeux, y compris tous les êtres vivants végétaux et animaux, ainsi que tous les corps célestes et tous les systèmes stellaires constituant la nature.

res sublimes, que nous reprendrons au chapitre — *Dieu et la Nature*.

Qu'est-ce qu'un *moment*, qu'est-ce qu'une *existence instantanée?*

Or, si un morceau de zinc placé dans une certaine quantité d'eau en présence de l'acide sulfurique a besoin d'un temps donné—d'une heure par exemple, pour passer à l'état de sulfate de zinc; le temps nécessaire pour transformer un atome de zinc en un atome de sulfate de zinc est tellement imperceptible et insaisissable, que je l'ai appelé *moment*. La continuité de pareils moments, se suivant avec une continuité parfaite, pendant la disparition du zinc et sa transformation en sulfate de zinc, constitue le procédé de l'action chimique ou de la combinaison chimique. J'ajouterai, que dans un pareil *moment*, un atome de zinc passe encore par trois divers états: 1° il sort de son état de matière pondérable, comme union de deux atomes impondérables, se divise en deux atomes impondérables—élémentaires, sort par conséquent de l'état de matière et est encore matière; 2° passe à l'état impondérable dans l'une et l'autre de ses parcelles élémentaires ou atomes proprement dits, remonte ainsi en lui-même à la force physique ou à moitié route vers la force pure, et 3° s'unit dans cette voie de métamorphose avec un atome métamorphosé de la même manière ou avec un rapport donné de *l'attraction-répulsive* métamorphosée, qui l'attendait ou qui attendait un certain rapport *d'attraction-répulsive* qui lui était plus sympathique, et se change finalement en matière ou en sulfate de zinc. J'ajoute, que dans cette opération l'oxygène et le soufre subissent la même loi de la métamorphose. D'où il résulte un changement si intime et si profond dans le nouveau composé.

Or, dans le deuxième temps ou dans le moment, où le zinc cesse d'être matière pondérable pour retourner moitié route vers la force pure et devenir force physique ou matière impondérable, nous concevons par la pensée, qu'il est un moment, dans lequel un corps cesse d'être corps, n'est plus matière et devient force; dans lequel étant force il cesse d'être force et devient matière. Il est donc un état dans lequel la force n'est plus force et est matière; dans lequel la matière n'est pas matière et est force; dans lequel la matière n'est pas matière, dans lequel la force n'est pas force.

[L'existence d'un atome, ai-je dit, est placée sur la limite de la matière pesante et de la force spirituelle. L'atome est une idée dans le domaine de la matière, est matière dans le domaine de la force pure—c'est le passage de la force pure à la matière. Hors ce moment, hors cet état de la création, la force est force et la matière est matière.

Chaque moment de l'existence de la création est une nouvelle création. La création est continue dans la nature. La continuité des moments de la création constitue son existence, constitue sa vie. **La continuité des moments de la création dans l'univers est la vie de la nature.**

Toute oeuvre que nous produisons par le réveil de la force de son état d'apparente inertie à l'état d'action, en lui imprimant un but tracé par notre intelligence est la continuité de la création.

L'homme a donc reçu de Dieu dans de certaines limites la puissance de la création et dans la pénétration de ces grands mystères une certaine dose de Sa sagesse.

7*

Nous ajouterons par parenthèse, que la différence entre l'intelligence humaine et celle de Dieu consiste uniquement en ce que la première crée les œuvres philosophiquement vivantes, et la dernière les crée sensuellement ou palpablement vivantes.

Jusqu'à quel point mes vues sur la nature de la force sont d'accord avec la vérité, ce que c'est finalement que la force, nous le verrons dans la suite de ce travail.

Je reviens à la décomposition de l'eau.

Or le procédé chimique serait terminé et la décomposition de l'eau n'aurait pas lieu dans les autres molécules, si ce n'était la présence de l'acide sulfurique, qui en contact à son tour, avec la couche de zinc convertie en oxyde de zinc, en enlevant cette couche par le même procédé que le zinc s'est emparé de l'oxygène d'eau a mis à nu une nouvelle couche de zinc pur, laquelle à son tour a décomposé les molécules d'eau en contact avec elle et mis l'hydrogène en liberté.

Nous voyons par cette expérience, que deux éléments d'eau, l'oxygène et l'hydrogène se sont trouvés désunis par la plus grande sympathie du zinc pour l'oxygène ou par la plus grande force du zinc sur l'oxygène ou que n'en n'avait l'hydrogène pour tenir l'oxygène et former avec lui l'eau; que l'hydrogène ayant moins de cette force pour tenir l'oxygène est obligé de céder devant la force majeure et que l'eau s'est trouvée ainsi décomposée par la force brutale.

L'eau soumise à l'action de la pile de Volta se décomposera en mêmes principes—l'oxygène se rendra vers le pôle positif et l'hydrogène se portera vers le pôle opposé.

Je verserai de l'eau sur le fer incandescent et le fer s'emparera de l'oxygène et abandonnera l'hydrogène à son propre sort.

Je passe à la synthèse de l'eau.

L'oxygène ne se combine pas à froid avec l'hydrogène.

Si toutefois:[1]) je passe à travers ces deux gaz dans une proportion convenable une étincelle électrique, ou 2°, j'élève la température de ce mélange de 400 à 500 degrés, leurs éléments se réuniront à l'instant et se convertiront en eau. Nous savons aussi par parenthèse, que n'importe de quelle manière, l'hydrogène se combine avec l'oxygène, que la température qui accompagne cette union sera très-élevée— s'élèvera à peu près à 2000 degrés.

Si à présent nous mettons dans un vase deux volumes d'hydrogène et un volume d'oxygène, mélange dit détonant, ou foudroyant, et si nous allumons ce mélange, il donnera une faible lumière, mais il produira une température capable de fondre le platine, (phénomène qui sera accompagné d'une détonation formidable) et se convertira en eau.

Le phénomène de la détonation s'explique ici comme on le sait, par le choc instantanné de l'air tombant dans le vide, produit par la disparition de deux gaz et leur trasformation en eau.

Si nous plaçons maintenant dans la lumière à peine visible, dont nous venons de parler, un morceau de charbon, ou un morceau de chaux, cette lumière deviendra si forte, et si éblouissante qu'à peine notre regard pourra la soutenir.

Puisque nous arrivons ainsi au même résultat, savoir: à l'analyse et à la synthèse de l'eau par des procédés si divers en apparence et si identiques dans le fond; puisque la base des procédés si divers est toujours la même et se réduit à *l'attraction-répulsive*; lorsque nous arrivons à l'analyse aussi bien qu'à la synthèse par des procédés si divers: comme au moyen de l'électricité, de la chaleur etc. qui au fond ne sont que les effets directs, que les phénomènes de *l'attraction-répulsive* en action, il est clair, que les causes donnant des résultats si identiques et *vice-versa*, doivent être elles-mêmes identiques dans le fond, savoir: qu'elles doivent avoir le même principe pour base; qu'en un mot la cohésion, l'affinité, la lumière, la chaleur, l'électricité, etc., etc. étant de la même nature dans le fond, avec la différence dans les conditions de leur être, doivent être seulement des modes d'être particuliers de la force élémentaire ou de *l'attraction-répulsive* en action — qu'elles ne sont qu'une et même force dans le principe.

Nous avons donc vu l'analyse et la synthèse de l'eau.

Nous serions-nous jamais attendu, avant de savoir ce qui se passera dans la cornue, dans laquelle nous avons introduit l'eau, le zinc et l'acide sulfurique, à ce qui y est arrivé? Aurions-nous jamais pu prévoir en y renfermant trois corps simples, que l'un, comme s'il était doué d'une intelligence raisonnable, serait capable de faire un vol au préjudice d'un autre, et lui enlever son second moi? Aurions-nous pu prévoir, que l'hydrogène orphelin, va chercher son asile dans des régions supérieures et que l'acide sulfurique plus rusé et plus fort, aussitôt l'enlèvement accompli, s'emparerait de tout comme si de rien n'était? Aurions-nous pu prévoir, que cette scène se passerait comme parmi les êtres intelligents avec animation, chaleur, entrain..., qu'elle se passerait avec des sifflements, de l'effervescense...!? Aurions-nous jamais pu prévoir que d'autres scènes de ce genre se passeraient avec les éclairs et les foudres de Jupiter, avec les flammes, les détonations et les éclats de verre comme, si l'affaire se passait entre des êtres doués de la haute intelligence ?...

Est-ce que ces phénemènes ne donnent pas à réfléchir; est-ce qu'ils ne donnent pas à penser; est-ce qu'ils ne nous rappellent pas les actions quotidiennes, qui se passent parmi les hommes; est-ce qu'ils ne nous mettent pas sous les yeux nos rapports de tous les instants avec nos semblables? est-ce qu'ils ne nous donnent pas les premiers traits muets des combats, dans lesquels, parmi un grand nombre de combattants un seul emporte la victoire; est-ce qu'ils ne nous dépeignent pas les premiers traits de l'intelligence, des sentiments, de la sympathie, de la préférence, de la force brutale, de la rapine dans la matière en apparence morte et silencieuse, à l'intelligence desquels Dieu a mis la clef dans notre esprit?

En observant, dis-je, le jeu des forces simples dans une cornue, entre les corps simples, en observant les phénomènes de *l'attraction à soi* et de la *répulsion*, de *l'affinité*, de *l'élection* (termes d'une haute signification philosophique; car ceux qui liront dans un siècle les ouvrages de notre chimie moderne, frappés des termes *affinité*, force *d'élection*, croiront que les chimistes de notre siècle attribuaient effectivement à la matière brute, le *choix* et la *volonté*—qu'ils lui attribuaient jusqu'à la *raison*); en observant, dis-je, ce qui se passe dans une cornue, je vois pour mon compte, une grande analogie dans le principe, entre ce qui se passe au moment d'une action chimique et nos actions, comme nos démêlés de tous les jours avec notre prochain, ou nos inclinations poussées en nous jusqu'à la ruse, jusqu'au calcul, jusqu'à la spéculation, jusqu'à l'intelligence! Ce que j'avance ici, ne doit surprendre personne, car si les fourmis ont leur architecture, leurs seigneurs et des esclaves, pourquoi la matière simple n'aurait-elle pas ses sympathies et ses préférences aveugles?

Je vois donc, que les forces qui régissent la matière, comme celles qui président à nos actions, sont identiques dans le principe; que les forces qui gouvernent la matière simple, doivent par conséquent, quoique élevées en nous jusqu'à l'intelligence, rappeler toujours et partout leur origine. Ainsi, l'homme par le seul fait, qu'il est tout composé de matière brute dans le principe, quoique organisée, métamorphosée en lui, comme nous le savons, se ressentira toujours dans ses actions de la force qui préside aux lois de la matière simple. C'est pour cela que dans ses actions de tous les jours, on voit *l'attraction à soi* au détriment de son prochain; c'est pour cela qu'on voit dans ses actions l'attraction dans sa répulsion ou une *réflexion*, une certaine mesure dans cet égoïsme, sans se soucier le plus souvent hélas! d'humilier sa haute dignité d'homme; et si la vraie morale est si rare dans l'homme, c'est que l'homme étant en principe, comme je l'ai dit, une matière simple, reste jusqu'à un certain point sous l'influence des forces simples, quoique élevées en lui au degré de la raison..... de l'intelligence! Ainsi, les forces simples, comme telles, agissent avec sagesse, car Dieu agit en elles. Les forces simples élevées dans l'homme à l'intelligence, étant modifiées en lui par sa force indépendante et personnelle, soumises ainsi au double moteur, savoir: au moteur caché—*Dieu*, et au moteur dévoilé et agissant pour son propre compte—*âme*, manifeste si je puis m'exprimer ainsi, une incertitude dans les actes de la sagesse, laquelle selon la prépondérance du côté de la matière ou du côté de la morale, sera dans l'homme une vérité plus ou moins pure.

D'où dis-je, l'incertitude, d'où l'éternel combat de l'homme avec lui-même, avec son second moi, en présence de sa voix intérieure—de la vérité ou de la conscience ou de la morale ou de Dieu! Nous avons avec toute la nature le même fond, nous avons avec toute la nature pour élément matériel, le même *atome*, et pour la force comme de raison, la même force type; nous devons donc bon gré, mal gré, être soumis à la loi commune dans le principe de toute la création.

Ainsi, nos bonnes et nos mauvaises inclinations viennent de la matière ou ce qui revient au même, comme nous le verrons plus loin, de la force simple, qui est la base aussi bien de l'organisme des animaux, que de l'homme.

Ainsi l'homme, autant qu'il est matière et force simple en principe, est égoïste; et autant que par le développement de la force, qui le place à la tête de la création, il constitue une volonté indépendante—il est moral et s'approche de la Vérité Suprême.

Les animaux n'ont pas de morale.—L'homme par la vraie sagesse et par l'amour, par la seule morale s'élève seulement au-dessus de la bête et de toute la nature.

Examinons un cristal, jetons un regard sur les feuilles d'eau cristallisée sur nos vitres en hiver.... Est-ce que l'arrangement des molécules dans ce cristal n'est pas un premier trait comme nous l'avons dit, de la force organique végétale dans la matière simple? est-ce qu'il ne nous dévoile pas le mystère du germe de la tendance de la nature simple à l'organisation?

Jetons un coup d'oeil sur la plante placée à notre croisée, comme toutes ses feuilles, comme toutes ses fleurs se sont portées du côté de la lumière du jour! Suivons les derniers ramuscules des racines d'un arbre... comme ils se sont tous portés du côté humide du ruisseau, du côté nourri par l'eau!

Est-ce que dans ces premières tendances dans les végétaux vers le mouvement, nous ne voyons pas le trait élémentaire de la locomotion des animaux? est-ce qu'elles ne nous disent rien sur la communauté d'une fonction dans les deux règnes—fonction, qui à elle seule suffirait pour distinguer le règne animal du règne végétal et qui dans le principe les lie si bien?

Parce que nous ne comprenons pas la sensibilité dans la plante, ni la sagesse dans la matière simple, parce que nous ne comprenons pas le langage des animaux, s'en suivrait-il, qu'ils pourraient ne pas s'aimer et s'entendre à leur manière? qu'ils pourraient ne pas s'aimer et s'entendre en Dieu? [1]).

L'oxygène et l'hydrogène ne s'unissent pas à froid, comme nous le savons déjà. J'ai dit que les phénomènes de la chaleur, accompagnent toujours les combinai-

---

[1]) Je m'expliquerai en son lieu sur la pensée de cette proposition.

sons et les décompositions entre les corps simples, seulement, que ces phénomènes sont une fois cachés et une autre fois visibles ou palpables.

Nous avons vu, que la plante, ainsi que l'animal meurt de froid [1] et que la lumière et la chaleur soutiennent la force organique, la vivifient, qu'elles sont indispensables à la vie, qu'elles se transforment en force organique et en intelligence et qu'elles sont par cela même un certain état de la force organique et de l'intelligence!

Prenons maintenant un morceau de sucre et plaçons-le dans une quantité d'eau suffisante pour mouiller sa base, l'eau va monter dans le sucre.—Cette propriété, connue sous le nom de *la capilarité*, n'est-elle pas le premier trait de l'endosmose dans les plantes, n'est-elle pas le premier trait de la monte de la sève dans les plantes et de la circulation du sang chez les animaux? n'est-elle pas la manifestation de la force organique dans la force simple?

Les physiciens entendent, comme je l'ai dit, par le mot force, non seulement les causes diverses, qui ont pour but de passer un corps de l'état d'inertie à l'état de mouvement, mais bien les forces qui modifient ce mouvement.

Jetons une pierre en l'air. Or, si cette pierre n'était pas attirée vers le centre de la gravité de la terre, si l'air ne lui faisait pas d'obstacle et ne pressait pas sur elle, elle traverserait l'espace en ligne droite sans s'arrêter.

---

[1] Le froid est la cause de $^3/_4$ des maladies, et de la moitié de la mortalité en général dans l'éspèce humaine.

Obéissant toutefois à la force de la projection et attirée en même temps vers le centre de la terre, trouvant de plus une résistance dans l'air et une pression de ce dernier sur elle, tout en suivant la ligne de la première impulsion, la pierre s'approche de la terre, jusqu'à ce qu'elle y touche et va décrire non pas une ligne droite, mais bien une courbe, qui sera la résultante de l'action de ces quatre puissances. A part l'influence de semblables puissances sur la nature de la *courbe* parcourue par un corps donné, il en est une capitale, qui régit le mouvement des corps autour de leur axe, aussi bien que sur les diverses courbes, et qui siège dans la nature de *l'attraction-répulsive* ou de la *force* même. Ainsi, comme là où il y a *force* ou *action*, il y a *mouvement*, il y a *vie*; comme là où il y a continuité d'action, la continuité du mouvement et de la vie doit être aussi;—comme là où il y aurait *attraction* ou *répulsion* seule, le mouvement serait suivant une *droite;* si l'on est bien pénétré de la vraie nature de la force ou de la cause intime du mouvement, qui consiste en une attraction dans sa répulsion, on saura, que le moindre mouvement pris dans une minime distance d'un point à un autre, comme l'expression de *l'attraction* dans la *répulsion en action*, ne peut être qu'une *courbe* composée de *droites* idéales, comme témoignage de deux forces ou de deux êtres ou de deux existences constituant la force et on aura toujours un mouvement des corps autour de leur axe ou mouvement de *rotation* compliqué de mouvement sur les courbes telles que: l'ellipse, l'hyperbole ou la parabole. Le mouvement sur les courbes, comme *cercle, ellipse, parabole* et *hyperbole* dépend, abstraction faite des modificateurs externes, de la vitesse avec laquelle le corps parcourt la circulaire dans un temps donné, savoir : que plus sa vitesse sera grande, plus son orbite s'éloignera de *la circulaire* et deviendra *ellipse, parabole,* ou *hyperbole.*

Prenons comme exemple, deux lutteurs de force plus ou moins égale. Il y aura un moment pendant la lutte, où, serrés l'un contre l'autre, ils sembleront immobiles. Ce moment extrême passé, nous les verrons bouger, se rouler par terre, ou se tourner en masse, suivant les mouvements de rotation et décrire en même temps différentes courbes. Qu'il arrive un troisième lutteur, il imprimera aussitôt une autre direction à la courbe en exécution. Qu'un de deux lutteurs soit mis hors de combat par son adversaire, nous verrons celui qui est resté en vie traîner sa victime en ligne droite.

D'où il résulte, que tant qu'il y a vie, tant qu'une force est en action dans ces deux principes, bien entendu, le mouvement, qui sera la résultante de cette action sera une courbe. La ligne droite exige, comme nous l'avons dit, la non existence d'un principe de la force ou la non existence de la force ou la négation de la force ou de la *vie.*

Or, quoiqu'en mathématique la courbe soit regardée en principe, comme composée de droites infiniment petites et quoique l'attraction-répulsive en action continue, semble au premier abord abonder dans le sens de cette théorie, comme une suite d'actions séparées de l'attraction ou de lignes droites (même chose pour la répulsion), mais, comme dans chaque moment infiniment petit d'action de la force attractive la répulsion survient comme inhérente à l'attraction, donc il ne peut y avoir de ligne droite absolue.

Une ligne droite, par conséquent, dans la création est une courbe rapprochée plus ou moins, *pour nos sens*, de la ligne droite et n'existe que dans la science—comme un point n'existe pas dans la création et n'est qu'une conception de l'esprit admise dans les mathématiques.

En revenant à la question, est-ce que cette influence des causes sur la direction d'un corps dans son cours n'a pas d'analogie avec ce qui se passe avec les corps célestes par rapport à leur mouvement de rotation sur les ellipses, sur les hyperboles, et sur les paraboles? est-ce qu'elle ne réveille pas dans notre esprit une analogie avec les forces organiques, qui agissent aussi suivant les courbes, composées au fond de lignes droites infiniment petites, comme pour rappeler les propriétés *d'attraction* et de *répulsion* dont la force est composée? ne nous donne-t-elle pas la clef à la nature intime de la *pensée*, qui avant d'arriver à un résultat donné, passe par tant de voies diverses, par tant de courbes, lie tant d'idées ensemble, les combine etc. etc...? est-ce que la force simple ou physique enfin, comme *force* et comme *mouvement*, ne porte pas en elle-même le germe de la vie et de *l'intelligence?*

Nous avons donc déjà dans l'esquisse de quelques plans élémentaires, le trait de l'approchement, ou de la réduction de tant de forces diverses à un nombre encore plus restreint.

Dans notre théorie atomique d'ailleurs, nous avons à dessein, toutes les fois que l'occasion s'est présentée, en parlant de la force d'après les vues actuellement admises par la science et d'après notre manière de voir personnelle, préparé le lecteur à envisager les forces simples sous un point de vue nouveau — qu'elles font la base des forces de l'ordre supérieur, qu'elles ne font toutes qu'une force *une*, dans le principe, que *l'attraction-répulsive* en est le type élémentaire.

Je reprends la définition de la force des savants modernes et j'arrive à la force de la *vie* et de *l'intelligence*.

DES FORCES DE LA VIE

et

DE L'INTELLIGENCE.

Flourens dans son ouvrage „De la vie et de l'intelligence" s'exprime ainsi:

„La *vie* et *l'intelligence:* quels phénomènes!"

„Depuis un siècle, toutes nos physiologies ne sont que des répétitions de celle d'Haller."

„Il est temps de se faire de la vie des idées nouvelles, et de l'intelligence, ou du moins" ajoute-t-il, „des limites qui séparent l'intelligence de la vie, des idées plus nettes."

Ainsi Flourens, en séparant une force d'une autre, pressent l'unité de leur nature *intime*, avec une différence dans le degré de leur développement, de leur métamorphose.

„Je donne: dit-il, ici le résumé philosphique de deux de mes plus essentiels travaux: mes expériences sur le *système nerveux* et mes expériences sur la formation des os."

„Dans mes expériences sur le système nerveux, le point capital est la *séparation* de la vie et de l'intelligence, et de toutes les propriétés vitales d'avec toutes les propriétés intellectuelles."

„Et, pour la première fois, cette séparation, cette analyse est certaine, car cette analyse est toute expérimentale."

Le lecteur me demandera non sans une certaine raison, pourquoi je cite Flourens, puisque je suis pour la synthèse, puisque je me suis proposé de prouver dans mon livre l'unité de toutes les forces dans le principe, avec la seule différence dans le degré de leur développement, de leur puissance, de leur métamorphose; tandis que Flourens par la plus minutieuse analyse — résultat de ses expériences ingénieuses ou par la dissection des organes, est arrivé à l'analyse de la force, à ses divisions, subdivisions en autant de forces distinctes et indépendantes?

Un moment de patience et la question va s'éclaircir d'elle-même. — Or, nous savons que les jambes sont les organes de la locomotion, que les mains sont pour saisir les objets, etc.; que si je coupe les jambes, il n'y a plus de locomotion; que si je coupe les bras, il n'y a plus d'organe, ni de fonction de saisir: — que la locomotion est donc là, où il n'y a pas d'organe pour saisir et que la fonction de saisir n'est pas là, où est l'organe de la locomotion; que la fonction de mâcher et de déchirer la proie n'est pas dans les jambes et réciproquement; que tout par conséquent dans un être donné, tant aux organes, qu'à leurs fonctions est solidairement lié, que tout s'enchaîne, que tout tend vers le même but, et ne fait qu'*un*, dans le fond; que si un animal carnivore, un tigre par exemple, n'avait pas des jambes propres pour atteindre la proie, que ses dents et leur fonction lui seraient inutiles. Ainsi, la

DES FORCES DE LA VIE

et

DE L'INTELLIGENCE.

Flourens dans son ouvrage ,,De la vie et de l'intelligence" s'exprime ainsi:

,,La *vie* et *l'intelligence:* quels phénomènes!"

,,Depuis un siècle, toutes nos physiologies ne sont que des répétitions de celle d'Haller."

,,Il est temps de se faire de la vie des idées nouvelles, et de l'intelligence, ou du moins" ajoute-t-il, ,,des limites qui séparent l'intelligence de la vie, des idées plus nettes."

Ainsi Flourens, en séparant une force d'une autre, pressent l'unité de leur nature *intime, avec* une différence dans le degré de leur développement, de leur métamorphose.

,,Je donne: dit-il, ici le résumé philosphique de deux de mes plus essentiels travaux: mes expériences sur le *système nerveux* et mes expériences sur la formation des os."

,,Dans mes expériences sur le système nerveux, le point capital est la *séparation* de la vie et de l'intelligence, et de toutes les propriétés vitales d'avec toutes les propriétés intellectuelles."

„Et, pour la première fois, cette séparation, cette analyse est certaine, car cette analyse est toute expérimentale."

Le lecteur me demandera non sans une certaine raison, pourquoi je cite Flourens, puisque je suis pour la synthèse, puisque je me suis proposé de prouver dans mon livre l'unité de toutes les forces dans le principe, avec la seule différence dans le degré de leur développement, de leur puissance, de leur métamorphose; tandis que Flourens par la plus minutieuse analyse — résultat de ses expériences ingénieuses ou par la dissection des organes, est arrivé à l'analyse de la force, à ses divisions, subdivisions en autant de forces distinctes et indépendantes?

Un moment de patience et la question va s'éclaircir d'elle-même. — Or, nous savons que les jambes sont les organes de la locomotion, que les mains sont pour saisir les objets, etc.; que si je coupe les jambes, il n'y a plus de locomotion; que si je coupe les bras, il n'y a plus d'organe, ni de fonction de saisir: — que la locomotion est donc là, où il n'y a pas d'organe pour saisir et que la fonction de saisir n'est pas là, où est l'organe de la locomotion; que la fonction de mâcher et de déchirer la proie n'est pas dans les jambes et réciproquement; que tout par conséquent dans un être donné, tant aux organes, qu'à leurs fonctions est solidairement lié, que tout s'enchaîne, que tout tend vers le même but, et ne fait qu'*un*, dans le fond; que si un animal carnivore, un tigre par exemple, n'avait pas des jambes propres pour atteindre la proie, que ses dents et leur fonction lui seraient inutiles. Ainsi, la division de l'organisme en organes, entraîne la division dans leurs fonctions; mais comme les organes s'enchaînent ensemble pour former un organisme ou un ensemble harmonieux, de même leurs fonctions en s'enchaînant ensemble, convergent vers le même but et ne font qu'une seule et même unité, aussi bien dans leur principe, que dans leur conséquence.

Même chose, à mon avis, avec l'analyse de Flourens.

Suivons toutefois notre maître jusqu'à la fin de son analyse, et nous verrons que c'est par elle qu'il a contribué le plus à notre synthèse des forces organiques, comme des facultés de l'intelligence.

„Je sépare, dit-il, les *propriétés* par les *organes*."

„J'appelle propriété distincte, toute propriété qui réside dans un organe distinct.

„Je dis *l'intelligence* distincte de la vie, parce que l'intelligence réside dans un organe, où ne réside pas la vie, et réciproquement, la vie réside dans un organe où ne réside pas l'intelligence; parce que je puis ôter l'organe de l'intelligence, et l'intelligence par conséquent, sans toucher à la vie, sans ôter la vie, en laissant la vie tout entière."

Flourens en ôtant l'organe de l'intelligence, laisse la vie organique, mais n'oublions pas qu'il tue l'organe de l'intelligence, que la mort de celui-ci est bientôt suivie de la mort de l'organisme entier et de la force organique entière. Que tout dans un être vivant, tant à l'organisme, qu'à ses fonctions est solidairement lié, que tout ne fait qu'*un* tout vivant; qu'on ne peut pas ainsi morceler et décomposer d'une manière absolue la machine vivante, qu'on ne peut pas impunément ôter l'organe de la pensée du reste de l'organisme: car, je pourrais ajouter aux paroles de Flourens, „j'ôte l'organe de l'intelligence et l'intelligence par conséquent" *qui est bientôt suivie de la cessation* de la vie organique entière;—ou en d'autres termes, j'ôte par la pensée, si je puis m'exprimer ainsi, l'organe de la force organique et les forces organiques par conséquent, et l'intelligence, quoique je n'aie pas touché à l'organe de l'intelligence, se trouvera éteinte.

On peut comparer ici l'organisme à *un* prisme, qui décompose la lumière. La lumière est *une* en elle-même, le prisme la décompose en sept éléments divers, quoique ces éléments ne font qu'une seule lumière.—La force de la vie est une, l'organisme la décompose en éléments divers, qui bon gré, mal gré, ne font qu'une seule et même force.

Flourens à mon avis, connaissant mieux que personne cette solidarité entre les divers organes de la machine animale, aussi bien qu'entre leurs fonctions, a prouvé seulement, que les diverses faces du prisme organique ou de l'organisme proprement dit, présentent la même force dans ses facultés diverses; que loin de lui était la pensée, que ces facultés, que ces fonctions de la même force, que ces éléments de la métamorphose de la même faculté, démentaient l'unité de toutes les forces si diverses en apparence.

„Dans mes expériences sur la *formation des os*," dit Flourens, „je me suis donné ce grand problème, pour la première fois posé en physiologie: le rapport des forces et de la matière, dans les corps vivants.

„Ce n'est pas la matière qui vit: une *force* vit dans la matière, et la meut et l'agite et la renouvelle sans cesse."

„Mens agitat molem et magno se corpore miscet.
Virgile.

„Le grand secret de la vie est la permanence des *forces* et la mutation continuelle de la matière."

„Un esprit vit en nous et meut tous nos ressorts.
La Fontaine."

Avant d'apprécier en son lieu la valeur de ces grandes paroles du philosophe Français, avant d'aller plus loin, avant de faire plus, avant de rapporter ses expériences capitales et exposer ses vastes vues en physiologie et en philosophie, pour faciliter ainsi notre travail, je m'arrête ici sur un point culminant de la question, savoir: si la découverte de la grande loi de la permanence de la force et de la mutation de la matière a donné oui, ou non, une idée plus exacte de la *matière*, de la *force* et du *rapport de la force* à la *matière* qu'on n'en avait avant cette découverte?

Certes, cette découverte est grande et admirable; elle marque un progrès dans la physiologie et dans la philosophie en tant, qu'elle explique le rapport mécanique, si je puis m'exprimer ainsi, entre la *force* et la *matière* dans un corps vivant, et si elle nous a conduits à des conclusions bien téméraires peut-être, c'est qu'elle est loin de nous expliquer le rapport intime de la force à la matière.

Nous reviendrons plus d'une fois dans notre travail à cette importante question.

DES FORCES DE LA VIE.

„Il y a, dans la vie," dit Flourens, „des forces qui en gouvernent la matière, des forces qui en maitiennent la forme, et des forces qui mettent l'être vivant en rapport avec le monde extérieur, et l'homme avec **Dieu**."

„J'appelle proprement *vie* les deux premiers ordres de ces forces; et j'appelle le troisième ordre: *intelligence*."

DES FORCES QUI GOUVERNENT LA MATIÈRE.

„Il y a, dans la vie," poursuit le même savant, „des forces qui gouvernent la matière."

„Lorsque j'étudie le développement d'un os, je vois successivement toutes les parties, toutes les molécules de cet os être déposées, et successivement toutes être résorbées; aucune ne reste; toutes s'écoulent, toutes changent; et le mécanisme secret, le mécanisme intime de la formation des os est la *mutation continuelle de leur matière.*"

„J'ai démontré ce grand fait par trois ordres d'expériences."

1. Premier ordre d'expériences.

„Dans le premier ordre de mes expériences, je soumets un animal à une norriture mêlée de *garance*. La *garance* a la singulière propriété de teindre les os en rouge."

„Au bout de quelques jours de ce régime, tous les os de l'animal sont rouges, et du plus beau rouge; mais ils ne sont rouges que dans leurs couches extérieures; leurs couches intérieures sont restées blanches. Les couches intérieures, *anciennes*, déjà *formées*, restent blanches, il n'y a de teint en rouge que les parties de l'os qui se forment pendant l'usage de la *garance*."

„Si je scie donc en travers un os long [1]), sur un animal [2]), soumis successivement à la nourriture ordinaire pendant un mois et au régime de la *garance* [3]) pendant un autre mois, je trouve cet os composé de deux espèces de couches, de deux cercles—un intérieur *blanc*, et un extérieur *rouge*."

„Le cercle intérieur, le cercle *blanc* est le cercle qui s'était formé pendant l'usage de la nourriture ordinaire:

---

[1]) Un *fémur*, un *humérus*, un *tibia*, par exemple.
[2]) Flourens a fait ces expériences sur un *jeune porc*.
[3]) Nourriture ordinaire mêlée de *garance*.

le cercle extérieur, le cercle *rouge* est le cercle qui s'est formé pendant l'usage de la nourriture mêlée de *garance*."

„J'ai donc ainsi un moyen commode, un moyen sûr, de distinguer, dans l'os, les parties anciennes des parties nouvelles et de pouvoir suivre, sans m'y tromper, de pouvoir suivre à l'œil ce qui arrive à chacune d'elles."

„Or, voici ce que je vois, et ce qui arrive."

„Si je soumets un jeune animal à la nourriture ordinaire pendant un mois, puis au régime de la *garance* pendant un mois, puis, de nouveau, à la nourriture ordinaire pendant un mois, et puis enfin à un nouveau régime de *garance* pendant encore un mois. je trouve, à un moment donné, chacun de ces os longs composé de quatre cercles: le premier, ou le plus intérieur, *blanc*; le second, placé sur le blanc, *rouge*; le troisième, placé sur le rouge, blanc; et le quatrième, placé sur le blanc, *rouge*."

„La couleur des cercles superposés me donne, avec précision, la date de chaque régime, et je vois toujours le cercle nouveau, c'est-à-dire le cercle formé pendant le dernier régime, placé sur le cercle ancien, c'est-à-dire sur le cercle formé pendant le régime précédent; l'os se développe donc en *grosseur* de dedans en dehors, ou par *couches*, par *cercles superposés*."

„Mais poursuivons. Je trouve à *un moment donné:* un cercle *blanc,* tout à fait intérieur, et, sur ce cercle blanc, un cercle *rouge*, et, sur ce cercle rouge, un cercle *blanc*, et, sur ce cercle blanc, un cercle *rouge*."

„Je trouve cela, à un *moment donné*; un moment après, c'est tout autre chose; le cercle *blanc* intérieur a disparu; et le cercle intérieur actuel est *rouge*; qu'est devenu le cercle intérieur primitif, le cercle *blanc*, le cercle ancien? Il a été résorbé."

„Je continue mon expérience. Bientôt le cerle intérieur est, de nouveau, *blanc;* puis il est, de nouveau, *rouge;* puis il est, de nouveau, *blanc*, et alors tout ce qu'il y a d'os est *blanc*. Les quatre premiers cercles, alternativement *blancs* et *rouges*, ont donc été successivement résorbés, et tout ce qu'il y a d'os actuel, tout l'os actuel s'est formé depuis le dernier régime de la *garance*".

„Toute la matière de *l'os* a donc changé pendant mon expérience, c'est-à-dire pendant le *développement de l'os*".

„Voilà pour le développement *en grosseur*".

„Le développement en *longueur* me donne les mêmes faits, et peut-être de plus surprenants encore".

„Les extrémités de l'os, ce qu'on appelle ses *têtes*, changent continuellement pendant qu'il s'accroît".

„En effet, ces *têtes*, successivement *rouges* ou *blanches* selon que je donne ou supprime le régime de la *garance*, font successivement place l'une à l'autre, sont successivement résorbées et reproduites : soit donc que je considère l'os en *longueur*, soit que je le considère *en grosseur*, toutes ces couches changent; celle qui est à présent, n'était pas tout à l'heure, et bientôt elle ne sera plus; il y a *mutation continuelle de la matière*, et cette *mutation continuelle* est tout le secret, tout le mécanisme intime et profond de la formation et du développement des os".

II. Second ordre d'expériences.

„J'ai entouré l'os d'un jeune pigeon d'un anneau de fil de platine".

„Peu à peu, l'anneau s'est recouvert des couches d'os, successivement formées; bientôt, l'anneau n'a plus été à *l'extérieur*, mais au *milieu* de l'os; enfin, il s'est trouvé à *l'intérieur* de l'os, dans le *canal médullaire*".

„Comment cela s'est-il fait?"

„Comment l'anneau, qui, d'abord, recouvrait l'os est-il, à présent, recouvert par l'os? comment l'anneau, qui, au commencement de l'expérience, était à *l'extérieur* de l'os, est-il, à la fin de l'expérience, dans *l'intérieur* de l'os?"

„C'est que, tandis que, d'un côté, du côté externe, l'os acquérait les couches nouvelles qui ont recouvert l'anneau, il perdait, de l'autre côté, du côté interne, ses couches anciennes, qui étaient résorbées [1])".

„En un mot, tout ce qui était os, tout ce que recouvrait l'anneau, quand j'ai placé l'anneau, a été résorbé; et tout ce qui est actuellement os, tout ce qui recouvre actuellement l'anneau, s'est formé depuis; toute la matière de l'os a donc changé pendant mon expérience".

III. Troisième ordre d'expériences.

„J'ai placé une petite lame de platine sous le périoste d'un os long".

---

[1]) „Et c'est par cette résorption continue des *couches internes* de l'os que se fait tout l'agrandissement successif du *canal médullaire*" Flourens.

„Peu à peu cette lame de platine a été recouverte de couches osseuses, comme l'avait été l'anneau".

„Elle était d'abord à l'extérieur de l'os; elle s'est trouvée ensuite au milieu; elle s'est trouvée, à la fin, dans l'intérieur de l'os, dans le *canal médullaire*".

„Le prodige de l'anneau, d'abord *extérieur* et puis *intérieur*, s'est renouvelé".

„L'os, qui primitivement était *sous* la lame, est maintenant *sur* la lame; ou, plus exactement, plus nettement, tout un *os ancien* a disparu, et il s'est formé tout un os *nouveau*. L'os qui existe aujourd'hui n'est pas celui qui existait quand on a mis la lame, il s'est formé depuis; et l'os qui existait alors n'est plus, il a été *résorbé*".

„Tout l'os, toute la matière de l'os change donc pendant qu'il s'accroît; il y a, dans tout os qui se développe, deux faces à phénomènes inverses et opposés, et si je puis ainsi dire, un *endroit* et un *envers:* un *endroit* par lequel il reçoit sans cesse des molécules nouvelles, et un *envers* par lequel il perd sans cesse les molécules anciennes; ou plutôt, et à plus rigoureusement parler, un os qui se développe n'est pas un seul os, c'est une suite d'os qui se remplacent et se succèdent: toute la matière, tout l'organe matériel, tout l'être *paraît* et *disparaît*, se fait et se défait; *une seule chose reste, c'est-à-dire celle qui fait et défait, celle qui produit et détruit*, c'est-à-dire la *force* qui vit au *milieu* de la matière et qui la *gouverne*".

Si Flourens avait fait un pas de plus, comme philosophe, il ne pouvait pas en faire d'avantage comme physiologiste, s'il avait ajouté un mot de plus à sa définition du *rapport* de la *force à la matière*, il nous aurait fait coñaître la nature intime de la *matière*, de la *force* et le rapport naturel de *l'une à l'autre*.

C'est dans ce livre que je chercherai à résoudre pour la première fois ces mystérieuses questions

DES FORCES QUI MAINTIENNENT LA FORME DES ÊTRES.

„De même qu'il y a des forces qui *gouvernent* la matière et qui la font *s'écouler* et se *renouveler* sans cesse, il y en a d'autres, qui, au milieu de ce renouvellement continuel de la *matière*, maintiennent continuellement la *forme*".

„Ce qu'il y a, dit admirablement Buffon, de plus constant, de plus inaltérable dans la nature, c'est l'empreinte ou le moule de chaque espèce, tant dans les animaux que dans les végétaux; ce qu'il y a de plus variable et de plus corruptible, c'est la substance qui les compose [1]).

„Cuvier semble s'être plu à développer cette belle idée: „Dans les corps vivants, dit-il, aucune molécule ne reste en place; toutes entrent et sortent successivement: la vie est un tourbillon continuel, dont la direction, toute compliquée qu'elle est, demeure constante, ainsi que l'espèce des molécules qui y sont entraînées, mais non les molécules individuelles elles-mêmes; au contraire, la matière actuelle du corps vivant n'y sera bientôt plus, et cependant elle est *dépositaire* de la force qui contraindra la matière future à marcher dans le même sens

---

[1]) Tom II, pag. 521, édit. de Flourens.

qu'elle. Ainsi la forme de ces corps leur est plus essentielle que leur matière, puisque celle-ci change sans cesse, tandis que l'autre se conserve [1])".

Leibnitz, entre parenthèse, a dit à peu près la même chose avant Cuvier, et Platon avant Leibnitz.

Je remarque cette belle expression de Cuvier: *la matière dépositaire de la force*, me promettant d'y revenir bientôt, et je poursuis mon idée.

„On connaît les expériences de Bonnet et de Spallanzani, dit Flourens, sur la reproduction des pattes de la *Salamandre*".

„J'ai souvent répété ces expériences dit-il, et cela sous ce point de vue surtout qui est admirable, la *reproduction* de la *forme* des parties anciennes par la *forme* des parties *nouvelles*".

„Je coupe, dit-il, la patte d'une Salamandre; et cette patte se reproduit".

„Cependant ce n'est pas une chose simple que la patte d'une Salamandre. Cette patte se compose d'un *carpe*, composé lui-même de sept *os*, d'un *métacarpe*, composé de quatre *os*; de quatre *doigts*, composés chacun de deux et même de trois *phalanges*, en tout vingt *os*; et si je coupe le membre entier, c'est trois os, et trois grands *os* de plus, qu'il faut ajouter, un pour le bras, et deux pour l'avant-bras. Eh bien, chacun de ces os, de ces vingt-trois os, a sa *forme* propre; l'un est rond, l'autre long; celui-ci a une tête, *une face articulaire*, des *saillies*, des *trous* etc. d'une façon, et celui-là a tout cela d'une autre; et la *force* qui les repro-

---

[1]) Rapport historique sur les progrès des sciences naturelles, pag. 200.

duit ne s'y trompe pas; elle reproduit le *radius* avec sa forme de *radius*, le *fémur* avec sa forme de *fémur*, chaque os du *carpe* avec sa forme particulière, etc., etc.; et il en est de même de la *peau*, des *muscles*, des *vaisseaux*, des *nerfs* etc.; car toutes ces parties se reproduisent, et chacune avec sa forme première de *peau*, de *nerf*, de *muscle*, de chaque *nerf*, de chaque *muscle* etc. etc.",

„Trambley coupe un polype par morceaux, et chaque morceau redonne un polype entier. Bonnet coupe une *naïde* par morceaux, et chaque morceau redonne une naïde entière. Et ces nouveaux polypes ont tous la forme du premier polype, et ces nouvelles naïdes ont toutes la forme de la première naïde".

„Il y a donc des forces qui reproduisent les parties coupées, et qui les reproduisent avec leur *forme*".

„Les forces reproductrices sont donc non seulement des forces *plastiques*, comme les appelaient les anciens; ce sont des forces *morpho-plastiques*".

„Dans mes expériences, sur les *os*", poursuit Flourens, „j'ai vu des *os* entiers périr et se reproduire".

„Je détruis le *périoste interne* d'un os. Cet os meurt; mais le *périoste externe*, qui n'a point été lésé, survit, et me redonne bientôt tout un *os nouveau*, et tout semblable à celui qui était d'abord".

„J'ai vu se reproduire ainsi tout un *radius*, tout un *tibia*, et ce *radius*, et ce *tibia* nouveaux étaient absolument semblables au *radius* et au tibia anciens".

„Toute une chirurgie nouvelle, ajoute-t-il, peut naître de ces expériences physiologiques. Que d'amputations, que de mutilations pourront être prévenues! Toutes les fois qu'une portion d'os est cariée, ôtez cette portion d'os en conservant le périoste; le périoste conservé rendra la portion d'os enlevée. Toutes les fois qu'un os sera carié, ôtez cet os tout entier, en conservant le périoste: le périoste conservé rendra l'os".

Guidé par les expériences de Flourens, le Professeur Blandin enleva sur un malade, une clavicule cariée, en conservant avec soin le périoste. Au bout de quinze mois, le malade vint revoir son chirurgien avec une clavicule nouvelle.

Un fait si minime en apparence a fait une révolution dans la chirurgie. — Et aujourd'hui nous ne faisons pas tant d'amputations comme on en faisait dans le passé.

Grâce au génie de Flourens nous avons aujourd'hui une chirurgie nouvelle, une chirurgie conservatrice, qui a fait du chirurgien boucher, le chirurgien artiste — bienfaiteur de l'humanité.

Cette conquête dans la science ne date que depuis vingt et quelques années. ,,Quel triomphe, dit Flourens, pour la science" et quel bienfait ajouterons-nous pour l'humanité!

Flourens termine son chapitre sur les forces qui maintiennent la forme des êtres, ou plutôt sur le *rapport* des *forces* avec la *matière dans les corps vivants* en ces termes:

,,Les expériences, que je viens de rappeler, nous ont dévoilé ce rapport; et, en effet, il est impossible que, parvenu au point où nous sommes, le lecteur ne soit pas frappé de l'aspect nouveau sous lequel se présentent les *forces de la vie*".

,,La matière n'est, selon l'heureuse expression de Cuvier, que *dépositaire* de ces forces. La matière actuelle, la matière qui est à présent, ne les a *reçues* qu'en dépôt; elle les a reçues de la matière qui l'a précédée, et ne les a reçues que pour les *rendre* à la matière qui la remplacera bientôt".

„Ainsi donc, la matière passe et les forces restent".

„La loi, la grande loi qui fixe les rapports des forces avec la matière, dans les corps vivants, est donc, d'une part, la *permanence* des *forces*, et de l'autre, la *mutation continuelle* de la *matière*".

Avant d'aller plus loin avec Flourens, je m'arrête un instant pour exprimer ma façon de penser sur un point seulement: pour montrer ce qui pourrait induire en erreur—et rétirer ce qui est vrai et réel.

Or, si la loi formulée par Cuvier et applaudie par Flourens était vraie; savoir: „*que la matière est dépositaire des forces*", que la matière actuelle ne les a reçues qu'en dépôt, qu'elle les a reçues de la matière qui l'a précédée et ne les a reçues que pour les rendre à la matière qui la remplacera bientôt", les plantes et les animaux ne pourraient pas croître. Car un être vivant, étant composé comme matière de cent molécules par exemple, dans un moment donné, comme chacune de ces molécules a reçu en dépôt la force d'une des cent molécules qui les ont précédées et qu'elle doit rendre à une des cent molécules qui viendra à sa place; que cet être vivant ne pouvant jamais avoir ni plus, ni moins que cent molécules comme matière, serait pour jamais invariable dans ses dimensions, comme dans ses formes. L'homme par exemple, qui a vingt ans, resterait toujours le même—il serait à vingt ans, comme il a été à cinq, comme il a été lorsqu'il est venu au monde.

Son nez par exemple, ses bras, ses jambes, l'expression de sa physionomie serait éternellement la même. Tandis que nous voyons, que non seulement ce nez, que ce bras, que cette physionomie a changé avec le temps, mais que ce nez et que cette physionomie a pris une autre forme et une autre expression; que cet homme en croissant et en avançant en âge a grandi et que sa figure a pris une expression nouvelle au point, que sa propre mère, qui ne l'avait pas vu depuis nombre d'années ne le reconnaîtra pas. Ce sera un homme, mais pas le même ni *physiquement*, ni *moralement*, ni même sous le rapport de ses fonctions, de son intelligence, comme il avait été il y a quelques quinzaines d'années. Le monde et les mille circonstances de la vie, ses rapports avec ses semblables, en passant sous silence la seule influence du temps et les changements qu'il doit apporter en lui, peuvent changer un mouton en tigre, peuvent d'un tigre faire un agneau, peuvent ennoblir les traits disgrâcieux, peuvent d'un ange faire un monstre et réciproquement.

C'est pourquoi Cuvier, s'empresse d'ajouter aux paroles précédentes: „Le corps vivant ne garde pas un instant le même état et la même composition." A la bonne heure! car, cette retouche de la loi première, l'éclaire d'un éclat soudain et lui donne une véritable signification.

Cuvier et Flourens étaient si près de la vérité, du dernier mot de l'énigme... et, chose surprenante, qu'ils n'ont pas franchi comme philosophes, la dernière barrière de l'obstacle, que la nature, ou les *sens* opposaient à leur intelligence.

On se tromperait donc, si l'on supposait que le nombre des molécules dans un être vivant est toujours le même. — Cette proposition toutefois serait vraie, si nous y ajoutons:

1° Que les molécules simples en entrant dans un organisme vivant, avant d'occuper leurs places respectives, sont déjà organiquement ou morpho-plastiquement changées ou préparées par une métamorphose définitive; que non seulement elles sont préparées et métamorphosés par la voie de la digestion, de la respiration, etc. mais qu'elles sont déjà préparées par la voie de la métamorphose dans nos aliments, par le règne végétal et par le règne animal. Cela nous explique que, comme le *fer*, comme je l'ai dit, n'est plus *fer* dans le sulfate de fer, mais qu'il y est *profondément changé* ou *métamorphosé*, de même les molécules en apparence inertes dans notre organisme, ne sont pas mortes et inertes, mais elles y sont profondément changées, métamorphosées, vivantes — quoique nous puissions les ramener par l'analyse chimique, à leur état de simplicité primitive, quoique nous puissions, les ramener en quelque sorte, à leur état primitif, en les réduisant toutes, dans le principe, aux quatorze éléments des corps simples, de même, comme nous décomposons le sulfate de fer en fer, soufre et le gaz oxygène — avec cette différence, que le fer dans un organisme vivant est d'une métamorphose plus élévée, qu'il n'était en constituant avec d'autres éléments le sulfate de fer, que toute molécule d'un corps simple est vivante et organisée dans un corps vivant comme un soldat qui, étant en quelque sorte mort et *passif* n'obéissant qu'à la voix de son commandant, qui reçoit les ordres de son supérieur, du capitaine, celui-ci, de son colonel, ce dernier du général et celui-ci enfin du chef de l'armée est vivant, comme unité d'une armée; qu'il y a dans une armée des unités passives, des remplacements, des grades supérieurs et plus élevés encore, mais qu'il n'y a qu'un commandant en chef et que le tout, pris dans son ensemble malgré les enchaînements et les complications si diverses, ne constitue qu'une *seule* armée et ne fait qu'une volonté.

2° Nous devons ajouter encore à notre manière de voir, que non seulement il existe des combinaisons des plus intimes et des plus variées entre les molécules d'un corps vivant, dont les unes disparaissent, et les autres ne cessent d'y affluer; mais bien que ces mêmes molécules en subissant des métamorphoses individuelles, entrent avec des molécules nouvelles dans des combinaisons toujours croissantes en nombre, aussi bien par rapport de l'une à l'autre, que par rapport à l'ensemble de l'être vivant; et que toutes ces combinaisons, tous ces arrangements, que toutes ces métamorphoses dépendent encore non seulement de la force de la vie inhérente à l'être vivant, mais sont encore modifiées par l'influence d'un millier de causes tant externes, qu'internes, tant physiques que morales, auxquelles cet être est soumis, comme: le climat, la nourriture, le croisement des races, la tendance naturelle de chaque être à se changer, à se perfectionner, comme l'influence des parents sur leurs produits etc. etc.[1]). Ce qui pris dans son ensemble, constitue alors seulement une vie individuelle, un organisme à part, un être à part, une individualité en un mot; ce qui constitue la vie avec ses phases de la croissance, du développement, de l'âge, de l'ennoblissement organique et individuel de

---

[1]) Lisez Goëthe sur les affinités électives.—Lisez l'ouvrage de Darwin sur l'origine des espèces…

la race—tant sous le rapport physique que moral; ce qui constitue une progression dans la perfection, une métamorphose ascendante, ou ce qui constitue l'effacement ou la mort des molécules, ce qui constitue la vieillesse, et enfin la mort ou l'effacement des individus.

Cuvier et Flourens se plaisent dans l'expression: *„La matière dépositaire de la force"* quoiqu'ils considèrent la matière comme morte et inerte, sans rapport, ni parenté avec la force: attirée seulement par le tourbillon de la vie dans un être vivant pour être aussitôt abandonnée comme *morte*.

Flourens va même plus loin et dit, comme nous l'avons cité plus haut: „que la force vit au milieu de la matière et qu'elle la gouverne."

Or, en lisant ces paroles si hardies, et si profondément philosophiques au premier abord, je suis étonné, que ces grands penseurs aient pu envisager la matière comme morte et sans d'autres rapports avec la force que le pouvoir de la gouverner et de vivre au milieu d'elle—mais par quel lien et de quelle manière? Je le demanderai non seulement à Cuvier et à Flourens, mais à tout les penseurs du monde? et la science restera muette sur cette question. Et pourtant Cuvier et Flourens étaient si près de résoudre ce mystérieux problème. Un pas dis-je, de plus et la chose était pour jamais résolue. Or, si Cuvier et Flourens, sans formuler ici définitivement ma pensée, car je vais traiter cette grande question en un autre lieu, avaient dit seulement: que la matière est un état particulier de la force par rapport à nos sens, qu'elle n'est que sa métamorphose; que la matière obéit à la force, parce qu'elle n'est autre chose qu'un état de la force et que la force a une prise sur la matière, parce que cette dernière n'est autre chose que la *concrétion*, si je puis dire ainsi, que la métamorphose de la force; que la matière, s'enchaîne avec la force, parce que la matière est un état particulier de la force pour nos sens seulement et vice versa, et s'ils avaient ajouté après: que la *force vit au milieu de la matière* ou au milieu d'elle-même ainsi métamorphosée *et la gouverne*, ou qu'elle se gouverne elle-même, je crois, à mon avis, qu'ils auraient tranché la question. Mais Flourens était comme Leucuppe, qui savait, que les atomes se tiennent sans les crochets de Lactance, bien qu'il ne sût pas comment. En résumé, Flourens savait, que la force vit au milieu de la matière et qu'elle la gouverne, mais il n'a pas expliqué le mystère du lien, ni du rapport intime de la force *avec* la matière, sans parler du rapport de la *force à* la *matière* et jusqu'à quel point la *matière* est *force* et réciproquement.

Mais ne devançons pas notre pensée, suivons le cours de l'idée.

Or, quant au premier problème, que la matière est dépositaire de la force, qu'elle reçoit en dépôt la force de la matière qui était avant, pour la transmettre à la matière qui va lui succéder, l'expérience avec la patte de la Salamandre va à elle seule nous démentir la conclusion physiologique et philosophique de Flourens.

J'ai répété les expériences des Flourens, de Bonnet et de Spallanzani sur le ver de terre, sur l'écrevisse, sur des lézards et sur la Salamandre, qui confirment plainement l'exactitude reconnue et incontestable des observations de ces savants, mais j'en ai tiré une tout autre conclusion.

Or, le lecteur conviendra, que si nous enlevons une patte à la Salamandre, que toutes les molécules, toute la matière de cette patte sera séparée de la Salamandre et que pourtant une nouvelle patte va repousser sans le secours de la patte ancienne découpée, et qui au moment de la formation de la nouvelle patte pourrie quelque part, à une grande distance de la patte nouvelle· Comment donc pourrait-elle transmettre la force, dont elle était-dépositaire aux molécules de la patte nouvelle? comment donc la patte ancienne pourrait-elle présider à la formation de la patte nouvelle et à l'arrangement intime de ses molécules?

D'où il résulte que la matière n'a reçu en dépôt aucune force et qu'elle n'en transmet aucune dans les sens, de l'assertion de Flourens et de Cuvier, mais bien, que toute la matière, comme un certain état de la force, sous l'influence de certaines circonstances pouvant devenir organique, et puis, que la force organique individuelle de la Salamandre, comme un tout harmonieux dans tous les degrés de la métamorphose de la force élémentaire, qui est en elle, tenant dans son être la force propre à la reconstitution de la partie manquante à l'harmonie de son être, a pu aussi bien créer une patte nouvelle par le bourgeonnement, par l'arrangement de la matière nouvelle dans le sens organique de la patte découpée, comme lorsqu'elle veillait à son existence pendant que cette même patte appartenait à la Salamandre; que le plan de la création de la nouvelle patte existant d'avance dans la force de la Salamandre, que cette force n'avait, comme du vivant de la patte, que fixer la matière convenablement appropriée, métamorphosée par la force organique de la Salamandre en commençant par le premier plan, par le premier trait, par le noyau, par le bourgeon, pour que ce bourgeon en se développant, nourri par la force donnée et par la matière appropriée devînt la patte de la Salamandre.

D'où je conclus, que toute molécule constituant la patte de la Salamandre n'a pas reçu en dépôt la force capable de reconstituer une molécule nouvelle à sa place, mais qu'étant un certain état de la force dans le principe, pouvant par conséquent, obéir à la voix de toute force et subir toutes les métamorphoses possibles selon les conditions qui les favorisent, pouvait être entraînée par la force organique de la Salamandre, fixée dans un point donné et devenir une molécule de la patte nouvelle. En d'autres termes: que l'atome pondérable, ainsi qu'une molécule, n'étant que la métamorphose de la force que tous les degrés des forces si diverses en apparence étant soeurs, que la force organique est soumise par conséquent à la même loi de l'attraction-répulsive comme la force simple, que toute molécule constituant l'organisme n'a pas la force qui l'a créée, mais qu'étant une transformation de *l'attraction-répulsive*, est soumise à la même loi qui préside aux combinaisons et aux décompositions chimiques—lesquelles combinaisons par parenthèse, ne sont pas ici d'un ordre aussi simple comme dans les corps appelés inorganiques, mais qu'à cause des actions multiples qui s'enchaînent dans l'organisme, comme liant la matière dans un tout vivant et harmonieux, la force est ici d'un ordre plus élevé que *l'attraction-répulsive* élémentaire et constitue une force *morpho-plastique*.

Coupons la jambe à un homme et la jambe ne repoussera plus[1]). Pourquoi cependant, chose remarquable, ce même homme ressentira-t-il une douleur dans le gros orteil de la jambe coupée, de la jambe qui n'existe plus, depuis une série d'années; — pourquoi se sentira-t-il dans une matière non existante, pourquoi se sentira-t-il dans une jambe qui n'est plus?

Je dirai, que cette sensation, que cette douleur dans une région de l'organe qui n'est plus, existe réellement dans un point de la cicatrice du membre amputé, par lequel la force organique, au moyen d'un organe propre, d'un conducteur, d'un nerf, envoyait la vie à la région dans laquelle il semble ressentir cette douleur; que dans le langage psychologique cette sensation est le rudiment de la véritable douleur, siégeant dans le rudiment de la jambe amputée; que le moignon souffre dans un point de sa cicatrice et qu'il renvoie cette souffrance, ce travail infructueux vers le point marqué dans l'harmonie d'un tout vivant par la voie reflexe, auquel il l'aurait communiquée, si la jambe avait existé. Et c'est pour cela que nous éprouvons des sensations illusoires dans les organes dont nous sommes privés. — Or, le moment de cette sensation illusoire, le moment de ce travail infructueux de la force organique, de cette tendance de la force organique à se voir servie par un organisme entier et non mutilé et à vaquer aussi bien sur l'ensemble de l'organisme que sur ses parties composantes, fait, que nous nous sentons dans la matière qui n'est plus en nous, que nous sentons la jambe que nous n'avons plus, que nous souffrons dans

---

[1]) Nous verrons plus loin pourquoi.

une région d'un membre que nous avons perdu sans retour.

La chimie nous rappelle ici, en passant, l'expérience de Mitcherlich, avec les cristaux — expérience, à laquelle nous reviendrons et qui nous servira en son lieu de preuve de l'analogie frappante entre le règne animal et le règne minéral, non sous le rapport de la *sensibilité*, mais sous le rapport de la tendance, quoique aveugle dans ce dernier à réparer ses mutilations.

Retenons ce fait dans notre pensée et poursuivons.

Une molécule de la matière qui entre dans la composition du corps humain, de ses muscles, ou de ses os, n'est pas l'homme tout entier, mais constitue seulement un de ses éléments primordiaux. La force qui gouverne cette molécule, qui la tient avec une autre, qui la dirige dans un corps vivant, n'est pas la force organique entière, mais une de ses forces subalternes, une de ses branches — c'est la force organique, mais d'un ordre inférieur, quoique de la même espèce qu'elle: autrement, la force organique et celle qui lui est inférieure ne pourraient pas influer l'une sur l'autre, autrement elles ne pourraient pas faire un tout harmonieux: comme la molécule du corps d'un être vivant est de la même espèce que la matière tout entière de l'organisme de l'être dont elle ne fait qu'un élément primordial matériel. Il est vrai qu'une force meut la matière, qu'une autre préside à la forme de chaque partie de l'organisme d'un être. Nous verrons même plus loin que dans chaque organe, que dans chaque parcelle d'un organe siège une propriété différente de la force. N'oublions pas toutefois que liées, forces comme matière dans un ensemble de l'*unité* de l'être vivant, elles ne font qu'une *unité une*, tant aux forces, qu'aux divers états de la même matière; que leur différence ne dépend dans ses manifestations — quant à la force, que du degré de sa métamorphose, et — quant à la matière, que de la métamorphose de son élément primordial.

Je reprends l'ingénieux travail de Flourens et j'arrive à l'intelligence.

DE L'INTELLIGENCE.

„Les forces du système nerveux, d'après Flourens, sont au nombre de cinq: la *sensibilité*, la *motricité*, le *principe de la vie*, la *coordination des mouvements de la locomotion* et *l'intelligence*. Et chacune de ces forces réside dans un organe propre.

La *sensibilité* réside dans les faisceaux postérieurs de la moelle épinière et des nerfs; la *motricité* dans les faisceaux antérieurs; le *principe de la vie* dans la moelle allongée; la *coordination des mouvements de la locomotion* dans le cervelet, et *l'intelligence* dans le cerveau proprement dit (lobes ou hemisphères cérébraux).

Ainsi, quand on coupe les racines des nerfs postérieurs, l'animal éprouve de la douleur; et quand elles sont coupées, les parties où elles se rendent ont perdu toute sensibilité.

Si on pince une racine antérieure, point de douleur mais mouvement; si on la coupe, perte de mouvement, et du mouvement seul dans les parties où elle se rend.

Le sentiment et le mouvement sont donc deux propriétés distinctes, séparées, et qui peuvent être séparément conservées ou abolies.

Même chose pour la moelle épinière. La partie postérieure de cet organe d'où naissent les racines postérieures est pour le sentiment, et, si on la coupe, la sensibilité seule est paralysée; et, si on coupe la moitié antérieure, on ne paralyse que le mouvement.

Le cervelet est l'organe de la coordination des mouvements. L'animal qui a perdu son cervelet, conserve toute son intelligence; mais il a perdu toute régularisation de ses mouvements; l'animal qui a perdu son cerveau, conserve toute la régularisation de ses mouvements, mais il a perdu toute son intelligence.

Si nous enlevons un des deux tubercules bijumaux, perte de la vue, de l'œil du côté opposé, par paralysie de l'iris et de la rétine, par *paralysie des sens*; et de plus: tournoiement de l'animal sur le côté du tubercule enlevé.

Ces effets n'ont rien d'étonnant; car les tubercules sont l'origine des nerfs optiques.

Mais on observe en outre, un effet particulier et tout nouveau sur le mouvement.

Après l'ablation d'un seul tubercule, l'animal, comme je viens de le dire, tourne sur lui-même du côté du tubercule enlevé.

Et je fais remarquer cet effet, parce qu'il a été le premier exemple des mouvements particuliers, déterminés par certaines parties de l'encéphale.

J'ai trouvé ainsi, dit Flourens, que la section des pédoncules cérébraux détermine un mouvement en avant; celle des corps restiformes un mouvement en arrière; et celle des canaux semi-lunaires des mouvements plus étonnants encore, et dont la direction est déterminée par la direction même de chaque canal."

Le lecteur a remarqué, que si nous blessons le cervelet, ou si nous l'enlevons petit à petit, l'animal perd peu à peu l'équilibre de ses mouvements de la locomotion; et que si nous enlevons tout le cervelet, l'animal perd toute faculté de se tenir debout, de marcher, de courir, de voler régulièrement, que cependant le mouvement persiste, et que l'animal peut même l'exécuter quand il veut. D'où il résulte: que la production du mouvement est dans la moelle épinière et dans ses nerfs; que la coordination de ces mouvements est dans le cervelet; et que la volition est dans le cerveau. Je dirai d'après cela, ce que Flourens n'a pas dit, mais ce qui reste à prouver par l'expérience: que la volition des mouvements est dans les points précités de l'encéphale qui les déterminent, et qu'il y a une volition qui siège dans les pédoncules cérébraux qui détermine le mouvement en avant, qu'il y en a une autre qui siège dans les corps restiformes et qui commande le mouvement en arrière, et qu'il est une volition dans le sens de chacun des canaux semi-circulaires — tandis que l'équilibration est une fonction propre du cervelet, parce que la lésion de ces parties de l'encéphale produit le même effet quoique d'un ordre plus déterminé quant à la direction, que la section du cervelet.

J'arrive au cerveau.

„Or, si on enlève, dit Flourens, sur un animal, un seul lobe, l'animal perd la vue de l'œil du côté opposé, mais l'intelligence subsiste: *un seul lobe suffit*, comme un seul œil suffit à la vision!

Si on enlève à un animal les deux lobes cérébraux à la fois: il perd tous les sens: il ne voit plus, il n'entend plus; il perd tous ses instincts, il ne sait plus ni se défendre, ni s'abriter, ni fuir, ni manger: il perd toute intelligence, toute perception, toute volition, toute action spontanée.

Le cerveau est donc le siége exclusif de l'intelligence.

Voilà donc les quatre parties de l'encéphale, à savoir: la moelle allongée, les tubercules, le cervelet et le cerveau proprement dit, et les quatre fonctions propres à chacune d'elles.

Il faut, dit plus loin Flourens, faire une grande distinction entre les sens et l'intelligence.

L'ablation d'un tubercule détermine la perte de la *sensation*, du sens de la vue: la rétine devient insensible, l'iris devient immobile.

L'ablation d'un lobe cérébral laisse la *sensation*, le *sens*, la *sensibilité* de la rétine, la mobilité de l'iris, elle ne détruit que la *perception* seule.

Dans un cas, c'est un fait sensorial; et, dans l'autre, un fait cérébral; dans un cas, c'est la perte du sens; dans l'autre, c'est la perte de la *perception*.

La distinction des perceptions et des sensations est encore un grand résultat; et il est démontré aux yeux.

Il y a deux moyens de faire perdre la vision par l'encéphale: 1° par les tubercules, c'est la perte du sens de la sensation: 2° par les lobes, c'est la perte de la perception, de l'intelligence.

La sensibilité n'est donc pas l'intelligence; *penser* n'est donc pas *sentir*; et voilà toute la philosophie des Descartes [1]), des Locke et des Helvétius renversée.

---

[1]) Locke, Helvétius et Descartes enseignaient que sentir n'est pas autre chose que penser.

L'idée n'est donc pas la sensation; et voilà encore une autre preuve du vice radical de cette philosophie.

Une philosophie, poursuit Flourens, a dit: *penser c'est sentir*. Penser est si peu sentir (même matériellement parlant) que le cerveau est insensible, impassible; on peut le blesser, le pincer, le couper par tranches, sans produire aucune douleur.

La sensibilité est dans les nerfs et dans la moelle épinière où n'est pas l'intelligence; et l'intelligence est dans le cerveau où n'est pas la sensibilité.

La sensibilité et l'intelligence sont donc deux faits distincts, et si distincts qu'ils ne résident pas même dans le même organe, qu'ils résident dans deux organes très-distincts, très-différents, très-indépendants l'un de l'autre.

L'indépendance entre les organes est telle, que l'un, le cerveau peut être enlevé, sans que cela nuise à l'autre (la moëlle épinière), savoir: que l'animal peut sentir la douleur quoiqu'on lui ait enlevé le cerveau ou organe de la perception."

Je ne suis pas d'accord avec Flourens, sur ce point, car, comment démontrer que l'animal sent, lorsqu'il est privé de l'organe de la perception de la douleur? L'animal ne percevant pas de sensation, ne pourra en aucune façon nous faire comprendre qu'il sent.

Si toutefois en pinçant un animal à qui nous avons enlevé le cerveau, nous voyons qu'il bouge, ce n'est pas parce qu'il soit resté une sensation dans sa moelle épinière, ou que sa moelle épinière soit restée apte à sentir, mais que les phénomènes de la douleur, ou les mouvements qu'il manifeste peuvent dépendre d'une contraction purement mécanique des muscles sous l'influence des derniers vestiges de la force organique non encore éteinte.

On m'objectera que, lorsqu'on enlève le cerveau, l'animal perd la vue, ou la perception de la vue seulement, mais que l'iris reste contractile, donc que le nerf optique est sensible, quoique l'animal ne voit pas;' qu'il n'y ait plus *vision*, mais que tout ce qui est sensation subsiste. Je répondrai, que si je coupe une patte à une grenouille, que cette patte sous l'influence d'agents propres, peut se contracter, mais qu'elle ne sent pas, parce qu'elle n'a pas de cerveau; qu'elle est restée seulement apte à servir d'organe de la sensation, savoir: que si je la restituais par la pensée à la grenouille vivante, dont elle faisait partie, et qui a le cerveau, qu'elle fonctionnerait de nouveau comme organe sensible, qu'elle serait sensible.

„Mais, poursuit Flourens: l'indépendance entre les fonctions est telle que l'une, l'intelligence, disparaît tout entière avec le cerveau, et qu'alors la sensibilité reste tout entière parce que la moelle épinière reste.

C'est encore ici, dit-il, une opposition admirable. La sensibilité est où n'est pas l'intelligence; l'intelligence est, où n'est pas la sensibilité. L'organe qui pense[1]) n'est pas celui qui sent; l'organe qui sent n'est pas celui qui pense.

Preuve absolue de la distinction de la sensibilité et de l'intelligence, et la première qui le soit à ce point.

On a dit: penser c'est sentir, poursuit Flourens; sentir n'est pas même percevoir.

---

[1]) Je fais remarquer l'expression de Flourens: „*l'organe qui pense*," qui facilitera au lecteur l'intelligence de ma théorie *du rapport de l'âme* au corps, lorsqu'il y trouvera, que la *force vitale* ou *organique* de la substance grise du cerveau ou l'éther de cette substance pris au moment de son élan dans le domaine de la pensée est *l'âme*.

„Le cerveau seul, dit-il, *perçoit.*"

A la bonne heure, mais qui percevra alors la sensation lorsque le cerveau sera enlevé? Il nous semble donc que nous étions dans le vrai, puisque les résultats des expériences de Flourens sont de notre côté.

„Ici, dit Flourens: les fonctions, les facultés, les forces sont séparées par les organes, nouvelle analyse et tout expérimentale.

Je dis, poursuit-il: que tout ce qui réside dans un même organe est de même nature, et que chaque fait qui réside dans un organe à part, est un fait distinct.

Je distingue les forces par les organes.

Qu'opposer à cette analyse, à ces distinctions?

Tout ce qui est de même organe est de même nature; tout ce qui est d'organe différent est de nature différente.

J'analyse par les organes."

UNITÉ DE L'INTELLIGENCE. SIÉGE DE L'ÂME.

„L'intelligence tout entière, poursuit Flourens, est-ce une faculté une? Réside-t-elle dans tout le cerveau? Le cerveau tout entier (le cerveau proprement dit, bien entendu), est-ce un organe un?

Ou bien, l'intelligence n'est-elle que la collection de différentes facultés?

Le cerveau n'est-il qu'une collection de différents organes?

Remarquez, dit-il, que si l'intelligence est une faculté une, l'intelligence est un fait et non un nom; elle doit avoir son siége, son organe.

Au contraire, si elle n'est qu'une collection de facultés, ce n'est pas elle qui est le fait; ce sont les facultés; et alors il ne faut plus chercher le siége de l'intelligence en général, mais le siége particulier de chaque faculté.

Voyons d'abord l'expérience. Le cerveau proprement dit est le siége de l'intelligence: en l'enlevant tout entier, toute intelligence est perdue; mais cela peut tenir à ce qu'on a enlevé un organe collectif, l'organe multiple d'une collection de facultés.

Or, on peut enlever, sur un animal, soit par devant, soit par derrière, soit par côtés, une portion assez étendue des lobes ou hémisphères cérébraux, sans qu'aucune faculté intellectuelle soit perdue : toute l'intelligence subsiste.

Mais, passé une certaine limite, dès qu'une faculté disparaît, toutes disparaissent.

Et il y a plus. On peut conduire l'expérience de manière, que la lésion puisse se guérir, et les fonctions renaître. Eh bien encore, dès qu'une faculté renaît, toutes renaissent. Tout se perd, tout renaît donc à la fois, tout n'est donc qu'un ; l'intelligence est donc essentiellement une faculté une.

Voilà la preuve physiologique de l'unité de l'intelligence, la preuve philosophique est bien plus forte sans doute ; mais il faut parler à chacun son langage, et aux mauvaises philosophies qui prétendent avoir un appui sur la physiologie, il faut montrer que cet appui n'est pas et que la physiologie ne dément pas le sens intime.

Le cri le plus fort du sens intime est celui de *l'unité de l'intelligence, de l'unité de moi*".

Nous ajouterons à ce cri intime du grand penseur français : que la plus grande preuve de l'unité des forces si diverses dans leurs principes, tant intellectuelles, qu'organiques, que des forces simples, est l'unité individuelle de l'être vivant, composé de tant d'éléments divers. Et comme ces éléments, et comme ces forces d'un ordre si différent dans l'homme, se rencontrent tantôt chez les animaux, tantôt dans les corps simples (quoique d'un ordre inférieur chez les premiers et à l'état d'élément dans les derniers), il s'ensuit, que les forces qui gouvernent la matière pondérable, qui président aux fonctions du règne végétal, comme du règne animal, comme celles qui élèvent l'homme au-dessus de la bête et l'élèvent à l'Etre suprême, à l'intelligence suprême, ne sont qu'une seule et même force; et comme les phénomènes de la lumière et de la chaleur par exemple, dépendent de l'arrangement des molécules de l'éther ou d'un certain état des parcelles de ce fluide en mouvement ou de la force en action, il en résulte que toute la différence entre les forces d'un ordre plus élevé dépend de l'arrangement et du dégré de la métamorphose des éléments qui constituent les corps vivants. J'ajouterai que ces ordres de la force président comme causes à tous les degrés de la métamorphose de la matière et sont les effets de leurs fonctions comme phénomènes.

„La plus intime union de toutes les forces, tant organiques, qu'intellectuelles se concentre, dit Flourens, entre le cerveau et la *moelle allongée* dans un point qui n'est pas plus gros que la tête d'une épingle et qui est placé dans la pointe du V de substance grise, inscrit dans le V des *pyramides* ou *bec de plume* et dont la limite supérieure passe sur le trou borgne et la limite inférieure passe sur le point de jonction des *pyramides postérieures*. Or, dans ce point qui ne dépasse pas une ligne, est le *point vital* ou le *noeud vital*. C'est donc d'un point matériel que dépend la *vie*. Ce point blessé, toutes les forces organiques, comme intellectuelles cessent, la vie cesse, l'animal meurt comme foudroyé".

Nous avons donc, d'après Flourens, une preuve de plus de l'unité des forces de la vie dans l'unité de l'organe.

Il semble toutefois que Flourens s'est laissé induire ici en erreur par les apparences, car si la vie cesse par la section du point vital, expérience, que j'ai bien des fois répétée sur les animaux, si toutes les forces organiques et intellectuelles cessent, c'est que justement, du point indiqué par Flourens, naissent les racines de la huitième paire (Cruveilhier) ou du nerf pneumogastrique, qui va aux poumons et très-probablement, comme nous le verrons tout à l'heure, les nerfs phréniques, qui se portent au diaphragme et aux muscles intercostaux; car la section de la huitième paire en paralysant les poumons n'arrête pas complètement la respiration, qui s'effectue en cette circonstance par le diaphragme et par les muscles intercostaux. Si je coupe les nerfs phréniques, la respiration ne se fait plus par le diaphragme, ni par les muscles intercostaux. — Si je coupe les nerfs de la 8-e paire et les nerfs phréniques, la respiration reste soudainement arrêtée, et l'animal meurt par paralysie de l'organe tout entier de la respiration ou par asphyxie, comme la section du *point vital* paralyse l'organe de la respiration et tue la *vie*. J'ajoute ici entre parenthèse, ce que d'ailleurs Flourens reconnaît ouvertement avec la franchise, qui caractérisait tous les actes de sa vie, que bien qu'il soit parvenu le premier à limiter ce point, qu'avant lui Legalois, avant

Legalois Bichat et avant Bichat Lower a le premier trouvé ce point et son importance. Je suis toutefois de l'avis, que les nerfs phréniques prennent naissance de ce point vital aussi bien que les racines de la 8-e paire, puisque la section de ces deux ordres de nerfs donne le même résultat que la section du point vital de Flourens. Je dirai à cette occasion, qu'il ne faut pas prendre un point visible de l'origine des nerfs pour leur vraie origine physiologiquement parlant: car leurs fibres extrêmes peuvent dans leur finesse, presque idéale, échapper au scalpel et toucher les régions bien plus éloignées du cerveau ou de la moelle épinière [1]).

J'ajouterai, pour finir, que le *point vital* concentre en lui même la vie en tant, qu'il donne naissance aux racines des nerfs qui président à la fonction de la respiration, et que Flourens à mon avis, fut induit en er-

---

[1]) „Dépouillée de son névrilème, la moelle épinière, dit Cruveilhier, est en même temps dépouillée des nerfs spinaux, lesquels ont suivi cette enveloppe. *Devons-nous en conclure que les nerfs ne pénètrent pas dans le corps même de la moelle et ne font qu'arriver au contact;* cette question nous occupera à l'occasion de l'origine des nerfs spinaux. Nous ferons toutefois, observer ici que les racines postérieures naissent suivant une ligne parfaitement régulière, tandis que les racines antérieures naissent irrégulièrement de divers points de la colonne médullaire correspondante. Cette disposition s'observe, poursuit-il, parfaitement sur la moelle du foetus et de l'enfant nouveau-né: à cette époque, la colonne médullaire, d'où naissent les racines antérieures est encore grise et se présente sur une moelle dépouillée de son névrilème, sous l'aspect de petits tronçons blancs, qu'on peut suivre dans l'épaisseur de cette moelle etc". — Cruveilhier. Traité d'anatomie descriptive du corps humain. Paris, 1852. pag. 226, tom. IV.

reur dans ses conclusions par les apparences, résultant de l'enchaînement des faits qui se trouvaient dans la dépendance solidaire.

Flourens s'est encore éloigné à notre avis, de la vérité, en rendant la vie dépendante d'un point limité de l'organisme, comme s'il eût voulu méconnaître que ce point se trouve solidairement lié non seulement avec le cerveau vivant, mais qu'il reste sous la dépendance de l'organisme tout entier de l'être vivant.

Comme conclusion de ce chapitre nous dirons encore une fois : que le *cerveau est le siége exclusif de l'intelligence, que l'intelligence tout entière se trouve dans le cerveau et nulle part ailleurs. Que le cerveau par conséquent et le cerveau seul ou ses deux hémisphères sont le siége exclusif de* l'â m e [1]).

---

[1]) Flourens. Psychologie comparée, Paris 1865.

L'INSTINCT ET L'INTELLIGENCE

RAISON DE L'HOMME, ÂME DES ANIMAUX, DES PLANTES
ET DE LA MATIÈRE SIMPLE.

„Mais *l'intelligence* n'est-elle que cela?" dit Flourens.

„Non", dit-il „car dans l'intelligence, prise dans son sens le plus étendu, il y a trois ordres des faits; *l'instinct, l'intelligence* proprement dite et la *raison* ou *l'âme*".

L'instinct, ajoute-t-il *est à peu près toute l'intelligence des animaux inférieurs; l'intelligence proprement dite commence avec les animaux supérieurs; la raison ou l'âme n'appartient qu'à l'homme*".

N'oublions pas que c'est Flourens qui dit cela.

Or, à notre avis l'intelligence ne se laisse pas disséquer ainsi en trois ordres des faits: car le passage de l'instinct à la raison ou de l'intelligence des animaux à la raison ou à l'âme de l'homme est extrêmement insaisissable et imperceptible dans ses nuances et dans ses gradations. Ainsi, la raison ne commence pas avec l'homme, comme le dit Flourens lui-même, mais nous apercevons ses traces irrécusables, bien loin encore dans l'échelle animale, à commencer par les animaux les plus inférieurs. Car, si nous ne contestons pas la raison à l'éléphant, au singe, au chien et au chat, pourrions nous la contester à la fourmi, à l'abeille ou à l'araignée?

Avant d'entrer dans de plus grands détails à ce sujet, lorsque nous parlerons de l'âme des animaux, je prends un exemple de Flourens.

„Un jeune castor avait été pris sur les bords du Rhône, à peine venant de naître; il fut transporté et allaité artificiellement dans le Jardin des Plantes.

Ce jeune castor n'avait point vu ses parents et par conséquent n'en avait rien appris. Dès son arrivée au Jardin, il avait été mis dans une cage, et par conséquent, n'avait pas besoin de cabane.

Cependant, dès qu'il put se procurer les matériaux nécessaires: de la terre, de l'eau, des branches, il se mit à bâtir une cabane et du premier coup, il se la bâtit aussi solide et aussi bonne que les castors les plus exercés".

„Le chien, le cheval, l'éléphant, font des choses qui tiennent visiblement à une certaine intelligence, car ce sont des choses qu'ils apprennent, que nous leur avons apprises, qu'ils ne sauraient point faire si nous ne les leur avions apprises".

„Il y a donc, dit Flourens, ce qui se fait sans l'avoir appris, et cela tient à *l'instinct;* et il y a ce qui se fait pour l'avoir appris, et ceci tient à *l'intelligence*, *à une certaine dose d'intelligence"*. Je souligne cette phrase de Flourens.

„Enfin, bien au-dessus, infiniment au-dessus de l'instinct, et même de l'intelligence proprement dite, de l'intelligence des bêtes, ajoute Flourens, il y a l'intelligence de l'homme, la *raison humaine*.

L'instinct agit sans connaître; l'intelligence agit et connaît; et la raison, la raison seule, connaît et *se connaît*.

Et c'est parce qu'elle *se connaît*, que la raison se voit, et se juge, et que se jugeant, elle s'élève d'intelligence au *moral*.

Le *moral* n'appartient qu'à l'homme.

La raison se voit, la raison se juge; la raison s'étudie: et l'étude de la *raison* par la *raison*, l'étude de l'esprit par l'esprit, est toute la philosophie humaine".

C'est la doctrine de Flourens.

Or, je ferai d'abord remarquer contrairement à cette doctrine, que l'intelligence, malgré sa division dans l'échelle animale (l'homme y compris bien entendu) en instinct, intelligence des bêtes et la raison de l'homme, que tous ces degrés de l'intelligence, comme le fait pressentir l'analyse de Flourens, sont une intelligence *une;* que ces trois états de l'intelligence ne sont que a transformation, que le développement, que la métamorphose d'une seule et même force, comme la *perception* est un degré inférieur de *l'attention*, car *l'attention* n'existerait pas sans la *perception*, donc, *l'attention* n'est que la transformation, que la métamorphose de la *perception;* comme sans *l'attention* il n'y aurait pas *mémoire;* sans mémoire il n'y aurait pas *jugement;* sans jugement, il n'y aurait pas *volonté;* que les trois états de l'intelligence de Flourens ne sont que les diverses manifestations, que les divers degrés d'une même intelligence, dont l'élément se trouve dans les êtres inférieurs et dont nous trouvons le summum du développement dans l'homme.

Appuyé sur cette analogie entre les forces en apparence si diverses et si tranchées, appuyé sur ce que j'ai déjà mentionné au sujet de la loi de la métamorphose tant de la force, que de la matière: que l'une et l'autre ne sont que la métamorphose d'un élément type et qui pour les forces physiques et organiques est *l'attraction-répulsive*, et pour la matière est l'atome ou la parcelle finalement indivisible de *l'attraction-répulsive*, je dirai, que la raison et l'amour se trouve dans le principe, non-seulement dans l'homme, mais aussi dans les animaux, comme dans les plantes, jusque dans la matière simple et comme de raison que la force simple, dite cosmique, qui les gouverne, que *l'attraction-répulsive*, est l'élément de tous les ordres des forces jusqu'à l'âme; que l'âme par conséquent n'est que la métamorphose de la force primordiale, de la force élémentaire, de la force type.

Je ferai remarquer, que notre doctrine dans un travail sérieux n'est contraire ni à la dignité de la science, ni aux lois de la nature; car nous pouvons ajouter à notre doctrine, qu'elle est aussi appuyée sur la loi, que le *Créateur* a donné à la nature créée de Lui et par Lui, un mouvement intime et individuel et qu'il l'a rendue dépositaire des lois qui gouvernent ce mouvement; que la nature par conséquent, peut dans son action, dans ses mouvements scrupuleusement pensés et calculés d'avance par la Sagesse, être envisagée comme action raisonnée et volontaire; que la pierre par exemple, peut être étudiée comme un être doué de la raison ou pour le moins comme conséquence de la raison; ou autrement, que la pierre ou ce qui revient au même, que la matière simple, que toute la nature inorganique, peut être considérée dans ses actions ou dans les phénomènes des forces simples qui la gouvernent, comme une action involontaire, aveugle, mais puisant son intelligence, sa raison, sa volonté, son amour dans sa source Divine; ou enfin que c'est l'Esprit Créateur qui agit caché dans la matière simple et dans les forces simples, qu'il y trahit son active presence *comme loi de la nature*, tandis qu'Il est visible dans l'âme de l'homme. Si donc la matière simple et la force simple agissent en aveugle, elles ont leur intelligence en Dieu, et si l'âme agit avec la connaissance de ses actions, c'est qu'elle a sa volonté et sa raison en elle-même ou en Dieu qui est en elle et qui la constitue.

La différence est, dis-je, en ce qu'ici Dieu est caché et qu'il est là visible; que partout par conséquent, c'est le même Dieu.

Que la pierre donc peut être envisagée jusqu'à un certain point et sous un certain rapport, comme un être raisonnable; que notre *attraction - répulsive* peut être considérée comme sagesse et amour en principe—puisque, comme nous le verrons plus loin, l'âme peut devenir force cosmique ou attraction-répulsive et que cette même attraction - répulsive peut devenir l'amour et la raison, l'âme en un mot.

Mais ne devançons pas notre pensée et la vérité seule va sortir des faits que la science a déjà sanctionnés.

Parcequ'il nous semble que nous avons la connaissance de notre *moi*, qui osera contester que c'est justement la Raison suprême qui se reconnaît en nous, qui siége aussi et agit à demi voilée dans les êtres, que notre orgueil et notre ignorance a dotés d'un nom de mépris et qui, quoique totalement cachée dans la force simple et dans la matière cosmique n'en est pas moins pour cela la même. Si donc les forces simples agissent à notre manière de voir en aveugle, c'est que nos sens seuls ne nous permettent pas de les voir briller d'intelligence et d'amour!

La seule différence à notre avis, entre la force physique et l'âme, consiste comme nous le verrons bientôt, en ce que Dieu agit caché et pour son propre compte dans la première, tandis que l'âme qui est l'image de Dieu, qui est Dieu incarné, est arrivée en nous, par un admirable arrangement et par une métamorphose de la matière première, de son état caché à un état de révélation ou de la connaissance de son moi.

La science répète les mots: instinct et intelligence, dissèque l'intelligence en instinct et en raison ou en actions machinales, en actions sans connaissance raisonnée du but de l'action et en actions rationnelles et pensées. Ce qui n'empêche pas que l'instinct est seulement le degré inférieur de l'intelligence, que l'intelligence est une force plus développée que l'instinct, que l'intelligence et l'instinct sont une même force, que l'une est la suite, le développement de l'autre, qu'elle n'existerait pas sans la première, qui est sa base, comme la mémoire n'existerait pas sans la perception. L'instinct donc et l'intelligence sont une intelligence une, sont un instinct un; l'instinct et l'intelligence sont donc dans le principe une même sagesse, une même volonté, seulement cette sagesse et cette volonté sont dans l'intelligence plus développées et dans l'instinct elles le sont moins; que la Sagesse suprême dans l'instinct, fait agir sa propre sagesse, qu'elle y est cachée pour nos sens, tandis qu'elle agit dans l'intelligence humaine en y constituant notre *moi* individuel. — D'où l'incertitude dans les oeuvres de l'intelligence, tandis que les êtres doués de l'instinct vont droit au but.

Ayons deux amis, lequel des deux allons-nous préférer? est-ce celui qui au premier signal de notre malheur accourra pour nous secourir, ou celui qui après beaucoup de refléxions, ne fera rien pour nous?

L'oiseau, de même que la chienne, n'ont-ils pas de l'amour pour leur petite progéniture? Enlevez à une chienne ses petits et faites les transporter dans un lieu éloigné — à une lieue de sa niche, et vous serez étonné de les voir le lendemain tous auprès de leur mère. Tu ne savais pas homme orgueilleux, que l'amour maternel de la bête se montrerait supérieur à ta raison et que lorsque tu l'as séparée sciemment de ses petits, elle les rapporterait dans sa gueule, comme dans une lectique pendant la nuit, lasse et sans fermer l'œil, l'un après l'autre, au sein de ses maternelles affections.

Dénichez les petits oiseaux et si vous avez du cœur, vous serez attendri par les cris et l'angoisse de leur mère, qui inquiète et désespérée voltige de branche en branche, en appelant ses petits d'une voix lamentable.

J'ai vu une chienne, qui est devenue enragée par la perte de ses petits. J'ai vu un chien qui avait des convulsions chaque fois qu'on jouait d'un instrument en sa présence. Or les enfants, que les mouvements désordonnés de ce chien amusaient beaucoup, se trouvant un jour seuls avec la pauvre victime, promenèrent si lonvtemps l'archet sur les cordes du violon, que le pauvre animal mourut dans les convulsions.

Prenez un mouton, un chien et un singe et regardez les bien — voyez leur langue, leurs yeux, leurs oreilles — touchez les et vous verrez qu'ils ont des os, des côtes, que leur cœur bat comme le vôtre, qu'ils ont un pouls comme vous; allez plus loin, ouvrez leur corps et vous serez surpris de trouver qu'ils ont comme nous leur cerveau, un cœur, qu'ils ont le sang rouge et chaud — etc [1]), rappelez vous, qu'ils mangent comme nous, qu'ils digèrent, qu'ils se reproduisent comme nous etc. etc.; rappelez les à la vie par la pensée, regardez l'expression de leur tête, remarquez comme le singe va suivre le moindre mouvement de votre regard, tandis que le mouton va dormir insouciant dans vos bras; appelez le chien et il accourra; flattez-le et vous serez attendri de sa reconnaissance pour vos caresses; châtiez-le, et se souvenant de sa punition il se traînera humble et inquiet à vos pieds; qu'il aperçoive dans vos

---

[1]) Non seulement les animaux ont avec l'homme les organes, les fonctions et les maladies communes; non seulement certaines de ces maladies peuvent se communiquer de l'homme aux animaux et réciproquement, mais telle est la parenté de l'homme avec ces derniers, dévoilant, entre autres la communauté de leur origine, que l'homme porte jusqu'aux rudiments de leurs organes, tels que l'os *coccyx* qui est le rudiment de la queue, *la membrane clignotante* de l'oeil, qui est le rudiment d'une membrane de l'organe de la vision chez les oiseaux; les mamelons — rudiments que nous rencontrons aussi chez les animaux mâles.

yeux que vous lui avez pardonné, aussitôt il bondira autour de vous et il lèchera votre main joyeux et reconnaissant. Prenez votre fusil, et feignez d'aller à la chasse, il devinera votre pensée. Vous le remarquerez dans ses yeux et dans ses mouvements. Laissez tomber un objet comme par hasard, il va le ramasser et le déposer à vos pieds, ou se couchera dessus et ne le laissera prendre à personne. Mourez, il mêlera aux sanglots de votre famille ses hurlements lamentables et ira s'ensevelir dans une fosse qu'il s'est préparée la veille. Le chien a prévu votre mort et a payé de sa vie son attachement pour vous.

Faisons quelque chose devant le singe et son adresse dans l'imitation de nos gestes va nous égayer.

Les loups en apercevant une proie, la devancent, s'arrangent ensuite de manière que l'un d'eux se place du côté du point probable par lequel la victime va passer; les autres se placent de l'autre côté. S'étant ainsi mis en ligne droite à leur poste comme des chasseurs à une battue, ils se tiennent cachés en attendant passer leur proie. Lorsque la victime s'approche du premier loup, celui-ci s'élance de son piége et la poursuit dans la direction d'un autre. La victime d'ailleurs se jette seule dans le sens opposé, pour tomber dans le second piége. En ce moment le second loup voyant la proie tomber sur lui, se précipite sur elle. Si elle a pu échapper à l'assaut du second loup, elle fuit plus loin, poursuivie alors par les deux loups, qui en la pressant des deux côtés lui impriment un mouvement dans la direction du troisième loup — et si elle ne tombe pas ainsi dans la gueule du second ou du troisième loup, elle tombe victime du quatrième.—Alors tous les loups tombent sur la proie expirante et chacun, une fois bien rassasié, en emporte les restes, en les cachant devant ses complices.

Qui n'a pas vu des oies sauvages, rangées sur une ligne, ou en forme d'un angle aigu fendre l'azur des cieux, comme si elles savaient qu'en adoptant cette forme de vol, l'air leur opposera moins de résistance?

Qui n'a pas entendu des grues continuer leur entretien dans les airs et, dociles à la pensée de leur chef, exprimée dans tel ou tel autre symbole de la voix, tomber d'un seul corps sur un lac, changer la direction de leur vol, ou continuer leur route avec une légère nuance de changement, de temps à autre, de la ligne qu'elles suivaient dans les airs?

Est-ce que cette conversation mystérieuse ne roulait pas sur la disposition de la localité, plus ou moins favorable au repos ou à la pâture; est-ce qu'elle n'avait pas pour motif de hâter leur vol avant la nuit tombante?

Ne voit-on pas chez les animaux vivant en troupes, comme chez les oiseaux, des individus placés en sentinelle, qui, par des cris particuliers, avertissent leurs compagnons de l'approche du danger. Les marmottes et les flamants ne nous offrent-ils pas d'exemples des moyens de communication entre eux comme les hommes? quoique dans un degré de perfection inférieure à ces derniers; n'expriment-ils pas ce qu'ils sentent et n'en informent-ils pas leurs semblables? Cette même faculté existe également chez tous les animaux, chez les oiseaux domestiques et chez les hirondelles. N'a-t-on pas entendu par exemple, ces dernières pousser des cris de détresse, attirer par leurs cris toutes les hirondelles du voisinage, qui volent au secours de leurs soeurs effrayées et harceler de concert l'animal dont elles redoutent l'attaque.

Les insectes ont un langage de même que les animaux supérieurs et se communiquent entre eux comme nous le verrons plus loin, au moyen de leurs antennes.

Est-ce que l'homme dans l'état primitif de son intelligence, lorsqu'il est encore enfant, n'exprime pas sa volonté, sa pensée, par des cris et des gestes? Les sauvages ou les gens simples, n'expriment-ils pas leur pensée, par des gestes ou quelques paroles monosyllabes, par des symboles? L'homme primitif n'exprimait-il pas sa pensée, dans les premiers temps historiques, par des symboles; est-ce qu'il ne nous a pas laissé sa pensée exprimée dans des hiéroglyphes gravés sur la pierre?

Les Chinois ont le plus fidèlement conservé cet état primitif de l'intelligence de tous les peuples. Est-ce que leur langue verbale ou écrite n'est pas une pure collection de symboles? Leur langue n'est-elle pas une répétition monotone des *of*, *fou*, *ong*. *ang*..... sans harmonie ni douceur, comme l'aboiement de la race canine.

Vous ne comprenez pas le langage du canard, et si vous ne connaissez pas la langue des fils d'Albion vivant dans une atmosphère remplie de brouillard, sur un sol entouré d'eau, approchez-vous d'eux lorsqu'ils parlent leur langue, saisissez le son qui arrive à votre oreille et dans l'accent et la résonnance de leur voix vous serez frappé de son analogie avec la voix des canards.

Ma langue maternelle, pour un étranger, ne ressemble-t-elle pas à un chuchotement, à un murmure entrecoupé de sifflements, d'éternuements et des bruits de tonnerre?— Et pourtant celui qui connaît sa mélodieuse harmonie, sa richesse et sa poésie, comme il trouvera belle ma langue natale!

Examinons maintenant un ours aux larges épaules, ou un porc cherchant son bonheur dans la boue— est-ce qu'ils ne vont pas nous rappeler l'homme primitif dont, la pensée profonde et l'ardeur du coeur n'ont pas encore sillonné le front, ni crispé les traits?

Le chien malade va droit à la plante souveraine. Il la mâche et l'avale; car il sait qu'elle est nécessaire à sa santé.

L'autruche, et les autres oiseaux de la famille des galinacées, savent que les petites pierres, que les grains de sable leur sont nécessaires pour faciliter le broiement de leur nourriture—travail, qui résisterait aux seules parois de leur estomac. — C'est pour cela qu'ils avalent de petites pierres.

L'aigle, par l'inaccessibilité du rocher, assure la sécurité à sa progéniture.

Un petit animal rongeur, dit Milne Edwards [1]) qui ressemble beaucoup à nos lapins et qui habite la Sibérie *(lagomys pica)* est doué d'un instinct encore plus remarquable; car non seulement il cueille, en automne, l'herbe dont il aura besoin pour se nourrir durant le long hiver de ce pays inhospitalier, mais il fait du foin, exactement comme le font nos fermiers. Après

---

[1]) Zoologie p. Milne Edwards. Paris 1855. p. 234 et suivante.

avoir coupé les herbes les plus vigoureuses et les plus succulentes de la prairie, il les étale pour les faire sécher au soleil; et cette opération terminée, il les rassemble en meules et a le soin de les placer à l'abri de la pluie et de la neige; puis il creuse, au-dessous de chacun de ces magasins, une galerie souterraine aboutissant à sa demeure et disposée de façon à lui permettre de visiter en tout temps son dépôt de provisions.

Les singes, rapporte encore le même savant, qui vivent en si grand nombre dans les forêts du Nouveau Monde, lorsqu'ils ont dévasté un canton, on les rencontre par bandes nombreuses, s'élançant de branche en branche, et allant à la recherche de quelqu' autre localité abondant en fruits; puis, lorsque la disette les a suivis dans leur nouvel établissement, ils vont chercher fortune ailleurs, *les mères portant leurs petits sur leur dos ou dans leurs bras et la troupe entière paraissant se livrer à une joie bruyante.....*

Des voyages encore plus remarquables, poursuit Milne Edwards, et qui n'offrent également rien de périodique, sont entrepris par les *lemmings*, sans que l'on ait encore découvert les causes de leurs migrations. Ces animaux, qui ont beaucoup d'analogie avec les rats, habitent les bords de la mer Glaciale et descendent alors par colonnes serrées et suivent toujours une ligne droite sans se laisser détourner par les obstacles les plus grands, traversant à la nage les rivières qu'ils rencontrent, tournant les habitations ou les rochers sur lesquels ils ne peuvent grimper. C'est surtout la nuit qu'ils voyagent de la sorte, et beaucoup périssent en route; mais leur nombre est si considérable, qu'ils n'en causent pas moins de dégâts immenses partout où ils se montrent, car ils détruisent toute végétation sur leur passage, et ne se bornent pas à dévorer l'herbe jusqu'à sa racine, mais creusent aussi la terre pour en retirer les grains qui s'y trouvent.

Les poissons à leur tour, tels que: les harengs, le thon, le saumon, et certains oiseaux, tels que: les hirondelles, les cailles, les cigognes, les oies sauvages, la grue etc. etc. les insectes, tels que: les guêpes, la sauterelle etc, font de longs voyages comme les tribus sauvages de l'homme primitif, en passant des contrées qu'ils ont dévastées, dans des lieux abondant en ressources propres autant à leur conservation personnelle qu'à la conservation de leurs espèces.

Les observations recueillies sur un jeune chimpansé et un orang-outang, vivant dans la ménagerie du Jardin des Plantes de Paris, dit Milne Edwards, montrent que ces singes sont doués d'une intelligence encore plus développée.

L'orang-outang s'attachait aux personnes qui le soignaient; boudait, lorsqu'on ne lui cédait pas; et de même que les enfants exprimait sa colère en criant et en se frappant la tête contre terre, comme si, n'osant s'en prendre aux personnes qui lui résistaient, il s'en prenait à lui-même, afin d'émouvoir ceux qui l'entouraient.

Lorsqu'il était enfermé seul dans la chambre où on le tenait, il cherchait toujours à en sortir et pour atteindre à la serrure et ouvrir la porte, il montait sur une chaise placée auprès. Afin d'empêcher cette manœuvre, son gardien emporta un jour cette chaise; mais l'orang en alla chercher une autre qu'il mit à la place de la première, et sur laquelle il monta de même pour ouvrir sa porte.

Or, comment ne pas reconnaître dans cette action, ajoute Milne Edwards, non-seulement la faculté de profiter des leçons de l'expérience, mais aussi celle de *généraliser?* Jamais on n'avait enseigné à cet animal à s'aider d'une chaise pour ouvrir les portes, et il n'avait même vu faire cela à personne; c'était par sa propre expérience qu'il avait appris, qu'en grimpant ainsi, il s'élevait au niveau de la clef qu'il voulait tourner et ce ne pouvait être qu'en observant les actions de son gardien qu'il s'était aperçu que les chaises étaient transportables d'un lieu à un autre; enfin, ce ne pouvait être qu'en généralisant les notions ainsi obtenues et en combinant les jugements auxquels ces idées avaient donné lieu, qu'il avait été conduit à agir d'une manière si bien calculée; car dans les circonstances anormales où il se trouvait, ses instincts naturels ne pouvaient suffire pour le guider.

Le fait rapporté sur l'orang renverse, comme nous voyons, la théorie de la définition de l'instinct et de l'intelligence chez les animaux de Flourens; car l'orang fait non seulement ce qu'il a appris, mais il est arrivé par la combinaison réfléchie des faits, au but marqué au coin de la raison.

Le même savant rapporte encore un fait d'un chien, que nous ne pouvons nous expliquer, qu'en le supposant comme le résultat d'un raisonnement. Or, ce chien qui était de garde, chaque nuit parvenait à dégager son cou du collier qui le tenait à l'attache et courait alors égorger des moutons dans la campagne voisine, puis allait à la rivière laver sa gueule ensanglantée, et revenait avant le jour au logis remettre son cou dans le collier qu'il avait quitté furtivement, et se couchait sur sa litière de façon à ne donner aucun éveil sur ses méfaits.

Quoique les chats, dit Buffon, surtout quand ils sont jeunes, aient de la gentillesse, ils ont en même temps une malice innée, un caractère faux, un naturel pervers, que l'âge augmente encore et que l'éducation ne fait que masquer. Des voleurs déterminés, ils deviennent alors, lorsqu'ils sont bien élevés, souples et flatteurs comme des fripons; ils ont la même adresse, la même subtilité, le même goût pour faire le mal; le même penchant à la petite rapine; comme eux, ils savent couvrir leur marche, dissimuler leurs desseins, épier les occasions, attendre, choisir, saisir l'instant de faire le coup, se dérober ensuite au châtiment, fuir et demeurer éloignés jusqu'à ce qu'on les rappelle. Ils prennent aisément des habitudes de société, mais jamais de moeurs; ils n'ont que l'apparence de l'attachement, on le voit à leurs mouvements obliques, à leurs yeux équivoques, ils ne regardent jamais en face la personne aimée; soit défiance, soit fausseté, ils prennent des détours pour en approcher, pour chercher des caresses auxquelles ils ne sont sensibles que par le plaisir qu'elles leur causent. Bien différent de cet animal fidèle, dont tous les sentiments se rapportent à la personne de son maître, le chat paraît ne sentir que pour soi, n'aimer que sous condition, ne se prêter au commerce que pour en abuser, et, par cette convenance de naturel, il est moins incompatible avec l'homme qu'avec le chien dans lequel tout est sincère.

Voici le tableau de l'intelligence du chat. Flourens donne le nom d'instinct moral à cette intelligence, tout en s'empressant d'ajouter, qu'à côté de cet instinct il y a l'intelligence et que jusque dans les animaux les plus infimes il y a de l'intelligence à côté de l'instinct[1]). Quant à moi, ce n'est pas de l'instinct proprement dit, mais bien le type raffiné et pensé de l'intelligence de l'homme.

Mettant de côté le chat de Buffon, les animaux quant à nous, sentent, car ils manifestent leurs sensations par la joie ou la douleur; ils ont de la mémoire, car ils se souviennent, car ils évitent ce qui leur a fait déjà une fois de la peine et qu'ils recherchent ce qui les a flattés une fois; ils ont la volonté—ils comparent, et ils ont leur jugement propre, car ils hésitent et choisissent; ils *réfléchissent*, car ils méditent sur leurs propres actions, car ils profitent de leur expérience passée: et on sait que l'expérience répétée rectifie le premier jugement.

Aristote, et après lui *Flourens* ne reconnaît pas cette frappante vérité, que les animaux réfléchissent sur ce qu'ils font, et d'après son avis, le seul animal qui soit doué de réflexion sur ses propres actions est l'homme.

Quoiqu'il en soit, et quoique Flourens soutienne que les animaux ne réfléchissent pas sur leurs actions, mais „qu'ils se rappellent seulement les perceptions passées et qu'ils les comparent avec les perceptions présentes, et que toute leur réflexion doit se borner là," je le répète, que quant à nous, ce que Flourens accorde aux animaux

---

[1]) Flourens. Psychologie comparée, Paris 1865 p. 42 et suivantes.

est plus éloquent, que ce qu'il semble leur contester, emporté par son amour pour l'analyse.

Quant à nous, encore une fois, que ce soit Aristote ou Flourens qui ait dit cela, il n'en est pas moins vrai et évident pour un homme qui n'est pas égaré par les préjugés, ni par la routine de l'analyse, que les animaux, à part le sentiment de leur *moi* et du pouvoir de s'élever à la morale, à Dieu (facultés, dont les élus des mortels sont à peine dotés), que les animaux, dis-je, ont une intelligence très-rapprochée de celle de l'homme, qu'ils réfléchissent sur ce qu'ils font et que seulement s'ils avaient la parole, accessible à notre intelligence, ils nous surprendraient bien des fois par la justesse de leur raison et par la fermeté de leur jugement.

L'instinct donc des animaux ou leur intelligence et l'intelligence de l'homme ou âme, sont une et même force. Les qualités de l'une se trouvent dans l'autre, mais pas élevées au même degré de puissance.

D'où il résulte, que comme l'organisme de l'homme est plus parfait que l'organisme des animaux, que le cerveau des animaux est inférieur organiquement parlant, à celui de l'homme, qu'il brille de la même intelligence que celui de l'homme seulement pas à un degré aussi élevé; que les animaux ont une *âme* humaine, seulement à l'état inférieur ou pas aussi développée que la notre. Contester toutefois aux animaux ce qui leur revient de droit, leur contester la raison quoique moins développée, moins parfaite que la nôtre; contester la raison, dans le principe, aux forces élémentaires, parce que notre science n'a pu pénétrer ces mystères, serait contester l'âme à un enfant qui vient de naître, serait contester l'âme aux simples et petits d'esprit, parce que leur intelligence n'est pas à la hauteur de celle de Newton, de Kopernik ou d'Aristote.

Je blesse le cerveau dans un point déterminé et le cerveau devient matière organique d'un ordre inférieur, qui va bientôt devenir simple ou pour mieux dire le cerveau devient matière simple et l'intelligence devient force organique et finalement force simple ou cosmique; je guéris le cerveau ou, en d'autres termes, j'élève la matière simple à l'organisme du cerveau sain et la force simple ou cosmique reprendra le rang de l'intelligence, s'élèvera à la raison!

Basé sur cette loi, sur laquelle nous reviendrons encore une fois, tant pour rendre à César ce qui est à Cesar, que pour prouver, qu'elle est vraie, n'importe sous quel rapport nous allons envisager la nature, je dirai encore une fois: que toutes les forces sont de la même nature, qu'elles ont un élément commun, que *l'attraction-répulsive*, que la lumière, que l'instinct des animaux sont de la même nature que l'intelligence de l'homme, *parce que l'une peut devenir l'autre et vice versa;* que toutes ces forces ne diffèrent entre elles que dans le degré de la métamorphose de la force type. Que toute la différence entre l'instinct et l'intelligence est dans le degré de la métamorphose et est intimement liée avec le degré de la perfection de l'organe dont elle n'est qu'une expression spirituelle; qu'un cerveau plus ou moins parfait, organiquement parlant, permettra à l'intelligence de briller avec plus ou moins d'éclat et voilà tout.

Si toutefois nous ne comprenons pas le langage des animaux, s'en suivrait-il, qu'ils n'aient pas un langage particulier à eux? Est-ce que la nature n'a pas marqué leurs actions avec un langage plus éloquent que la parole?

Leur mimique, leurs gestes, leurs cris, les manifestations naturelles de leur intelligence ne nous rappellent-elles pas nos passions, nos rapports avec nos semblables, nos affections, nos amours et enfin notre raison et les actes de notre volonté...?

Vous direz, lecteur, que nous trouvons le premier plan de notre intelligence dans les animaux, car nous n'avons choisi à dessein pour types de nos démonstrations que les animaux supérieurs et dont la structure du cerveau est le plus en rapport, du moins en apparence, avec le cerveau de l'homme.

Or, si les animaux supérieurs nous ont tant saisis par l'analogie de leur intelligence avec la nôtre, que dirons-nous de l'intelligence des êtres placés au plus bas de l'échelle de la création, qui va nous surprendre bien davantage encore?

Je m'efface ici et je laisse parler les faits.

Ainsi, Réaumur nous apprend, qu'une abeille se trouvant éloignée de sa ruche, à l'approche d'un orage saisit une petite pierre dans ses pattes, pour qu'en se rendant plus lourde, elle ne se laissa pas détourner si facilement de sa route.

L'araignée découpe les fils de sa toile avant l'orage, comme un meunier, qui enlève les planches aux ailes de son moulin, de crainte que le vent ne le lui renverse.

On sait que l'araignée, à peine éclose, se met à tisser le réseau géométrique de sa toile et la tisse aussi bien du premier coup qu'elle le fera jamais. Gâtons lui pourtant sa toile et elle s'apercevra de son dégât et va le réparer. L'araignée a donc une perception de ce dégât, car elle s'en est aperçue; elle a une raison, car elle a compris son importance et qu'elle sait la réparer; elle a une volonté, car elle va réparer.

Une araignée, connue sous le nom de mygale (mygale fodiens)[1]) est aussi ingénieux architecte qu'artisan consommé. „Rien ne manque dans sa maison, dit Blanchard, vous y trouvez une serrure, des gonds, une porte à charnière et même de la tapisserie de soie, et lorsqu'elle entend quelqu'un s'approcher de sa demeure, elle s'accroche, avec ses pattes de devant, à la porte maintenue au moyen d'une charnière, s'appuie avec ses pattes de derrière contre une des parois de son appartement, faisant tous ses efforts pour empêcher qu'on l'ouvre de dehors.

Est-ce que nous ne voyons pas dans ce fait tout l'artisme, toutes les combinaisons de l'intelligence, de la pensée, de la raison, du jugement, de la prévoyance et du courage?!

Mais tout ce que nous savons sur l'intelligence des êtres inférieurs, n'est rien en comparaison avec les conclusions que Pierre Huber a tirées de ses ingénieuses observations sur les fourmis.

Je ne puis résister au plaisir de rapporter ici quelques unes de ces observations, et de ne pas passer sous silence les conclusions de ce grand penseur.

Je commence par *l'architecture* des Fourmis, et voici ce que je lis à ce sujet dans Pierre Huber[2]).

---

[1]) Voyez Blanchard: Métamorphoses, moeurs et instinct des Insectes. Paris 1868 p. 676.

[2]) Pierre Huber. Recherches sur les moeurs des Fourmis Indigènes. Genève 1861.

„Les fourmis ramassent auprès de leur habitation tous les brins de chaume, tous les fragments ligneux, les petites pierres, les feuilles et autres objets à leur portée qui peuvent servir à en augmenter l'élévation, jusqu'à des teignes, de petits coquillages, du blé, de l'avoine ou de l'orge; ce qui sans doute à donné lieu à leur ancienne renommée; mais si cette prévoyance qu'on leur supposait n'a pas pour objet de les préserver de la faim pendant l'hiver, époque où les fourmis ne mangent guère, et surtout pas de grains, elle n'en est pas moins admirable lorsqu'on la considère sous son véritable point de vue.

Ce monticule, qui, au premier coup d'œil, ne paraît qu'un amas de matériaux confusément épars, est cependant, par sa simplicité et son organisation, une invention ingénieuse pour éloigner les eaux de la fourmilière, pour la défendre des injures de l'air, des attaques de ses ennemis et pour ménager la chaleur du soleil; ou la conserver dans l'intérieur du nid. L'assemblage des divers éléments dont il est composé présente toujours l'aspect d'un dôme arrondi, dont la base, souvent couverte de terre et de petits cailloux, forme une zône au-dessus de laquelle s'élève en pain de sucre la partie ligneuse du bâtiment.

Mais ce n'est encore là que la couverture extérieure de la fourmilière; la portion la plus considérable en est cachée à nos yeux, et s'étend dans la terre à une profondeur plus ou moins grande.

Des avenues, ménagées soigneusement, en forme d'entonnoirs assez irréguliers, conduisent du faîte de la fourmilière dans l'intérieur: leur nombre dépend de sa population et de son étendue; l'ouverture en est plus ou moins large; on en trouve quelquefois une principale au sommet; souvent il y en a plusieurs à peu près égales, autour desquelles beaucoup de passages plus étroits sont placés presque dans un ordre symétrique, circulairement et jusqu'à la base du monticule.

Ces portes étaient nécessaires pour laisser une libre issue à cette multitude d'ouvrières dont leurs peuplades sont composées. Non-seulement leurs travaux les appellent continuellement au dehors, mais, bien différentes des autres espèces, qui se tiennent volontiers dans leurs nids et à l'abri du soleil, les fourmis fauves semblent au contraire préférer vivre en plein air et ne pas craindre de faire en notre présence la plupart de leurs opérations.

Si l'on observe la fourmi jaune, la noir-cendrée etc. on ne verra jamais chez elles d'entrées assez spacieuses pour laisser à leurs ennemis un accès facile, ou permettre à l'eau des pluies de s'introduire dans leur habitation; elle est couverte d'un dôme de terre fermé de tous côtés; elle n'a d'issue que près de sa base, et même on n'y parvient souvent que par une galérie longue et tortueuse qui serpente dans le gazon à plusieurs pieds de la fourmilière.

D'ailleurs, la petitesse de ces portes, toujours bien gardées au dedans, prévient l'entrée des insectes ou des reptiles qui pourraient s'y glisser.

Les fourmis fauves, établies en foule pendant le jour sur leur nid, ne craignent pas d'être inquiétées au dedans; mais le soir, lorsque, retirées dans le fond de leur habitation elles ne peuvent s'apercevoir de ce qui se passe au dehors, comment sont-elles à l'abri des accidents dont elles semblent menacées? comment la pluie ne pénètre-

t-elle pas dans cette demeure, ouverte de toutes parts?
Ces questions, si simples, ne paraissent point avoir occupé les naturalistes. N'ont-ils donc pas prévu les résultats auxquels ces fourmis auraient été exposées, si la sagesse qui règle l'univers n'eut pris soin de leur sûreté? Frappé de ces réflexions lorsque j'observai pour la première fois les fourmis fauves, je portai toute mon attention sur cet objet, et mes doutes ne tardèrent pas à se dissiper.

Je m'aperçus que l'aspect de ces fourmilières changeait d'une heure à l'autre, et que le diamètre de ces avenues spacieuses, où tant de fourmis pouvaient se rencontrer à la fois, au milieu du jour, diminuait graduellement jusqu'à la nuit. Leur ouverture disparaissait enfin: le dôme était fermé de toutes parts et les fourmis retirées au fond de leur demeure. Cette première observation, en dirigeant mes regards sur les portes de ces fourmilières, éclaircit infiniment mes idées sur le travail de leurs habitants, dont auparavant je ne devinais pas précisément le but; car il règne une telle agitation à la surface du nid; on y voit tant d'insectes occupés à charier des matériaux, dans un sens et dans un autre, que ce mouvement n'offre d'autre image que celle de la confusion.

Je vis donc clairement qu'elles travaillaient à fermer leurs passages; elles apportaient d'abord, pour cela, de petites poutres auprès des galeries dont elles voulaient diminuer l'entrée; elles les plaçaient au-dessus de l'ouverture, et les enfonçaient même quelquefois dans le massif de chaume. Elles allaient ensuite en chercher de nouvelles, qu'elles disposaient au-dessus des premières, dans un sens contraire, et paraissaient en choisir de moins fortes, à mesure que l'ouvrage était plus avancé; enfin elles employèrent des morceaux des feuilles sèches, ou d'autres matériaux d'une forme élargie, pour recouvrir le tout. N'est-ce pas là, en petit, l'art de nos charpentiers, lorsqu'ils établissent le faîte du bâtiment. La nature semble avoir partout devancé les inventions dont nous nous glorifions; celle-ci est, sans doute, une des plus simples. Voilà nos fourmis en sûreté dans leur nid; elles se retirent graduellement, dans l'intérieur, avant que les dernières portes soient fermées, et il en reste *une ou deux en dehors, ou cachées derrière les portes, pour faire la garde, tandis que les autres se livrent au repos ou à différentes occupations, dans la plus parfaite sécurité.*

J'étais impatient de savoir comment les choses se passaient le matin sur ces fourmilières; j'allai donc un jour de très-bonne heure les visiter; je les trouvai encore dans le même état où je les avais laissées la veille; quelques fourmis rôdaient sur les dehors du nid, cependant il en sortait de temps en temps quelques-unes par-dessous les bords des petits toits pratiqués à l'entrée des galeries, et j'en vis bientôt qui essayèrent d'enlever les barricades: elles y réussirent aisément. Ce travail les occupa pendant plusieurs heures, et je vis enfin les passages libres de tout obstacle, et les matériaux qui les obstruaient, repartis çà et là sur la fourmilière.

Chaque jour, soir et matin, pendant la belle saison, j'ai revu les mêmes faits, à l'exception cependant des jours de pluie, où les portes restent fermées sur toutes les fourmilières. Lorsque le ciel est nébuleux dès le matin, les fourmis, qui paraissent s'en apercevoir, n'ouvrent qu'en partie l'entrée de leurs avenues, et, lorsque la pluie commence, elles se hâtent de les refermer: *il paraît, d'a-*

près cela, qu'elles n'ignorent pas la raison pour laquelle elles construisent ces clôtures momentanées. . . . .
. . . . "

„C'est par excavation, en minant leur édifice même, que les fourmis y pratiquent des salles très-spacieuses, fort basses, à la vérité, et d'une construction grossière; mais elles sont commodes pour l'usage auquel elles sont destinées, celui de pouvoir y déposer les larves et les nymphes à certaines heures du jour. Ces espaces vides communiquent entre eux par des galeries faites de la même manière. Si les matériaux du nid n'étaient qu'entrelacés les uns avec les autres, ils céderaient trop facilement aux efforts des fourmis, et tomberaient confusément lorsqu'elles porteraient atteinte à leur ordre primitif; mais la terre contenue entre les couches dont le monticule est composé, étant délayée par l'eau des pluies, et durcie ensuite par le soleil, sert à lier ensemble toutes les parties de la fourmilière; de manière, cependant, à permettre aux fourmis d'en séparer quelques fragments sans détruire le reste: d'ailleurs elle s'oppose si bien à l'introduction de l'eau dans le nid, que je n'en ai jamais trouvé, même après de longues pluies, l'intérieur mouillé à plus d'un quart de pouce de la surface . . . .
. . . . "

„La fourmi brune, l'une des plus industrieuses, construit son nid par étages de 4 à 5 lignes de haut. . . . . Ces étages ne sont pas toujours arrangés avec la même régularité: car les fourmis ne suivent pas un plan bien fixe; il semble, au contraire, *que la nature leur a laissé*" (comme à l'homme) „*une certaine latitude à cet égard*, et qu'elles peuvent, selon *les circonstances, le modifiier à leur gré......"*

„Si l'on examine chaque étage séparément, on y voit des cavités travaillées avec soin, en forme des salles, des loges plus étroites et des galéries allongées qui leur servent de communication. Les voûtes des places les plus spacieuses sont supportées par de petites colonnes, par des murs fort minces; ou enfin par de vrais arcs-boutants. Ailleurs, on voit des cases qui n'ont qu'une seule entrée; il en est dont l'orifice répond à l'étage inférieur; on peut encore y remarquer des espaces très larges, percés de toutes parts et formant une espèce de carrefour où toutes les rues aboutissent. Tel est à peu près l'esprit dans lequel sont construites les habitations de ces fourmis; lorsqu'on les ouvre, on trouve les cases et les places les plus étendues remplies des fourmis adultes; mais on voit toujours que leurs nymphes sont réunies dans les loges plus ou moins rapprochées de la surface, suivant les heures et la température, car à cet égard les fourmis sont douées d'une grande sensibilité et *paraissent connaître le degré de chaleur qui convient à leurs petits.*

La fourmilière contient quelquefois plus de vingt étages dans sa partie supérieure, et, pour le moins, autant au-dessous du sol. Combien de nuances de chaleur doit admettre une telle disposition et quelle facilité les fourmis ne se procurent-elles pas, par ce moyen, pour la graduer? Quand un soleil trop ardent rend leurs appartements supérieurs plus chauds qu'elles ne le désirent, elles se retirent *avec leurs petits* dans le fond de la fourmilière. Le rez-de-chaussée devenant à son tour inhabitable pendant les pluies, les fourmis de cette espèce transportent tout ce qui les intéresse dans les étages les plus élevés, et c'est là qu'on les trouve rassemblées avec leurs nymphes, et leurs œufs lorsque leurs soutterains sont submergés.

Il ne suffisait pas de conaître la disposition intérieure de ces fourmilières, il fallait encore découvrir comment les fourmis, travaillant dans une matière assez dure, avaient pu ébaucher et finir des ouvrages aussi délicats, avec le seul secours de leurs dents; comment elles savaient ramollir la terre pour la miner, la pétrir et la maçonner; quel ciment elles employaient pour joindre ensemble ces particules. Etait-ce au moyen d'un mucilage, d'une résine ou de quelque autre suc tiré de leur propre corps?

J'aurais peut-être dû analyser la terre dont les fourmilières sont composées; mais je craignais de m'engager dans des difficultés qui n'étaient point de mon ressort, et je m'en tins à la voie lente et sûre de l'observation, au moyen de laquelle j'espérais parvenir au même résultat.

Je m'obstinai donc à observer une de ces fourmilières, jusqu'à ce que j'aperçusse quelque changement dans sa forme.

Une circonstance m'a fait découvrir tout cela, dit Huber: car ayant visité les fourmis brunes par une pluie douce, je pus les voir déployer tous leurs talents pour l'architecture.

Dès que la pluie commença, je les vis sortir en assez grand nombre de leurs souterrains; elles rentrèrent aussitôt, mais revinrent ensuite, tenant entre leurs dents des molécules de terre, qu'elles déposèrent sur le faîte de leur nid. Je ne concevais pas, au premier abord, ce qui devait en résulter; mais je vis bientôt s'élever de toutes parts des petits murs qui laissaient entre eux des espaces vides. En plusieurs endroits, des piliers placés à distance les uns des autres annonçaient déjà la forme des salles, des loges et des chemins que les fourmis se proposaient d'établir: c'était, en un mot, l'ébauche d'un nouvel étage.

J'observai avec curiosité les moindres mouvements de mes maçonnes, et je vis bientôt qu'elles ne travaillaient point à la manière des guêpes ou des bourdons lorsqu'ils sont occupés à faire l'enveloppe de leur nid. Ceux-ci se mettent, pour ainsi dire, à cheval sur le bord de cette enveloppe, et la prennent entre leurs dents, pour la modeler et l'amincir à leur gré: la cire dont elle est composée, et le papier dont la guêpe se sert, humecté au moyen d'une sorte de colle, se prêtent à ce genre de travail; mais la terre, souvent très-incohérente, dont les fourmis font usage, devait être maçonnée d'une autre manière.

Chaque fourmi apportait donc entre ses dents une petite pelote de terre qu'elle avait formée en ratissant le fond des souterrains avec le bout de ses mandibules: cette petite masse de terre étant composée de parcelles réunies seulement depuis quelques instants, pouvait aisément se prêter à l'usage que les fourmis voulaient en faire; aussi, lorsqu'elles l'avaient appliquée à l'endroit où elle devait rester, elles la divisaient et la poussaient avec leurs dents, de manière à remplir les plus petites inégalités de leur muraille. Leurs antennes suivaient tous leurs mouvements, en palpant chaque brin de terre et quand ils étaient disposés ainsi, la fourmi les affermissait en les pressant légèrement avec ses pattes antérieures; ce travail allait fort vite.

Après avoir tracé le plan de leur maçonnerie, en plaçant çà et là les fondements des piliers et des cloisons qu'elles voulaient établir, elles leur donnaient plus de relief en ajoutant de nouveaux matériaux au-dessus des premiers. Souvent deux petits murs, destinés à former une galérie, s'élevaient vis-à-vis l'un de l'autre (comme dans la maçonnerie humaine) et à peu de distance, lorsqu'ils étaient à la hauteur de 4 ou 5 lignes, les fourmis s'occupaient à recouvrir le vide qu'ils laissaient entre eux, au moyen d'un plafond de forme cintrée, cessant alors de travailler en montant, comme si elles avaient jugé leurs murs assez élévés, elles plaçaient contre l'arête intérieure de l'un et de l'autre, des brins de terre mouillée, dans un sens presque horizontal, de manière à former au-dessus de chaque mur un rebord qui devait, en s'élargissant, rencontrer celui du mur opposé: leur épaisseur était ordinairement d'une demi-ligne. La largeur des galéries qui résultaient de ce travail était le plus souvent d'un quart de pouce.

Ici plusieurs cloisons verticales formaient l'ébauche d'une loge qui communiquait avec différents corridors par des ouvertures ménagées dans la maçonnerie; là c'était une véritable salle dont les voûtes étaient soutenues par de nombreux piliers; plus loin on reconnaissait le dessin d'un de ces carrefours dont j'ai parlé ci-dessus, et auquel aboutissent plusieurs avenues. Ces places étaient les plus spacieuses; cependant les fourmis ne paraissaient point embarrassées à faire le plancher qui devait les recouvrir, quoiqu'elles eussent souvent deux pouces et plus de largeur: c'était dans les angles formés par la rencontre des murs, puis le long de leurs bords supérieurs, qu'elles en plaçaient les premiers éléments; et de la sommité de chaque pilier s'étendait, comme d'autant de centres, une couche de terre horizontale et un peu bombée, qui allait se joindre à d'autres parties de la même voûte, partant de différents points de la grande place publique.

Cette foule de maçonnes, arrivant de toutes parts avec la parcelle de mortier qu'elles voulaient ajouter au bâtiment, l'ordre qu'elles observaient dans leurs opérations, l'accord qui régnait entre elles, l'activité avec laquelle elles profitaient de la pluie pour augmenter l'élévation de leur demeure, offraient l'aspect le plus intéressant pour un admirateur de la nature.

Cependant, je craignais quelquefois que leur édifice ne pût pas résister à sa propre pesenteur, et que ces plafonds, si larges, soutenus seulement par quelques piliers, ne s'écroulassent sous le poids de l'eau qui tombait continuellement et semblait devoir les démolir: mais je me rassurai en voyant que la terre apportée par ces insectes adhérait de toutes parts au plus léger contact et que la pluie, loin de nuire au bâtiment par sa chute, contribue à la rendre plus solide; car ces parcelles de terre mouillées qui ne tiennent encore que par juxta-position, n'attendent qu'une averse qui les lie plus étroitement et vernisse, pour ainsi dire, la surface du plafond qu'elles composent, ou les murs et les galeries restées à découvert. Alors les inégalités de la maçonnerie disparaissent: le dessus de ces étages composés de tant de pièces rapportées ne présente plus qu'une seule couche de terre bien unie et n'a besoin, pour se consolider entièrement, que de la chaleur du soleil.

Ces faits prouvent incontestablement que les fourmis n'emploient ni gomme, ni aucune autre espèce de ciment pour lier ensemble les matériaux de leur nid: elles sont donc instruites à se servir de l'eau pour maçonner la terre, et savent profiter du soleil et du vent pour durcir leur ouvrage. *A la simplicité de ces moyens, je reconnaissais les voies de la nature.* . . . .

Les fourmis ne se contentent pas d'augmenter l'élévation de leur demeure, elles creusent dans la terre des appartements plus spacieux encore, et les matériaux qu'elles en retirent sont employés, comme nous l'avons déjà dit, dans leurs constructions extérieures. Ainsi l'art de ces insectes consiste à savoir exécuter à la fois deux opérations opposées: l'une de miner et l'autre de bâtir et à faire servir la première à l'avantage de la seconde; ce qu'il y a de plus singulier, c'est qu'on observe le même esprit dans ces excavations que dans la partie du bâtiment qui s'élève au-dessus du sol. L'humidité qui pénètre au fond de leur nid, les aide sans doute dans ces travaux. . . . .

A propos *de la conduite des fourmis ouvrières à l'égard des femelles* fécondes, voici ce que je trouve dans le livre de P. Huber:

„Les ouvrières comme si elles sentaient l'importance de conserver au milieu d'elles des femelles capables de maintenir la population de la république, retiennent soigneusement ces précieux dépositaires de la génération future: ce trait remarquable de leur prévoyance ou de leur instinct s'est manifesté devant moi, non-seulement sur les fourmilières naturelles, mais encore dans mes appareils vitrés, où j'ai pu l'observer avec plus de détails.

J'avais enlevé la cloche de verre qui les recouvrait, parce que je m'étais aperçu qu'elle concentrait tellement les rayons du soleil sur le nid, que ses habitants ne pouvaient en supporter l'ardeur, j'avais placé la fourmilière vitrée dans un jardin où je pouvais observer les fourmis ailées comme si elles eussent été en pleine liberté. — La plupart des femelles s'éloignèrent sans retour; d'autres, en petit nombre, furent fécondées sur le nid.

L'une d'elles, après la copulation, allait prendre le vol, lorsque les ouvrières la retinrent par les pattes, s'y cramponnèrent avec force, lui arrachèrent ses ailes et la conduisirent dans leurs souterrains, où elles la gardèrent obstinément. Plusieurs autres furent saisies par les ouvrières pendant l'accouplement même, et entraînées aussitôt au fond du cadre, où je les vis mutilées et retenues en captivité. . . . .

. . . .

Plusieurs femelles peuvent vivre dans le même nid; elles n'éprouvent point de rivalité; chacune d'elles a sa cour; elles se rencontrent sans se faire de mal, et soutiennent en commun la population de la fourmilière, mais elles n'ont aucun pouvoir; il serait plutôt entre les mains des fourmis neutres. Cependant, comme elles reçoivent les mêmes honneurs que les reines-abeilles, je leur donnerai quelquefois le titre des reines.

Pour donner une plus juste idée du genre d'intérêt qu'inspirent les femelles aux ouvrières, et des soins qu'elles en reçoivent, je vais entrer dans quelques détails qui mettront leur instinct à découvert.

M'étant un jour arrêté près d'une de ces bandes des fourmis qui vont à la file les unes des autres, je vis une

femelle portée par une ouvrière; elle était accrochée et suspendue aux mandibules de celle qui la portait; leurs dents étaient croisées, et le corps de la femelle roulé comme la trompe d'un papillon. Il paraîtra sans doute étonnant qu'une ouvrière puisse porter une femelle; mais cellesci ont l'art de se pelotonner si bien qu'elles tiennent fort peu de place, et ne gênent point les mouvements de l'ouvrière: on sait que les forces des fourmis ne sont point en proportion avec leur petitesse. Je saisis la femelle et son ouvrière, que je reconnus pour être de l'espèce des fourmis fauves; les ayant remises aussitôt en liberté au milieu de leurs compagnes, plusieurs d'entre elles environnèrent la femelle et la flattèrent avec leurs antennes; ensuite une de ces ouvrières, après leur avoir donné plusieurs petits coups d'antennes sur la tête, la prit par ses mandibules; la femelle se suspendit à ce point d'appui, et se mit en boule au-dessous du corselet de l'ouvrière, qui reprit sa route, chargée de son lourd fardeau: elle cheminait cependant fort vite; les autres fourmis la suivaient à la hâte, et venaient de temps en temps palper l'objet de leur sollicitude. La fourmi porteuse était-elle fatiguée, elle se retournait; la femelle déroulait son corps, et au lieu d'être portée n'était plus que trainée ou dirigée par l'ouvrière, qui la tirait par ses mâchoires, en reculant, avec très-peu d'effort. Quelquefois la reine s'arrêtait pour changer de conductrice: toute sa cour l'environnait alors et lui prodiguait ses soins. . . . .
. . . . "

Je trouve dans P. Huber, en fait *des relations des fourmis entre elles et de leur langage antennal*, les passages suivants:

„L'histoire des insectes qui vivent solitairement se compose de leur génération, de leurs habitudes particulières, des métamorphoses qu'ils subissent, de leur manière de vivre sous chacune des formes qu'ils revêtent successivement, de leurs ruses pour attaquer leurs ennemis, et de l'art avec lequel ils construisent leur habitation; mais celle des insectes qui forment ensemble des sociétés nombreuses ne se borne pas à quélques procédés remarquables, à quelque talent particulier; elle offre de nouveaux rapports, qui naissent de l'utilité commune, de l'égalité ou de la supériorité de rang, du rôle que chacun des membres joue dans la société; et tous ces rapports supposent entre les individus de différents ordres une liaison qui ne saurait exister sans l'intervention du langage.

J'appelle ainsi, poursuit P. Huber, tout moyen quelconque d'exprimer leurs désirs, leurs besoins et leurs *idées même*, si l'on peut donner ce nom aux impulsions de l'instinct. *Il serait difficile d'expliquer d'une autre manière ce concours de toutes les volontés vers un même but, et l'espèce d'harmonie qu'offre l'ensemble de leurs institutions.*

Choisissons pour cela les traits les plus simples et les plus ordinaires de la vie de ces insectes: la garde de la fourmilière nous fournira les premiers exemples de leurs relations sociales.

On pourrait, sans doute, irriter les fourmis qui se trouvent à la surface du nid, sans alarmer celles de l'intérieur, si elles agissaient isolément et n'avaient aucun moyen de se communiquer leurs impressions mutuelles.

Celles qui sont occupées au fond de leurs souterrains, éloignées du danger, ignorant celui dont leurs compagnes sont menacées, ne viendraient point à leur secours; mais il paraît qu'elles sont, au contraire, très-bien et très-promptement informées de ce qui se passe à l'extérieur.

Quand on attaque celles du dehors, la plupart se défendent avec courage; mais il en est toujours quelques-unes qui se précipitent au fond de leurs galéries, et jettent l'alarme dans la cité souterraine; l'agitation se communique aussitôt de quartier en quartier; et les ouvrières accourent en foule, avec toutes les démonstrations de l'inquiétude et de la colère. — Ce qui me paraît surtout digne d'être remarqué, c'est que les fourmis préposées à la garde des petits et qui se tiennent dans les étages supérieurs, où la température est la plus chaude, averties aussi du danger qui menace leurs élèves, et toujours dirigées par cette sollicitude que nous avons souvent admirée, se hâtent de les emporter dans les caveaux les plus profonds de leur habitation, et de les mettre ainsi à l'abri de toute atteinte.

Pour pouvoir étudier en détail la manière dont l'alarme se répand dans la fourmilière, j'inquiétais les fourmis les plus éloignées de leurs compagnes, en les observant de trop près ou en leur soufflant dessus légèrement, je les voyais accourir vers d'autres fourmis, leur donner de petits coups de tête contre le corselet, et leur communiquer par ce moyen leur crainte ou leur colère; elles allaient de l'une à l'autre en parcourant un demi-cercle, et heurtaient à plusieurs reprises celles qui ne se mettaient pas à l'instant en mouvement. Celles-ci, averties du danger commun partaient aussitôt en décrivant à leur tour différentes courbes, et s'arrêtaient pour frapper de leur tête toutes celles qui se trouvaient sur leur passage. En un instant, les signes se répétaient de toutes parts: toutes les ouvrières parcouraient avec agitation la surface de l'arbre, et celle de l'intérieur, averties probablement par le même moyen, sortaient en foule et se joignaient à ce tourbillon.

Les mêmes signes qui produisaient sur les ouvrières l'effet dont nous avons parlé, causaient une impression différente sur les mâles et les femelles; dès que l'ouvrière leur avait communiqué la nouvelle du danger, ils cherchaient un asile et rentraient précipitamment dans l'intérieur du tronc; mais aucun d'eux ne songeait à se retirer, jusqu'à ce qu'une ouvrière ne s'en fût approchée et ne leur eût donné le signal de la fuite: la sollicitude des ouvrières à leur égard se manifestait par l'activité avec laquelle elles leur donnaient l'avis ou leur intimaient l'ordre de s'éloigner; elles redoublaient alors les signes que nous avons observés, comme si elles avaient jugé qu'ils dussent les comprendre moins facilement que les compagnes de leurs travaux: celles-ci les entendent, pour ainsi dire, à demi-mot; cependant, il est des cas où elles ont besoin d'avis réitérés.

Les fourmis emploient encore d'autres moyens pour se diriger dans leurs voyages et dans leurs migrations.

Toutes les fois, dit à ce propos P. Huber, que les fourmis se rencontraient, elles s'arrêtaient, se frappaient avec leurs antennes d'une manière très-marquée, et paraissaient mieux instruites de la route qu'elles devaient suivre etc. etc.

Le langage *antennal* eu égard à la construction des antennes, qui présentent une suite des phalanges douées d'une extrême sensibilité et à leurs rapports intimes avec l'instinct, exigerait sans doute une étude très-approfondie, si on voulait connaître toutes les impressions qu'il est susceptible de communiquer; il est comme tous les autres signes que j'ai observés chez les fourmis, fondé, non sur des gestes visibles, mais sur l'attouchement de certaines parties; parce qu'il fallait qu'il pût servir dans l'intérieur de la fourmilière, où la lumière du jour ne pénètre jamais; il en résulte qu'une fourmi ne peut se faire entendre que d'une seule de ses compagnes à la fois; mais l'impression qu'elle a donnée se propage de l'une à l'autre avec une extrême rapidité.

Si nous parvenons à prouver qu'elles savent encore se faire entendre d'autres insectes, il faudra convenir, qu'elles ont été singulièrement favorisées par la nature.

. . . . "

A propos *de l'affection des fourmis pour leurs compagnes*, P. Huber s'exprime ainsi:

„L'affection des membres d'une même famille est sans doute la vraie base de l'harmonie et du bien public: si l'on n'était pas *accoutumé* (je souligne ce mot)[1]) à considérer les actions des insectes comme machinales, on ne saurait expliquer l'ordre qui règne chez les abeilles et les fourmis, sans leur supposer pour leurs concitoyennes un attachement qui seul peut leur inspirer ce zèle pour le bien de la peuplade, ces soins assidus, ce dévouement dont elles donnent l'exemple dans tous les instincts de leur vie.

---

[1]) Remarque de l'auteur.

Chez nous, l'intimité est l'effet d'une préférence; chez elles, l'affection n'a rien d'exclusif, mais elle offre bien mieux l'idée du patriotisme qui convient à des états républicains; leur amitié n'est jamais combattue par le choc des passions; il n'y a chez elles ni haine, ni rivalités, ni dissensions.

Qui ne connaît le dévouement des abeilles pour leur république! Les femelles des grands animaux ne défendent pas leurs petits avec plus d'acharnement. Les fourmis ne le cèdent en rien aux abeilles: *on sait qu'on peut les partager par le milieu du corps sans leur ôter l'envie de défendre leurs foyers; que la tête et le corselet séparés de l'abdomen marchent encore et portent les nymphes dans leur asile. Ainsi le grand secret de l'harmonie qu'on admire dans ces républiques, n'est point un mécanisme aussi compliqué qu'on le suppose, c'est dans leur* **affection réciproque** *qu'il faut le chercher."* Que les hommes sont inférieurs sur ce point à la fourmi![1]

„Il me suffirait, dit à ce propos Huber, de rappeler le trait raconté par Latreille, de ces fourmis qui, voyant souffrir leurs compagnes auxquelles il avait coupé les antennes, faisaient sortir de leur bouche une goutte transparente d'une liqueur dont elles connaissaient peut-être la vertu, et la versaient sur la partie blessée. Je n'ai point de faits aussi touchants à rapporter; mais j'en ai deux qui prouvent du moins l'attachement durable des membres d'une même république et le désir de faire partager aux autres leurs jouissances.

Je pris au mois d'avril une fourmilière des bois,

---

[1] Remarque de l'auteur.

dans l'intention de peupler mon grand appareil vitré, mais ayant beaucoup plus de fourmis qu'il ne m'en fallait, j'en remis une partie en liberté dans le jardin de la maison que j'habitais, et celles-là se fixèrent au pied d'un maronnier; les autres devinrent l'objet de quelques observations particulières. Je les suivis pendant quatre mois sans les laisser sortir de mon cabinet: à cette époque, voulant les rapprocher davantage de l'état de nature, je transportai la ruche dans le jardin, à dix ou quinze pas de la fourmilière naturelle. Les prisonnières, profitant de ma négligence à renouveler l'eau de leurs baquets, s'évadaient quelquefois et parcouraient les environs de leurs demeures: les fourmis établies auprès du maronnier rencontrèrent et *reconnurent* leurs anciennes compagnes; on les voyait gesticuler et se caresser mutuellement avec leurs antennes, se prendre par leurs mandibules; et les fourmis du maronnier emmener les autres dans leur nid; elles vinrent bientôt en foule chercher les fugitives au-dessous de ma fourmilière artificielle, et se hasardèrent même jusque sous la cloche, où elles établirent une désertion complète, en enlevant successivement toutes les fourmis qui s'y trouvaient; en peu de jours elle fut dépeuplée: *ces fourmis étaient restées quatre mois sans communication....*

Ces observations et bien d'autres, dit Huber, que je ne rapporterai pas, en montrant quel intérêt les fourmis prennent au bien-être de leurs compagnes, nous rappellent ces républiques idéales où tous les biens devaient être en commun, et où l'intérêt public devait servir de règle à tous les citoyens.

Il n'appartenait qu'à la nature de réaliser cette chimère, et ce n'est que chez les insectes exempts de nos passions qu'elle a cru pouvoir établir cet ordre de choses. Elle a donné aux fourmis la faculté de communiquer entre elles par l'attouchement de leurs antennes; par ce moyen elles peuvent s'entr'aider dans leurs travaux, se secourir dans les dangers, retrouver leur route lorsqu'elles sont égarées, et faire connaître leurs besoins à leurs semblables.

Les insectes qui vivent en société sont donc en possession d'un langage: ce rapport qu'ils ont avec nous, quoique dans un degré si inférieur, ne les élève-t-il pas à nos yeux et n'embellit-il pas le spectacle même de l'univers?.

Dans le chapitre: *Industrie presque humaine des fourmis*, il y a des fourmis, dit P. Huber, qui ne sortent presque jamais de leur demeure; on ne les voit aller ni sur les arbres ni sur les fruits, elles ne vont pas même à la chasse d'autres insectes; cependant elles sont extrêmement multipliées dans nos prés et nos vergers: ce sont les fourmis jaunes, appelées par le peuple fourmis rousses et qui auraient mérité le surnom de souterraines. Elles n'ont pas deux lignes de longueur.

Je savais où toutes les autres fourmis cherchaient et trouvaient leur nourriture; mais je me demandais souvent comment celles-ci faisaient pour subsister, et de quels aliments elles pouvaient se fournir sans s'écarter de leur habitation, lorsqu'un jour, ayant retourné la terre dont elle était composée, pour découvrir si elles avaient quelques provisions, je trouvai des pucerons dans leur nid: j'en vis sur toutes les racines des gramens dont la fourmilière était ombragée; ils y étaient rassemblés en familles assez nombreuses et de différentes espèces; les plus communs étaient couleur de chair et en forme de boule; d'autres étaient blancs et avaient le corps plus aplati, mais ils étaient du même genre; il y en avait de violets, de rayés noirs et verts; ceux-ci étaient plus hauts sur jambe, et d'une forme plus allongée.

La plupart étaient fixés aux racines. on en voyait, à une plus grande profondeur, d'attachés à leurs dernières ramifications; d'autres étaient errants au milieu des fourmis, soit dans leurs cases, soit dans leurs souterrains. Celles-ci semblaient épier le moment favorable pour obtenir leur pâture; elles s'y prenaient comme à l'ordinaire, et toujours avec le même succès.

Ces observations expliquaient fort bien pourquoi les fourmis de cette espèce ne s'éloignaient pas de leur demeure: elles avaient, sans en sortir, tout ce qui était nécessaire au soutien de leur vie. Je me hâtai de vérifier cette découverte, en fouillant dans un grand nombre de nid des fourmis jaunes, et j'y trouvai toujours des pucerons; c'était surtout après des pluies un peu chaudes qu'il était facile de les voir, parcequ'ils se tenaient à la surface du sol; les plantes auxquelles ils étaient attachés se déracinaient aussi plus facilement, et l'on risquait moins de les écraser que lorsque le terrain était trop sec.

Je ne tardai pas à voir que les fourmis jaunes étaient fort jalouses de leurs pucerons; elles les prenaient souvent à leur bouche, et les emportaient au fond du nid d'autres fois elles les réunissaient au milieu d'elles, ou les suivaient avec sollicitude.

Je profitai des notions que j'avais acquises sur leur genre de vie, pour nourir chez moi une de leurs peuplade; je les logeais dans une boîte vitrée avec leurs pucerons, en laissant dans la terre que je leur donnais les racines de quelques plantes dont les branches végétaient au dehors; j'arrosais de temps en temps la fourmilière, et par ce moyen les plantes, les pucerons et les fourmis trouvaient dans cet appareil une nourriture abondante. Les fourmis ne cherchaient point à s'échapper; elles semblaient n'avoir rien à désirer; elles soignaient leurs larves et leurs femelles avec la même affection que dans leur véritable nid; elles avaient grand soin des pucerons, et ne leur faisaient jamais de mal; ceux-ci ne paraissaient point les craindre; ils se laissaient transporter d'une place à une autre, et lorsqu'ils étaient déposés, ils demeuraient dans l'endroit choisi par leurs gardiennes; lorsque les fourmis voulaient les déplacer, elles commençaient par les caresser avec leurs antennes, comme pour les engager à abandonner leurs racines, ou à retirer leur trompe de la cavité dans laquelle elle était insérée; ensuite, elles les prenaient doucement par-dessus ou par dessous le ventre avec leurs dents, et les emportaient avec le même soin qu'elles auraient donné aux larves de leur espèce. J'ai vu la même fourmi prendre successivement trois pucerons plus gros qu'elle, et les transporter dans un endroit obscur. Il y en eut un qui lui résista plus longtemps que les autres; peut-être ne pouvait-il pas retirer sa trompe, engagée trop profondément dans le bois. Je m'amusai à suivre tous les mouvements que se donna la fourmi pour lui faire lâcher prise; elle le caressait et le saisissait tour à tour jusqu'à ce qu'il eût cédé à ses désirs.—Cependant les fourmis n'emploient pas toujours les voies de la douceur avec eux; quand elles craignent qu'ils ne leur soient enlevés par celles d'une autre espèce et vivant près de leur habitation, ou lorsqu'on découvre trop brusquement le gazon sous lequel ils sont cachés, elles les prennent à la hâte et les emportent au fond des souterrains. J'ai vu les fourmis de deux nids voisins se disputer leurs pucerons : quand celles de l'un pouvaient entrer chez les autres, elles les dérobaient aux véritables possesseurs, et souvent ceux-ci s'en emparaient à leur tour; *car les fourmis connaissent tout le prix de ces petits animaux, qui semblent leur être destinés, c'est leur trésor; une fourmilière est plus ou moins riche selon qu'elle a plus ou moins de pucerons: c'est leur bétail, ce sont leurs vaches et leurs chèvres;* **on n'eut pas deviné que les fourmis fussent des peuples pasteurs!**[1]"

Ainsi, nous avons vu des phénomènes bien extraordinaires de l'intelligence des fourmis, mais il en est un surtout, spécialement dévolu à certaines espèces et qui est sans contredit le plus élevé de ceux que nous connaissons chez les animaux et dont les fourmis sont dotées à un haut degré: je veux parler de *l'instinct de la guerre* chez les fourmis.

„Le fléau de la guerre, dit à ce propos Huber, serait-il inséparable de l'état de société? Les fourmis, dont la civilisation paraît plus développée qu'on n'avait lieu de le croire, dont les moeurs n'annoncent qu'harmonie, soins réciproques, égards pour leurs femelles, union et

---

[1] On sait que les pucerons rendent par les cornes qui terminent leur abdomen une liqueur transparente et douce, dont les fourmis sont très-friandes, comme de toutes les douceurs en général et que c'est pour cette liqueur qui fait leurs délices et leur nourriture qu'elles les recherchent tant.—(Note de l'auteur).

parfaite égalité entre tous les membres de leur république, nous donneront-elles l'exemple de cette loi qui ordonne que des espèces trop multipliées se détruisent par elles-mêmes? La nature l'a voulu." Il fallait pour notre honte éternelle que les fourmis eussent encore avec nous ce rapport, et que l'homme, même sur ce point, ne soit pas supérieur à un pauvre insecte[1]).

„ Le genre d'agressions qui s'exerce par des armées considérables, et se manifeste par des combats multipliés, est bien différent de ces ruses de quelques insectes qui surprennent leur proie: les uns, au moyen des filets qu'ils savent leur tendre, d'autres, à l'aide de ces piéges ingénieux où les fourmis elles-mêmes tombent sans le savoir. Ce n'est qu'à nos guerres qu'on peut comparer celles des fourmis; on voudra donc bien tolérer, en faveur de cette ressemblance, des expressions un peu trop pompeuses pour les héroïnes dont j'écris l'histoire: on ne saurait inventer un langage particulier pour ces insectes; il faut donc leur adapter les termes employés en parlant de guerre. . . . .

Nous n'avons vu jusqu'ici que des fourmis laborieuses, des sociétés composées de trois sortes d'individus, des travaux également repartis entre toutes les ouvrières, des guerres passagères sans but déterminé, ou n'ayant pour objet que la défense commune. Les fourmis amazones vont nous offrir des mœurs bien différentes: des républiques d'une constitution et d'une organisation particulière un caractère très-distinct, et des guerres instituées régulièrement: en un mot, une histoire à part et dont aucun auteur n'avait encore fait mention.

---

[1]) Remarque de l'auteur.

Le 17 juin 1804, en me promenant, dit P. Huber, aux environs de Genève, entre quatre et cinq heures de l'après midi, je vis à mes pieds une légion d'assez grosses fourmis rousses ou roussâtres qui traversaient le chemin. Elles marchaient en corps avec rapidité; leur troupe occupait un espace de huit à dix pieds de longueur sur trois ou quatre pouces de large; en peu de minutes elles eurent entièrement évacué le chemin: elles pénétrèrent au travers d'une haie fort épaisse, et se rendirent dans une prairie où je les suivis; elles serpentaient sur le gazon sans s'égarer, et leur colonne restait toujours continue, malgré les obstacles qu'elles avaient à surmonter.

Bientôt elles arrivèrent près d'un nid des fourmis noir-cendrées dont le dôme s'élevait dans l'herbe, à vingt pas de la haie. Quelques fourmis de cette espèce se trouvaient à la porte de leur habitation. Dès qu'elles découvrirent l'armée qui s'approchait, elles s'élancèrent sur celles qui se trouvaient à la tête de la cohorte; l'alarme se répandit au même instant dans l'intérieur du nid, et leurs compagnes sortirent en foule de tous les souterrains. Les fourmis roussâtres dont le gros de l'armée n'était qu'à deux pas, se hâtèrent d'arriver au pied de la fourmilière; toute la troupe s'y précipita à la fois, et culbuta les noir-cendrées, qui, après un combat très-court, mais très-vif, se retirèrent au fond de leur habitation; les fourmis roussâtres gravirent les flancs du monticule, s'attroupèrent sur le sommet, et s'introduisirent en grand nombre dans les premières avenues; d'autres groupes de ces insectes travaillaient avec leurs dents à se pratiquer une ouverture dans la partie latérale de la fourmilière: cette entreprise leur réussit, et le reste de l'armée pénétra par la brèche dans la cité assiégée. Elle n'y fit pas un long séjour: trois ou quatre minutes après, les fourmis roussâtres ressortirent à la hâte par les mêmes issues, tenant chacune à leur bouche une larve ou une nymphe de la fourmilière envahie. Elles reprirent exactement la route par laquelle elles étaient venues, et se mirent sans ordre à la suite les unes des autres: leur troupe se distinguait aisément dans le gazon, par l'aspect qu'offrait cette multitude de coques et de nymphes blanches, portées par autant de fourmis rouges. Celles-ci traversèrent une seconde fois la haie et le chemin dans le même endroit où elles avaient passé d'abord, et se dirigèrent ensuite dans des blés en pleine maturité, où j'eus le regret de ne pouvoir les suivre.

Je retournai vers la fourmilière qui avait souffert cet assaut, et j'y trouvai un petit nombre d'ouvrières noir-cendrées, perchées sur des brins d'herbes, tenant à leur bouche quelques larves qu'elles avaient sauvées du pillage, elles ne tardèrent pas à les rapporter dans leur habitation . . . .
. . . .

Suivons encore la troupe pillarde: elle retourne à l'assaut de la fourmilière qu'elle a déjà dévastée; mais ses habitants ont eu le temps de se rassurer et de placer de fortes gardes à chaque porte Les légionnaires, en trop petit nombre d'abord, fuient lorsqu'elles voient les noir-cendrées en défense; elles retournent vers leur troupe, s'avancent et reculent à plusieurs reprises, jusqu'à ce qu'elles se sentent en force; alors elles se jettent en masse sur une des galeries, chassent, mettent en déroute les noir-cendrées; toute l'armée s'introduit dans la cité souterraine et enlève une grande quantité de larves qu'elle emporte à la hâte; mais on ne voit jamais les amazones emmener des prisonnières; ce n'est point aux fourmis qu'elles en veulent, c'est à leurs élèves.

A leur retour dans la fourmilière mixte, les amazones reçoivent encore le meilleur accueil: leurs noir-cendrées ont serré la première récolte; chaque fourmi pose derechef sa nymphe à l'entrée de l'habitation, ou la remet immédiatement à quelques noir-cendrées, et celles-ci s'empressent de les emporter dans l'intérieur du nid.

Croirait-on que ces intrépides guerrières retournèrent une troisième fois au pillage! Mais elles eurent à entreprendre un siége dans les formes; car les fourmis auxquelles elles avaient enlevé à deux reprises leurs larves et leurs nymphes, s'étaient hâtées de se retrancher, de barricader leurs portes, et de renforcer la garde intérieure, comme si elles eussent prévu une troisième attaque de la part des mêmes ennemies: elles avaient rassemblé tous les morceaux de bois et de terre qui s'étaient trouvés à leur portée, et les avaient accumulés à l'entrée de leurs souterrains, dans lesquels elles étaient en force. Mes légionnaires n'osent d'abord en approcher; elles rôdent alentour ou retournent en arrière, jusqu'à ce qu'elles soient suffisamment escortées: le signal se communique dans la troupe; elles avancent en masse avec une impétuosité extraordinaire, et lorsqu'elles sont parvenues sur la fourmilière ennemie, elles écartent avec leurs dents et leurs pattes les obstacles qui se présentent, se précipitent dans l'ouverture, malgré la résistance des noir-cendrées, et pénètrent par centaines dans la fourmilière. Elles en ressortent, emportant fièrement leur butin, et arrivent en corps à leur habitation; mais cette fois, au lieu de remettre à leurs associées le fruit de leurs rapines, elles l'introduisent elles-mêmes dans les souterrains, et n'en ressortent plus de tout le jour".

P. Huber assure, que lorsque l'ennemi se montre seulement à distance, et que les fourmis ne peuvent l'atteindre, qu'elles se redressent toutes sur leurs pattes de derrière, et faisant passer leur abdomen entre leurs jambes, font jaillir leur venin avec force; et qu'on voit partir alors de toute la surface du nid une pluie ascendante d'acide formique, qui exhale une odeur presque sulfureuse.

„On serait étonné, dit-il, de l'acharnement de ces insectes dans leurs combats. Il serait plus facile d'arracher leurs membres et de les mettre en pièces, que de les forcer à lâcher prise; aussi voit-on souvent une tête de fourmi suspendue aux jambes ou aux antennes de quelque ouvrière qui porte en tous lieux ce gage de la victoire, on voit même assez communément des fourmis traîner après elles le corps entier de quelque ennemie tuée depuis longtemps, et accrochée à leurs pattes, sans qu'il leur soit possible de s'en débarrasser . . . . ".

A la fin du livre de P. Huber je trouve un article curieux, extrait du livre de Charles Darwin au sujet *de l'abominable instinct qui porte certaines fourmis à se servir d'esclaves*, où je lis les lignes suivantes:

„Ce remarquable instinct fut découvert d'abord dans la *Formica rufescens* par Pierre Huber, observateur plus habile encore que son illustre père. Cette fourmi dépend complètement de ses esclaves; sans leur aide, l'espèce s'éteindrait certainement dans l'espace d'une seule année. Les mâles et les femelles fertiles ne travaillent pas. Les travailleuses ou femelles stériles, quoique très-énergiques et courageuses pour la capture des esclaves, ne font aucun autre ouvrage. Elles sont incapables de construire leur propre nid, ou de nourrir leurs propres larves. Quand le vieux nid se trouve insuffisant, et qu'elles doivent émigrer, ce sont les esclaves qui décident l'émigration, et transportent leurs maîtres entre leurs pattes. Les maîtres sont tellement impuissants, qu'Huber en ayant enfermé trente sans une esclave, mais avec de la nourriture en abondance et leurs larves et leurs nymphes pour les stimuler au travail, ils ne firent rien, ne surent pas même manger et la plupart périrent de faim. Huber introduisit alors une seule esclave *(formica fusca)* qui se mit aussitôt à l'oeuvre, nourrit et sauva les survivantes; elle construisit quelques cellules, y plaça les larves et mit tout en ordre. Quoi de plus extraordinaire et de plus merveilleux que ces faits bien constatés".

De même que Darwin, j'ai sur les fourmis des observations qui me sont personnelles et j'en ai même rapporté une, dans la première édition polonaise de ma Philosophie de la Nature, mais comme ce ne sont en partie que les répétitions de celles de P. Huber, et quant aux originales, comme elles sont de beaucoup inférieures à celles de l'illustre observateur de Genève, j'ai jugé superflu de les rapporter ici. Je ferai même remarquer à cette occasion, que la dernière observation sur le même sujet, que je viens d'emprunter à Darwin n'est pas supérieure à celle de P. Huber, qu'elle n'est que la vérification de la découverte de l'esclavage chez les *fourmis*, que P. Huber a consignée, dans son immortel ouvrage.

Le Cardinal Fleury cite un fait [1]), où „les fourmis étaient parvenues à se faire un pont sur l'eau d'un vase, dans lequel était posé un pied de caisse d'oranger. Elles transportèrent, sous ses yeux, dit-il, de petits brins de bois, et, les ayant disposés les uns auprès des autres depuis le bord du vase jusqu'à la caisse, elles pouvaient se rendre à celle-ci à pied sec. Le Cardinal Fleury m'a assuré, dit Réaumur, en avoir vu encore qui eurent recours à un expédient assez semblable, dans un autre cas. Pour les arrêter, on avait mis autour de la tige de l'arbre, une ceinture de glu, qui rendait le chemin impraticable: pour le raccommoder, elles travaillèrent à y faire une chaussée; elles apportèrent et mirent les uns auprès des autres des grains de terre, des grains de sable et même de petites pierres. Après quoi, elles se trouvèrent en état de franchir le mauvais pas".

Dans les observations sur les fourmis, que nous venons de rapporter, nous voyons ces insectes faire, ce que la raison, le jugement, le coeur et la volonté de l'homme seul peut faire!

F. Cuvier prétend que l'instinct est d'autant plus développé qu'on se rapproche des êtres les plus inférieurs de l'échelle animale; et que l'intelligence des ani-

---

[1]) Flourens. Psychologie comparée p. 31. article tiré du manuscrit inédit de Réaumur, qui devait former le 7-e vol de ses oeuvres.

maux se rapproche d'autant plus de la nôtre, qu'ils sont plus près de l'homme.

George Cuvier enseignait, que chaque espèce avait reçu dans le principe telle dose d'intelligence et telle provision d'instinct sagement balancées, pour assurer la permanence de cette espèce jusqu'à la fin des temps, ou au moins jusqu'à la prochaine révolution du globe.

Je dirai, contrairement à la loi posée en principe en physiologie, qui veut: *que l'intelligence aille ensemble avec le développement organique du cerveau*, que ce n'est pas l'instinct, mais bien l'intelligence raisonnée, qui préside aux actes des êtres inférieurs; et que, si leur cerveau n'est pas construit, au point de vue anatomique, ou de sa structure, tant externe, qu'interne, comme celui du singe et semble être si éloigné du cerveau de l'homme, il s'ensuivrait seulement, quant à moi (question, sur laquelle je reviendrai encore une fois), que le volume et la structure externe et interne de l'organe de la pensée ne constituent pas sa supériorité au point de vue physiologique, mais que ce sont les qualités intimes de la matière de son organisme, inaccessibles au scalpel, qui la constituent.

Flourens dit explicitement, que tous les animaux, depuis la plus simple organisation jusqu'à la plus élevée sont doués d'intelligence; seulement, il leur conteste la faculté *de réfléchir sur* leurs actions [1]).

Nous voyons donc, que l'homme doué de la plus haute intelligence n'est pas privé d'une certaine dose d'instinct; mais qu'il est doué de l'instinct mécanique, qui consiste, par exemple, en ce qu'au moment de recevoir un coup, il ne peut s'empêcher de détourner la

---

[1]) Flourens. Psychologie comparée, Paris 1869.

tête, ou de fermer les yeux. — „Alors, dit Bossuet [1], si notre raison avait quelque force, elle nous rassurerait contre un ami qui se joue; mais, bon gré, mal gré, il faut fermer l'oeil, ou détourner la tête, et la seule impression de l'objet opère invinciblement en nous cette action".

L'instinct donc fait en nous ce que la raison aurait fait, si elle avait eu le temps d'agir.

D'où il résulte, que la raison et l'instinct sont même chose dans le principe. D'où, encore une fois, nous concluons: que tous les animaux depuis les plus inférieurs, jusqu'à l'homme ont une même intelligence dans le principe — seulement, la nôtre a besoin dans sa sphère d'une longue réflexion pour agir, tandis que celle des animaux va droit au but et fait bien du premier coup — ce qui n'exclue pas chez ces derniers la réflexion et le jugement.

De là une grande analogie entre l'instinct et l'intelligence raisonnable ou la raison. Le premier agit promptement et bien, sans avoir besoin de réfléchir longtemps sur ce qu'il fait: quoique ses actes soient marqués au coin de la raison — tandis, que notre intelligence n'agit qu'après une longue réflexion sur la cause et le but de ses actions, tout en se trompant le plus souvent. Grande différence je le répète, et grande analogie en même temps. Dieu agit en quelque sorte, caché dans le premier, tandis que la même Sagesse agit, comme je l'ai déjà dit, devoilée en nous, au compte de notre individualité; que nous avons autant d'intelligence comme êtres agissants de nous-mêmes, comme notre machine matérielle, comme notre organisme nous le permet. D'où, par paren-

---

[1] Bossuet. De la connaissance de Dieu et de soi-même.

thèse, tant de nuances entre l'intelligence d'un homme et d'un autre, et une si grande identité entre l'intelligence d'une fourmi, par exemple et d'une autre, ou entre les actions des forces simples comme la chaleur et la lumière......

On m'objectera non sans une certaine raison, que ma proposition ne fait pas loi: car autrement l'intelligence d'une abeille serait la même que l'intelligence d'un éléphant. Je répondrai à cette objection, que quoique les animaux s'écartent rarement de la vraie raison dans leurs actions, qu'il a plu à Dieu de varier leur organisme et que, si Dieu apparaît dans sa sagesse ici avec plus et là avec moins d'éclat, cela n'empêche pas, que depuis la matière simple et la force simple, jusqu'à l'organisme des êtres supérieurs, jusqu'à leur intelligence, quoique nous ne voyons pas cette intelligence partout se manifester au même degré et quoique nous la voyons parfois cachée, comme dans les forces simples où elle agit toutefois d'accord avec le calcul le plus raffiné de nos mathématiciens, qu'elle nous frappe dans la fourmi aussi bien que dans l'éléphant par la raison et la volonté individuelle plus ou moins rapprochée de celle de l'homme.

Les naturalistes nous enseignent, que les abeilles dont le génie industriel est si connu, font ainsi que les autres animaux machinalement et sans penser, comme faisaient leurs parents et leurs aïeux. Les savants ont oublié, que si nous réfléchissions bien sur les oeuvres de notre pensée et sur les oeuvres de nos pères, nous dirions la même chose de l'homme, ce que l'homme dit des animaux.

Car, est-ce que notre intelligence, n'est pas limitée, est-ce que nous ne construisons pas nos demeures comme les abeilles, les fourmis, les castors, les oiseaux et les autres animaux construisent les leurs? est-ce que nous ne nous occupons pas à tisser de la toile, des étoffes de laine et de soie pour nous couvrir, comme le font les animaux pour envelopper leurs larves et leurs nymphes? est-ce que nous ne nous défendons pas contre les invasions barbares de nos ennemis? est-ce que nous ne menons pas des guerres fratricides, nous, qui sommes inférieurs aux animaux en cela, que ces derniers attaquent en majeure partie ouvertement leurs adversaires et qu'une fois rassasiés, ils sont généreux — tandis, que nous, nous faisons souvent déclarer la guerre pour l'inique plaisir de torturer l'ennemi plus à notre aise, pour rendre plus légitimes nos atrocités, pour être enfin plus à couvert de nos instincts sauvages devant l'histoire? est-ce que notre intelligence peut arrêter le cours des lois de la nature[1]), ne roule-t-elle pas depuis l'éternité dans le cercle qui lui a été tracé d'avance par le Créateur?

Parce que l'homme a la conscience de ses actions, s'ensuit-il, qu'il aurait le droit de la contester aux animaux, par le seul motif, qu'il ne les comprend pas, qu'il voit les animaux depuis l'éternité répéter les actions de leurs pères, sans en dévier?

Parce que l'homme n'a point su pénétrer les mystères de l'intelligence des animaux, qu'il met tout sur le

---

[1]) Le médecin en guérissant d'une maladie mortelle, éloigne la mort, mais la science n'a pas le pouvoir sur la mort comme loi fatale de la nature.

compte de la fatalité, n'est-ce pas encore une preuve palpable de son intelligence bornée. Et la supposition de la raison et de la volonté dans l'intelligence des animaux, ne constitue-t-elle pas le côté instinctif de notre intelligence?

Les animaux humilient l'homme par les facultés de leur intelligence, car ils agissent de concert avec les lois prescrites par la Sagesse suprême dans les circonstances données: ce que, l'ignorance de l'homme appelle fatalité. — L'homme seul dans toute la création ne sait jamais le *vrai* du premier coup et il est forcé le plus souvent de conquérir le droit de cité à la vérité au prix de son sang dans des combats avec ses semblables — si toutefois il ne devient pas victime de ses triomphes, en recevant une récompense des générations futures pour les découvertes, dans lesquelles il a été le plus souvent devancé par les animaux![1].

Pour nous, l'intelligence des animaux, comme nous l'avons déjà dit, est une perception, une mémoire, une volonté une raison, et si elle diffère de notre intelli-

---

[1] J'ajouterai aux faits connus du lecteur et qui justifient mon assertion, une observation qui m'est personelle. Or, j'ai eu l'occasion de voir une jument pouliner. Quel fut mon étonnement, lorsque je vis cette jument, qui certes n'avait jamais appris l'art de l'accouchement, déchirer avec ses dents la poche, qui contenait le poulain, puis, mâcher le cordon ombilical tout près du nombril de son petit et le découper si bien, que pas une goutte de sang n'a suivi cette opération. Or, cette jument, qui n'avait jamais vu nos instruments d'obstétrique, qui n'avait pas connu *l'écraseur*, ni son application dans les amputations sans hémorrhagie, a devancé l'invention de cet instrument et son application ou la méthode opératoire.

gence, c'est seulement, parce qu'elle ne connaît pas son *moi* et ne peut s'élever jusqu'à la morale, jusqu'à Dieu. Que, si toutefois elle ne connaît pas son moi, c'est que Dieu seul s'y connaît, c'est que Lui seul y connaît son *moi*.

Ainsi donc, l'intelligence est un instinct réfléchissant; l'instinct est une intelligence qui agit vite et bien, et sans longue réflexion. Donc, l'instinct et l'intelligence sont dans le principe une seule force spirituelle, avec une nuance de différence, qui dépend du point de vue dans lequel nous les envisageons, savoir: si nous les envisageons du côté *actif* ou *passif* de la Sagesse, et dont Dieu, dans tous les cas, est le moteur suprême.

Ch. Darwin enseigne, par parenthèse, théorie, qui semble plaire à certains philosophes, que *l'ensemble d'habitudes acquises à la longue et fixées par l'herédité, constitue l'instinct.* Quant à moi, tout en avouant, que l'hérédité n'est pas sans influence sur la transmissibilité de certains caractères, de constitution, de conformation organique et même des facultés de l'âme — basé sur la loi: 1,⁰ que les intelligences d'élite, ne lèguent ordinairement à leurs enfants d'autre héritage qu'un esprit borné, et que les hommes simples d'esprit peuvent donner le jour aux génies même; 2,⁰ que les connaissances acquises par le père ne se transmettent pas à l'enfant, à moins que cet enfant ne les acquiert par un travail personnel; 3,⁰ que par l'étude méthodique et continue, nous rendons seulement le cerveau apte à servir d'organe à la dose d'intelligence nouvellement acquise — que nous le développons; je regarde la théorie du naturaliste anglais comme fausse, tant par rapport à l'instinct, que par rapport à l'intelligence. Pour être dans le vrai, je suis plutôt porté à croire, que l'intelligence gagnant continuellement dans son développement depuis la création du monde, par les travaux collectifs de l'humanité entière; que ces progrès étant soigneusement enrégistrés par toutes les générations; que le cerveau d'un individu donné étant apte à se développer graduellement par le travail, jusqu'à pouvoir embrasser et exprimer plus ou moins la somme des notions acquises; que chez les animaux les parents donnant une éducation à leurs petits, comme nous l'avons vu chez les fourmis, chez les loups et ce que notre poule domestique, notre oie et notre canard nous montrent journellement; que les progrès acquis dans le domaine de l'intelligence chez les animaux n'étant pas enrégistrés par leurs générations—je suis, dis-je, porté à croire, que non seulement les animaux n'apportent pas en naissant la somme des habitudes, ni des connaissances acquises à la longue par l'habitude dans leurs espèces respectives, mais qu'ils ne possèdent même pas les moyens de les acquérir; seulement, que leurs cerveaux sont aptes à apprendre par l'éducation ou à exprimer par la combinaison des notions élémentaires acquises, la somme des connaissances acquises par leurs parents — abstraction faite d'une dose minime d'aptitude naturelle du cerveau ou d'instinct inné, qui n'a pas changé depuis la *constitution définitive de chaque espèce* et qui a été telle dans l'origine de ces espèces comme elle l'est maintenant. — Autrement, que le cerveau d'animaux n'exprime pas davantage à leur naissance et ne fonctionne pas mieux, que leurs estomacs, ou leurs poumons. Les petits canards couvés par une poule et qui à peine éclos, se trouvant au bord de l'eau s'y précipitent et nagent avec aisance, malgré les cris et les avertissements de la poule-mère déséspérée, nous en donnent un exemple. Il est vrai, que le cerveau s'est progressivement développé avec le perfectionnement lent et progressif de chaque espèce, depuis que ces espèces sont définitivement constituées et avec le cerveau son instinct inné; mais je le répète, que cette aptitude du cerveau, quant à son instinct naturel ou inné, n'a pas changé beaucoup depuis cette époque; mais que l'aptitude intellectuelle du cerveau dans notre espèce seulement à se développer par l'étude, a immensement progressé surtout depuis le dernier déluge.

J'ajouterai même à ce propos, quant à l'homme, auquel cette loi s'applique parfaitement, que la masse de ses connaissances, acquises par toutes les générations jusqu'à ce jour, dépassant la force d'un seul organe de l'intelligence, a nécessité, comme nous le verrons en son lieu, la division du travail intellectuel:—ce qui fait le cachet de notre époque; et que chez les animaux, les petits n'apprenant que ce que savent leurs parents, ne savent jamais plus qu'eux, que c'est dans notre espèce seulement que nous pouvons acquérir les notions dans le domaine de l'intelligence collective et acquises par toutes les générations qui nous ont précédés.

Ainsi, la seule différence philosophique selon nous, entre l'instinct et l'intelligence, en laissant de côté le développement plus grand de l'un que de l'autre, et le degré de métamorphose plus élevé dans l'une que dans l'autre, ainsi que leur identité en principe; en mettant de côté, que les animaux ne connaissent pas leur *moi* intérieur, leur *Dieu*, leur *moteur invisible*, et ne puissent s'élever jusqu'à Lui; la seule différence, dis-je, pour nous entre l'intelligence des animaux et celle de l'homme consiste, en ce que la première a une sphère de son action limitée: car un individu de la même espèce ne sait pas plus qu'un autre — le fils ne sait pas davantage que savait son père etc., etc., tandis, que les limites de la perfection et du progrès de l'autre se trouvent comprises dans des grandes époques des temps et des générations — de même, comme cela a lieu, et ce que nous verrons tout à l'heure, avec la mutation de la matière dans la création, qui s'opère dans tout moment donné, et est continue dans les individus, et qui embrasse un vaste laps de temps dans les familles, qui a besoin de plus de temps encore dans les générations et qui enfin aura besoin des éternités d'éternités dans le changement d'une création en une autre.

Sortant de ce principe, il nous semble, que l'humanité arrivera un jour dans les œuvres de son intelligence collective, dans la voie du progrès, à la même certitude et perfection, à la même inspiration allant droit et sans se tromper au même but, que nous admirons dans une certaine sphère chez les animaux qui du premier coup exécutent les œuvres de leurs pères.

Ainsi, je raie le mot instinct de l'intelligence des animaux et je l'applique exclusivement aux fonctions organiques, telles que: la fonction de la respiration, de la digestion, de la circulation etc., qui seules s'effectuent instinctivement, et sans connaissance de leur action, en substituant au terme *d'instinct* des animaux celui de *l'intelligence*.

Il est vrai, que l'analyse a démembré l'intelligence en instinct et en intelligence, il ne s'ensuit pas, que la nature dans la sagesse de ses lois ne soit supérieure à la science, que la nature dans l'unité de ses lois ne soit supérieure à l'analyse.

Pourrait-elle nous dire *l'analyse*, où finit l'instinct et où commence l'intelligence?

Nous croyons, par exemple, que l'enfant qui vient de naître, dont l'intelligence se borne à l'instinct de chercher la mamelle de sa mère, a une âme; nous croyons, chose plus extraordinaire encore, que le foetus de l'homme, qui ne manifeste encore aucune intelligence, a une âme; que l'ovule de la femme à peine fécondée a une âme; pourquoi alors les animaux qui ont une intelligence bien plus développée que celle d'un enfant à la mamelle ou d'une ovule à peine fécondée n'auraient-ils pas une âme comme nous?

Nous concluons, basé sur ce qui précède, que de même que les hommes ne sont pas égaux sous le rapport de l'intelligence, que dans un certain âge les facultés intellectuelles sont en quelque sorte à l'état de germe ou réduites aux forces organiques seules, et même si nous remontons au moment de la conception de l'homme, à l'oeuf à son point cristalin, que ces facultés sont réduites aux forces simples, ou à peu de chose près; que dans un autre moment de la vie, de ce même homme, les mêmes forces, les mêmes facultés brillent dans tout l'éclat de leur puissance; que certains hommes ont peu de raison et ne connaissent pas leur *moi*, tandis que d'autres brillent par leur génie, que de même que tout homme ne peut devenir un Raphaël, un Paganini, un Galilée ou un Cicéron, que les animaux, comme nos frères cadets, de l'époque primitive de la création, comme nous le verrons en son lieu, ont une âme, plus ou moins développée, plus ou moins assoupie; que tous sans exception, sans en excepter même les plantes, jusqu'à la matière simple, ont une âme sui generis; que les animaux savent à leur manière ce qu'ils font, et que tandis que la plante en fermant son calice à l'approche de la nuit ou en tournant le disque de sa corolle du côté du soleil, en plein jour, n'a pas la connaissance de son action, quoiqu'elle trahit déjà par ces mouvements le germe de l'intelligence, que la fourmi aussi bien que le chien, que le chat, que le singe, comme nous avons vu, savent très-bien ce qu'ils font, perçoivent, se souviennent, ont une volonté et un haut degré de véritable jugement.

Une *pierre* donc pour nous, ou ce qui revient au même, le monde appelé par la science *inorganique*, quoiqu'il ait son organisme propre, comme tout être organique végétal et animal, a sa raison, a une âme, seulement à l'état de germe, tandis que les animaux ont une âme comme les simples d'esprit en ont une; je dirai même, qu'il y a des animaux supérieurs à certains gens par leur intelligence!

Parceque tu ne vois pas, homme orgueilleux, de chêne dans un gland, est-ce que le gland pourrait produire le chêne s'il ne le contenait pas en germe jusqu'à sa dernière feuille?

Tout tend comme nous le voyons à l'unité, tout n'est qu'un, seulement plus ou moins développé ou métamorphosé.

Il y a des hommes qui viennent au monde avec des talents innés, et qui brillent de tout l'éclat de l'intelligence dès leur jeunesse, d'autres voient clair à l'âge mûr — d'autres n'arrivent à connaître la vérité qu'au déclin de leur vie, tandis que la majeure partie des hommes naissent, vivent et se retirent de la grande scène du monde sans avoir jamais réfléchi à ce qu'ils étaient, quels étaient leurs devoirs envers leur famille, envers l'humanité et quelle était leur parenté avec la nature, avec Dieu!

Chose remarquable, que, ce que nous appelons instinct dans la bête, fait le génie dans l'homme! Haller très-jeune encore commentait déjà son maître Boerhaave; Mozart à peine âgé de quatre à cinq ans se faisait admirer pour son talent; Bordeu à l'âge de 20 ans a écrit une thèse sur la sensibilité empreinte, du génie philosophique de Voltaire et de Montesquieu; Pascal à l'âge de 16 ans a écrit un traité sur les sections coniques, qui a surpris Descartes; Byron aimait à l'âge de 5 ans; E. Geoffroi Saint-Hilaire à l'âge de 23 ans a formulé sa doctrine sur l'unité de composition organique; Newton à l'âge de 22 ans a découvert la loi de la *gravitation*; Galilée à peine sorti de son enfance a observé dans une église de Pise les lustres oscillant et chose étonnante que l'isochronisme de ces oscillations ait pu frapper une attention encore si jeune et si vierge? Matejko à peine âgé de trente ans [1]) a su s'immortaliser par la résurrection des époques historiques de son pays comme peintre; et comme maître dans son art il a égalé les plus grands peintres de tous les siècles.

Raphaël, Mozart, Bichart, et Byron sont morts à peine âgés de 33 à 35 ans, consumés par le feu de leurs passions et de leur génie, en laissant à la postérité des productions incomparables dans le domaine des

---

[1]) Né à Cracovie le 30 Juillet 1838.

sciences et des arts, tandis que Pline s'étant adonné aux sciences naturelles à l'âge de 50 ans avec une verve juvénile, s'est immortalisé.

Pourquoi donc les animaux ne viendraient-ils pas ingénieux au monde et ne sauraient pas sans apprendre, des choses que l'homme a besoin d'apprendre. — Pourquoi ne devraient-ils pas penser et aimer comme nous [1]). Pourquoi l'instinct dans l'homme, guidé et soutenu par le travail ne serait-il pas génie? Est-ce parce que Dieu n'a pas donné à l'homme la clef de tous ces mystères?

Par la clef des mystères de la nature nous n'entendons pas ici, à ce que l'homme ne soit pas doué dans son intelligence du pouvoir de comprendre la nature; par la clef des mystères de la nature, nous comprenons ici le côté le plus subtil de la question, comme celle par exemple: que Dieu n'a pas doué l'homme du pouvoir de comprendre le langage des animaux. Une poule au moment du danger pousse un certain cri, pour réunir les poussins sous ses ailes, elle en pousse un autre, lorsqu'elle les convie à manger, lorsqu'elle leur apprend à manger: — fait, qui nous démontre clairement, que les parents chez les animaux, comme nous l'avons d'ailleurs vu chez les fourmis, ne laissent pas leurs petits *sans leur donner une certaine éducation élémentaire.* — Cette vérité nous paraîtra plus évidente lorsque nous nous rappellerons comment les loups, les renards, les chats et autres animaux dressent leurs petits pour la chasse etc...... Dieu, dis-je, n'a pas donné à l'homme la clef

---

[1]) Voyez les citations rapportées dans ce livre de P. Huber sur les fourmis.

pour comprendre la voix de la poule-mère, comme elle est comprise de ses poussins; qu'il ne nous a pas donné, en un mot, la clef pour comprendre la langue de ces galinacés, bien qu'il nous a donné l'intelligence pour comprendre que cet appel de la mère est une langue sui generis, qu'il est le symbole d'une certaine pensée, d'une certaine idée, d'un certain sentiment, d'une certaine impression; qu'enfin, les animaux s'entendent entre eux, qu'ils ont une langue et chaque espèce la sienne.

D'où vient donc cet orgueil de l'homme, de fouler aux pieds des êtres inférieurs à lui et devant lesquels cependant il est si petit sous certains rapports?

Il n'y a pas de petites choses ni de grands êtres; tout est grand dans la nature!

Les animaux resteront-ils donc pour toujours les automates de Descartes, voués à la brutalité et au mépris de l'homme? Et pourtant la colombe humilie l'homme par sa douceur et par son amour, le chien par sa fidélité, la fourmi par sa sociabilité et son dévouement pour ses semblables, le lion par sa générosité......!

Nous oublions dans notre orgueil, que si Dieu a créé les animaux pour l'harmonie et l'intelligence de l'univers, qu'il a eu aussi en vue de nous humilier quelquefois, par les qualités dont il les a doués, de nous rappeler à chaque moment le rang que nous occupons dans la création et qu'en nous écartant de notre poste élevé comme hommes, nous devenons aussi parfois chats, tigres, hyènes, serpents vipères, crapauds et que nous tombons même au-dessous de la bête, cherchant son bonheur dans la boue.......

Nous voyons par là que l'homme dans son unité individuelle, quoiqu'il soit composé d'organes et que ces organes soient composés de la matière, qu'il est un tout solidaire; que la matière dans tous ses atomes est la métamorphose de la force, que la force en lui est par conséquent la mère de la matière, que toutes les forces en lui sont une seule et même force dans l'harmonie de toutes, depuis la force élémentaire qui gouverne l'atome, jusqu'à la plus élevée, qui règne dans le cerveau, que toutes sont de la même nature avec une différence dans le degré de leur développement; autrement, avons-nous dit, elles ne pourraient pas agir l'une sur l'autre, autrement, l'une ne pourrait pas devenir l'autre et ne pourrait pas se changer en une autre, autrement, les forces ne pourraient pas agir sur la matière et réciproquement, en un mot, que les forces et la matière ne pourraient pas constituer un tout harmonieux.

Ce qui nous prouve aussi, que la matière vue dans l'homme, dans tous ses divers états, se réduit à l'atome de la matière simple, combiné seulement avec d'autres atomes, de mille façons diverses et métamorphosé en même temps, de toutes les manières possibles.—Que la matière par conséquent et la force sont sous un point de vue une seule et même chose, que la matière simple est une expression ou une métamorphose de la force élémentaire simple, dans l'atome simple, de la force organique dans la molécule organique, de l'intelligence dans l'homme et dans les animaux.—Je ne dis pas à dessein dans le cerveau de l'homme, mais dans l'homme; car le cerveau séparé de l'homme, l'intelligence meurt avec toutes les autres forces qui sont en lui.

Ainsi donc, l'unité de la force est dans la diversité de ses phénomènes, l'unité de la matière est dans la diversité de ses formes ou degrés d'organisation; l'unité de la force et de la matière est dans la force métamorphosée en matière, est dans la création.

L'intelligence est donc aussi bien dans les êtres organisés que dans les corps simples, elle est quoique à l'état d'élément dans les forces élémentaires simples, dites forces cosmiques. Métamorphosons l'atome, disposons les atomes d'une manière convenable, élevons les ainsi transformés dans cette voie, au degré de l'organisme de l'homme et la force simple, cosmique, qui régissait en eux, qui faisait leur essence, leur esprit, éclatera à nos yeux d'intelligence! Dieu en créant la nature par Lui-même et en Lui-même n'a rien fait de plus que cela.

La vie de l'homme depuis son berceau jusqu'à sa tombe, est un fait qui confirme cette vérité. Les molécules de son corps s'approchent chaque jour davantage de la matière au déclin de sa vie, se matérialisent, retournent à la matière simple. L'homme meurt, tout meurt en lui, tout retourne à la matière simple, à la force cosmique. La matière simple à son tour, par le souffle de la force à la vie, de tel ou tel degré, entre en mouvement de l'impulsion de telle ou telle autre force, et devient à son tour plante, animal, homme — dont l'existence, de la plante comme de l'homme, bien entendu, est une nouvelle mutation de la matière, est le moment d'existence d'une nouvelle matière, est la mort de la matière qui vivait avant un instant, qui vivait en eux, qui se comprenait en eux, parce qu'elle vivait, parce qu'elle était force. Ainsi les forces simples arrivent dans l'homme à des degrés de plus en plus élevés, se développent, acquièrent une puissance de plus en plus grande....

La matière simple étant l'expression de la force simple sous l'impulsion de ce développement, de cette transformation des forces, par l'arrangement, par la merveilleuse combinaison de ces arrangements et de la métamorphose de ses éléments primordiaux devient matière organique des degrès de plus en plus élevés, jusqu'à ce qu'elle atteigne le summum de la perfection organique dans l'homme.

Nous avons dit, que les mutations des atomes élémentaires, ont lieu continuellement dans un corps organique, qu'elles ont lieu dans tous les instants de la vie individuelle — que les nouveaux y entrent pour chasser les anciens — et que la continuité de ces mutations de la matière constitue la vie.

Or, l'âge de l'homme nous donne sur une plus grande échelle le tableau de ces mutations, les époques de la nature sur une plus grande encore.

MUTATIONS DE LA MATIÈRE CONSTITUANT L'ÂGE DE L'HOMME.

„La vie ne commence pas, dit Flourens, à chaque nouvel individu, elle n'a commencé qu'une fois pour chaque espèce. A compter du premier couple créé de chaque espèce, la vie ne recommence plus; elle se continue".

La vie de l'homme se partage en deux moitiés presque égales; celle de la croissance et du retour progressif à la matière, à la mort.

Chacune de ces moitiés se subdivise encore en deux moitiés; d'où les quatre âges dans la vie de l'homme: *l'enfance*, dans laquelle les mutations de la matière sont les plus actives, *l'adolescence*, l'âge *viril* et *la vieillesse*, dans laquelle les mutations de la matière sont les plus lentes, et dont les molécules restent le plus longtemps fixées et ne s'éliminent pas si vite comme dans l'enfance: la vieillesse, dis-je, où toutes les molécules sont presque du domaine de la matière, où toutes sont à l'état le plus voisin de la matière simple, et où le corps entier meurt de son vivant, se trouvant en quelque sorte abandonné par les forces vitales, la vieillesse enfin où la vie même de son vivant est mourante, est éteinte.

Chaque âge se divise en deux parties, savoir: la première et la seconde enfance, qui finit à 10 ans; — de 10 à 20 l'adolescence, de 20 à 30 la première jeunesse; de 30 à 40 la seconde jeunesse, de 40 à 55 le premier âge mûr, de 55 à 70 la fin de la mâturité. Jusqu'à cette époque comme l'exprime le terme *âge viril*, l'homme est dans toute sa force; avec l'âge de 70 ans commence la première vieillesse, et avec 85 arrive la décrépitude ou la prépondérance des forces cosmiques sur les forces vitales" [1]).

---

[1]) Flourens à qui j'ai emprunté cette division, y est parvenu

Chaque génération est une nouvelle mutation. Dans chaque génération la mutation de la matière est plus grande dans son début que dans son déclin.

MUTATIONS DE LA MATIÈRE DANS LES ÊTRES VIVANTS ET DANS LES ÉPOQUES DE LA CRÉATION. RAPPORT DE LA FORCE À LA MATIÈRE DANS LES CORPS VIVANTS ET DE L'ESPRIT AU CORPS.

Les êtres qui existaient primitivement, dit l'école de Cuvier, ont péri comme usés, et nous dirons, comme meurt une chrysalide pour se métamorphoser en papillon; comme disparaît le têtard pour devenir grenouille, comme s'effacent les familles blasonnées, par la mort de leur dernier rejeton........

En étudiant l'époque poste-diluvienne nous serions dans l'erreur, si nous prenions, dit cette école, notre cheval, notre chien, notre boeuf etc. pour les types primitifs de leurs espèces; car nous avons en échange des nouvelles espèces de chevaux et de chiens, plus parfaites, que les conditions diluviennes de climat et de mille autres circonstances ont complètement changées.

---

en prenant pour base de la classification des âges de l'homme, le temps nécessaire pour le développement de son système osseux, le développement de l'homme de haut en large, la maturité de tous ses tissus et ensuite son retour à la matière.

Le chien, dit Flourens, ne tire pas son origine du loup ni du renard, mais du chien, dont la race primitive est perdue.

Il est reconnu aujourd'hui que l'homme primitif n'existe pas, qu'il n'y a que l'homme sauvage et l'homme civilisé. Et même les tribus sauvages, les sauvages en un mot, sont des variétés de l'homme primitif et dont on aurait de la peine à reconnaître le type dans l'homme d'aujourd'hui. Même l'homme fossile, trouvé il y a quelques années, n'est pas l'homme d'aujourd'hui; il constituait un type et une race à part.

Les chevaux, dit Buffon, qui vivent à l'état sauvage, sont des chevaux domestiques, qui se sont trouvés jadis mis en liberté.

Donc ce qui était n'est plus, ce qui est n'a jamais été et ne fut jamais. Ce qui est, est nouveau, se perfectionnant sans cesse, marchant sans cesse à la perfection développée et changée par des conditions nouvelles. Quelles sont les limites de ces développements, de cette perfection d'une espèce donnée dans des conditions actuelles, nous le dirons en parlant des *races*.

Je dirai seulement, par parenthèse, que malgré la division des opinions sur l'existence du déluge universel, tout en adoptant la doctrine de Mʳ D'Orbigny et de Ch. Lyell comme donnant une explication des déluges limités ou partiels, que tout en admettant la théorie erratique ou glacière, quant à moi, aucune de ces théories ne pouvant rendre compte à elle seule de tous les faits observés et surtout de la généralisation du dépôt diluvien dans toute les parties du continent sans recourir à des suppositions extraordinaires, je suis pour le déluge universel. Je m'expliquerai d'ailleurs sur ce point dans un des chapitres suivants où chaque théorie trouvera sa part méritée.

Si toutefois nous partageons l'opinion de la science moderne, en ce qui touche les changements des êtres organisés après chaque révolution du globe, c'est dans la pensée que ces changements n'ont jamais dépassé dans ces conditions les limites de l'espèce et que les changements ou métamorphoses d'une espèce en une autre, d'une famille en une autre, d'un règne même en un autre, ont eu lieu; mais que c'est seulement dans une époque très-voisine de la création et que j'appellerai *époque des méthamorphoses,*

Je reviens à la question

Or, si nous prenons pour exemple les résultats obtenus en Hollande sur les plantes et en Angleterre sur les animaux [1]), nous serons surpris des changements extraordinaires, quoique ne dépassant jamais les limites assignées à l'espèce, obtenues par l'art ou par la soumission d'un animal donné aux conditions particulières.

Il est donc certain, que chaque espèce a subi de grandes mutations depuis la création du monde, si l'on considère les changements que les diverses révolutions du globe ont apportés dans ses conditions climatériques et autres.

Il y a donc des mutations continuelles de la matière dans un individu donné, il y a des mutations dans l'âge des individus, il y a des mutations dans les générations, il y a des mutations dans les époques de la

---

[1]) Darvin. On the origin of species by means of natural selection. London, I vol. in 8⁰.

création toutes appuyées dans le développement continuel de la vie, ainsi que dans le retour de cette vie à la matière, sur l'identité de la matière et de la force dans le principe.

Toute molécule du corps d'un être vivant, meurt à chaque instant, une autre arrive à sa place, des familles disparaissent, d'autres leur succèdent, les races s'effacent dans les grands intervalles des époques de la création, les autres apparaissent, toujours par le même atome, toujours par la même force simple, toujours par le premier couple d'atomes.

Le couple primitif de chaque espèce a paru, pour nous, avec le moment de la cessation des conditions favorables à sa transformation en espèce supérieure, ou lorsque les conditions qui permettaient la métamorphose d'une espèce en une autre espèce ont cessé.

Philosophiquement parlant, le premier couple de chaque espèce remonte au premier moment de la création ou de la transformation de la force spirituelle par sa volonté toutepuissante en matière et gît dans le premier couple d'atomes, dans le premier atome, dans l'atome impondérable ou dans le principe élémentaire — type pour toute la création, et finalement en Dieu.

Si nous introduisons des aliments dans notre économie, le travail de la digestion et de l'assimilation ou de la métamorphose des aliments et de son incarnation va engendrer 1°, les phénomènes de la force *simple*, comme la thermicité: ce que nous reconnaîtrons par l'élévation de la température du corps; 2° les phénomènes des forces *vitales* ou *organiques:* car si nous refusons des aliments à l'organisme pour les transformer en matière organique, ce dernier cessera de fonctionner ou de vivre; et 3° les phénomènes des forces, telles que: les facultés de l'âme, de l'esprit ou de *l'intelligence*.

Nous voyons par là, que l'organisme vivant, en transformant les aliments, les transforme au moyen des forces organiques en matière organique ou qu'il métamorphose en organisme vivant la matière simple introduite dans son économie, telle par exemple, que: l'eau et l'air, et organiquement préparée, telle que les substances végétales et animales—exactement de la même manière *mystérieuse* comme une chrysalide se change en papillon, ou comme les oeufs pondus par ce dernier se changent en vers et ces derniers en chenilles, en chrysalides et en papillons; comme l'atome pondérable étant, comme nous le savons, une métamorphose de la force physique ou de l'atome impondérable, retourne à la force ou se change en force physique; comme le feu consume un morceau de bois et le transforme en feu, abstraction faite de quelques résidus et matières volatiles, qui ont passé aussi par l'état du feu; comme la chaleur se transforme en lumière etc., etc.

Or, les forces organiques en transformant la matière simple, transforment les forces simples en organiques et ces dernières en forces intellectuelles et la matière simple en organique; celle-ci à son tour comme vivante, donne les phénomènes des forces vitales ou organiques et des facultés intellectuelles et ainsi de suite à l'infini.....

Ainsi la *force organique* crée *l'organisme*, lequel engendre la *force organique*. *L'organisme* par conséquent, est l'oeuvre de la force organique et la force organique est l'oeuvre de l'organisme: même chose comme avec la force simple et la matière simple. D'où, la force *organique* et *l'organisme* sont synonymes, comme force simple est synonyme de la matière simple dans l'atome, à ce point, que, si nous refusons les aliments ou matériaux nécessaires pour les transformer en matières organiques et pour en tirer la force vitale ou organique nécessaire pour l'existence de l'organisme, que la matière organique elle-même va se transformer en force vitale pour le maintien de l'existence de l'organisme (comme la matière simple se transformant en force retourne à la force) ou que l'organisme va puiser dans sa propre matière les éléments constituant son existence, va se consumer, va digérer et assimiler son propre être et puis mourir à la fin ou devenir matière simple, pour que celle-ci transformée à son tour (dans la voie de la décomposition naturelle) devienne force simple cosmique. Comme toutefois la force est mère et créatrice de la matière, il en résulte, que la force organique a créé en dernier lieu l'organisme ou la matière organique, quoique cette dernière engendre la force de la vie ou qu'elle transforme la force simple en force organique etc.

L'homme comme nous voyons par là, représente dans son être une même force dans trois principaux types ou degrés de métamorphose, liés solidairement entre eux, savoir: 1° la *force simple*, élémentaire ou réduite dans sa plus simple expression à *l'attraction-répulsive* et qui constitue et gouverne en lui les atomes simples: car il est pesant, car il obéit à la loi de la gravité, car il a de la température, car il est matière; 2° la force *organique* ou force de la *vie* ou force simple élevée à une plus haute puissance, aux plus grandes complications, au plus grand développement, qui préside à l'arrangement et au maintien solidaire de tous les atomes déjà métamorphosés dans l'homme, qui préside aux mutations de sa matière, qui la vivifie en élevant la force simple qui gouverne la matière au rang de sa dignité, qui préside à la forme de son être, car elle est force organique vivante, car sa métamorphose et celle de la matière qu'elle gouverne et dont elle est l'essence s'opère par elle-même et au même instant dans l'homme. La métamorphose de la force et de la matière par la force, s'opèrent donc ensemble; car, comme nous le savons déjà, la matière n'est qu'un certain état de la métamorphose de la force. Tout s'enchaîne donc ici, tout est cause et conséquence. La force *pure* est un être invisible, la matière est son état palpable, est sa manifestation visible dans la création, est la création;—et 3° la force de la raison ou esprit ou âme ou force simple élevée à son summum de développement dans la création ou Amour et Sagesse *ou Sagesse suprême* ou *Dieu*, qui est la cause première de notre force simple élémentaire, de notre *attraction-répulsive*: laquelle par un arrangement des éléments primordiaux de la matière pris au moment de leur métamorphose dans le cerveau, se manifeste en lui comme connaissance de son *moi*.

Nous approfondirons en son lieu ces mystères selon leur importance, passons à la question.

Or, comme la pensée par sa volonté personnelle s'exprime en paroles, comme le verbe se change en action, en fait palpable, en matière en un mot, de même la Sagesse suprême s'est exprimée par sa volonté dans la force simple, dans l'éther ou dans la matière impondérable ou dans les atomes élémentaires, dont le mouvement ou l'action nous donne les phénomènes de la lumière et de la chaleur, nous avertissant de l'action de la force et de l'existence de la création.

Ainsi la force est métamorphosée par l'esprit qui est son essence en atome en fait palpable ou en matière.

La force donc a créé la matière et par l'arrangement, ainsi que par la métamorphose de ses atomes elle a créé l'organisme de l'homme et comme de raison l'organisme de son cerveau, ou en d'autres termes, l'organisme de l'homme comme celui de son cerveau n'est qu'un certain état de la force métamorphosée. Je ne dis pas par conséquent, que le cerveau sécrète la pensée comme le foie sécrète la bile; je ne dis pas que le cerveau exprime l'idée: car comme la lumière dépend *d'un* certain arrangement et d'un certain état des atomes de l'éther, la pensée dépend aussi d'un certain état de la matière dans le cerveau pour se produire, comme pour s'exprimer en *verbe* qui n'est dans la création qu'un phénomène de l'âme intermédiaire entre l'esprit et le corps; je ne dis pas encore une fois, que le cerveau sécrète la pensée comme les reins sécrètent l'urine, mais je dis, que de même, que la lumière et la chaleur sont l'effet ou le résultat de la continuité de la transformation de la matière simple, qu'elles sont forces simples, que de même que la vie est l'effet de la continuité de la mutation ou de la transformation de la matière organique, que l'idée, que l'âme est le résultat ou l'effet de la continuité de la mutation de la substance grise du cerveau pris au moment de penser ou de s'élever à la connaissance de son *moi*.

L'organisme par conséquent comme *matière* primordiale est la métamorphose de la force simple, est donc l'œuvre de la force simple et comme *organisme* il est la métamorphose de la force organique *simple* dans le principe. Comme *organe* ou comme arrangement et métamorphose des éléments primordiaux, il sert à la manifestation de la plus haute expression de cette même force simple, élevée à la puissance de l'intelligence—de l'âme. Solidarité, qui nous dévoile déjà le trait élémentaire du rapport de la force avec la matière, et qui nous donne finalement une notion exacte sur la nature de la force comme de la matière.

Ainsi donc l'âme, comme la plus haute expression de la force, dans le monde de sens, comme embrassant tous les degrés de la force en elle-même, est dans un certain état de son développement ou de sa métamorphose, la créatrice cachée ou instinctive et involontaire de l'organisme du cerveau (comme force organique). L'âme une fois émancipée dans la création par son oeuvre, par la finesse et la perfection de la matière du cerveau, émancipée ainsi parle *elle-même* dans la création, émancipée par l'arrangement des éléments primordiaux de la *substance grise* du cerveau[1]) et par leur métamorphose,

---

[1]) Théorie, que j'ai formulée en 1848 dans la première édition polonaise de ma Philosophie de la Nature, tandis que Claude Bernard n'en fait mention dans son rapport, sur les progrès de la physiologie générale, présenté au Ministre de l'instruction publique, que vers le milieu de 1869. Ce sont les expériences de Flourens sur le cerveau qui m'ont conduit à cette théorie.

conçus en elle et élevés à l'apogée de la perfection organique par elle, l'âme dis-je, envisagée au moment de la mutation des éléments de la substance grise du cerveau, de son action, de sa *vie*, est la matière impondérable intelligente de la substance grise du cerveau, est la masse des atomes vivants du cerveau ou de l'éther du cerveau vivant par l'esprit pur ou par le Dieu, vibrant par le Dieu, toujours actif, se changeant continuellement en verbe, est le témoignage vivant du plus haut degré du développement de la force, est le phénomène de l'intelligence ou de l'esprit ou de Dieu même, est l'âme physique en un mot ou telle, que nous nous la représentons comme êtres matériels. D'où les *phénomènes de l'intelligence* sont intermédiaires entre *l'esprit* pur ou Dieu et le *corps* et constituent *l'éther* intelligent de la *substance grise* du cerveau, qui enfin *lie* l'esprit pur avec le *corps*, comme la lumière et l'électricité ou l'atome ou l'éther en action, sont intermédiaires entre la force spirituelle et la matière simple et *lient* le *Créateur* avec la *création*.

On m'objectera, que d'après cette manière de voir, l'éther de la substance grise du cerveau ou fluide subtil, résultat de l'échange continuel de la matière de cette substance et accompagnant sa création, sera sa force organique et non son intelligence. Je répondrai, que l'éther de la substance grise du cerveau est sa force organique en tant qu'il puise en lui-même la continuité de l'organisation ou la vie de cette substance et qu'il est intelligence en tant, qu'il est élevé pendant ce travail à la pensée, à l'idée, s'exprime en *verbe* et connaît son *moi*.

La différence d'après nous, d'une intelligence et une autre dans l'espèce humaine ne consiste pas, comme nous l'avons déjà mentionné dans le volume du cerveau, comme le voulaient certains physiologistes, prenant pour base de leur théorie le cerveau de Napoléon I, ni même dans la symétrie de ses deux hémisphères, comme le voulait Bichat (fait démenti par son propre cerveau, qui n'était pas symétrique), mais bien dans la qualité de la matière de sa *substance grise* et dont la subtilité mettra à tout jamais au désespoir le scalpel de l'anatomiste le plus consommé.

Nous avons, à vrai dire, une anatomie et une physiologie; mais n'oublions pas, que ce n'est pas au scalpel ou à l'observation directe que nous devons demander le vrai sens des faits, mais bien, à la métaphysique qui comme science venant *après la physique*, peut seule arriver par le raisonnement à la vraie signification des faits basés sur l'observation.

Ainsi donc la force simple obéissant à la loi qui la gouverne ou à la volonté de l'Esprit Créateur qui réside caché (pour nos sens) en elle, s'est exprimée en elle-même et a engendré la matière simple.

Cette même force simple, développée à un degré plus élevé, et portée à la puissance de la force organique, par la métamorphose des éléments de la matière et par leur arrangement, les a rendus à son tour organiques et a créé les plantes et les animaux; et en forçant la matière du cerveau à s'élever avec elle à la métamorphose extrême, elle est arrivée par ce concours solidaire, *libre et émancipée* à se reconnaître en elle-même dans la création, et en puisant dans sa sagesse et dans sa libre volonté, elle continue l'œuvre de la création et agrandit ainsi les limites de la création Divine! Qu'une seule force d'un degré inférieur cesse dans l'organisme, qu'elle soit arrêtée par n'importe quel moyen, que les éléments du cerveau soient un instant troublés dans leur manière d'être, dans leur arrangement et l'homme deviendra matière organique, digèrera, respirera comme une plante, mais n'aura pas la connaissance de son moi; que cette force encore soit arrêtée, le cerveau devient matière simple et n'obéit plus qu'à la voix des forces simples ou mourt, comme je l'ai dit.

La chaleur ou température naturelle d'un corps animal vivant, est l'effet de la transformation de la matière, est la manifestation des phénomènes des forces simples et organiques qui agissent en lui. — La digestion, la respiration, la circulation qui sont intimement liées avec la force simple en action, qui ne sont justement que l'attraction-répulsive portée à un degré plus élevé en action, contribuent pour beaucoup à stimuler cette dernière, sans laquelle à leur tour elles ne pourraient ni exister ni fonctionner.

Faisant vivre l'organisme, elles font que l'organisme fonctionne ou qu'il engendre les forces organiques.

Tous les organes fonctionnent solidairement; celui-ci digère, celui-là respire; celui-ci se fortifie, acquiert plus de force et de ton, qu'il partage avec les organes nourriciers tels que: l'estomac, les poumons etc. etc. et le tourbillon et l'enchevêtrement de ce mécanisme si compliqué et si harmonieux, si solidairement lié, tant comme machine collective et vivante, que comme forces collectives et vivantes, comme rapport de la force avec la matière, constituent un organisme vivant, une force vivante, un *être vivant—la vie.*

Ainsi donc la force suprême, se manifeste par la raison et par l'amour ou par l'amour raisonnable aussi bien dans l'homme, que dans toute la nature organique et simple, dans ses atomes, dans une pierre (à l'état de germe ou d'élément, donc tout entière), seulement, ici, avec la connaissance de son moi, et là avec la connaissance de son moi en Dieu ou en y faisant ce qu'on appelle la *loi* de la nature — ici la raison et l'amour sont actifs et là passifs.—Ce que pour la Sagesse suprême, qui ne voit pas et ne juge pas comme nous, qui n'est pas matérielle et n'a pas besoin des sens pour voir et pour entendre, est une chose absolument indifférente: seulement ici, elle a voulu que nous agissions en esprits libres, et là, elle a jeté un voile pour notre intelligence, masquant quelquefois pour nous, jusqu'aux moindres vestiges de sa sagesse. C'est pour cela que les vérités les plus simples de la nature sont restées depuis la création cachées pour nous et qu'il y a des mystères, que la raison humaine ne saura peut-être jamais résoudre.

Je reviens à la question de la raison et de l'amour dans une pierre et comme de raison dans l'atome ou dans la force élémentaire simple; et quoique j'aie assez expliqué ma manière de voir dans cette mystérieuse question, je dirai encore une fois que je ne connais pas de raison sans la raison, ni de sagesse sans la sagesse, ni d'amour sans l'amour.

Or, comme la sagesse et l'amour président dans tous les actes, accompagnent tous les phénomènes de la nature dite inorganique et y sont cachés ou voilés et peuvent à chaque instant s'élever à leur degré légitime, la sagesse et l'amour y sont donc toujours tout entiers et sous un certain rapport avec toute connaissance de leur moi.

Je m'explique, et sur l'objection qu'une pierre comme être à part, ne peut pas connaître son moi, parce qu'elle ne peut pas exprimer librement sa pensée ni son amour, parce qu'elle ne peut pas manifester les actes de sa volonté en dehors de la sphère de son existence comme l'homme par exemple qui a un cerveau, je réponds: qu'une pierre, ou toute la création dite inorganique relativement sourde et muette réagit aussi bien sur la nature environnante, que la nature tout entière agit sur elle, qu'elles restent toutes les deux dans une solidarité des rapports continus et basés sur l'amour et la sagesse suprême; que la pierre en se trouvant en rapport continuel avec ce qui l'entoure, qu'en pénétrant à tout instant dans notre organisme (comme monde inorganique) par la voie de la respiration, de la digestion et de mille autres manières, prend la forme et la vie organique, et est vivante! Que la nature sert de main là où manque la main, qu'elle sert de cerveau et de coeur là où il n'y a ni cerveau ni coeur apparents, qu'elle sert de coeur là où règne une indifférence et un calme éternel!

Le cerveau blessé dans une région donnée comme nous l'avons vu, cesse d'être organe de l'intelligence et n'obéit qu' aux forces organiques; et puisque les forces organiques ne sont que la transformation des forces simples, le cerveau par conséquent lésé, est sous la dépendance des forces simples, est matière simple, est pierre. Guérissons le cerveau, et l'intelligence et la raison et l'amour vont reparaître. Le cerveau étant à l'état normal, comme nous le savons, un arrangement sui generis des atomes métamorphosés, brille par l'intelligence qui se connaît: lorsqu'il est blessé, lorsqu'il devient matière simple, lorsqu'il devient pierre, l'intelligence ainsi que la conscience de son moi ne s'est pas éteinte pour jamais en lui, puisqu'une fois guéri et revenu à l'état de l'arrangement normal dans ses éléments primordiaux, puisqu'en devenant bonne prisme, il brille avec la même lumière de l'intelligence. Où était donc l'intelligence, où étaient la sagesse et le coeur, où était l'âme, lorsque le cerveau n'existait pas et nous ajouterons lorsqu'en subissant une métamorphose rétrograde il a tourné en pierre, c'est-à dire lorsqu'il est retourné au monde inorganique? Je réponds: que l'intelligence, que l'âme vivait dans la force simple, qui gouvernait les parcelles mortes du cerveau, que l'esprit et le coeur vivaient en Dieu. Car Dieu se trouve partout et remplit aussi bien l'univers, qu'il est tout entier dans chaque point de la création; car il se trouve aussi bien dans la force simple qui régit la matière morte du cerveau, car il se trouve aussi bien dans les atomes du cerveau tué, qu'il se trouvait dans l'esprit et l'amour ou dans l'intelligence du cerveau vivant; car il trahit partout sa présence active par ce qu'on appelle les *lois de la nature*.

Or, je reviens après cette digression à la question et je dis: que toute la nature relativement indivisible et ne faisant qu'un tout un et harmonieux comme sa Cause première, concourt à la sagesse de ses moindres parcelles, et surveille avec un amour maternel à ce qu'elles ne démentent pas en elles à la loi commune de la sagesse, à ce qu'elles ne l'humilient pas, pour qu'elles servent à leur tour dans la sphère minime de leur amour et de leur sagesse la nature entière.

La pierre, comme il s'ensuit, n'a ni l'intelligence de l'homme, ni la sagesse, ni le coeur d'une intelligence supérieure; le cerveau blessé n'a pas relativement à nos sens l'intelligence du cerveau sain. Nous apercevons en lui les lois de la sagesse seulement, nous n'apercevons pas l'intelligence humaine. Et parce que nous ne comprenons pas son intelligence et ne voyons pas les phénomènes de cette intelligence, qui dépendent de l'état de la matière qui leur sert d'organe, s'ensuivrait-il que la pierre *ne fût pas* intelligente, qu'elle *n'eût pas* son esprit et son amour en Dieu?

Relevez la matière dans ses éléments à l'arrangement et à la métamorphose des atomes du cerveau, faites-en un tout semblable au cerveau et vous la verrez briller d'intelligence!

En considérant par conséquent cette loi de la nature, la pierre dans sa nature intime, dans sa force simple est raisonnable, comme parcelle de la nature vivante: car elle manifeste ses actions en dehors de son moi de la manière qui lui est propre et reçoit les influences du monde extérieur; car elle porte en elle le germe de la force de la vie, le germe de la sagesse et de l'amour, elle porte

'Esprit Créateur en elle! elle est capable par Lui de devenir vivante, car elle est vivante! car elle est conçue dans la *Sagesse* par *l'Amour*—mystères: que Dieu a permis à l'homme de comprendre, et aux mystères desquels mystères Il a déposé dans Son *moi* les clefs à tout jamais!

L'intelligence donc ou la raison, ainsi que l'amour sont dans toute la nature, aussi bien dans les animaux, que dans les végétaux, que dans la matière simple: seulement, dans cette dernière, comme dans les plantes, elles sont à l'état de rudiment ou voilées pour nos sens et que si nous ne les voyons pas, c'est que nous jugeons ici comme être matériels les phénomènes masqués par la matière brute.

Je dirai pour finir, que les lois qui gouvernent la matière simple et les atomes qui la composent, obéissent si scrupuleusement à leur sagesse intime, que le calcul pourrait induire en erreur, que le mathématicien le plus consommé se tromperait, tandis que les forces simples, qui gouvernent l'univers, depuis des siècles, ne se sont pas écartées d'une ligne de la vraie sagesse ou des lois, qui leur étaient assignées par la Sagesse; en rendant, par leur aveugle soumission à cette loi, le plus éclatant hommage à la sagesse du Créateur, qui, en remplissant tout, en gouvernant tout et en étant tout, ne souffre pas dans la création le plus minime écartement de la voie de la vérité. En face de cette grande vérité, de cette loi admirable de la Sagesse, nous ne sommes pas avec notre intelligence que bien au-dessous de celle de la pierre, puisque Dieu seul s'est plu à lui servir d'intelligence!

L'homme en vivant 80 ans, change à tout instant, se renouvelle et se crée — Il n'est pas le même dans un moment comme il l'a été dans un autre. — Les atomes qui constituent aujourd'hui son corps ne le constituaient pas hier La forme seule, la forme primitive de son espèce, sa forme type est restée seule inaltérable en lui.

La continuité en lui des métamorphoses ou des mutations de la matière constitue la continuité des moments de sa création.

Le phénomène qui est l'effet direct de la continuité de la mutation de la matière, considéré comme être, comme individu, constitue la vie [1] — de même, comme la force physique, le feu par exemple, est l'effet direct de la mutation ou de la transformation de la matière simple en une autre matière ou l'état intermédiaire entre une matière et une autre matière pendant la transformation de la première dans la seconde.

La rupture du procédé ou de la chaîne des mutations de la matière dans un être donné, ou la cessation en lui de la continuité des moments de la création, constitue la *mort*, de même; comme la lumière s'éteint avec la cessation de la mutation ou de la transformation de la matière dans les corps simples ou de leur transformation en force physique — en lumière.

---

[1] Je souligne cette définition de la *vie* qui m'est personnelle.

Le moment d'écartement du courant de la continuité des mutations de la matière dans un être organisé vers les forces simples, à cause de ces dernières, comme ayant plus de prise sur la matière que n'en ont les forces organiques, constitue la *cause* et le *commencement* de la maladie.

Le combat de deux courants des forces se disputant ainsi l'empire de la matière constitue *l'état fébril, constitue une maladie.*

Le champ de cette dispute est pour l'organisme une *lésion anatomique*. Le triomphe de l'une ou de l'autre est le *retour* à la *santé* ou la *mort*.

Le soutien dans ce combat de la force vitale ou la neutralisation de l'action des forces inférieures constitue l'art de guérir.

Une lésion anatomique avec tout le cortége de symptômes morbides qui l'acompagnent est un hôte étranger à l'économie dans l'économie même, est un individu, un entité vivant dans un autre entité qui, en puisant sa vie en vrai parasite dans l'économie qui lui est étrangère, finit par la consumer, ou si cette dernière soutenue par l'art ou par la nature arrive à prendre le dessus, il finit par périr lui-même.

Voilà toute ma philosophie de la médecine.

L'âme envoie ses ordres à l'organisme par le cerveau, au moyen des nerfs ou de ses prolongements, qui vont du cerveau (la moëlle allongée, ainsi que la moëlle épinière ne sont que les prolongements sui generis de la substance cérébrale) sous forme de ramifications infiniment fines et multiples à leur extrêmité jusque dans la partie la plus superficielle du derme; l'âme dis-je, envoie ses ordres à l'organisme, une fois comme une volonté qui a connaissance de ses actions, une autre fois comme présidant aux fonctions organiques par la voie instinctive, fatale (loi de la nature), qui ne dépend plus de la volonté.

Le cerveau à son tour reçoit les impressions du monde extérieur, qui lui sont communiquées par les nerfs, que la raison qui réside en lui perçoit et juge. C'est au moyen de ces impressions perçues et comprises que l'âme s'oriente et se reconnaît dans la création; c'est par ces impressions qu'elle sait ce qu'il faut à son organisme, s'il a chaud ou froid, s'il a faim ou soif, s'il est menacé de sa destruction ou d'un danger quelconque; c'est par elles que l'âme cherche à choisir pour l'organisme les conditions les plus favorables tant à sa conservation individuelle qu'à la conservation de son espèce.

Les nerfs sont de bons conducteurs, sont autant de ponts jetés entre le cerveau et le monde extérieur ou pour parler plus philosophiquement, entre l'âme et le création.—C'est par leur intermédiaire que l'homme, dis-je, s'oriente dans la nature, étend son être à ses limites extrêmes, jouit de la création entière au moyen de ses sens avec sa raison et jusqu'avec son coeur, la manie, la plie à ses besoins, se l'approprie, l'adoucit, prépare, la dompte, la subjugue et la gouverne. L'homme par la puissance de son organisme, qui lie son âme avec la nature, est le maître de cette dernière, et s'élève même jusqu'aux mondes invisibles. L'homme par la puissance seule de son âme s'élève jusqu'à son Créateur!

La vie ou l'effet direct de la continuité des moments de la mutation ou de la transformation de la matière dans l'homme, considéré comme être, efface jusqu'à ses traits, change son caractère — change l'homme physiquement et moralement: car tout cela se lie ensemble, tout s'enchaîne.

L'homme n'est pas toujours le même homme. — Il est à chaque moment ou supérieur, ou inférieur à lui-même; plus parfait, ou moins parfait. Tout dépend de la qualité des parcelles de la matière qui se change continuellement en lui, de la perfection et de l'harmonie des forces qui président à ces mutations et de mille circonstances tant physiques que morales, qui depuis sa naissance jusqu'à sa mort influent sur chaque moment de cette mutation de la matière en lui ou de sa création.

Prenons un homme dévoré par la faim, appauvri, grelottant de froid, ou sous l'influence d'un grand coup moral, que ce soit Socrate ou Cicéron, et le premier perdra sa raison, tandis que l'éloquence abandonnera l'autre.

Il y a peu d'hommes grands dans le malheur, quoique ce soit le malheur qui fasse les grands hommes!

L'homme n'est jamais le même, parce qu'il est un être vivant, qui vient au monde à tout instant, qui se crée à tout instant et qu'au même instant il retourne à la mort [1]). Et comme la chaleur dans les corps simples facilite l'affinité, facilite les combinaisons et provoque les décompositions chimiques, de même chez l'homme, le moindre motif insignifiant en apparence dans sa petitesse peut le faire éclater de colère, lui faire verser des larmes, le rendre triste ou joyeux, comme faire rougir en lui l'innocence outragée.

Lorsque les forces vitales perdent de leur énergie, cédant leur empire aux forces physiques, l'homme à chaque pas s'approche de la mort

L'homme est donc une force vivante, qui quoique emprisonnée d'une certaine manière par la matière, peut s'élever ou tomber.

Il existe pour chaque homme des moments de grandeur, d'élévation d'esprit, d'élans et d'actions généreuses, d'inspiration, de bonne disposition, d'une plus grande facilité de la pensée; mais il est des moments où il ne se ressemble pas. Il est des moments dans lesquels il s'élève jusqu'à Dieu, d'autres où il progresse; mais il y en a aussi dans lesquels il recule. D'où dépend tout cela? Tout cela dépend, comme je l'ai déjà dit, de mille et mille conditions diverses, qui accompagnent l'homme depuis le berceau jusqu'à sa tombe, inconcevables et incalculables dans leur enchaînement et dans leurs influences mutuelles; cela dépend de la subtilité plus ou moins grande et de l'impressionnabilité, d'une plus grande perfection d'un organisme sur un autre—impressionnabilité, que nous appelons dans les corps simples, qu'ils

---

[1]) Je laisse cette loi à la méditation des jurisconsultes, sous le rapport de la responsabilité de l'homme pour ses fautes passées.

sont bons ou mauvais conducteurs de l'électricité et qui se manifeste dans certains états de la matière par des explosions, par des détonations accompagnées des phénomènes d'une lumière sidérale, ou d'une chaleur à fondre le platine etc., etc.

Si maintenant, après ce que j'ai dit, nous prenons deux fonctions capitales dans l'homme et dans les animaux: la fonction *de sa propre conservation* ou celle de la digestion, et la fonction de la conservation de l'espèce ou celle de la *reproduction*, nous sommes forcés d'accorder, encore ici, aux animaux le raisonnement et l'intelligence qui abstractivement pris, étaient regardés jusqu'à ces jours comme conséquences de *l'instinct*.

Nous remarquerons ensuite dans ses facultés, les facultés acquises et les facultés innées. Mais nous pouvons dire comme règle générale: que l'étendue de ses facultés est en rapport direct avec le développement du cerveau ou comme nous l'avons fait remarquer, avec la qualité de la matière de l'organe de l'entendement, insaisissable pour le scalpel. Ceci pris en considération, on ne peut regarder les facultés intellectuelles comme abstraites et indépendantes de l'organisme, mais bien intimement et solidairement liées avec lui.

Quoique les animaux, chacun dans son espèce, fassent, encore aujourd'hui ce qu'ils ont fait il y a mille ans, et que leurs facultés intellectuelles n'aient pas progressé d'un pas, cela n'empêche pas que ces facultés sont en rapport direct avec le développement et la qualité de leur cerveau. Plus le cerveau dans sa qualité, abstraction faite du volume, est parfait, plus l'intelligence est grande. — Ajoutons par parenthèse, que nous ne connaissons pas l'intelligence de tous les animaux comme nous connaissons aujourd'hui celle des fourmis et qu'un jour viendra où l'observation va nous surprendre par le degré d'intelligence dans certains animaux que nous étions bien loin de soupçonner; que par conséquent tous les animaux sans aucune exception ont, comme je l'ai dit, une intelligence raisonnable: car ils ont un cerveau ou organe de la pensée [1]). Nous parlerons plus loin des animaux qui ont plusieurs cerveaux ou ganglions centrals.

L'anthropologie nous enseigne sur l'influence de la civilisation, des lois et de la religion sur le développement de l'esprit ou sur les facultés intellectuelles acquises et sur l'organisme de l'homme; elle nous dévoile le mystère de l'influence de l'éducation sur le moral, comme sur le physique de l'homme; elle nous prouve que l'éducation bien dirigée et libérale fait de la brute l'homme et l'ennoblit moralement comme physiquement et, que le manque d'éducation ou que l'éducation viciée conduit moralement et physiqument à l'abrutissement, à la dégradation.

Prenons par exemple un habitant de Kamtchatka, tanné et rapetissé par le froid, vivant du berceau à la tombe dans une cabane obscure, sans relations plus étendues que celles de quelques malheureux aussi bornés

---

[1]) J'ai dit cela dans la 1-re édition de mon livre avant que Flourens ne le formulât dans sa Psychologie comparée.

que lui et comparons-le avec un habitant de nos villes du midi de l'Europe. Quelle différence! quelle différence tant sous le rapport moral que sous le rapport physique? Cette différence n'est-elle pas aussi frappante qu'entre le singe et l'homme, ou entre le chien et le loup?

Eclaircir ce que l'homme apporte dans le germe avec lui en venant au monde sous le rapport de l'intelligence, étudier l'enfant et marquer chaque élément nouveau de l'intelligence à mesure qu'il paraît, démontrer de quelle manière et dans quelles conditions l'homme se développe et se modifie; assister au développement de cette intelligence naissante, tracer son tableau depuis le berceau jusqu'à sa maturité, serait une étude des plus intéressantes et une acquisition des plus précieuses pour la philosophie de la nature de l'homme. Dans combien de cas, dans combien de circonstances touchant le développement de la raison ne verrions-nous pas une parenté entre l'homme et les animaux? Le plus important pourtant de cette observation serait, que cette étude nous conduirait à la démonstration de l'harmonie entre le développement du cerveau et le développement de la pensée, serait la démonstration de la subordination de l'organe de la pensée à la pensée, ou de l'âme au corps — que l'une va de paire avec l'autre, que l'une est en quelque sorte l'autre, et que l'un arrêté et l'autre s'arrête, meurt, disparaît.....

La chimie nous a habitués à l'axiome, que nous avons déjà mentionné: que les végétaux comme les animaux malgré leur différence si frappante au premier coup d'œil, se composent finalement de quatorze principes ou corps élémentaires, puisés dans la source commune de la matière simple et que cette communauté du principe est d'autant plus indispensable pour leur existence et pour l'harmonie de la création, qu'à tout moment la matière simple revêt la forme de la vie et fait d'un animal un animal nouveau en lui-même, et que les animaux à tout moment retournent à la matière simple. Le commencement et la fin de ces matériaux continuellement échangés ne peuvent être indifférents pour la science ainsi que pour la vie.

Les minéraux, les plantes et les animaux sont subordonnés les uns aux autres par une série des liens dans lesquels règne une unité, une solidarité et une harmonie frappante. Ainsi, les plantes quoique gouvernées par une force organique végétale, ont besoin, pour leur croissance et pour leur existence, de lumière et de chaleur (des forces simples), d'eau et d'air. Elles empruntent donc les éléments de leurs tissus du règne minéral. Un grand nombre d'animaux à leur tour ne peuvent vivre sans le règne végétal et tous ont besoin de lumière, de chaleur, d'eau et d'air quoiqu'ils vivent soutenus par la force organique animale. Les forces donc simples aident ici, soutiennent les forces organiques, se changent, se transforment en forces organiques, s'élevant, se métamorphosant en force d'un degré plus élevé! Ainsi les herbivores empruntent leurs éléments directement aux plantes ou à la nature simple; les carnivores se nourrissent d'herbivores qui ont déjà préparé ces éléments dans leur organisme, qui les ont métamorphosés pour qu'ils soient plus propres aux carnassiers.

L'animal à son tour après avoir digéré une partie des aliments, rend l'eau, le gaz acide carbonique et l'ammoniaque dont la plante a besoin. Ainsi donc, le règne animal rend au règne végétal ce que ce dernier lui avait prêté......

Quel enchaînement inextricable, quelle unité, quelle harmonie!

La même eau, le même gaz acide carbonique et l'ammoniaque sont une fois eau, gaz acide carbonique et ammoniaque, une autre fois plante et une autre fois font partie du corps animal et enfin deviennent homme ou bien, font partie constituante de la chair humaine, de l'organisme humain. La même lumière et la même chaleur sont une fois force simple et gouvernent la matière simple, une autre fois font la condition *sine qua non* de l'existence organique..... deviennent intelligence!

La seule chose qui nous frappe dans les corps simples, c'est qu'aucun corps simple n'existe dans les trois états à la fois, savoir: à l'état gazeux, liquide et solide; tandis que dans un corps vivant tous ces trois états se trouvent réunis.

De l'arrangement des corps à l'état gazeux, liquide et solide dans le même système, il résulte des parties ou organes contenants et contenus ou un double courant de dehors en dedans par la respiration et par la digestion et du dedans en dehors par les pertes de tous les instants: ce qui explique la vie réduite à sa plus simple expression. Or, l'arrangement dans un système donné des matériaux si divers, leur réunion de la manière la plus compliquée possible et l'harmonie qui résulte de ces combinaisons, de ces métamorphoses, l'union qui en émane, constitue un individu vivant, constitue la vie individuelle de l'être animal, constitue notre organisme.

De même que la fonction d'un organe quelconque, réveille dans notre pensée la diversité des organes qui entrent dans sa composition, dans la composition d'un organe collectif bien entendu, aussi bien la réunion des organes constituant une unité organique, harmonieuse et indivisible, constituant l'organisme de l'homme, par exemple, nous conduit à la pensée du *summum* de cette diversité dans l'unité et dans l'harmonieuse solidarité des fonctions [1]).

Je dis donc, que tous les organes du cerveau par exemple, se subordonnent et ne font qu'un organe unique et que toutes les fonctions de ces organes ou forces intellectuelles, se subordonnent et par cela ne font qu'une seule fonction, qu'une seule force, qu'une seule intelligence; que tous les organes dans le corps humain se subordonnent et ne font qu'un organisme, un tout *un*, et que toutes les forces simples, organiques et intellectuelles par le seul fait de leur subordination, ne font qu'une force, *une;* que la matière et la force dans l'homme se subordonnant ne font qu'un tout *un*. Je dirai enfin, que l'analogie nous conduirait à ce que je vais bientôt prouver, que l'univers entier, que la force

---

[1]) Avant la découverte de Claude Bernard, les physiologistes connaissaient très-bien la subordonnance du cerveau à l'estomac par exemple et vice versa. Car si l'organe de la digestion ne fournissait pas d'éléments nécessaires pour la digestion au renouvellement continuel de la matière du cerveau et de sa vie, le cerveau ne pourrait pas fonctionner. Ce que je dis de la solidarité entre le cerveau et l'estomac s'applique à tous les organes et à toutes les fonctions.

et la matière de la création entière ne font qu'un tout *un* et indivisible et que le principe élémentaire pour la force est *un*, et que le principe de la matière est *un*. Et comme ces deux éléments sont subordonnés l'un à l'autre et qu'ils ne font qu'un, que tout se réduit à la force élémentaire ayant Dieu pour source unique et extrême. — *Unité de cause, diversité de formes!*

Ainsi donc, le corps organique humain exprime toutes les formes les plus compliquées que la matière puisse revêtir et embrasse toutes les forces, toutes les métamorphoses par lesquelles une force peut passer pour atteindre jusqu'à la raison, jusqu'à l'amour.

Or, cette union, cette concentration sous même enveloppe des éléments solides, liquides et gazeux avec leurs propriétés respectives, considérant les combinaisons qui résultent de cette union ou de cette opposition harmonieuse, en considérant la diversité harmonieuse du jeu des forces à degrés si variés et si différents, en considérant les rapports de la matière, depuis l'homme jusqu'à l'atome, en considérant les rapports des forces à la matière, (le tout ayant pour base l'identité dans le principe), constitue pour moi le premier plan différentiel d'un être de l'autre, d'un règne de l'autre, et fournit une preuve de plus, d'une harmonie et d'une unité parfaite des forces, comme de la matière dans le corps organisé de l'homme.

Je dirai plus, je dirai, que la plus minime parcelle, qu'un atome en apparence superflu dans cette unité, se trouve en harmonie avec le tout d'un être organisé, qu'il n'y est pas comme corps étranger, mais qu'il joue un rôle qui lui est propre et concourt à l'harmonie et à l'unité d'un être.—Il sert les autres et reçoit en échange le service des tous!

Ainsi, le commencement de tous les êtres simples comme organiques est le même. Nous ferons seulement observer que ce commencemet à l'état actuel de la science est couvert d'un voile de ténèbres [1]). La seule chose qui soit prouvée: c'est, que tous sortent de la matière simple, des éléments simples. Nous ignorions jusqu'à ce jour que les éléments simples et que les forces simples qui les gouvernent, sont la base de tous les corps organiques et de toutes les forces organiques les plus élevées qui les gouvernent, jusqu'à l'intelligence! Quant au règne animal et végétal la science est arrivée, appuyée sur l'observation, à l'axiome: que la matière seulement peut engendrer la matière, savoir: que la génération spontanée n'a pas lieu dans la création, mais bien, que tous les êtres organiques naissent des oeufs, qu'ils ont des parents, ou en d'autres termes: que la génération n'a lieu qu'au milieu d'un organisme mûr et vivant, comme la génération d'un atome ou de l'élément de la création n'a lieu d'après notre théorie qu'au milieu des combinaisons et des décompositions chimiques seulement ou au milieu des mutations continuelles de la matière déjà créée dans la nature.

La science a semblé même jusqu'à ce jour hésiter à admettre, que si les infusoires pouvaient naître

---

[1]) Nous donnerons dans un des chapitres suivants notre théorie de la conception.

de la matière organique animale en décomposition, et non pas des œufs, que c'est dans la seule hypothèse, que la matière animale en voie de décomposition s'est désagrégée dans ses éléments en vésicules organiques encore vivantes et qu'elle a donné à chacune de ses vésicules une existence individuelle, qui en s'unissant avec une autre et une troisième, par la voie de la sympathie ou de l'affinité organique, a formé le noyau d'un être organique réduit dans les *infusoires*[1]) et surtout dans les végétaux inférieurs à sa plus simple expression.

La science n'a pu trancher la question de la génération spontanée soutenue avec tant d'éclat par Pouchet et autres savants[2]) pendant les débats soulevés au sein de l'Académie de Paris il y a quelques années[3]).

Il faut donc regarder notre théorie sur la génération spontanée comme une hypothèse, très-probable dans le cas que je viens de citer.

La science dis-je, n'a pas dit, que la force simple soit le principe élémentaire de l'intelligence, que l'atome soit l'élément vivant de toute la création, que la force soit la base, le principe, l'élément de la matière, que la matière soit la métamorphose de la force. A nous appartient l'initiative et la résolution de ces problèmes.

Partout donc et toujours nous trouvons la solidarité et la subordination, partout nous trouvons l'unité et l'harmonie dans tout.

---

[1]) Les infusoires (*infusoria*) d'après l'état actuel de la science naissent des oeufs.

[2]) Pouchet. Hétérogénie ou traité de la génération spontanée. Paris, 1859.

[3]) M. Coste. Comptes rendus de l'Académie des sciences de Paris, 1864, t. LIX, p. 276 et 422.

UNITÉ DE COMPOSITION ORGANIQUE DU RÈGNE ANIMAL.

Etienne Geoffroy Saint-Hilaire a démontré le scalpel à la main, avec les faits sans exception, et la science a adopté la loi qu'il a formulée: que *les animaux vertébrés si dissemblables dans leur forme, se réduisent à un type unique.*

Il s'exprime d'ailleurs lui-même dans un mémoire sur le *Makis*, écrit en 1795[1]), dans des termes, qui formulent son idée de l'unité de composition organique, au développement de laquelle il a consacré une grande partie de sa vie.

„Une vérité constante pour l'homme, dit-il, qui a observé un grand nombre de productions du globe, c'est qu'il existe entre toutes leurs parties une grande harmonie et des rapports nécessaires; c'est qu'il semble que la nature s'est renfermée dans de certaines limites, et *n'a formé tous les êtres vivants que sur un plan unique, essentiellement le même dans son principe, mais qu'elle a varié de mille manières dans toutes ses parties accessoires.*"

„Si nous considérons particulièrement une classe d'animaux, c'est là surtout que son plan nous paraîtra

---

[1]) Voyez: Vie, Travaux et Doctrines scientifiques d'E. G. Saint-Hilaire par son Fils, Izidore G. Saint-Hilaire. Paris 1847.

évident: nous trouverons que les formes diverses sous lesquelles elle s'est plu à faire exister chaque espèce, dérivent toutes les unes des autres; il lui suffit de changer quelques unes des proportions des organes, pour les rendre propres à de nouvelles fonctions, ou pour en étendre ou restreindre les usages. La poche osseuse de l'Alouette, qui donne à cet animal une voix si éclatante et qui est sensible au-devant de son cou par une bosse d'une grosseur si extraordinaire, n'est qu'un renflement de la base de l'os hyoïde; la bourse des Didelphes femelles, un repli de la peau qui a beaucoup de profondeur; la trompe de l'Eléphant, un prolongement excessif de ses narines; la corne du Rhinocéros, un amas considérable de poils qui adhèrent entre eux, etc. Ainsi les formes, dans chaque classe d'animaux, quelque variées qu'elles soient, *résultent* toutes au *fond, d'organes communs à tous;* la nature se refuse à en employer des nouveaux. Ainsi toutes les *différences* les plus essentielles qui effectent chaque famille dépendent d'une même classe, viennent seulement d'un autre arrangement, d'une complication, d'une modification enfin de ces mêmes organes."

Dans un autre mémoire communiqué à l'Institut du Caire et qui a pour objet *l'aîle de l'Autruche*, G. Saint-Hilaire s'exprime ainsi:

„Ces rudiments de fourchette n'ont pas été supprimés, parce que la nature ne marche jamais par sauts rapides, et qu'elle *laisse toujours des vestiges d'un organe, lors même qu'il est tout-à-fait superflu*, si cet organe a joué un rôle important dans les autres espèces de la même famille. Ainsi se retrouvent, sous la peau des flancs, les vestiges de l'aîle du Casoar; aussi se voit chez l'Homme, à l'angle interne de l'œil, un boursoufflement de la peau qu'on reconnaît pour le rudiment de la membrane clignotante, dont beaucoup de Quadrupèdes et d'Oiseaux sont pourvus."

Dans un autre mémoire lu en 1800 à l'institut du Caire, E. G. Saint-Hilaire cite quelques faits remarquables d'analogie, et il ajoute:

„Je ne finirais pas, si je voulais davantage multiplier ces exemples. Ils se rencontrent si souvent dans l'étude de l'anatomie comparée, qu'ils m'ont bien convaincu que *les germes de tous les organes* que l'on observe par exemple, dans les différentes familles d'animaux à respiration pulmonaire, *existent à la fois dans toutes les espèces*, et que la *cause de la diversité infinie des formes qui sont propres à chacune, et de l'existence de tant d'organes à demi effacés ou totalement oblitérés, doit se rapporter au développement proportionnellement plus considérable de quelques uns;* développement qui ne s'opère toujours qu'aux dépens de ceux qui se trouvent dans le voisinage."[1])

Dans un autre mémoire sur les Poissons, nous trouvons le passage remarquable suivant: „... *la nature tra-*

Dans l'article l'Âne et dans le discours général sur les singes, Buffon abonde dans le même sens lorsqu'il dit: „Il existe un dessein primitif et général qu'on pourrait suivre très-longtemps... En créant les animaux, l'être suprême n'a voulu employer qu'une idée et la varier en même temps de toutes les manières..." Et dans le discours sur les singes... „Ce plan, toujours le même, toujours suivi de l'Homme aux Singes, du Singe aux Quadrupèdes, des Quadrupèdes aux Cétacés; aux Oiseaux, aux Poissons, aux Reptiles; ce plan dis-je, bien suivi par l'esprit humain, est un exemplaire fidèle de la nature vivante, et la vue la plus simple et la plus générale sous laquelle on puisse la considérer."

vaille constamment avec les mêmes matériaux, elle n'est ingénieuse qu'à en varier les formes. Comme si, en effet, elle était soumise à des premières données, on la voit tendre toujours à faire reparaître les mêmes éléments, en même nombre dans les mêmes circonstances et *avec les mêmes connexions.* S'il arrive qu'un organe prenne *un accroissement extraordinaire,* l'influence en devient sensible sur *les parties voisines,* qui *dès lors ne parviennent plus à leur développement habituel...;* elles deviennent *comme autant de rudiments,* qui témoignent en quelque sorte de la permanence du plan général."

Il est impossible d'énoncer avec plus de netteté des idées sur l'unité de composition organique, et pourtant nous trouvons plus loin une expression plus précise encore et plus claire sur la théorie en question:

„Cependant, dit G. Saint-Hilaire, comme tout le succès de ces recherches, devait dépendre de mon point de départ, je me suis d'abord tracé le plan que j'aurai à suivre. La nature, ai-je dit plus haut, tend à faire reparaître les mêmes organes en même nombre et dans les mêmes relations, et elle en varie seulement la forme à l'infini. D'après ce principe, je n'aurai jamais à me décider, dans la détermination des os de la tête des Poissons, d'après la considération de leur forme, mais d'après celle de leurs connexions."

Et plus bas, dans un passage qui fait partie des Notes: „Je n'aurais pas cité ces faits, si je n'avais, en outre, manifestement observé dans les gencives (chez un foetus de Baleine) des germes de dents, qui m'ont paru distribués comme les dents elles-mêmes des Cachalots... On sait cependant que les Baleines adultes n'ont point de dents... J'ai rapporté cette observation pour donner une nouvelle preuve de la tendance de la nature à faire reparaître partout les mêmes organes, et pour faire voir que si quelques-uns de ceux qui appartiennent à des classses, *manquent quelquefois dans certaines espèces, on en doit chercher la cause dans le développement excessif d'organes contigus ou voisins.* Cet aperçu ne serait-il pas applicable aux Oiseaux eux-mêmes?"

Qui dans le premier de ces passages, dit à ce propos l'illustre fils[1]) de l'ingénieux auteur de la théorie de l'unité de composition organique, qui, même en faisant abstraction des développements que renferment les deux autres, qui ne reconnaîtrait trois des propositions fondamentales de la théorie des analogues, savoir: la fixité des connexions, la compensation ou *balancement* qui s'établit entre les développements inégaux des organes voisins, et l'importance des organes rudimentaires, comme traces et comme preuves de la permanence du plan général? Que manque-t-il donc pour que la méthode de la philosophie anatomique se trouve tout entière en germe dans la première page de ce mémoire? Une idée seulement: celle de l'analogie des caractères transitoires des animaux supérieurs avec les caractères permanents des animaux inférieurs.

Or, cette idée, la plus grande, et bien qu'entrevue par Harvey dès le 17-e siècle, la plus hardie de toutes, nous la trouvons quelques lignes plus bas, non moins clairement énoncée; et déjà en est faite à l'anatomie philosophique l'une des plus larges applications que l'on ait

---

[1]) Isidore Geoffroy Saint-Hilaire.

tentées. L'auteur, à la fin de la première partie de son Mémoire, ajoute:

„Toutefois j'ai cru un moment que, nonobstant ces réductions, le crâne des Poissons renfermait encore plus de pièces que n'en montre celui des autres animaux vertébrés; mais j'en ai pris une autre opinion, dès que j'eus songé à considérer les os du crâne de l'Homme dans un âge plus rapproché de l'époque de leur formation. Ayant imaginé de compter autant d'os qu'il y a de centres d'ossification distincts, et ayant essayé de suite cette manière de faire, j'ai eu lieu d'apprécier la justesse de cette idée: les poissons, dans leur premier âge, étant dans les mêmes conditions, relativement à leur développement, que le foetus des Mammifères, la théorie n'offrait rien de contraire à cette supposition."

Le Professeur Serres[1]) en relevant les observations et la pensée d'E. Geoffroy Saint-Hilaire s'exprime à propos de sa Théorie en ces termes: „Au moment où l'idée que les Poissons sont, pour un grand nombre de leurs organes, des embryons permanents des classes supérieures, devient en quelque sorte classique parmi les zoologistes, la justice nous fait un devoir de rappeler que le professeur Geoffroy Saint-Hilaire a le premier émis cette grande vérité."

Enfin Etienne Geoffroy Saint-Hilaire en 1818, après avoir passé toute sa doctrine par l'épreuve de la plus rigoureuse observation s'écrie: „Présentement que toute exception disparaît, on peut proclamer loi de la nature,

---

[1]) Serres, Anatomie comparée du Cerveau, t. I, p. 188. Paris 1824.

l'Unité de composition organique pour tous les animaux vertébrés."

La loi donc de l'Unité de type pour les animaux ou de l'Unité de composition organique étant sanctionnée par la science, je ne puis m'empêcher de jeter en passant un coup d'œil rétrospectif sur l'histoire de cette découverte aussi simple que grandiose et riche en conséquences. Mon embarras ne sera pas grand, car voici ce que je trouve à ce propos dans l'ouvrage même d'Isidore G. Saint-Hilaire, à qui j'ai emprunté tous les intéressants passages touchant la doctrine de son illustre père.

„Assimiler dit-il le germe d'une découverte future à la découverte elle-même, ce serait confondre l'humble source et le fleuve majestueux auquel elle va donner naissance."

„Si Geoffroy Saint-Hilaire se fut arrêté en 1805, l'honneur de la création de la Théorie des analogues ne resterait pas attaché à son nom."

„Les historiens de la science l'eussent un jour compté parmi les précurseurs de l'auteur de ce progrès, non pour cet auteur lui-même."

„Trouverait-on, a dit Condorcet, une grande théorie dont les premières idées, les détails et les preuves appartiennent à un seul homme? Et n'est-il pas juste d'accorder plutôt la gloire d'une découverte à celui à qui, on en doit le développement et les preuves, à celui qui avec autant de génie, a été utile, qu'à l'auteur d'une première idée vague, souvent équivoque, et dans laquelle on n'aperçoit quelquefois le germe d'une découverte que par ce qu'un autre l'a déjà développé?"

„Et combien cette règle d'appréciation, depuis longtemps consacrée dans la jurisprudence scientifique, est ici confirmée par les enseignements de l'histoire! Plus d'un exemple illustre atteste que les passages que nous avons cités, si remarquables qu'ils soient, seraient ou restés ou promptement tombés dans l'oubli, sans l'importance qu'ils ont reçue des travaux ultérieurs de l'auteur. Qui se souvenait, avant Geoffroy Saint-Hilaire, que Belon avait osé, en 1555, dresser le squelette de l'oiseau vis-à-vis de celui de l'homme? Qui, depuis deux siècles, avait vu, dans l'immortel *livre de l'Optique* l'idée de l'uniformité d'organisation[1]), jusqu'au jour où Laplace vint dire à Geoffroy Saint-Hilaire: Vous pensez comme Newton! Le grand nom de Buffon, le nom illustre de Vicq-d'Azyr, avaient-ils sauvé de l'oubli les beaux passages où l'un en 1753 et 1756, l'autre en 1774 et 1786 indiquent très-explicitement l'Unité de composition organique? Bien plus, dans l'ouvrage même qui a créé, il y a plus de deux mille ans, l'anatomie comparée, dans cette Bible de la science, consultée chaque jour avec vénération par les zoologistes, un seul de ceux-ci, jusqu'à Geoffroy Saint-Hilaire, avait-il aperçu le germe de la Théorie des analogues? „On sait, en passant, qu'Aristote, à qui Isidore G. Saint-Hilaire fait ici allusion a dit: „*La plume étant à l'Oiseau*[2]) *ce que l'écaille est au Poisson, on peut comparer les plumes et les écailles, et de même, les os et les arêtes, les ongles et la corne, la main et la pince d'écrevisse. Voilà de quelle manière les parties qui composent les individus sont les mêmes et sont différentes* (ἕτδρα'κας τὰ αὐτά).“

---

[1]) Newton. Uniformitas illa quae est in corporibus animale, etc.
[2]) Aristote. Histoire des animaux trad. de Camus, t. I, p. 5.

„En ajoutant aux noms d'Aristote, de Belon, de Newton, de Buffon, de Vicq-d'Azyr, ceux de Herder[1]) qui, en 1784, proclamait l'existence d'un *type exemplaire de la création animée;* de Goethe qui, vers 1785 concevait à son tour un type anatomique, un *modèle universel (Anatomischer Typus, allgemeines Bild.);* de Pinel qui en 1793 admettait un type primitif, de Lamarck etc., on voit que l'idée de l'unité de composition s'était, avant 1795, présentée à huit reprises différentes, aux esprits les plus éminents de la science et de la philosophie. Et même, si l'on devait tenir compte de quelques paroles vagues de St. Augustin „*Natura apetit unitatem*" et de Paracelse, on pourrait presque dire que cette grande idée ne s'est jamais effacée de la tradition du genre humain."

Nous dirons en son lieu quelques mots sur Lamarck et sur Charles Darwin à ce propos et hâtons nous de revenir à notre question principale.

UNITÉ DE COMPOSITION DU RÈGNE VÉGÉTAL.

Le génie de Goëthe est arrivé d'un saut dans ses études sur les plantes, à la découverte de l'unité de com-

---

[1]) Idées sur la philosophie de l'humanité, t. I, p. 89 trad. d'E. Quinet.

position des parties qui les constituent. Goëthe dis-je, appuyé sur le fait, que les pétales d'une fleur ne sont que la métamorphose de la feuille ou un certain état de la feuille, qu'une feuille peut devenir pétale d'une fleur et réciproquement, qu'une fraise par exemple n'est que la transformation de la tige du fraisier etc., a découvert la grande loi de l'unité d'élément ou de type pour le règne végétal, savoir: que toutes les variétés dans les espèces, dans les genres et les familles des plantes avec toutes les nuances imaginables tant entre les individus qu'entre les parties qui les constituent ne sont que la transformation, que l'atrophie, le rudiment ou le développement, ou la métamorphose d'un élément type commun. L'unité de type existe par conséquent aussi bien pour le règne végétal, que pour le règne animal.

UNITÉ DE COMPOSITION DU RÈGNE MINÉRAL OU DE LA MATIÈRE SIMPLE DITE INORGANIQUE.

Si la chimie n'est pas encore arrivée à la découverte de l'unité de composition de la matière simple, c'est-à-dire à reconnaître l'unité de type dans la diversité des corps bruts, elle y sera fatalement entraînée; comme nous en avons donné le premier l'idée en parlant de l'atome pesant ou ce qui revient au même, du noyau élémentaire, ou de type de la matière simple, et de la différence des corps élémentaires entre eux et des composés chimiques consistant à notre avis, en un arrangement particulier des atomes dans un corps donné et dans la métamorphose de l'atome impondérable ou de l'élément de l'atome pesant.—Car si un arrangement sui generis et la métamorphose des principes élémentaires constitue le cerveau par exemple, ou organe de la pensée, si une certaine manière d'être de la matière impondérable, dite *éther*, fait, qu'une fois nous voyons la force simple se manifester avec le phénomène connu sous le nom de lumière, et une autre fois avec le phénomène que nous appelons chaleur, ou électricité, pourquoi un arrangement particulier, ou une certaine manière d'être des mêmes éléments métamorphosés, ne serait pas la cause des propriétés si diverses tant physiques que chimiques des corps simples, et ne suffirait pas pour nous expliquer la différence entre l'or par exemple et le diamant, entre le lactate de fer et le nitrate d'argent ou le sulfate de chaux etc.?

UNITÉ DE COMPOSITION ORGANIQUE DE LA CRÉATION ENTIÈRE.

Puisqu'il est reconnu, que les animaux ont un type organique ou *principe élémentaire* commun; puisque le règne végétal a un *principe élémentaire*, ou *type* commun; puisque le règne minéral a à notre avis, pour élément type l'atome pesant, et l'atome pesant a pour élément l'atome impondérable, ou l'atome proprement dit; comme le règne minéral, végétal et animal sont subordonnés l'un à l'autre et ont pour principe la matière, il en résulte que le principe élémentaire de la matière ou atome impondérable ou l'atome proprement dit doit être et est le type ou l'élément organique de la Création.

Si nous envisageons maintenant la nature au point de vue de la matière, depuis l'atome jusqu'à l'homme, toute la création nous apparaîtra comme le développement d'un seul principe vivant, indestructible, éternel, comme unité harmonieuse dans ses divers états. Au fur et à mesure donc que l'atome fera la partie constituante d'un être plus ou moins élevé dans l'échelle de la création, il sera, par ce seul fait lui-même plus ou moins changé dans sa nature, plus ou moins organisé.

Et quoique j'aie tâché de m'expliquer déjà une fois sur ce sujet dans ma philosophie de l'atome, pour être clair, je prends un exemple et je dis: qu'un atome de fer dans une molécule de sulfate de fer n'est plus fer, mais il y est déjà autre chose, bien qu'il se laisse retrouver par la voie chimique dans le sulfate de fer et ramener à son état primitif. N'oublions donc pas, que tant qu'un atome de fer fait partie d'un corps vivant, de notre corps par exemple, qu'il y est métamorphosé ou élevé au degré de la nature intime de notre corps, qu'il y est vivant quoique atome, quoique notre corps une fois brûlé, notre atome de fer s'y laissera retrouver parmi les autres éléments. Telles sont du moins mes vues dans cette mystérieuse question, dont la science arrivera peut-être un jour à démontrer l'exactitude, mais dans laquelle le raisonnement basé sur les faits ne permet pas d'aller plus loin.

Ainsi donc, nous dirons, que *l'atome impondérable est l'élément type de toute la création.* que ses métamorphoses et les arrangements infinis des atomes pesants font sous le rapport de la matière toutes les variétés de la création.

GEORGE CUVIER EN OPPOSITION AVEC ETIENNE GEOFFROY SAINT-HILAIRE.

Comme nous traitons notre sujet au sérieux, passons maintenant au revers de la médaille, passons de la théorie de Geoffroy Saint-Hilaire à celle de Cuvier: l'une comme l'autre appuyée sur une logique sans égale et sur une observation des plus rigoureuses; passons, dis-je, à la preuve de la multiplication par la division, et nous verrons, que malgré une apparente divergence de vues, que malgré une dissidence superficielle d'opinions, je dis superficielle, car dépendante seulement de la différence du point de vue de deux observateurs ou de la différence dans la manière d'envisager les faits, de la manière philosophique ou routinière de les envisager, et nous verrons: que de quelle manière que nous envisagions la question, que ce soit du côté de la synthèse où de l'analyse, nous trouverons partout et toujours la même unité dans la diversité des formes de la nature. Nous verrons, que tout est relatif et conditionnel, qu'il n'y a rien d'absolu, de détaché dans la nature, que tout s'y lie avec un noeud d'unité parfaite; que les différences consistent en simple jeu de mots, que dans le fond, partout et toujours règnent l'ordre et l'harmonie; que ce qui semble être en désaccord dans un fait ou envisagé sous un point de vue ou sous un autre, est au fond plein d'harmonie, d'après la loi adoptée par nous dans le principe: *de l'unité de cause* et *de fin pour toute la nature*.

„Nous avons vu, dit l'école de Cuvier [1]), qu'un grand nombre d'êtres vivants a disparu sur la terre, que les souches primitives du chien, du boeuf et du cheval ont disparu.... qu'il est donc constaté: *que les espèces disparaissent*, mais il est non moins constaté: *que les espèces qui ont subsisté sont immuables.*"

Jusqu'à présent deux faits nous frappent dans cette doctrine: que les *espèces disparaissent* et que les *espèces sont fixes*.

„Je sais, dit Cuvier, qu'il s'est trouvé dans tous les temps des naturalistes et des écrivains qui ont soutenu que les espèces changeaient."

„Mais quelqu'un d'entre eux a-t-il jamais vu une espèce changer?"

---

[1]) Flourens. De la quantité de vie sur le globe.

„Depuis deux ou trois mille ans qu'il y a des hommes qui observent et qui écrivent, une espèce quelconque, une seule a-t-elle changée? Une seule s'est-elle transformée en une autre? Non sans doute."

„Ainsi donc, depuis deux ou trois mille ans, depuis les observations d'Aristote, depuis les *momies* conservées d'Egypte, aucune espèce n'a changé."

„La description que nous a laissée Aristote sur l'éléphant et d'autres animaux se rapporte exactement à l'éléphant aussi bien qu'aux animaux respectifs d'aujourd'hui. Une expérience qui dure depuis deux ou trois mille ans n'est plus une expérience à faire; c'est une expérience faite: les espèces ne changent point."

D'un autre côté Lamarck veut que tous les animaux aient commencé par être des *polypes* ou des *monades*. Pline veut que le *liseron soit l'apprentissage de la nature qui s'essaie à faire un lis.*

Maillet prétend que nous avons tous commencé par être des poissons: ce qui fit beaucoup rire Flourens et avant Flourens, Voltaire.

Or, ces différences frappantes d'opinion ne doivent pas être sans fondement: je veux dire, qu'elles ne doivent pas être sans germe de vérité au fond, puisque des hommes tels qu'Aristote, Lamarck, Etienne Geoffroy Saint-Hilaire, Goëthe, Cuvier, Flourens et Darwin s'en sont occupés. La vérité est au fond de tout, seulement il faut savoir la démêler et la montrer dévoilée de son manteau de fantaisie de système et de routine.

Dans ce but nous suivrons la voie parcourue par Flourens, avec cette différence, que ce dernier transporté d'admiration pour son maître, imbu de ses principes, et emporté par son penchant à l'analyse soutient avec une logique admirable la doctrine de Cuvier, tandis, que nous tâcherons d'exposer sans prévention la vérité sous son véritable jour.

§ I.

Des espèces.

„Je ne vois, dit Flourens, au changement des espèces, que trois ordres de causes: ou des *causes lentes*, ou des causes *violentes* et *brusques*, ou le croisement des espèces.

1° **Des causes lentes.** „J'appelle causes *lentes* dit-il, celles qui agissent à chaque instant, sans interruption, sans relâche, et qui, ajoutant chaque jour un petit changement à un autre petit changement, finissent par amener, à la longue, des résultats notables et de grands effets."

„C'est par un pareil progrès insensible que se font les changements physiques du progrès des âges; la continuité du moment en dérobe la marche; on ne voit point, on ne prend point sur le fait l'accroissement des parties, et cependant elles croissent; on ne voit point, on ne prend point sur le fait le changement de leurs proportions relatives, et cependant au bout de quelques années, ces proportions ont changé, et tellement changé que, *dans plus d'un cas, il nous est difficile de reconnaître l'individu, et même l'espèce.*" Nous soulignons la dernière phrase. L'intelligent lecteur prévoit dans quelle intention.

„Il a fallu toute la sagacité, la sagacité si exercée de Cuvier, pour reconnaître dans le jeune *orang-outang* l'*orang-outang* adulte, l'énorme *pongo;* on a fait jusqu'à ces derniers temps deux espèces du *mandrill* et du *choras*, c'est-à-dire du jeune *mandrill* et du *mandrill* adulte; Buffon faisait trois espèces du *pithèque*, du petit *cynocéphale* et du *magot;* le *pithèque* est le jeune *magot;* le petit *cynocéphale* est le *magot* du moyen âge; et le *magot* est le *magot* adulte etc. etc."

Comment donc, Cuvier qui a le génie de ressusciter les animaux, qui d'après une facette trouvée sur un os reconstitue l'animal à qui l'os appartenait, avec ses instincts et ses habitudes...., qui reconnaît l'éléphant du temps d'Aristote, avoue-t-il, *qu'il existe des cas dans lesquels il est difficile de reconnaître l'individu et même l'espèce*, et se donne tant de peine pour distinguer un *jeune Orang* d'un *adulte;* qui tranche si bien la question là, où Buffon fait trois espèces avec un seul et même individu, induit en erreur par les changements résultant de l'âge! Si donc le grand Buffon a pu commettre une erreur si grave dans les choses palpables, combien grande doit être la différence dans le même individu envisagé dans ses trois différents âges et combien doivent être grandes les différences d'une même espèce elevée dans des conditions différentes de celles au milieu desquelles nous lui trouvons des changements si extraordinaires?

„On connaît les métamorphoses des insectes. Qui, si le phénomène ne nous était aussi familier, qui reconnaîtrait la *mouche* dans le *ver* de la viande, et ce même *ver* dans la *chrysalide?* Personne assurément." N'oublions pas que c'est Cuvier qui dit cela.

„Personne ne devinerait, dit Cuvier, s'il ne l'avait observé ou appris, qu'une chenille dût devenir papillon" [1]).

Une jeune grenouille a une queue et n'a pas de pattes et respire par des branchies; la grenouille adulte a des pattes, n'a pas de queue et respire par des poumons. De telles différences feraient de deux animaux ordinaires des animaux différents non-seulement *d'espèce* mais de *genre*, de *famille*, *d'ordre* et même de *classe*.

„Comment donc, si les espèces ont une tendance quelconque à se transmuer, à se transformer, le temps, qui, en chaque chose, accomplit toujours tout ce qui peut être, n'a-t-il pas fini par relever, par trahir cette tendance, par l'accuser?"

„Mais le temps, me dira-t-on, dit Flourens, a peut-être manqué."

„Il n'a point manqué" continue-t-il."

„Car voilà deux mille ans qu'écrivait Aristote, et nous reconnaissons aujourd'hui tous les animaux qu'il a décrits; et nous les reconnaissons aux caractères qu'il leur assigne. Nous reconnaissons son *hippélaphe* dans notre *cerf à crinière*, etc. On nous a rapporté d'Egypte des restes d'animaux qui vivaient il y a deux ou trois mille ans: de *boeufs*, de *crocodiles*, *d'ibis*, etc., etc.; les boeufs.... les *ibis* actuels ne diffèrent en rien de ceux-

---

[1]) Règne animal t. I, p. 38.

là. Nous avons sous les yeux des *momies humaines;* le squelette de l'homme d'aujourd'hui est le même que le squelette de l'homme de l'antique Égypte." Cuvier même va jusqu'à dire que l'histoire de l'éléphant est plus exacte dans Aristote que dans Buffon!

Ce que c'est que la prévention. Il est vrai que Buffon s'est trompé dans la description des trois espèces de *pithèque,* mais quelle supériorité dans les descriptions de Buffon sous le rapport de l'instinct des moeurs et des habitudes des animaux sur celles d'Aristote!

J'ajouterai qu'il y a des êtres comme *protée,* qui toute sa vie respire par les branchies et par les poumons et peut vivre aussi bien dans l'eau que sur la terre et il semblerait qu'il ait été laissé exprès sur la terre par la nature, pour montrer à l'homme, que toutes les métamorphoses, tous les changements d'espèces, de genres et de famille même sont possibles et qu'ils s'opéraient jadis sous l'influence des conditions propices. Quand ces métamorphoses étaient possibles et jusqu'à quel point elles sont justement appréciées par la science d'aujourd'hui, quant au temps de leurs évolutions, nous avons dit à ce sujet notre façon de penser en lieu convenable.

Il est donc évident que les espèces ont reçu de la nature une tendance à se transformer, à se développer, à se métamorphoser et à acquérir des formes de plus en plus parfaites.

Si donc Flourens soutient que le temps ne peut rien de notable dans le changement d'une espèce, je ferai remarquer, que l'expérience de deux à trois mille ans dont il parle avec Cuvier, ne tranche pas la question dans ce sens, que les conditions dans lesquelles vivait et écrivait Aristote sont identiques avec nos temps d'aujourd'hui; qu'il est vrai que trois mille ans comptent pour quelque chose dans une expérience, ou le temps doit faire pencher la balance, mais Flourens a oublié, dis-je, que les temps d'Aristote et notre temps, sont les temps de la même époque postediluvienne, qu'ils sont en tout identiques, mais que la terre depuis la création du monde n'a pas toujours été dans les mêmes conditions, que ce qui était possible dans les conditions lorsque le pôle boréal avait la température des régions placées sous l'équateur, et qui pouvait permettre les changements qui seraient regardés aujourd'hui comme une fable, n'est plus possible aujourd'hui ; que ce qui est une fable aujourd'hui peut ne plus l'être demain.

Je me hâte toutefois de prévenir le lecteur, pour ne pas l'induire en erreur, quant à mes vues personnelles, que j'admets, qu'après les grands bouleversements de la terre et dans les conditions nouvelles que ces révolutions du globe apportaient, que les animaux aussi bien que les plantes subissaient des changements, mais que ces changements n'ont jamais dépassé les limites de l'espèce ; que j'admets les métamorphoses progressives dans les deux règnes, depuis la molécule organique, depuis le premier couple d'atomes jusqu'à l'espèce humaine inclusivement, mais je rapporte ces changements à une époque différente de celles fixées par tous les savants de l'école actuelle.

En combattant donc la doctrine de Cuvier qui nie le développement des êtres, après chaque catastrophe, j'avais pour but unique de prouver que ces changements sont compatibles avec les circonstances particulières et que je rapporte à *l'époque primitive*, comme la plus favorable au développement des êtres organisés dans les limites dépassant les bornes assignées à l'espèce.

2º **Des causes violentes et brusques.**

„J'entends, dit Flourens, par *causes violentes* les causes mêmes qui ont amené les révolutions du globe. Les révolutions du globe ont-elles produit quelques effets sur la *fixité* des espèces? *Elles n'en ont produit aucun*".

On faisait cette objection à G. Cuvier, savoir: que les espèces actuelles pouvaient bien n'être qu'une dégénération des espèces perdues, dégénération qui se serait opérée petit à petit, et par des *modifications graduelles*. „Mais, répondait Cuvier: si les espèces ont changé par degrés, on devrait trouver des traces de ces modifications graduelles: entre le *palaeothérium* et les espèces d'aujourd'hui on devrait découvrir quelques formes intermédiaires, et jusqu'à présent cela n'est point arrivé. Pourquoi les entrailles de la terre n'ont-elles point conservé les monuments d'une généalogie si curieuse, si ce n'est parce que les espèces d'autrefois étaient aussi constantes que les nôtres". [1]).

Je laisse cette réponse de Cuvier sans commentaire dans l'intention de la reprendre à la première occasion et je dirai seulement en passant:

1) Que Flourens a tort de confondre les causes des révolutions de la surface du globe qui sont à notre avis internes et sans influence directe sur le changement dans les êtres organisés, avec les effets de ces

---

[1]) Discours sur les révolutions de la surface du globe.

révolutions, qui, comme nous le verrons bientôt, en modifiant l'état isothermal du globe et en y déterminant d'autres changements extraordinaires, ne peuvent pas être sans influence sur les changements dans les êtres vivants.

2) Que Cuvier est ici en désaccord avec lui-même; car il dit explicitement dans *ses Discours sur les révolutions du globe:* qu'après chaque grande catastrophe apparaissaient de nouveaux êtres, qui n'existaient pas auparavant. Est-ce qu'on ne pourrait pas alors admettre, que justement *les milliers d'espèces perdues avec chaque catastrophe n'étaient que les chrysalides des nouvelles espèces si différentes des espèces perdues, comme la grenouille diffère du têtard*, comme le papillon diffère de la chenille, comme la mouche diffère du ver de la viande, comme la lumière diffère de la chaleur, comme la chaleur diffère de la force organique et de celle de l'intelligence! Que les espèces perdues étaient justement des formes intermédiaires d'espèces dont Cuvier n'a pas trouvé de traces, puisqu'il est reconnu aujourd'hui, grâce à la loi formulée par de Blainville, que les espèces fossiles comblent les lacunes que nous rencontrons entre les espèces vivantes. Il est vrai que ces espèces perdues formaient des espèces à part, mais il est avéré que ces espèces quoique distinctes, s'approchaient infiniment des espèces que les bouleversements du globe ont épargnées. La chenille quoique faisant une espèce et même un genre et même une famille, une classe à part comme ver, n'est-elle pas pour cela un insecte dans le fond, n'est-elle pas un papillon en germe, ne se change-t elle pas en papillon?

Cuvier, qui parle avec une conviction si arrêtée que les catastrophes n'ont pas changé les espèces, prétend toutefois, que les espèces disparaissaient avec chaque catastrophe et qu'à leur place de nouvelles espèces apparaissaient et que l'homme a paru après la dernière catastrophe générale. Cuvier s'arrête là, et n'explique ni l'origine, ni le développement du maître de la terre, il dit seulement: que l'homme a apparu.—Singulière démonstration de l'origine de l'homme de la *part* d'un homme de génie?!

3°. **Du croisement des espèces.** L'union des espèces voisines, ne mène non plus à rien d'après Flourens. Elle donne naissance aux espèces nouvelles en apparence, intermédiaires entre deux espèces, mais ces espèces artificielles ne sont pas durables, car elles périssent à la deuxième et tout au plus tard à la troisième génération: car elles deviennent infécondes dans la troisième génération. Elles ne peuvent donc pas perpétuer leurs espèces et périssent sans progéniture. C'est un fait constaté.

Je prends un exemple de Flourens, et je fais unir le *chien* avec le *chacal*. Le métis de ce croisement tiendra plus du chacal que du chien; il aura les oreilles droites, la queue pendante, il n'aboiera pas, il sera sauvage; il sera plus chacal que chien.

Voilà pour le premier produit de l'union croisée du chien avec le chacal. Je continue à unir, de génération à génération, les produits successifs avec l'une des deux tiges primitives, avec celle du chien, par exemple.

Le métis de seconde génération n'aboie pas encore, mais il a déjà les oreilles pendantes par le bout; il est moins sauvage.

Le métis de troisième génération aboie; il a les oreilles pendantes, la queue relevée; il n'est plus sauvage.

Le métis de quatrième génération est tout-à-fait chien.

Quatre générations ont donc suffi, dit Flourens, pour ramener l'un des deux types primitifs, le type chien; et quatre générations suffisent de même pour ramener l'autre type, le type chacal.

Ainsi donc, ou les métis, nés de l'union des deux espèces distinctes, s'unissent entre eux, et ils sont bientôt stériles; ou ils s'unissent à l'une des deux lignes primitives, et ils reviennent bientôt à cette tige; ils ne donnent, dans aucun cas, ce qu'on pourrait appeler une espèce nouvelle, c'est-à-dire une espèce intermédiaire durable.

„Soit donc, continue Flourens, que l'on considère les *causes externes*: la succession des temps, des années, des siècles, les révolutions du globe, ou les causes internes, c'est à dire le croisement des espèces, les *espèces* ne s'altèrent point, ne changent point, ne passent point de l'une à l'autre—*les espèces sont fixes*".

Je fais remarquer que Cuvier et son École envisage les choses toujours sous point de vue des conditions cosmiques identiques avec les actuelles et que quant à nous, quoique nous ayons prévenu le lecteur sur notre manière de voir dans cette importante question, nous allons la formuler définitivement à la **fin** du chapitre suivant.

§ II.

Des races.

N'oublions pas, que les naturalistes des divers siècles, ainsi que l'école de Cuvier, ne pouvant pas contester les changements extraordinaires, les prodiges que les conditions climatériques, et celle de la nourriture appliquée avec intelligence et d'autres causes diverses tant internes qu'externes, physiques comme morales, (je range dans cette catégorie l'éducation, les lois, les rapports sociaux, les croisements de races etc.), peuvent produire dans un individu donné, ont été forcés de créer un nouveau *terme* pour exprimer ces changements extraordinaires, tout en ajoutant, que ces changements ne dépassent *jamais* les limites assignées à l'espèce et ce terme — c'est la *race*.

L'école de Cuvier aurait raison, si les conditions isothermes et autres du globe étaient toujours invariables et si elles pouvaient nous donner une explication sur l'origine de l'homme, sur son apparition sur le globe, tandis qu'elle nous dit tout simplement en répétant l'éternel refrain de la Bible, que l'homme a apparu!

Et pourtant Flourens nous dit, que: ,,rien de plus marqué que la tendance de l'espèce à varier dans certaines limites. Sous le même climat, ajoute-t-il, dans le même lieu, dans la même portée, on trouve souvent, on trouve *presque* toujours des petits, de taille, de couleur, de conformation différentes: ou on trouve des petits, des grands, à oreilles droites, à oreilles pendantes, à poil court, à poil long etc., aucun individu ne ressemble parfaitement à un autre".

„Encore une fois, rien de plus manifeste, dit Flourens, que la tendance des individus à changer; mais rien aussi de plus manifeste que les limites de cette tendance".

„Prenons tous les petits dont nous venons de parler et qui sont issus de la même espèce, or: que l'un ait le poil velu, l'autre frisé, qu'un autre ait des oreilles pointues et un autre pendantes, qu'un individu soit ou un esquimeau rabougri de froid ou un nègre brûlé par le soleil, chez l'homme comme chez les animaux, savoir: dans la première catégorie, comme dans la dernière, tous les individus de la même espèce sont féconds entre eux et féconds d'une fécondité *continue*".

Or, cette succession, cette continuité de la fécondité ou du pouvoir de se perpétuer entre les individus, constitue *l'espèce*.

Nous appellerons *race* la transmissibilité héréditaire des modifications ou des variations acquises par un individu d'une espèce donnée à un individu issu de son union avec un autre de la même espèce.

Ainsi, toutes les modifications, toutes les variations, tous les changements qui s'accomplissent dans un individu par l'influence des causes externes comme internes ne constituent pas les *espèces*, mais les *races* de la même espèce.

Un certain groupe de races soumises à la loi de pouvoir se perpétuer entre elles, constitue une *espèce*.

Les races donc ne sont pas de nouvelles espèces. Les races ont leurs limites dans l'espèce et suivant l'opinion de Cuvier ne sont pas sorties des limites de leurs espèces respectives depuis la création.

Les races font une limite extrême du développement de l'espèce et ne peuvent pas se développer au delà.

Ne perdons toutefois pas de vue, que Flourens comme nous l'avons déjà dit plus d'une fois, parle toujours des métamorphoses des races, de l'amélioration de l'espèce dans les mêmes conditions invariables et identiques avec celles au milieu desquelles nous vivons. Est-ce que toutefois les animaux ont toujours vécu dans les conditions immuables de notre époque ou de l'époque *poste-diluvienne*, dans laquelle la race est la limite de la métamorphose dans une espèce donnée?

Nous voyons toujours et tout au même point de vue, sans comprendre le passé et sans prévoir l'avenir.

Les races sont, dit Flourens, la dernière limite du développement de l'espèce et il ajoute: ,,qu'aussitôt qu'un individu par son union avec un autre d'une espèce voisine dépasse dans sa progéniture la limite de l'espèce primitive, que l'individu issu de cette union cesse d'être fécond et que par cela il cesse de constituer une nouvelle espèce; car il ne peut pas procréer son espèce et finit avec la 2e, ou avec la 3e génération". Que l'aptitude à la fécondation par conséquent étant continue dans une espèce, constitue finalement la base de l'espèce, et confirme la loi de l'immuabilité des espèces sans laquelle une prompte cessation de la création organique tout entière aurait lieu.

Nous voyons donc, que la théorie d'Etienne Geoffroy Saint-Hilaire serait battue par l'école de Cuvier, contestant toute possibilité de métamorphose chez les êtres dépassant les limites de l'espèce, car elle nie avec raison l'influence du temps et des causes brusques, et quant aux causes intimes, elle repousse l'influence du croisement des espèces, vu, qu'un individu issu de cette union se trouvant infécond dans la 3-e génération, la vie s'éteindrait sur le globe avec la mort de ce dernier individu.

Ainsi, dis-je, la doctrine de Saint-Hilaire serait tombée, si ce n'était la pensée, que la reproduction des êtres organiques éveille dans l'esprit d'après la théorie de Cuvier la nécessité absolue de la préexistence du premier couple pour chaque espèce, qui étant le premier, a dû venir au monde sans parents et s'est trouvé fait non par l'union de deux êtres de la même espèce, mais par une voie que nos conditions actuelles ne sont pas capables d'expliquer, et nous font admettre des choses inadmissibles, savoir: que Dieu lui même a pétri le premier homme de ses propres mains. Et il s'agit comme nous le voyons de trancher le nœud gordien et de résoudre la question de la création de l'homme, ainsi que des plantes et des animaux.

Il reste donc une question préliminaire à résoudre, savoir: si le développement d'un être inférieur peut atteindre le degré de l'organisme de l'homme dans des conditions données ou non, et si la nature ne nous a pas laissé des traces palpables de cette métamorphose.

Avant de résoudre cette question affirmativement, voyons, si G. Cuvier et son école ne vont pas nous fournir des armes si ce n'est pas pour résoudre définitivement le problème, du moins pour laisser à l'esprit la liberté d'admettre la première proposition ou la dernière sans la lui imposer et sans être taxé de partialité.

Or, Flourens après s'être exprimé comme nous l'avons vu, ajoute: „Le globe, cette partie du monde que nous habitons, a eu son origine, son développement, ses progrès successifs, qu'il a commencé sous une forme, qu'il s'est continué sous une autre, que de celle-ci il a passé à une troisième etc. etc."[1]).

„La vie, dit à son tour Cuvier[2]) a été troublée sur la terre par des évènements effroyables. Des êtres vivants sans nombre ont été victimes de ces catastrophes; les uns, habitants de la terre sèche, se sont vu engloutis par des déluges; les autres, qui peuplaient le sein des eaux, ont été mis à sec avec le fond des mers subitement relevé; leurs races mêmes ont fini pour jamais et ne laissent dans le monde que quelques **débris à peine reconnaissables pour le naturaliste.**

On ne peut sans étonnement lire Flourens et Cuvier et les entendre s'exprimer dans des termes tellement en désaccord avec leurs doctrines et si flatteurs pour la doctrine de Saint-Hilaire et pour la nôtre particulièrement.

Comment donc, le Grand Cuvier, qui avec un débris d'os reconstruit des animaux tout entiers, qui les ressuscite vivants en quelque sorte, qui fixe à chacun d'eux leur place dans l'échelle animale, qui dit, que nos espè-

---

[1]) Entret. sur la métaphysique, XI entretien. Flourens.
[2]) Cuvier. Discours sur les révolutions de la surface de globe.

ces sont identiques avec les espèces fossiles, que les espèces non seulement depuis la dernière catastrophe, mais bien depuis le commencement de la création n'ont subi aucun changement, *que ce changement donc en thèse générale n'a jamais eu lieu* (je souligne cette phrase), qui n'a pas trouvé de squelette d'homme fossile, dit tout-à-coup: que les débris des êtres fossiles sont **à peine reconnaissables par le naturaliste?** Or, s'il était si facile à Cuvier de ressusciter les êtres avec des *débris à peine reconnaissables*, que pourrions-nous tirer de ses conclusions en anatomie comparée?

Nous savons, que souvent Cuvier faisait des prodiges, mais convenons qu'il pouvait aussi se tromper, ou se laisser induire en erreur, et si encore une erreur de diagnostic n'a pas été suivie d'une autre.

Cuvier n'ayant pas trouvé de squelette d'homme fossile, a conclu, que l'homme n'existait pas avant le déluge. Je conclurai d'après ce que je viens de dire, qu'il a certainement tenu bien des fois dans ses mains des débris de squelette d'homme fossile sans les avoir reconnus, puisqu'on l'a découvert depuis quelques années!

On a enfin découvert l'homme fossile déposé depuis des siècles dans les entrailles de la terre. Or, quoique le squelette d'homme fossile appartienne irrévocablement à l'homme, et ne rappelle aucune des races d'homme existantes aujourd'hui, il semble toutefois tenir le milieu entre le squelette d'homme et celui de singe et contistuer un trait-d'union entre lui et les quadrumanes.

Le Professeur Fuhlrott a trouvé en effet en 1857 dans le Neanderthal près de Dusseldorf un squelette d'homme entier de l'époque du renne et de l'aurochs (animal qui vit encore de nos jours en Lithuanie) par conséquent d'homme fossile antédiluvien. Les savants doutèrent, qu'il pût appartenir à l'homme, tellement la forme du crâne ressemblait à celle du *gorille*. Or, quoique le professeur Schaffhausen ait à ce sujet levé tous les doutes et déclaré que le squelette était celui d'un homme dont le développement cérébral était très-faible en comparaison de sa force musculaire, le crâne de Neanderthal se rapproche tout-à-fait du crâne du *gorille* et du *chimpansé* et semble former une espèce intermédiaire entre l'homme et le singe. Le squelette de Neanderthal est le seul monument de l'âge antédiluvien le plus éloigné de nous, auquel nous pouvons remonter l'origine de l'espèce humaine; car il devance l'époque de bronze, de fer et est contemporain de l'âge de la pierre ou du renne. Ce qui n'empêche pas qu'on trouvera encore l'homme fossile dans les terrains antérieurs aux depôts tertiaires, puisqu'on y a déjà trouvé des squelettes d'une douzaine d'espèces de singe à moins que ces squelettes de singe ne soient encore autant de squelettes de différentes races d'homme de l'époque primitive.

Je dois ajouter ici qu'en faisant venir l'homme du singe je ne veux pas dire que l'homme fut engendré par le singe, mais que le singe en subissant certaines métamorphoses, certaines évolutions sous l'influence des conditions favorables de l'époque primitive est devenu homme-singe et puis homme sauvage de l'époque postediluvienne, comme la chenille devient papillon, comme la chaleur se change en force organique, comme la force physique se transforme en matière pesante.

On m'objectera, non sans une certaine raison, que d'après cet aperçu, l'époque antédiluvienne devrait être regardée comme époque des métamorphoses, car c'est à cette époque que le singe s'est changé en homme. Je répondrai, que de même qu'à l'époque actuelle ou postediluvienne la grenouille et tous les insectes font une exception à la loi de l'immuabilité des espèces en ce sens, que pendant que toutes les espèces sont fixes, le têtard se change en grenouille, de même le singe pouvait faire cette exception à la loi de l'époque antédiluvienne et se transformer en homme; ou que l'époque antédiluvienne était voisine de celle des métamorphoses. Mais comme le crâne trouvé à Neanderthal n'appartient au singe mais bien à un être intermédiaire entre l'homme et le singe ou transitoire, et appartient plutôt à l'homme qu'à un quadrumane, aussi ce fait, loin de contester que l'homme vient du singe et que cette évolution avait lieu à l'époque des métamorphoses, prouve: que l'homme fut encore à l'époque antédiluvienne très-rapproché du singe, qu'il constituait le premier échelon de son espèce, à peine éloigné des quadrumanes. Je suppose même, qu'on n'a pas trouvé jusqu'à présent le crâne de l'homme antédiluvien; Serait-on autorisé pour cela de contester la loi de l'évolution des espèces à l'époque des métamorphoses? Nullement. Cela prouverait seulement, que ce précieux document repose encore dans les dépôts tertiaires ou secondaires, mais qu'on le trouvera.

Je poursuis.

Si les branchies par lesquelles le têtard respire dans l'eau comme un poisson, se métamorphosent chez la grenouille en poumons, si un organe d'un ordre inférieur se change en un organe plus compliqué, plus développé dans l'échelle organique, pourquoi dans des conditions favorables les autres organes ne pourraient-ils pas se changer en organes plus développés; pourquoi des êtres entiers, sous l'influence des conditions qui nous sont inconnues ne pourraient-ils pas se changer en espèces plus élevées dans l'échelle animale et dépasser ainsi non seulement les limites assignées à leur espèce, mais même atteindre un développement dépassant les limites des genres, des familles et des classes; pourquoi la cellule organique simple n'aurait-elle pas pu devenir homme!

Le *têtard* nous fournit une preuve plus positive encore dans sa métamorphose en grenouille ou de *poisson* en *reptile* ou de la possibilité de la transformation d'un genre et même d'une famille en une autre.

Ainsi, à une certaine époque de sa vie, la peau se crève des deux côtés de sa poitrine et le germe des deux pattes de devant apparaît comme dans la plante, par bourgeonnement, qui deviennent bientôt des pattes parfaites; puis la queue lui tombe et enfin par la même voie, il lui pousse deux pattes de derrière, et d'un poisson nous avons par cette métamorphose un reptile ou un animal quadrupède avec des poumons parfaits, pondant des œufs, qui donnent naissance de nouveau à des tout petits poissons-têtards.

Je demande pourquoi un têtard doué de cette puissance de la métamorphose ne pourrait-il pas dans des circonstances exceptionnelles se changer en un être vivipare, en un être quadrumane et même bipède et devenir homme!

Pourquoi l'homme avant de devenir l'homme n'aurait-il pas pu être dans des conditions primitives du globe qui nous sont inconnues, un être si différent de l'homme d'aujourd'hui comme l'est la grenouille du tétard?

Quoique dans les conditions actuelles ou depuis le dernier déluge, les espèces en général ne changent pas, car si elles peuvent subir des modifications, même extraordinaires, ce n'est uniquement que dans les limites de leurs races respectives; puisque nous avons des preuves si positives de la transformation des poissons en reptiles dans les conditions actuelles, pourquoi dis-je, la métamorphose du tétard en grenouille n'aurait-elle pas été laissée par la nature pour servir de clef à l'homme dans l'explication de la mystérieuse énigme du passé; pourquoi une catastrophe à venir, ne pourrait-elle pas changer les conditions actuelles au point de rendre possible une nouvelle métamorphose de l'homme touchant le perfectionnement de son espèce, lorsque le dernier déluge a réduit en glace les zônes torrides des régions polaires avec tous leurs animaux; lorsque les conditions de cette dernière catastrophe, limitant très-probablement la métamorphose des êtres, non seulement possible mais fatalement nécessaire à l'époque primitive de la création, ont permis à l'homme-singe de devenir *homme;* lorsque par une heureuse influence sur l'organisation de son cerveau, en appelant les autres organes de son être à une nouvelle harmonie avec lui, elles ont si puissamment contribué au développement prodigieux de son intelligence; lorsque la dernière catastrophe a donné, à mon avis, une impulsion si heureuse à son organisme, touchant sa qualité, et a permis, par cette métamorphose admirable, d'acquérir, dis-je, à son cerveau, une aptitude à honorer l'humanité des noms tels que Moïse et Jésus Christ!

Je vais citer un passage de Flourens qui nous montrera clairement, que non seulement les diverses époques pouvaient amener des changements dans les développements des êtres, mais l'intelligent lecteur y trouvera le germe de la pensée, que les êtres, vivant à une époque quelconque, pouvaient n'être que des chrysalides des êtres qui venaient après un bouleversement successif du globe. Car, comme la raison se refuse à admettre l'apparition subite de l'homme sur la terre, elle ne peut pas plus admettre la création des séries d'êtres successifs sans commencement, sans développement, sans origine, sans germe préalable.

„Or, Flourens dit: „... que les reptiles de ces premiers âges du monde étaient plus extraordinaires encore, soit par leurs proportions gigantesques: car il y avait des lézards grands comme des baleines; soit par la **singularité** de leur **structure:** *car les uns avaient l'aspect des cétacés ou mammifères marins*, et les autres le **cou**, le **bec** des oiseaux, et jusqu'à des sortes **d'ailes.**"

„Et ce qui est plus suprenant encore que tout cela, c'est que tous ces animaux ne vivaient point à une même époque; c'est qu'il y a eu plusieurs générations, plusieurs populations successivement créées et détruites." Erreur, que la science actuelle a rectifiée, car on a trouvé dans des grottes des squelettes d'homme réunis avec ceux des animaux.

Ainsi Cuvier compte jusqu'à trois de ces époques nettement accusées.

„La première comprenait les mollusques, les poissons, les reptiles monstrueux (dont je viens de parler), il s'y trouvait déjà quelques mammifères marins, mais il ne s'y trouvait *aucun* ou *presque aucun* mammifère terrestre." Cuvier confond ce qu'il a trouvé, avec ce qui était inconnu pour lui et ce qu'il n'avait pas encore découvert.

„La seconde se caractérisait surtout par ces genres singuliers de pachydermes des environs de Paris, et c'est dès lors seulement que les mammifères terrestres commencent à dominer.

„La troisième est celle des *mamouths*, des mastodontes, des paresseux gigantesques."

„Un fait remarquable" et nous dirons déplorable pour le génie de Cuvier, „c'est que parmi tous ces animaux il n'y a *presque* aucun quadrumane, presque aucun singe!"

„Un fait bien plus remarquable encore, c'est qu'il n'y a aucun homme." L'espèce humaine n'était donc pas contemporaine d'après Cuvier de toutes ces races perdues, de toutes ces catastrophes épouvantables qui les ont détruites.

„Ainsi donc, après l'âge des reptiles, après celui des premiers mammifères terrestres, après celui des mamouths et des mastodontes, est venu une quatrième époque, une quatrième succession d'êtres créés, celle qui constitue la population actuelle, celle que l'on peut appeler l'âge de l'homme, car c'est de cet âge seulement que date l'espèce humaine."

Remarquons en passant que l'école de Cuvier qui soutient que les *espèces* qui vivaient à de certaines époques n'ont point changé, qu'elles sont toujours les mêmes, enseigne: „que la création du règne animal a éprouvé plusieurs interruptions, plusieurs destructions successives; qu'il y a eu une époque, et la première de toutes, ou aucun être organisé, aucun animal, aucun végétal, n'existait sur le globe."

Je ne comprends pas d'abord dans cette théorie, comment les espèces qui n'existaient point, pouvaient se changer ou pouvaient ne pas se changer et ensuite, pourquoi le génie de Cuvier n'a pas cherché à mieux relier la création, au lieu de donner sa théorie des brusques apparitions d'êtres sans parents, ni autres liens de succession; d'autant plus, qu'il a été frappé lui-même de la bizarrerie des formes de certains êtres à de certaines époques, tranchant à la fois de l'oiseau et du mammifère, savoir: d'un être faisant transition d'une classe à une autre?

Tous ces faits extraordinaires sont, dit Flourens, démontrés par les rapports des restes d'êtres organisés avec les couches qui forment l'écorce du globe.

„Ainsi, il y a eu une première époque, où ces êtres n'existaient point, car les terrains primitifs ne contiennent aucun de leurs restes (ces restes étaient peut-être si délicats qu'ils ne pouvaient conserver leurs formes premières); ainsi les reptiles ont dominé dans l'époque suivante, car leurs restes abondent dans les terrains qui succèdent aux primitifs; ainsi la surface de la terre a été plusieurs fois recouverte par les mers, et plusieurs fois mise à sec, car les restes d'animaux marins recouvrent tour-à-tour les débris d'animaux terrestres et sont tour-à-tour recouverts par eux."

„La science, guidée par le génie, dit Flourens, en parlant du génie de Cuvier, (génie bien infortuné ici, car il a trop généralisé l'observation des faits restreints, et ne s'est pas douté qu'un seul fait, comme la découverte de l'homme fossile peut renverser toute sa doctrine et rendre justice à la doctrine de G. Saint Hilaire et de Lamarck); la science, dit-il, guidée par le génie, a donc pu remonter jusqu'aux époques les plus reculées de l'histoire de la terre; elle a pu compter et déterminer ces époques; elle a pu marquer, et le premier moment où les êtres organisés ont paru sur le globe et toutes les variations (n'oublions pas ces expressions), et *toutes les modifications*, toutes les révolutions qu'ils ont éprouvées."

„Tous ces changements successifs, dit encore l'école de Cuvier [1]) dans la série des êtres organisés coïncident en général avec de grands bouleversements à la surface du globe. C'est en effet au moment des catastrophes produites par les divers mouvements du sol que disparaissent ordinairement les familles, les genres, les espèces de corps organisés qui avaient jusqu'alors existé. Dans les moments de calme suivant, se développe, au contraire, la nouvelle organisation, *qui doit se trouver en harmonie avec les nouvelles circonstances atmosphériques et les diverses dispositions que les lignes isothermes ont pu prendre alors*."

Je fais observer que Beudant au lieu de dire „les espèces, les genres et les familles disparaissent et les nouvelles se développent" aurait dû dire, pour ne pas manquer à la logique: *que les espèces, les genres et les familles d'une époque ne disparaissaient pas, mais qu'elles se développaient dans les époques suivantes* d'une manière méconnaissable, de manière à faire supposer que leur souche avait été détruite, quoiqu'elles n'étaient

---

[1]) Beudant. Géologie. p. 336.

que les anciennes, seulement en harmonie avec les nouvelles conditions.

Nous voyons donc, que les formes animales d'après cette doctrine, loin d'être immuables se modifient lentement dans les limites de l'espèce sous l'empire du temps et des circonstances diverses, et même, chose extraordinaire, que les métamorphoses ou les changements brusques, dépassant la limite de l'espèce, peuvent avoir lieu—ce que prouvent les apparitions brusques des êtres, après les grandes catastrophes; et que la théorie de Cuvier, confirme sans s'en douter la théorie de l'Unité de composition organique d'Etienne Geoffroy Saint-Hilaire et comme de raison notre théorie de la métamorphose progressive depuis l'atome jusqu'à l'homme, dans des conditions toutefois différentes quant à nous, de celles, au milieu desquelles nous vivons et de sa possibilité dans l'époque primitive de la Création.

Nous avons d'autant plus le droit de faire cette conclusion que les découvertes faites en Paléontologie depuis quelques années, comme nous en avons fait mention, ont renversé toute la doctrine de Cuvier: car non seulement on a trouvé l'homme fossile, mais on l'a trouvé d'une race à part et occupé dans une grotte à savourer, très-probablement, avec quelques convives, la moëlle crue des os d'animaux qu'il y avait transportés. D'où encore une importante conclusion, que l'homme avant le dernier déluge était plus sauvage et plus rapproché des animaux que ne le sont les sauvages des forêts du Brésil et qu'il faisait une transition de l'animal à l'homme, du singe à l'homme, qu'il était donc *homme-singe*.

Je ne dis pas singe, mais homme-singe et je tiens à exprimer par ce terme sa qualité spécifique d'homme sous la forme de singe.

Au lecteur qui trouverait mon langage extraordinaire, je répondrai que cette dénomination n'est pas plus outrageante pour notre espèce, que les traités de Zoologie qui assimilent l'homme au règne animal.

A mon avis plus l'origine de l'homme est humble, plus son mérite est grand, plus éclatante est encore en lui l'oeuvre de la Sagesse suprême!

Or, je dis, que la doctrine de Cuvier une fois renversée, l'apparition de l'homme s'est trouvée reculée à des milliers milliers d'années en arrière. D'où il résulte, que, pour que la théorie du dernier déluge ou de l'apparition de l'homme après cette catastrophe fut vraie, il faudrait ou faire remonter le déluge Biblique à l'époque de l'apparition de l'homme, ou ce qui revient au même, approcher l'époque de l'apparition de l'homme à l'époque du déluge de Cuvier; que toute la théorie de Cuvier est fausse non seulement par rapport à l'apparition de l'homme sur la terre, mais également par rapport aux brusques apparitions des êtres après chaque catastrophe, sans rapport ni parenté avec ceux des époques précédentes. Ainsi la conclusion de Cuvier, de l'apparition brusque des nouvelles espèces avec chaque nouvelle époque tirée de ce qu'on a trouvé des êtres de plus en plus parfaits dans la succession des époques du globe, doctrine, que nous trouvons reproduite dans tous les ouvrages de la science moderne, sans en excepter ceux des sommités comme Flourens, Beudant, E. de Beaumont, de Humboldt et autres, quoique flattant jusqu'à un certain point la théorie de Saint-Hilaire et la nôtre, battue par la génération nouvelle est illogique encore sous ce rapport, que ces changements dans les espèces, les genres, les familles etc., etc., ne s'opéraient point ni dans la 2-me ni dans la 3-me ni dans la 4-me époque, mais bien dans l'époque primitive, dans l'époque vierge de la création; que d'après nos vues, *depuis cette époque vierge,* que j'ai appelée **époque des métamorphoses organiques**, le développement des êtres organiques dans les limites des *races seulement* est resté *loi fatale.*

Le développement de l'homme, dans le sein de la mère, est rapide, moins rapide dans l'homme qui vient de naître, et beaucoup plus lent et même nul dans l'homme arrivé à sa maturité. Même chose avec les métamorphoses des êtres organiques dans la création. Le développement des êtres après chaque catastrophe a eu lieu, peut-être même, qui le sait, que ces métamorphoses dépassaient exceptionnellement pour quelques espèces les limites de l'espèce, comme cela se voit encore aujourd'hui dans la métamorphose du ver en insecte et du tétard en grenouille; l'homme fossile de Neanderthal peut bien n'être que la chrysalide de l'homme actuel, il est non moins sûr et certain, pour celui qui a su s'initier aux enchaînements des idées basées sur l'observation et acquises par la science, qui a su démêler le vrai du faux, qui a su embrasser la loi de la nature dans ses plus profonds mystères, que les métamorphoses des êtres organiques, depuis la cellule organique jusqu'à l'homme dans une certaine période de la création, étaient non seulement possibles mais même très-rapides.

Nous voyons donc que l'esprit minutieux de routine, que la subtilité des vues mal dirigées a égaré ici le génie d'un grand Homme. Ce qui prouve une fois de plus, que de même que la fantaisie peut entraîner l'élan de la pensée sans base dans les régions de vaines utopies, qu'aussi les recherches trop minutieuses des faits envisagés sous un faux jour et mal interprétés, peuvent entraîner un génie même dans des détours périlleux.

Et pourrait-on me répondre, Cuvier même pourrait-il dire ce qui était possible dans les conditions de la première époque, que Buffon fixe à 60,000 et Huxley à 500,000,000 années avant l'époque actuelle? [1]).

Peut-on nous affirmer ce qui à chaque époque était possible. A-t-on fait des expériences alors, nous a-t-on laissé des traces de ces observations? Juger des changements qui s'opèrent dans l'homme à l'âge de 20 ou de 30 ans, d'après les évolutions qu'il subissait dans son état de foetus, et vice versa juger des métamorphoses des êtres organiques à l'époque primitive d'après les conditions au milieu desquelles nous vivons, c'est se tromper beaucoup! [2]).

---

[1]) D'après Buffon l'avant dernière époque était de 10,000 ans, celle qui l'a précédée de 15,000, l'époque avant cette dernière de 10,000 et la première de 25,000 ans.

[2]) ,,L'observation démontre, dit Beudant (Géologie p. 5 et 109), que les variations de température produites par les saisons ne se font sentir qu'à une faible distance dans l'intérieur de la terre; elle fait voir aussi qu'à une petite profondeur, variable suivant les lieux, la température du sol est stationnaire et égale à la température moyenne de la localité. Au-dessous de ce dernier point un autre phénomène se présente, la température s'accroît successivement à me-

Réaumur place par exemple, un œuf d'abeille dans une cellule de gâteau à miel et un autre œuf dans une

---

sure qu'on descend plus avant, et le résultat des observations faites jusqu'ici donne un accroissement de 1 degré par chaque 33 mètres de profondeur. De là il résulte que vers 3 kilomètres au-dessous du point de température stationnaire, on doit trouver déjà 100 degrés, température de l'eau bouillante; et que, si la loi se continue régulièrement, on aurait à 20 kilomètres 666 degrés, température à laquelle la plupart des sulfures ainsi qu'un grand nombre de corps sont en pleine fusion. Vers le centre, à 6,366 kilomètres, en supposant le même accroissement, on aurait par conséquent une température de 200,000 degrés dont nous ne pouvons nous faire aucune idée; mais il n'est guère probable que la chaleur s'accroisse toujours uniformément; il est à croire que bientôt il se fait un équilibre général, et qu'à une profondeur de 150 à 200 kilomètres il s'établit une température uniforme de 3,000 à 4,000 degrés, la plus forte que nous puissions produire, et à laquelle rien ne résiste."

„De ces observations il résulte, dit Beudant, non-seulement que la terre aurait été fluide à une certaine époque, comme nous l'avons déduit de sa forme, mais même qu'elle le serait encore et que sa surface seule se serait consolidée, en perdant dans l'espace sa chaleur primitive, sur une épaisseur de 20 à 40 kilomètres, suivant la fusibilité des substances."

„On conçoit donc facilement qu'avant le moment où la terre est arrivée au degré de refroidissement qu'elle présente aujourd'hui, les sources thermales devaient être infiniment plus nombreuses. Lorsqu'au lieu de $1/30$ de degré par mètre, la température croissait, par exemple, de $1/3$ de degré, c'est-à-dire 10 fois plus rapidement qu'à l'époque actuelle, et que dès lors, à 300 mètres de profondeur, se trouvait le point d'ébullition de l'eau, il est clair qu'un très-grand nombre de sources étaient à 100 degrés, et que les fumarolles maintenant assez rares, pouvaient être alors fort communes. De là il devait résulter des circonstances atmosphériques fort différentes de celles où nous nous trouvons; d'épais brouillards devaient se répandre à la surface des terres en l'absence du soleil, et dès lors le rayonnement

cellule spacieuse[1]). Or, une abeille qui va subir ses métamorphoses dans la cellule étroite sera inféconde ou ouvrière, celle qui se développera dans une cellule spacieuse sera mâle ou femelle.

Une si minime condition, a ôté à l'abeille le sexe ou l'organe et la fonction de la reproduction, elle a tué la vie de son espèce…! Que dirons nous de ce fait? Qui contestera si les croisements des espèces voisines et même des genres éloignés ne pouvaient avoir lieu dans des con-

---

vers les espaces célestes, cause si importante de refroidissement aujourd'hui, devenait tout-à-fait nul. Les hivers étaient par conséquent peu rigoureux, et cela nous explique encore comment tant de plantes et d'animaux, qui ne peuvent aujourd'hui supporter nos climats hyperborés, pouvaient y vivre alors comme entre les tropiques, et précisément comme les plantes du Midi vivent sur les côtes et dans les îles du Nord constamment entourées de brumes épaisses. Toute la terre tempérée par ces vapeurs abondantes pouvait partout supporter les mêmes êtres organisés; et voilà pourquoi les couches minérales anciennes présentent beaucoup moins de différence dans les débris organiques qu'elles renferment en quelque lieu qu'elles se trouvent, qu'il n'en existe aujourd'hui parmi les êtres de différentes zônes."

„Nous devons ajouter encore ici qu'après le refroidissement complet de notre planète au point où nous en sommes maintenant arrivés, il faut probablement un temps où les continents du nord ne formaient pas de grandes masses comme aujourd'hui, et où sans doute il y avait à leur place divers groupes d'îles éparses au milieu d'un vaste océan, ainsi qu'il s'en trouve dans les mers du Sud. Dès lors, les lignes thermales devaient être dirigées tout autrement qu'elles ne le sont de nos jours; par conséquent les climats maritimes pouvaient être bien plus développés dans cette partie du monde qu'ils ne le sont maintenant. Il a dû en résulter que les plantes et les animaux se rapprochaient de ceux que nous ne voyons plus aujourd'hui, sur les continents, qu'entre les tropiques."

[1]) Réaumur. Edition en 6 vol.

ditions variables avec les nôtres sans ôter la fécondité aux individus issus de ces croisements!

Nous savons que les entozoaires comme le ténia, les filiaires, les hydatides, les trichines, la douve du foie et du cerveau doivent la vie à des œufs d'animaux de même espèce, auxquels il a suffi d'un milieu différent pour prendre des formes nouvelles. Nous savons aussi qu'une substance quelconque, l'air par exemple, l'eau ou un morceau d'aliment introduit dans l'organisme d'un ver de terre, de l'homme ou d'un animal quelconque devient une parcelle du corps d'un ver de terre, de l'homme ou d'un animal quelconque. D'où il résulte pour nous, par parenthèse, que l'homme, les animaux, les plantes ont un élément commun et toute la différence entre l'homme, un animal quelconque ou une plante, consiste dans la différence du milieu et des conditions qui ont entouré en principe leur développement, qui ont arrêté ce développement; que tous les êtres organisés furent créés avec une impulsion à devenir *homme*, et que c'est par l'arrêt dans leur développement, dû à la cessation des conditions favorables à ce développement, qu'ils constituent autant d'espèces qui lui sont inférieures; que l'accouplement des êtres appartenant aux différents genres ou aux espèces éloignées n'est jamais suivi de fécondité, parceque ces espèces types appartiennent aux conditions spéciales, qu'elles se sont développées au milieu des conditions qui n'ont aucun rapport entre elles, qu'avec la cessation de ces conditions elles ont fatalement subi l'arrêt de leur développement et sont restées à jamais fixes, avec la seule faculté de l'amélioration dans les limites des races respectives à leur espèce; que le *singe* par exemple, et les autres animaux, ne pourront jamais devenir *homme* dans les conditions actuelles du globe ni dans celles à venir, dans la voie du développement organique, car le type *singe* appartient à une autre condition de l'époque primitive que le type homme, je veux dire, que les conditions qui ont favorisé la métamorphose du singe en homme sont pour jamais passées et ne reviendront plus; que l'homme par conséquent, comme tous les animaux ont été créés du premier coup avec l'impulsion à devenir homme; seulement, que les individus, qui ont subi, sans entraves, dans la succession des conditions de l'époque primitive, toutes les métamorphoses depuis l'atome jusqu'a l'organisme, qui caractérise l'espèce humaine et qui le place à la tête de l'échelle animale, comme cela a lieu encore aujourd'hui dans le sein de la mère, sont devenus hommes, et que ceux dont le développement s'est trouvé arrêté par des circonstances exceptionnelles, sont restés animaux; que les conditions extraordinaires des époques suivantes favorables au développement des espèces, quoique dans les limites de leurs races respectives seulement, n'étaient pas sans influence sur l'amélioration de l'espèce humaine comme de l'espèce animale.

Il en résulte, que l'homme pouvait se trouver à une certaine époque de son développement dans les conditions d'un poisson, sans ressembler à un brochet, ni à une anguille: car, on peut être poisson sans ressembler à aucun poisson. Il était donc homme-poisson! Car si la peau en s'ouvrant sur la poitrine d'un têtard et sur l'extrêmité de son abdomen, donne naissance comme nous l'avons vu aux quatre pattes par bourgeonnement, si la queue lui tombe, si les branchies se changent en poumons, si le papillon peut subir sa métamorphose renfermé dans une chrysalide, laissée à tous les vents, toute fixée qu'elle est à un mur ou à une plante, si les mammifères peuvent subir leurs métamorphoses dans l'oeuf de leurs mères et comme les oiseaux y puiser la nourriture déposée d'avance, constituée par le blanc et le jaune d'oeuf, et y subir toutes ses métamorphoses depuis un point de matière cristallisée jusqu'à leur développement complet, si une patte coupée à la Salamandre ou à l'écrevisse peut renaître par bourgeonnement, pourquoi n'y aurait-il pas des conditions dans la première époque de la création, dans laquelle l'homme aurait pu sans les soins de la mère se développer et atteindre comme animal, le type organique qui caractérise son espèce?

Nous concluons de tous ces faits, ainsi que de l'apposition de la théorie de Cuvier et d'Etienne Geoffroy Saint-Hilaire que les révolutions du globe étaient sans influence sur le changement des genres et des espèces, car Darwin lui-même n'a pas prouvé ce changement, mais il a constaté seulement, que le développement dans les limites de l'espèce est chose sûre et certaine et que les conditions de la nature résultant des révolutions du globe pouvaient améliorer les races; nous concluons que la dernière catastrophe a spécialement influé, comme nous l'avons dit, sur la perfection intime et intellectuelle de notre espèce, qu'elle a permis à l'homme de s'élever si rapidement au-dessus de la création et de devenir en quelque sorte créateur lui-même par les oeuvres de son intelligence! et que les métamorphoses dans les êtres organisés, depuis les plus inférieurs jusqu'aux plus élevés, étaient non seulement possibles, et faisaient loi dans le développement de la création organique, mais que ces métamorphoses sous le rapport organique ont eu lieu à une époque primitive, la plus voisine de la création.

L'homme a-t-il subi ses métamorphoses renfermé dans une chrysalide, remplacée aujourd'hui par la matrice de la mère, a-t-il vécu dans l'eau pendant les premiers temps de son développement, a-t-il vu pousser ses jambes et ses bras par bourgeonnement, état-il un animal inférieur avant de devenir homme? N'importe. Et la dernière supposition qui émane directement de notre doctrine et qui fait regarder les animaux comme autant d'états inférieurs de l'homme, sera d'autant moins blessante pour son origine lorsque nous nous rappellerons que l'homme tire son origine première de la matière et que, comme les animaux, il redevient poussière. Je dis seulement que l'homme fut créé avec toute la création, que la première époque de cette création étant favorable à son développement, a permis toutes les métamorphoses qu'il subit aujourd'hui dans le sein de sa mère, et qu'il n'a jamais été pétri d'argile par la main du Créateur.

Il est aussi difficile d'expliquer la création d'un atome que celle d'une molécule organique et celle de l'homme. Et quoique j'aie donné le premier trait de ma pensée sur ce mystérieux problème, me réservant de le sonder en son lieu, plus profondément encore; j'ajouterai que, je me représente plus aisément l'homme se développant d'une molécule organique, qui n'est que la métamorphose de la matière et qui à son tour est un certain état de la force, passant ensuite par tous les degrés de l'échelle animale jusqu'au singe, que d'adopter aveuglement l'ingénieuse légende Biblique, qui veut que l'homme ait été pétri de la main de Dieu, ou qu'il soit tombé comme une bombe sur notre planète après le dernier déluge, comme le veut Cuvier. J'admire le génie de Cuvier, et plus je l'admire, plus je suis étonné de voir un homme d'un génie d'une telle puissance, avoir dans certains cas si peu de logique. Il est à regretter qu'il ne nous ait pas dit quel était l'âge de l'homme lorsqu'il apparut sur la terre, d'où il venait, quelle fut sa première impression et comment il se comporta, lui étranger, jusqu'alors, sur notre planète, sur cette terre de pleurs et de grincements de dents! Mais je me trompe. Cuvier nous représente le premier homme nu, en combat avec la nature, sauvé par la puissance de son intelligence qui devait seule, comme nous le verrons plus loin, suffire pour lui donner le sentiment de sa force et de sa supériorité sur le reste de la création.

Ainsi, nous avons vu que G. Saint-Hilaire a ramené les *animaux vertébrés à un type unique* et qu'il a démontré, à notre avis, la possibilité du développement organique de ces animaux depuis les plus inférieurs jusqu'aux plus élevés. Saint-Hilaire ne fixe pas toutefois l'époque de cette métamorphose et ne parle même pas de la métamorphose générale ou de celle des êtres organisés depuis l'atome jusqu'à l'homme.

Nous avons vu d'un autre côté, que Cuvier et son école loin de contester la possibilité du développement ou des métamorphoses organiques, les réduit au perfectionnement des races dans une espèce donnée, en repoussant la possibilité de la transformation d'une espèce en une autre. Nous ajouterons que Darwin, qui doit toute sa théorie à Lamarck, à G. Saint-Hilaire et à Goëthe, tout en abondant dans le sens de la grande loi posée par G. Saint-Hilaire, n'a pas démontré le changement d'une espèce en une autre, quoiqu'il ait rapporté une multitude de faits touchant les changements extraordinaires opérés dans les races constituant l'espèce, tant sous l'influence des conditions d'une époque donnée, que d'une série d'époques successives. Quant à moi, j'admets encore une fois comme conclusion de l'état actuel de la science, le développement des êtres organisés, depuis l'atome jusqu'aux êtres placés au sommet de l'échelle animale, dans l'époque primitive de la création, que j'ai appelé époque des métamorphoses et qui pouvait embrasser des siècles, comme aussi ne durer qu'un temps bien limité, comme cela a lieu actuellement dans le sein de la mère, ou dans la *matrice*, en bornant le développement qui s'opère sous l'influence du temps et des conditions déterminées par la dernière catastrophe, ainsi que par celles qui l'ont précédées, aux améliorations dans les limites des races respectives de chaque espèce.

Il en résulte, que ma théorie de l'évolution des espèces ou du développement des êtres organisés et celle de Darwin, sont deux théories parfaitement distinctes. Je dirai plus, je dirai, que ma théorie diffère de toutes les autres de ce genre et qui ne sont au fond que la répétition de celle de Darwin; car elles parlent toutes de l'évolution des espèces sans expliquer, à quelle époque ces évolutions ont été rapides et ont dépassé la limite de l'espèce, et à quelle époque elles ne se font plus que dans les limites des races constituant les espèces,— oubliant la loi de la nature: que quoique l'homme se développe continuellement, qu'il y a eu pour lui une époque, où enfermé pendant neuf mois dans les entrailles de sa mère, il y a subi rapidement toutes ses métamorphoses depuis un point cristallisé de la matière, en passant les phases de la plante et de l'animal, ou en passant d'un règne à un autre; et qu'il y a une époque, où arrivé avec sa naissance, au type de son espèce, il ne se développe et ne se perfectionne plus, que dans la limite de son espèce seulement.

Qui donc me croit de l'école de Darwin, ne connaît pas ma théorie, que j'ai conçue il y a bientôt trente ans en lisant les oeuvres de Lamarck et de G. Saint-Hilaire et que j'ai consignée dans ma Philosophie de la Nature, parue à Varsovie en 1869.

CUVIER ET LA PALÉONTOLOGIE MODERNE.

„On n'a pas trouvé d'homme fossile, disait Beudant en 1857, dans aucune des couches qui ont été soulevées du sein des eaux.—D'où il suit, que l'être privilégié de la création n'est venu sur la terre qu'après les animaux."—Nous trouvons, comme je l'ai déjà dit, dans tous les ouvrages depuis un demi-siècle la répétition de la même faute, et pas un homme ne s'est levé pour la combattre. La science toutefois s'appuyant toujours sur des faits a mieux fait d'attendre les découvertes récentes que de s'aventurer dans des hypothèses quelque logiques qu'elles soient.

Ainsi, d'après Cuvier et son école l'apparition de l'homme sur la terre est toute récente et ne remonte que de 5,000 à 6,000 ans avant nous.

Beudant toutefois ajoute, ce qui lui fait à notre avis beaucoup d'honneur, que s'il existait quelques débris d'homme antédiluvien, qu'il faut les chercher dans les dépôts sous-marins. Et s'ils apparaissent un jour sur la terre, que c'est lorsque de nouvelles catastrophes vont relever ses dépôts sous-marins au-dessus du niveau de l'océan.

„Le soulèvement du Ténar, et quelques tremblements de terre, dit-il, n'en ont mis à nus que quelques lambeaux dans lesquels **il ne s'est encore trouvé que quelques débris d'industrie naissante**" [1]).

Puisque de la Marmora a trouvé dans les couches sous-marines diluviennes, des débris de l'industrie naissante de l'homme, il était alors clair comme le jour que l'homme existait avant le déluge et qu'il ne restait qu'à le trouver, pour que la théorie de Cuvier sur l'apparition de l'homme après le déluge fût renversée.

J'ai d'autant plus le droit, appuyé sur la découverte de de la Marmora de rester avec ma conviction (je formulais ces lignes il y a déjà douze ans), que les découvertes faites en paléontologie depuis quelques années, comme je l'ai déjà dit, ont pleinement confirmé les vues que j'avais sur cette question depuis la lecture de l'ouvrage de Beudant et surtout du passage que je viens de rapporter.

---

[1]) Beudant. Géologie, Paris, 1857, p. 334, fait allusion à la découverte de de la Marmora dans l'île de Sardaigne.

On a donc trouvé l'homme fossile en Europe, comme en Danemark, en Suisse, en Angleterre, en Allemagne et en France, lequel à en juger par les débris de son squelette n'était pas comme nous l'avons dit, aussi parfait sous le rapport de sa conformation que l'homme actuel, qu'il formait plusieurs races distinctes, très-rapprochées de certaines espèces de singes, qu'il faisait une espèce de transition entre les animaux et l'homme actuel et qu'il était *homme-singe*. Si on n'a pas trouvé jusqu'à présent l'homme fossile dans les terrains antérieurs aux dépôts tertiaires et quaternaires, c'est qu'on le trouvera, on le trouvera en Asie ausssi bien qu'en Amérique, puisque du temps de Cuvier on ne connaissait pas de singes fossiles et qu'on en a trouvé depuis jusqu'à onze espèces[1]).

---

[1]) Quoique d'après notre théorie les métamorphoses de l'homme ou son développement a eu lieu à l'époque primitive ou la plus rapprochée de la création, comme cela a lieu actuellement dans le sein de la mère, nous croyons que les conditions du dernier déluge pouvaient transformer graduellement l'homme-animal ou l'homme-singe en homme actuel; quoique parmi ses diverses races, qui existent actuellement, il en est, qui sont encore aujourd'hui très-rapprochées de l'état animal.

D'où il résulte que *l'homme* a été *homme-singe* ou a appartenu à la race très-rapprochée de *l'homme sauvage* de l'époque diluvienne et qu'il a vécu dans cet état avec quelques améliorations dans son espèce, que le temps apporte bien entendu, depuis l'époque *primitive* jusqu'au *déluge;* qu'ensuite, la seule influence des conditions favorables *climatériques*, celle *des découvertes, de leur application,* le développement et l'application *de l'instinct de l'abstraction* dont il fu doté et qui *n'était que* la *transformation* en lui des forces *intellectuelles animales* d'un ordre *inférieur*, a changé même son côté physique, qu'elle l'a ennobli et l'a rendu moralement et physiquement tel que nous le voyons et reconnaissons en nous-mêmes aujourd'hui.

A quelle époque doit-on rapporter l'homme trouvé dans le dépôt diluvien, quel était le type de ses races diverses, ce qu'il fut avant de devenir homme-singe, quelles sont ses destinées tant sous le rapport de ses métamorphoses organiques possibles dans des conditions imprévues de l'avenir, que sous le rapport de ses progrès intellectuels, quelle influence cette découverte pouvait avoir sur la date du dernier déluge, sur la classification des dépôts, le nouvel horizon que cette découverte ouvre à la géologie, à la géognosie, à la paléontologie et à l'histoire, de combien de siècles cette découverte a fait reculer la date de l'apparition de l'homme sur la terre, combien elle a enrichi et éclairé nos vues sur les conditions mystérieuses de son origine, sur les conditions dans lesquelles la terre pouvait se trouver dans son enfance et qui favorisaient son développement progressif, nous nous sommes déjà en partie expliqué, nous réservant de revenir quant au reste dans le cours de notre ouvrage.

LIAISON DU RÈGNE MINÉRAL, VÉGÉTAL ET ANIMAL.

J'aurais dû me borner à ce que j'ai déjà développé sur l'unité de toutes les forces en général et sur l'unité de type pour la création entière, aussi bien inorganique, qu'organique, si le sujet n'était pas nouveau et si son importance ne m'imposait pas le devoir de l'étudier à fond. Aussi comme une nouvelle théorie doit être mise à toutes sortes d'épreuves, et je me suis imposé la tâche de la présenter sous toutes les faces possibles, je serai forcé quelquefois de me répéter, lorsque je ne pourrai pas éviter cet écueil mais c'est uniquement pour prouver, que notre théorie trouve partout et toujours la sanction de la vérité, ou du moins, qu'elle s'approche de la vérité, par sa rigoureuse logique. Puisse un esprit plus lucide nous la présenter sous un meilleur jour.

Ainsi donc, quant à la limite fixée entre le règne animal et le règne végétal, le passage de l'un à l'autre est tellement imperceptible, tellement insaisissable, si éthéré en quelque sorte, que cette limite n'existe, comme nous avons vu, que dans la science. Les naturalistes les plus consommés, placés sur cette limite, trouvaient toujours des difficultés invincibles pour déterminer, si un être appartient au règne animal, ou au règne végétal.

Jusqu'à quel point cette transition est imperceptible, j'essaierai de le prouver en rappelant à la mémoire du lecteur, que les fonctions de la respiration, de l'assimilation et de la circulation sont communes aux végétaux et aux animaux; ou en rapportant une expérience de Bretonneau de Tours, faite sur la sensitive (Mimosa sensitiva, L.), si sensible, quoique plante, qu'elle ferme ses feuilles à l'approche d'un corps étranger. Or, Bretonneau l'a endormie au moyen du chloroforme, comme on endort un animal. La plante anesthésiée ne donnait plus signe de sensibilité — elle ne fermait plus ses feuilles à l'approche d'une main ou d'un corps étranger!

Rien ne démontre pourtant plus nettement le degré de liaison et d'unité entre les deux règnes et ne prouve en même temps la grande difficulté de tracer une limite entre l'un et l'autre, comme la fonction de la *reproduction* ou de la *génération*, qui leur est commune.

Nous entrerons à ce sujet dans une série de curieuses études physiologiques, avec cette conviction que, non seulement la loi de l'unité de la nature n'en souffrira pas, mais bien au contraire, qu'elle en sortira victorieuse.

Je prends la reproduction par *scission*, qui consiste à couper l'individu en plusieurs morceaux, ou à séparer une partie quelconque de son organisme.

Dans les plantes la majeure partie de l'art du jardinage est basée sur ce système. On peut découper une branche, la planter dans le sol, et cette branche une fois plantée ne tardera pas à pousser des racines dans la terre et des branches avec des feuilles dans l'air, et devenir un individu nouveau, exactement semblable à la plante-mère, dont elle faisait partie avant d'en être séparée. Chose plus remarquable encore, je prends une feuille de figuier, de citronnier ou d'oranger, je la plante dans la terre et cette feuille prend et donne un individu exactement semblable à sa souche primitive, ainsi: une feuille de citronnier donnera un citronnier, et une feuille de figuier donnera un figuier. Une feuille est donc un individu susceptible de reproduire le type entier de l'espèce. Nous verrons, que la propriété de se reproduire par cette voie, la plus grande chez les plantes, est encore dans toute sa force chez les vers, qu'elle s'affaiblit chez les reptiles sans exclure de cette loi, jusqu'à un certain point, l'homme même: lorsque nous prendrons en considération le fait, que son épiderme, que ses ongles, que ses cheveux, que ses os même et ses divers tissus enlevés dans une étendue donnée se reproduisent....

En descendant de l'homme au batracien par exemple, nous rencontrons chez ce dernier cette propriété de reproduction, bien plus rapprochée encore des plantes. Le fait rapporté dans ce livre, sur la reproduction de la patte de la *Salamandre*, en est le plus éclatant témoignage; et j'ajouterai, que Spallanzani a observé cette reproduction dans la Salamandre de tout une mâchoire inférieure, que Bonnet et Blumenbach ont observé la reproduction de l'oeil, d'un organe si compliqué, dans la même Salamandre. J'ajoute, que le nerf optique et les membranes du globe oculaire ont été respectés pendant l'expérience. Aug. Broussonet a découpé des *nageoires* et il a vu bientôt se former un renflement, d'où naquit un prolongement membraneux d'abord épais, puis, qui s'amincissait en se développant, et, après trois mois, renfermait les rudiments encore cartilagineux de deux rayons. Ces rayons acquiéraient plus de longueur en s'amincissant, et, vers le huitième mois, la nageoire était complètement reproduite [1]).

---

[1]) Lisez pour ces détails le 3 volume de l'important ouvrage de Longet: Traité de Physiologie. Paris, 1859.

La fonction de la reproduction est encore plus manifeste chez les crustacés et chez les insectes. Spallanzani a même observé la reproduction de la tête entière dans certains mollusques.

Chez les vers, la force de la reproduction est encore plus palpable, car ces animaux se multiplient par division non seulement transversale, mais aussi par division longitudinale. Ainsi, d'après Bonnet et Roesel, la tête et la queue douze fois découpées à une *naïde*, (ver de la famille des *annélides*) se reproduisent à chaque fois et cette même naïde coupée six fois dans la longueur de son corps, chaque partie se refera et produira une *naïde* nouvelle. Ces savants sont même parvenus à démontrer, qu'un morceau de naïde de trois millimètres de diamètre se complète et reproduit une naïde entière.

D'après F. Müller la propriété de la vie, la centralisation de la vie est si faible chez ces animaux, nous dirons si végétale, si généralisée, si grande! qu'on peut découper la tête à une *naïde*, ce qui n'empêchera pas, que si nous lui enlevons ensuite la queue, que cette queue va se reproduire en même temps que la tête! Une plante à qui nous enlevons la couronne (branches et feuilles) une fois plantée par son extrêmité supérieure dans la terre, ne va-t-elle pas faire pousser des feuilles sur ses racines devenues autant de branches par cette artificielle condition?

Laurent a découvert dans ces derniers temps, que le bras découpé à *l'hydre*, qu'une partie du bras découpée à ce polype d'eau douce se reproduit. Dugès même a prouvé, qu'il y a des êtres qui se multiplient par la *scissiparité* ou par la division longitudinale de l'individu en deux parties ou comme chez la *vorticelle microstome* (infusoire) par un lent et progressif décollement de ses deux moitiés constituant l'individu, à partir de la bouche jusqu'à la queue, en deux individus distincts. La loi donc de la symétrie de Serres, présidant à la formation organique des animaux, serait ici la base de la loi qui présiderait à sa division dans des parties constituantes.

Ainsi ce que la symétrie a lié, la symétrie l'aurait décollé dans le but de la multiplication de l'espèce—pour que d'une moitié non symétrique fut créé un être symétrique.

Nous verrons tout à l'heure que cette reproduction par *section* chez les animaux n'est, sous un certain rapport comme chez les plantes, qu'une reproduction par *bourgeonnement* et que la fonction de la reproduction est ici intimement liée avec le nombre des ganglions, ou avec les systèmes des centres nerveux ou avec l'unité, ou la pluralité des ganglions cérébraux, si je puis m'exprimer ainsi, ou avec des cerveaux sui generis, ou avec des systèmes de cerveaux tellement généralisés chez un individu, que toutes les parties les plus minimes en quelque sorte de son être sont des germes d'individus nouveaux et indépendants, qu'elles constituent des individus collectifs d'un individu donné, pouvant vivre aussi bien séparés que dans l'individu-mère. Il faut donc regarder ici un individu comme un être-collectif, ayant le plus d'analogie sous ce rapport avec les plantes.

Nous voyons d'après ces faits, comme les fonctions de la digestion, de la nutrition, de la croissance et de la reproduction en un mot, des organes, ou de ses parties, nous conduisent insensiblement à la fonction de la reproduction d'un être tout entier, qui chez les êtres organisés supérieurs, comme chez l'homme, par exemple, semble constituer une fonction si tranchée et si à part!

Nous voyons donc, que tout et partout constitue une chaîne non interrompue dans le développement organique, et que toutes les forces organiques, comme nous l'avons vu, ne sont que la succession du développement de la même force élémentaire.

J'arrive à la reproduction dans le règne organique par *bourgeonnement*.

Or, chez les plantes, comme chez les animaux cette fonction consiste en une réunion, par le travail organique, dans un point donné de l'individu, des éléments primordiaux organiques indispensables pour former le noyau d'un individu futur, exactement semblable à l'individu-mère. Ces noyaux imperceptibles, bornés dans le principe à quelques atomes réunis en une cellule organique ou en un point cristallin-organique, augmentent de volume, croissent et se développent organiquement,—par l'arrangement des matériaux chariés par la force de la vie et puisés dans la matière de l'individu, mûrissent graduellement, subissent ainsi leurs métamorphoses sous les auspices de l'individu-mère, jusqu'à ce qu'ils acquièrent des conditions suffisantes pour une vie individuelle. — Ces boutons ou bourgeons une fois devenus autant d'individus à part, susceptibles de vivre de leur propre vie, restent sur l'individu-souche et comme chez les plantes se changent en branches, en feuilles et en fleurs (j'entends par la fleur sa partie la plus importante, savoir: l'ovaire et autres organes de la reproduction), ou comme dans l'espèce humaine poussent dans l'ovaire de la mère, se développent, mûrissent et une fois mûrs et fécondés (dans l'ovaire encore), une fois la membrane, qui le maintenait dans l'ovaire, rompue par leur mâturité (vésicule de de Gräf), laissent tomber leur partie essentielle ou l'ovule (corps infiniment petit) dans la matrice, lequel s'y fixe de nouveau, s'attache pour la seconde fois à la souche-mère, ou pour mieux dire, aux parties internes de la matrice et y bourgeonne de nouveau ou autrement, qu'il y subit ses métamorphoses depuis le point cristallin jusqu'à sa mâturité, pour qu'une fois mûr, il se sépare de nouveau de la mère avec laquelle il faisait un tout inséparable, comme lié avec son organisme au moyen de vaisseaux sanguins et de nerfs, pour vivre d'une vie individuelle—quoique dans cette existence nouvelle, il ne cesse d'être lié par mille liens avec toute la nature et ne peut jamais vivre hors d'elle, qu'il n'en est donc qu'une parcelle imperceptible, un bourgeon en quelque sorte à part. On peut donc regarder l'homme comme un bourgeon placé au milieu de la nature, qui y subit ses changements aux dépens d'elle, comme de toute la création—et qui, une fois mort, une fois retourné à la nature cosmique, fournit des éléments, comme matière, à la vie des bourgeons des générations futures.

Je fais remarquer que si l'oeuf tombe sur le péritoine, que cette dernière membrane remplacera très-bien la matrice.

Nous voyons donc, qu'il est un moment dans les phases du développement de l'homme où il était bourgeon, où il était *homme-plante*, et que l'homme est un être chez lequel le bourgeonnement se fait sur deux points, savoir: dans *l'ovaire* et après la fécondation de l'oeuf dans ce dernier, et dans la *matrice*.—Chose remarquable, nous voyons ce même fait avoir lieu chez les plantes. Ainsi, le grain, qui a bourgeonné dans l'ovaire de la plante une fois mûr et fécondé tombe sur la terre, y pousse des racines, espèces des vaisseaux sanguins, et une fois lié avec cette dernière, bourgeonne de nouveau ou vit attaché à elle d'une vie individuelle. Ainsi, la terre remplace ici la matrice des animaux et la différence entre l'homme et la plante consiste seulement ici, en ce qu'une fois formé et pouvant vivre d'une vie individuelle, il s'en détache, tandis, que la plante reste pour l'éternité attachée à la terre. Mais même cette loi est relative, comme nous le verrons plus bas; car les plantes sont douées d'une certaine sorte de locomotion et peuvent, philosophiquement parlant, changer même de lieu.

Je fais remarquer en passant, que ces vues sur la reproduction de l'homme par bourgeonnement dans *l'ovaire*, dans la *matrice* et dans le *péritoine*, que *l'oeuf* n'est qu'un *bourgeon* comme le *grain*, que le bourgeonnement dans notre espèce se fait à la partie *interne* du corps, tandis qu'il se fait chez les plantes et chez les animaux inférieurs à la *superficie* de leur corps, que *l'homme* est un *bourgeon* attaché et se développant au milieu de la nature—que toutes ces idées me sont personnelles.

Passons toutefois en revue les différentes classes des êtres organiques appartenant au règne animal et nous conviendrons, que ce mode de reproduction rapproche infiniment les animaux du règne végétal.

Ainsi, chez les infusoires, la *vorticelle* dont nous avons parlé plus haut, se reproduit non seulement par *scission* mais aussi par bourgeonnement, comme une plante, savoir: que ses bourgeons poussent à la partie externe de son corps. La production d'un pareil bourgeon chez la *vorticelle* se fait d'une manière exactement semblable à celle dont nous avons fait mention en parlant de la formation des bourgeons en général, savoir: qu'il s'accumule, sur un certain point du corps des éléments organiques formant d'abord une éminence arrondie ou globuleuse, qui porte le nom de bourgeon. Ce bourgeon se creuse d'une cavité qui communique primitivement ou consécutivement avec la cavité de l'animal, et il se développe peu à peu, de manière à constituer un individu semblable à l'individu-*souche*, sur lequel il a pris naissance. Enfin après son développement, lorsqu'il a assez d'individualité acquise au point de vivre indépendant, il se détache de la mère, vit de sa propre vie, tout en puisant dans le monde extérieur des éléments nouveaux pour son existence et son développement futur.

Chez les polypes, comme chez l'*hydre* par exemple, nous voyons se reproduire exactement le même phénomène extraordinaire avec cette différence de plus, que les bourgeons y poussent sur le corps tout entier, depuis la tête jusqu'à l'extrêmité. Plus toutefois nous remontons dans l'échelle animale vers l'homme, plus la localisation des bourgeons est limitée jusqu'à arriver aux animaux chez lesquels, comme chez l'hydre, de l'externe elle se fait interne et occupe, comme je l'ai dit, l'ovaire, la matrice, ou comme dans les grossesses extrautérines, le péritoine: lorsque l'oeuf fécondé dans l'ovaire s'échappe accidentellement et tombe dans la cavité de l'abdomen.

Milne Edwards cite un fait qu'il a observé lui-même sur la *Myrianide à bandes* (annélide, qu'il a trouvée sur les bords de la Sycile) et qui donne dans la manière de se reproduire de cet animal une éclatante preuve physiologique de la liaison du règne animal avec le règne végétal.

„Chez ce ver, dit-il, l'individu-souche, au lieu de produire par bourgeonnement un seul petit, en forme jusqu'à six, qui sont réunis en chapelet à l'extrêmité postérieure de son corps et qui, de même que chez les *syllis*, renferment les organes de la génération, partie, dont l'individu-souche est lui-même privé."

Or, ces petits se constituent précisément dans le point où naissent les nouveaux anneaux chez les larves d'annélides, c'est-à-dire entre le segment caudal ou anal et le dernier segment du tronc; mais tous ne se forment pas en même temps; et ils sont d'autant plus jeunes qu'ils sont placés plus près de l'individu producteur.

Or, comme chez une plante, d'après notre manière de voir, donnant naissance par la racine à de nouveaux rejetons, ces derniers poussent d'autres branches ou individus, de même chez ce ver poussent de l'extrêmité du corps de nouveaux individus dans les points entre le segment terminal du tronc et son anneau caudal, qui refoulé en arrière par le bourgeon producteur, aura dès lors cessé d'appartenir à la mère et sera devenu un des zoonites constitutifs de l'être en voie de formation.

Il est à noter, que dans ces reproductions par bourgeons, les jeunes individus se développent de la même manière que lorsqu'ils proviennent d'un embryon.

Quant à la reproduction par la *semence* ou *graine*, *l'oeuf* renfermé dans l'ovaire des animaux mammifères et la *graine* de la plante renfermée dans son ovaire est anatomiquement, comme physiologiquement parlant exactement la même chose. Ainsi, les deux règnes se touchent sur ce point plus que partout ailleurs. Car je le répète, si *l'oeuf* n'est qu'un *bourgeon*, à ma manière de voir, de l'ovaire de l'animal-mère, la *graine* n'est aussi qu'un *bourgeon* de l'ovaire de la plante. Et je parle ici des vivipares comme des ovipares.

Ainsi le rapport sur ce point entre deux règnes est si intime et si profond, qu'il ne marque même pas de limite entre l'un et l'autre, à part les formes extérieures et d'autres détails insignifiants pour un naturaliste philosophe.

Ce qui prouve une fois de plus, qu'il faut considérer chez l'homme par exemple, depuis sa conception jusqu'à sa mâturité, comme dans les anneaux de la chaîne des êtres organisés et même de toute la création depuis la matière simple jusqu'à l'homme, tout anneau supérieur, tout être supérieur anatomiquement comme physiologiquement, comme le développement de l'être inférieur, comme un degré plus haut de l'anneau ou de l'être qui lui est inférieur.

En étudiant maintenant le système nerveux dans la grande chaîne des êtres organisés, nous trouverons exactement la même chose, savoir: que les propriétés végétales et que les fonctions végétales se retrouvent à chaque pas dans le règne animal et que le règne animal reflète en lui des traces manifestes de l'existence de ce système dans le règne végétal.

Ainsi, l'homme a toute l'individualité de la vie concentrée dans un cerveau un ou dans un centre où ganglion nerveux unique, et c'est pourquoi on ne peut le couper en deux ni en quatre, sans porter atteinte à sa vie individuelle, et c'est une raison encore, par laquelle son bras, ou sa jambe non seulement ne reproduit pas l'homme, mais même ne peut se reproduire elle-même.

N'oublions pas toutefois, que les animaux supérieurs sans en exclure l'homme, ont à part le cerveau proprement dit, plusieurs ganglions, ou centres nerveux de la vie purement organique, qui se trouvent placés le long de la colonne vertébrale et surtout dans les ganglions du nerf grand sympathique. Ces cerveaux de la vie organique président aux fonctions instinctives, ou à celles qui s'effectuent sans connaissance de leurs actions, et dirigent la partie la plus mystérieuse de la vie organique, de la digestion, de la respiration, de l'assimilation et finalement de la métamorphose de la matière dans un corps vivant.

Chez les êtres inférieurs du règne animal, il est des êtres comme le *lombric*, qui portent dans chaque anneau de leur corps un ganglion central de la vie organique entière ou un cerveau à part, et c'est pourquoi chacun de ces anneaux découpés reproduit un nouveau *lombric*. Chaque anneau est ici un système d'individu, chaque anneau est un individu susceptible de reproduire le type entier de son espèce.

Le *ténia* même ou le ver solitaire, dans chacun de ses segments porte non seulement un cerveau à part, mais même un ovaire à part, et c'est pourquoi chaque segment étant un individu à part, peut se reproduire par les oeufs, dont chaque œuf donne naissance à un segment ou à un individu, la réunion desquels constitue un ver solitaire ou un être collectif. La solidarité de la vie organique est si grande entre les segments ou individus à part qu'une fois attachés l'un à l'autre pour former un ruban de ténia, toute nourriture que prend la tête ou le premier segment ou le premier individu, passe successivement aux autres segments et les entretient.

Ainsi nous voyons, chose remarquable, que l'homme a un cerveau et est doué de plusieurs ganglions de la vie organique, et que les animaux inférieurs ont le cerveau et des ganglions qui à leur tour peuvent devenir cerveaux!

Ainsi le cerveau de l'animal placé à la tête de l'échelle animale est en quelque sorte l'hypertrophie, le développement, la métamorphose du ganglion de la vie organique; dans les êtres inférieurs les ganglions de la vie organique sont des rudiments du cerveau proprement dit et chose plus remarquable encore, c'est que le segment du ténia qui n'a pas de tête et qui n'a pas de cerveau, une fois devenu animal entier aura une tête et un ganglion principal, faisant les fonctions du cerveau.

L'homme envisagé sous ce point de vue est homme et animal, puisqu'il a un cerveau et les cerveaux rudimentaires de la vie organique animale.

Les animaux encore plus rapprochés des plantes ont le système ganglionnaire ou le système des centres nerveux ou des cerveaux tellement généralisé, tellement épars dans les plus petites parties de leur corps, que comme chez les plantes, il n'en ont presque pas en apparence; et c'est justement à cette généralisation des centres nerveux chez ces animaux, offrant une si grande analogie avec les plantes, que nous voyons la généralisation de la vie individuelle des premiers aussi analogue à celle de ces dernières.

Les plantes comme on sait, anatomiquement parlant, n'ont pas de système nerveux; et si elles n'en ont pas, c'est qu'il y est, mais trop généralisé; car la physiologie dément le fait de sa non existence par le fait que: partout où il y a fonction, l'organe de la fonction doit être aussi. — Si on n'a donc pas trouvé des nerfs chez les plantes, cela tient, à ce que ces nerfs doivent avoir une consistance liquide ou gazeuse et consister en un système mystérieux et invisible, quoique trouvable et d'une existence matérielle et positive.

Ainsi selon nous, on ne doit pas douter de l'existence du système nerveux chez les plantes.

La plante donc, d'après ma manière de voir, envisagée au point de vue des parties qui la constituent, savoir: du tronc, des branches, des feuilles et des bourgeons, peut être regardée comme un individu composé d'autres individus, ayant chacun un ganglion central nerveux de sa vie organique individuelle, également reparti dans tout son être, car dans le bourgeon existe la plante tout entière, parceque dans une feuille de figuier, se trouve un figuier tout entier, car une branche plantée dans la terre donne la plante entière. Et chose surprenante, qu'il y a des animaux chez lesquels un organe peut remplir jusqu'à deux fonctions, tellement les lois en se généralisant prouvent l'unité dans tout. On sait qu'il existe un zoophyte: être placé sur la limite des deux règnes (végétal et animal), qui a la forme d'une poche et qui digère par sa doublure, tandis qu'il fait ses excrétions par la peau, et lorsqu'il sent que cette dernière a réuni assez de petits êtres pour sa consommation, il se retourne sur lui même, les digère et sa paroi interne ou doublure, qui lui sert d'estomac va excréter à son tour les éléments, qui ne lui sont plus nécessaires, que pour attirer les petits êtres propres à son existence.

Je reviens aux parties constituantes de la plante, et je dis: que les feuilles comme les tiges sont des individus ayant leur vie individuelle indépendante. Est-ce que cette diversité des parties constituant la plante ne prouve pas leur identité sous le rapport de leur organisme comme sous le rapport de la vie organique qui leur est propre, qui constitue leur individualité, avec l'organisme et avec la force de la vie de leur souche-mère? Est-ce que chacune de ces parties ne renferme pas l'ensemble des éléments organiques, comme de la force organique de la vie de l'individu collectif, quoique ces parties ou ces individus à part, comme l'individu tout entier n'aient pas de ganglions nerveux à part? Est-ce que chacune des parties constituant l'arbre n'est pas un individu à part, comme le veut J. Müller[1]) contrairement à l'opinion de Longet[2]) et d'autres physiologistes de premier ordre?

Si nous passons maintenant des plantes au règne minéral, chaque molécule de ce dernier est absolument identique avec une autre dans un corps donné, parce que n'ayant pas de cerveau, elle a son cerveau, si je puis

---

[1]) J. Müller. Manuel de la Physiologie. Paris, 1845, trad. Jourdan. tom II, p. 558.

[2]) F. A. Longet. Traité de Physiologie. Paris, 1869, tom III.

m'exprimer ainsi, dans toute la nature, ou généralisée dans tout son être.

Nous voyons par là, que la physiologie comparée du système ganglionnaire ou central nerveux, prouve une fois de plus, qu'il n'y a pas de limite sous ce rapport entre le règne végétal et le règne animal, que même sous ce rapport les animaux ne sont que des plantes plus développées, plus élevées dans leur métamorphose, comme les plantes ne sont qu'un certain état de la matière, comme elles ne sont que la matière métamorphosée; nous voyons dis-je, que le cerveau généralisé, disséminé dans la plante se réunit en quelque sorte en plusieurs ganglions chez les animaux inférieurs, pour se fondre en un seul ganglion chez les animaux supérieurs, à la tête desquels la Sagesse suprême a placé l'homme.

Si nous passons maintenant d'une classe à l'autre dans le règne animal, nous trouverons que la nature dans *les échidnés* et dans *les ornithorhynques* a semblé établir un passage entre les mammifères et les ovipares.

L'intestin effectivement chez les derniers, au lieu de s'ouvrir directement au dehors comme chez les mammifères ordinaires, débouche dans un cloaque commun, de la même manière que chez les oiseaux; l'appareil de la reproduction présente aussi des anomalies très-grandes; et le système dentaire est rudimentaire; quelquefois les mâchoires sont garnies de lames cornées qui ressemblent beaucoup à un bec de canard. Enfin les mammifères ne diffèrent des oiseaux qu'en ce que les premiers sont vivipares et les derniers ovipares. Et comme l'oeuf des premiers, comme des derniers, physiologiquement et anatomiquement parlant au fond est la même chose, nous voyons par là comme est grand le rapprochement entre ces deux classes.

Si nous prenons les poissons par exemple et les batraciens, nous trouvons sur la limite de ces deux classes le *protée*.—*L'anguis fragilis*, qui n'a pas de pattes, a l'extérieur d'un serpent et porte sous la peau les rudiments des omoplates et des clavicules, fait une admirable transition du *lézard* au *serpent* ou des *reptiles* aux *batraciens*. Examinez maintenant la tête de la couleuvre et de la grenouille, ou du lézard et celle de la Salamandre, examinez le corps de ces êtres, et bien que vous trouviez ici quatre pattes et que là vous n'en trouviez aucune, vous aurez une très-grande analogie entre les batraciens et les reptiles.

Le passage d'une classe d'animaux à une classe voisine et même aux classes éloignées est si imperceptible, que la nature pour conduire l'homme à le mieux saisir, a laissé, dans la métamorphose du *têtard* en *grenouille* et de la *chenille* en *papillon* un frappant exemple de la possibilité de ces changements extraordinaires. Elle a même laissé dans le *protée* l'exemple de la compatibilité des organes appartenant aux deux classes à part, telles que, la classse des poissons et des batraciens.

Faisons un saut à travers plusieurs classes, passons des poissons aux oiseaux, et nous aurons dans le *manchot* et autres oiseaux des régions polaires une analogie entre ces classes si éloignées en apparence. Prenons *l'ornithorhynque* par exemple, avec sa tête applatie et terminée par un bec de canard, ayant tant d'analogie avec l'extrémité antérieure de la tête d'un poisson; prenons le *manchot*, avec sa tête fixée sur un cou court, à corps épais, avec des aîles ressemblant plutôt a des nageoires écailleuses qu'à des aîles proprement dites, aux pattes courtes, qui sortent à peine du corps, à larges membranes entre les doigts, ne pouvant marcher sur le sol et nageant si bien sur l'eau—or, si nous nous souvenons ce qu'Aristote a dit au sujet de la plume et de l'écaille de poisson, qu'elles sont au fond la même chose, nous aurons un être qui est poisson et qui n'est pas poisson, qui est oiseau et qui n'est pas oiseau, qui tient le milieu entre le poisson et l'oiseau, qui est oiseau-poisson.

Cette analogie sera plus facile à saisir lorsque nous nous rappellerons, qu'il y a des poissons qui peuvent s'envoler au moyen de leurs nageoires au-dessus de l'eau, fait d'ailleurs, qui nous donne le premier trait de la tendance à la métamorphose du poisson en oiseau. Les poissons ensuite nagent dans l'eau, tandis que les oiseaux nagent pour ainsi dire dans l'air, qui est un liquide comme l'eau, seulement plus éthéré, et savent nager sur l'eau et même comme de certaines espèces nager sous l'eau comme des poissons. Les poissons sont, comme je l'ai dit, couverts d'écailles qui ont beaucoup d'analogie avec les plumes d'oiseaux: les uns comme les autres naissent des oeufs;—même la chair des oiseaux est intermède entre la viande des mammifères et la chair des poissons.

L'analogie entre les poissons, les oiseaux et les mammifères est aussi frappante qu'entre les deux premières classes. Ainsi les animaux vivipares sont couverts de poils sans excepter l'homme de cette règle jusqu'à un certain point[1]), ces poils ne sont qu'une métamor-

---

[1]) Il y a des hommes tout couverts de poils et ceux qui ne

phose, qu'un certain état de la plume, de l'écaille, de la corne, de l'ongle ou de l'épiderme, ils nagent (certaines espèces), la nature a même laissé à quelques uns de leurs espèces des aîles, comme à la chauve-souris ou des becs semblables à un bec de canard, ou au museau des poissons, comme à l'ornithorhynque ou plutôt elle a oublié de les leur ôter, comme si elle voulait que cet oubli servit à l'intelligence humaine pour arriver plus facilement à l'origine de chaque être et finalement à saisir l'unité de son plan dans la création.

Les animaux inférieurs aux poissons, comme certains vers par exemple, vivent dans l'eau, nagent très bien, puis certains insectes vivent et nagent dans l'eau comme les poissons et volent dans l'air comme les oiseaux, ont un système circulatoire, respirent, digèrent, se reproduisent comme les poissons et comme les oiseaux, savoir: sont ovipares, et même physiologiquement parlant se reproduisent comme les mammifères avec la différence que les métamorphoses de foetus chez les premiers s'accomplissent dans l'oeuf fixé dans la matrice, tandis qu'ici ces mêmes métamorphoses s'opèrent dans l'oeuf expulsé de la matrice et qui n'a que la nature pour matrice — ils sont couverts de matière membraneuse ou écailleuse ayant beaucoup de rapport avec la matière de l'épiderme ou avec des ongles et des poils de mammifères etc. etc.[1]).—Toujours et partout de l'analogie, toujours et par-

---

le sont pas portent sur certaines parties du corps ces vestiges de leur communauté de nature avec les animaux.

[1]) Les animaux vivipares tels, que le Pangolin, sans être poisson est couvert d'écailles, la tortue est couverte d'écailles, les serpents, les lézards sont couverts d'écailles—le castor a la queue cou-

tout des preuves d'une métamorphose ou progressive, ou rétrograde, partout on voit les traces de l'unité de plan dans la création.

Ce que j'ai dit par rapport à l'analogie et à la métamorphose d'une classe à l'autre, se rapporte à la métamorphose d'une espèce inférieure en une espèce supérieure, d'une famille en une autre famille, d'une simple variété en une autre variété, d'un organe, je dirai même d'un tissu, d'une cellule organique en un autre tissu, en une autre cellule. Tout n'est donc dans la grande famille des êtres organisés que le développement ou l'évolution du type élémentaire, de la cellule organique — d'un même atome!

D'un autre côté, la limite entre la matière simple et les classes précédentes d'êtres organisés, est si imperceptible et l'analogie en est si grande, que la matière étant la base de leur être, existe, quoique invisible, voilée chez tous, et forme la charpente de tous: car sans la matière ils n'existeraient pas, ils ne seraient pas êtres physiques palpables et n'appartiendraient pas à la création et que, ce qu'ils sont, ils le doivent à la matière. — C'est la matière qui dans l'être vivant est métamorphosée, c'est donc la matière simple qui est matière organique, qui est plante, qui est animal, qui est homme, comme la force simple, qui régit la matière simple est chez les plantes la force organique, et qui chez l'homme atteint par sa métamorphose le degré de l'intelligence, de la raison!

---

verte d'écailles, les oiseaux ont les pattes couvertes d'écailles, les ongles même dans notre espèce sont les rudiments d'écaille du poisson, tandis que quelques oiseaux portent des vestiges de vrais poils, comme le dindon, le casoar, etc.

Sans la métamorphose de la force en matière il n'y a pas de matière, et sans matière il n'y a pas de création!

Tout se lie, tout s'enchaîne, tout ne fait qu'un.

L'homme, envisagé séparément, comme individu à part, est matière simple métamorphosée, est plante, est animal, est un être intellectuel.

Il est matière, car il contient dans son être physique le gaz hydrogène, le gaz oxygène, le gaz acide carbonique, l'azote, le fer, le soufre, le calcium, l'iode, le phosphore et les composés de ces divers principes quoique tous ces principes sont en lui profondément changés ou métamorphosés.

Il est plante, car il se reproduit par bourgeonnement, car il respire, car les liquides circulent en lui, car il assimile etc.

Il est animal, car il peut changer de place, car il est doué de sensibilité, car il a l'intelligence.

Il est homme par dessus tout, car par son moral il s'élève à Dieu!

Toujours le développement de l'atome jusqu'à l'organisme parfait et de la force simple à l'intelligence, à l'âme; toujours l'analogie du lien inséparable des forces simples avec les forces de la vie, avec les facultés intellectuelles; toujours l'identité spécifique ou de l'espèce dans le principe; partout et toujours la diversité dans l'unité, et l'unité dans la diversité de la création.

D'un autre côté les forces de la vie ne pourraient pas avoir de prise sur la matière simple s'il n'y avait pas d'analogie dans l'espèce, comme nous l'avons dit, entre ces forces vitales et les forces qui gouvernent la matière simple, si elles n'étaient pas basées sur la même loi et si elles n'obéissaient pas à la loi commune les unes comme les autres — si elles n'étaient pas dans les principes de la même espèce — si elles n'étaient pas les mêmes au fond.

Ainsi, les forces de n'importe quel ordre sont au fond les mêmes, et c'est pour cela qu'elles peuvent agir d'accord dans l'oeuvre de l'unité et de l'harmonie de la nature.

J'ai dit, que la température du corps humain ou de celui des animaux est le résultat de la mutation continuelle en lui de la matière, qu'elle est le résultat de continuelles combinaisons et décompositions chimico-organiques de la matière première, fournie par l'air, ou introduite en lui sous forme d'aliments brutes, comme l'eau, ou morpho-plastiquement préparés, comme les aliments du règne végétal, ou animal. — Nous voyons donc chez l'homme la matière simple et organique agir de concert, avant que la première placée dans les conditions favorables ne devienne à son tour matière organique.

J'ai dit au commencement de ce livre que la force ne consiste pas seulement à passer d'un état d'équilibre ou de repos à l'état de mouvement, mais que la modification, que la direction de ce mouvement siège dans la nature de la force et constitue sa vie, son esprit, sa sagesse cachée....

Or, si nous suivons par la pensée une molécule d'aliment introduite dans notre économie, nous savons, que depuis son arrivée dans notre bouche, elle se trouve d'abord divisée, puis, par son contact avec la salive modifiée au point, physiquement parlant, méconnaissable. —

Ainsi modifiée et passée dans l'estomac, elle y subit d'autres divisions et d'autres métamorphoses. Ne perdons pas de vue que quoique ces changements sont morpho-plastiques, qu'ils s'opèreront d'après la loi d'attraction-répulsive. Nous savons déjà, que la force organique lui imprime un mouvement suivant les diverses courbes, la dirige dans son mouvement, l'arrête dans son cours et la fixe définitivement dans un point donné de l'économie, où elle sera tenue encore dans ce point avec les molécules voisines dans un tout, obéissant à la loi de l'attraction-répulsive, ou de l'affinité, de la sympathie organique, quoique instinctive, marquée toute fois au coin de l'intelligence — car jamais l'intelligence humaine la mieux exercée ne saurait en faire autant!

L'estomac sentant le besoin de prendre des aliments, signifie, qu'il manifeste son attraction à la matière de l'aliment.—L'organisme éprouvant un élan quelconque, toujours signifie le réveil en lui de la force à la vie, à l'action qui finalement n'est que l'attraction-répulsive.

Décomposons chimiquement cette merveilleuse machine que nous appelons l'homme, brûlons-la, décomposons tous les êtres organisés végétaux comme animaux et de toutes ces formes si riches en variétés, de tous ces types nous obtiendrons toujours l'hydrogène, l'oxygène, le gaz acide carbonique, l'azote, le calcium, le soufre, le potassium, le sodium, le chlore, le fluor, le silicium, le magnésium, le phosphore et le fer.

Ainsi, dans le corps humain il se passe des procédés chimiques ou simples, aussi que des procédés morpho-plastiques ou organiques végétaux et animaux.

L'homme est par conséquent un être simple, végétal et animal.

Ainsi les molécules sont en lui organisées suivant la loi qui régit les forces simples et organiques, qui dans le fond, dans le principe ne sont que l'attraction-répulsive élevée jusqu'à l'instinct, jusqu'à l'intelligence, jusqu'à l'amour et la raison.

Passons à présent au développement de la création depuis l'atome jusqu'à l'être placé à la tête de la création organique, jusqu'à l'homme.—

Or, nous avons vu dans la nature simple, dans l'atome, la force simple ou l'attraction-répulsive exprimée ou métamorphosée; nous avons vu comment dans une cornue les atomes d'un corps s'appropriaient par la force d'affinité élective les atomes d'un autre corps et s'unissaient avec eux en abandonnant à leurs antagonistes les atomes qui, un instant avant, leur appartenaient; nous avons vu la force agir suivant la ligne droite, et suivant les diverses courbes, qui ne sont que la résultante de plusieurs forces, dont chacune pourtant n'agit que suivant la ligne droite....

La capillarité dans les corps simples nous a donné le premier trait de l'endosmose dans les corps organiques végétaux et finalement de la circulation du sang chez les animaux.

La limite ensuite entre la matière simple et organique est insaisissable et les cristaux, ces premières esquisses de l'organisation, font comme nous l'avons vu, le premier plan dans les corps simples de l'organisme des êtres organisés.... et relient ces deux règnes ensemble.

Les zoophytes sont des animaux en quelque sorte retournés sur eux-mêmes; car le système osseux chez ces derniers se trouve à l'intérieur du corps, tandis que chez les premiers l'être proprement dit est renfermé en quelque sorte dans son squelette de forme qui tranche de la plante.

La tortue dans les degrés plus élevés de l'échelle animale conserve encore les traces de caractère si tranché dans les zoophytes; car à part sa tête, sa queue et ses pattes, son squelette est à l'extérieur de son corps et double pour ainsi dire sa demeure cornue ou écailleuse.

Même chose dans les moeurs et dans les habitudes de l'homme. Ainsi voulez-vous voir le type de l'homme vivant il y a quelques mille ans, avec son costume, avec ses préjugés, avec ses habitudes, avec sa religion, avec le fanatisme de sa religion, avec son intelligence arriérée de quarante siècles? Vous le trouverez au milieu de vous dans le siècle de progrès et de la civilisation, lorsque vous jetterez un coup d'oeil sur un houssite ou juif polonais noyé dans les préjugés de son talmoud et perdu dans les préjugés de ses lois antiques.

Voulez-vous avoir le type de l'homme immédiatement avant ou après le déluge, avec ses moeurs et ses habitudes? Vous le trouverez aujourd'hui encore chez les sauvages du Brésil, vous le trouverez nu et sauvage comme était nue et vierge la nature primitive; vous le trouverez avec les mêmes morceaux de bois perçant ses oreilles, avec des anneaux aux narines, tout badigeonné de jus de différentes plantes; vous trouverez dans les sauvages du Brésil d'aujourd'hui, l'intelligence de l'homme fossile ou plutôt les premiers traits de l'intelligence moderne — ce qu'il y a de plus, vous reconnaîtrez dans ses traits et jusque dans ses manières et dans ses habitudes le type primitif qui le rapproche tant de la bête.

Tu penses toutefois, fiér habitant de Paris ou de Londres être bien loin du type de l'homme primitif? Regarde les anneaux percer les oreilles de ta femme, ou de ta fille et tu retrouveras dans ces clinquans le reste de ton premier état sauvage; tu verras, que si la nature a conservé dans la tortue les vestiges de l'organisation des zoophytes, elle a conservé en toi les rudiments de la barbarie primitive dans le but de te rappeler ton état primitif, de te rappeler ton origine. Est-ce que les épaulettes et autres ornements du costume actuel militaire ne sont pas les rudiments de l'armure du moyen âge? Est-ce que la coutume des sauvages de l'Inde et du Brésil, de se tatouer le corps, ne se perpétue pas parmi nos militaires d'aujourd'hui, est-ce qu'ils ne se font pas tatouer les bras et la poitrine de diverses figures, en se faisant piquer jusqu'au sang avec des aiguilles et en faisant brûler de la poudre avec laquelle on leur a saupoudré ces marques devenues indélébiles?

Jetons un regard sur nos prêtres lisant leur messe à l'autel, la mitre sur la tête et la crosse à la main. Est-ce que nous devinerions, que nous avons devant nos yeux le costume de l'antique Egypte, avec la seule distinction que la différence de religion lui a imprimée?

Je dirai plus, rentrons par la pensée en nous mêmes, au coeur de nos moeurs, de nos habitudes, de nos préjugés, de nos instincts barbares, de nos discordes, de nos querelles, de notre ignorance et nous conviendrons que non seulement il est resté beaucoup du sauvage en nous, mais que nous ne nous sommes pas encore beaucoup éloignés des animaux. Nous croyons par exemple, en Dieu, les uns à la manière des juifs, les autres à la manière des turcs, mais nous ne le connaissons pas et nous ne savons pas l'honorer comme il convient. Nous nous sommes habitués de croire et nous croyons, basant le plus souvent toute notre croyance dans l'accomplissement machinal et sans intelligence de quelques formules et cela s'appelle connaître son Créateur et lui rendre les hommages qui Lui sont dûs. Et nous qui rions des sauvages, nous nous croyons plus avancés que les païens! Nous confondons aussi le savoir avec le progrès et la civilisation; et nous nous croyons civilisés, parceque nous savons prendre des forts et mitrailler nos semblables...! Pauvre dix-neuvième siècle!

Chose toutefois non moins frappante et comprise dans les lois éternelles de la Sagesse, c'est que cette inégalité dans le progrès, que cet arrêt dans le développement que nous rencontrons à chaque pas dans toute la nature, existent fatalement pour éclairer l'homme dans les ténèbres de son passé, de l'orienter sur son origine, pour que sans recourir aux parchemins moisis du passé il puisse trouver à chaque pas autour de lui, en présence des progrès incessants de son intelligence, son présent, comme les traces de son passé, comme le présent et le passé de toute la nature.

En tout et toujours le même fait se reproduit, qu'avec la métamorphose du têtard en grenouille, ou de la chenille en papillon.

Homme, ne cherche pas loin de toi, retourne seulement ton regard, et tu verras tout, et tu trouveras en tout l'histoire du passé; car ce qui fait la vraie sagesse du Créateur *c'est*, qu'il t'a laissé à chaque pas des indices pour deviner le mystère de ton origine, de ton passé, des phases que ton intelligence a parcourues, des lois de la nature, comme des mystères de son être même.

Tout dans la nature simple, végétale, animale, intellectuelle, et celle qui touche aux habitudes et aux moeurs des êtres qui font son ornement, tout est basé sur le même principe et sur la même loi. Tout est lié par le noeud de l'unité et de la solidarité. Tout fait une unité *une*.—Coupons un seul anneau de cette chaîne d'unité harmonieuse, avons-nous dit, et tout s'arrêtera à l'instant. Retirons, par la pensée, la matière de la nature et la nature n'existera plus; retirons la force simple, retirons la force de la vie, retirons l'intelligence, et l'œuvre Divine sera estropiée, elle n'aura plus son témoin et son admirateur dans l'homme; retirons la morale, et la nature ne sera qu'une machine indigne de son souffle Divin, de son origine— il n'y aura ni Dieu, ni création!

Nous avons exposé, à grand trait, le rapport entre les trois règnes de la nature, ou entre les trois grands embranchements de la création. Passons maintenant à la différence qui les sépare pour prouver, que la nature envisagée même sous ce rapport, bien loin de démentir son unité, nous permettra d'admirer une fois de plus la Sagesse suprême dans l'unité du plan général de la création.

Ainsi la science reconnaît pour différence capitale entre la matière simple et les corps organiques vivants, que nous pouvons obtenir à volonté dans nos laboratoires tel composé chimique ou tel corps simple, tel sel par exemple ou tel autre, tandis, qu'il nous est impossible d'obtenir un être vivant par aucun procédé artificiel.

Or la science a semblé oublier, que de même que le chimiste obtient le sulfate de zinc, ou le nitrate d'argent par exemple, par les procédés en usage, que les éleveurs d'Angleterre et les jardiniers Hollandais obtiennent aussi des variétés des races d'animaux et des plantes choisies d'avance au moyen des procédés donnés et en soumettant un individu donné aux conditions appropriées.

Est-ce que cette analogie n'a pas déjà frappé le lecteur?

Est-ce que l'un et l'autre de ces procédés, philosophiquement parlant, ne sont pas au fond les mêmes, est-ce qu'ils seraient tous deux sans aucune analogie?

Ensuite, les corps organiques ne sont pas divisibles comme des corps simples. On ne peut pas couper un animal en deux sans lui ôter la vie.

Puis, les corps organisés ont la propriété de s'approprier, de s'assimiler les parcelles du monde extérieur sous forme seulement liquide, ou gazeuse.

Si toutefois nous étudions de près la fonction de la digestion et celle de la respiration, nous conviendrons que même ici, les combinaisons organiques ne s'effectuent pas sous forme liquide, mais sous forme solide d'une divisibilité extrême.

Ensuite, si nous soumettons au microscope une parcelle d'un corps animal vivant, nous verrons une masse de corpuscules infiniment petits, se mouvant dans tout les sens, s'approchant, s'éloignant l'un de l'autre, se séparant et s'unissant par affinité élective ou par sympathie instinctive, de même que cela a lieu dans une cornue au moment des combinaisons et des décompositions chimiques.

Si nous allons étudier par ce procédé le germe à peine fécondé d'un foetus, nous verrons ses molécules dans un mouvement continuel; car ces molécules quoique vivant et n'obéissant qu'à la loi de l'affinité élective ou de sympathie organique sont soumises à la même loi d'attraction-répulsive. Si nous suivons de la sorte la formation de tous les tissus, nous arriverons à la loi: que la cellule organique est l'élément de tous les tissus; que le noyau de cette cellule est occupé par un point de matière cristallisée, que ce noyau est le centre de la vie de la cellule ou le germe d'une organisation future et que la vésicule ou cellule microscopique qui le contient n'est que son enveloppe; que ces cellules au noyau cristallisé, en s'unissant, en se comprimant, en s'arrangeant, en se doublant par la pression de plusieurs ensembles, constituent la base de tous les tissus depuis les plus délicats et aérés, comme le tissu cellulaire, jusqu'aux plus durs et aux plus serrés, comme le tissu tendineux, musculaire, cartilagineux et osseux etc.

Ainsi le principe élémentaire organique végétal et animal n'est qu'une cellule ou plutôt qu'un point microscopique de la matière simple arrangée d'une certaine manière et métamorphosée, n'est qu'un cristal microscopique organisé; tandis que le type des corps simples est l'atome pondérable, ou un couple d'atomes, et l'atome impondérable est l'élément de toute la création.

En envisageant donc la question au point de vue philosophique, les combinaisons entre les éléments des corps organiques comme entre les éléments des corps simples s'effectuent de la même manière, savoir: non pas sous forme liquide, mais bien sous forme solide et si la différence entre un corps simple et un autre dépend de l'arrangement, d'un certain rapport des principes élémentaires qui les constituent, la différence entre un tissu organique et un autre, entre un individu et un autre dépend de l'arrangement et du rapport de ces éléments primordiaux plus ou moins métamorphosés.

Ce que nous appelons par conséquent, d'après l'antique axiome, la propriété d'agir des corps sous forme liquide seulement, n'est qu'une erreur de sens, n'est qu'une manière grossière d'envisager la question.

Il est vrai, que l'état liquide facilite l'action des corps, mais je le répète, qu'il n'y pas d'assimilation, dans l'acception du mot, sous forme liquide. Toutes les combinaisons dans les corps simples, comme l'assimilation chez les êtres organiques, s'effectuent sous la même forme, celle des corpuscules solides, d'une petitesse extrême ou sous forme d'atomes pesants pour les corps simples et sous forme d'éléments primordiaux organiques chez les êtres organisés — et en dernier lieu sous forme des *atomes impondérables* ou d'un *fluide* subtil, mais nullement sous forme *liquide*.

La différence ensuite entre les corps organiques et simples, consiste en ce que les premiers comme composés d'éléments solides, liquides, et gazeux acquièrent une forme arrondie, plus ou moins sphérique, tant dans leurs éléments, que dans la masse de leur être, tandis que les corps simples, affectent la forme anguleuse. — Si nous regardons toutefois la chose de près et si nous envisageons la terre par exemple, dans son ensemble, ou bien les corps célestes, est-ce qu'ils ne sont pas sphériques, quoiqu'ils ne soient constitués que par la matière simple?

La plus grande différence, peut-être entre les trois règnes de la création consiste en ce que certaines plantes croissent continuellement et sans limites fixées, tant que les conditions environnantes, comme celles de la température, de la lumière, de l'air et de l'humidité du sol ne s'y opposent pas; les tissus nouveaux s'ajoutent aux anciens sans fin, ni limites. Tandis que les animaux, comme certaines plantes, dites annuelles, (singulière analogie) ont des bornes limitées dans la croissance et dans la vie. Les corps bruts, comme une pierre par exemple, laissés en repos, sont éternels, savoir: que la mutation de leur matière s'opère à sa manière, dans les limites des siècles. Ils disparaissent entraînés molécule par molécule par l'action du monde extérieur, ou s'accroissent par l'addition insensible et continue de nouvelles parcelles, ou se changent petit à petit en matières nouvelles. Les corps toutefois organiques, philosophiquement parlant, ne sont-ils pas éternels dans leurs espèces, dans leurs générations, comme l'est la matière simple?

Nous mentionnerons aussi la différence frappante des deux règnes, celle: de la propriété qu'ont les êtres animaux de pouvoir changer de place, tandis que les plantes, ainsi que la pierre sont fatalement fixées au sol où elles ont pris naissance.

Malgré toutes les mutations de la matière dans les êtres organiques, malgré les combinaisons et les décompositions qui ont lieu en eux, la forme et le type individuel de l'être restent immuables.

Le jeu ensuite des fonctions purement animales comme de la locomotion et de la sensibilité est soumis à la loi d'intermittence. La fonction de la digestion ou de l'assimilation ou de la mutation de la matière n'est pas continue. La respiration est continue dans son intermittence comme la locomotion et comme la sensation...

Le système nerveux, comme je l'ai dit, quoique les traces de son existence chez les plantes soient des plus manifestes dans le sens physiologique du mot, constitue toutefois une différence des plus essentielles entre les animaux et les végétaux; et si la fonction d'innervation demande une intermittence dans son action, la continuité de mutation de la matière dans un corps organisé, la continuité en lui des moments de la vie et de la mort, n'est au fond qu'une espèce, qu'une suite d'intermittence très-rapprochée de la vie de ses molécules: intermittence et continuité qui étant une suite nécessaire de la vie, constituent la vie de l'individu. — Est-ce que les corps bruts, est-ce que la matière simple ne se trouve pas en rapport continuel avec le monde extérieur qui l'entoure, est-ce qu'elle ne subit pas à chaque instant son influence, comme la subit une plante, ou un animal par la respiration, par la digestion etc., etc.?!

Jusqu'à quel point nous rencontrons encore les traces communes de la vie organique dans le règne minéral et chez les végétaux, malgré l'apparente différence, dont nous avons fait mention en son lieu et dont nous dirons encore quelque mots plus loin, je rapporterai ici un fait, savoir: que quoiques les cristaux ne soient pas doués de la fonction d'assimilation, ni de celle qui veille sur le maintien de leur forme individuelle, qu'il s'opère pourtant en eux une réparation de mutilations accidentelles de leurs angles et de leurs arêtes d'une manière étonnante, ayant beaucoup d'analogie avec la reproduction de la patte de la Salamandre. Or, Mitscherlich a remarqué, que si nous enlevons le sommet d'un angle à un cristal et si nous plaçons ce cristal ainsi mutilé dans une solution d'un autre corps, ayant avec lui la même forme cristalline et le même nombre d'équivalents (loi d'izomorphizme), que notre cristal, comme s'il vivait, comme s'il avait en lui une force douée de la propriété de vaquer sur l'ensemble de sa forme, comme s'il était doué d'une force intellectuelle supérieure, capable d'attirer les parcelles du monde extérieur, de se les approprier et de les arranger au profit de sa partie mutilée, attirera dans la région de sa mutilation un atome après un autre de la solution au milieu de laquelle il se trouve placé et réparera son défaut, quant à la forme, d'une manière absolument identique. — Ce sera une réparation au frais d'un corps étranger, dissout dans la solution, mais cette réparation sera d'une exactitude mathématique et remplacera à s'y méprendre la pointe de l'angle endommagé.

Est-ce que ce fait ne donne pas l'idée des premières traces de l'instinct d'assimilation et de la fonction de la reproduction ou du germe de la vie organique dans la nature dite inorganique?

La *sensitive* ne nous montre-t-elle pas les traces des premiers éléments de la sensibilité et par cela même de l'existence du système nerveux dans le règne végétal?

La force donc qui a créé l'atome, qui, métamorphosée, a créé l'organisme (et j'ai ici en vue l'organisme de l'homme et surtout l'organisme de la substance grise de son cerveau), prise en elle-même, au moment de s'exprimer en *verbe* est le point culminant de la métamorphose de la force élémentaire, comme l'organisme du cerveau est une métamorphose des atomes de la matière simple, arrangés et combinés entre eux d'une manière des plus compliquées et des plus ingénieuses.

Qnant au fait, que les plantes sont privées de locomotion ou qu'elles ne peuvent changer de place, je citerai des faits, dans lesquels nous verrons, que quoique la nature ait privé ces deux classes de locomotion, qu'en donnant toutefois une sorte d'aîles aux graines de différentes plantes, elle a prévu l'utilité de ces organes. Car, par quel autre moyen ces graines sans le secours de ces aîles, pourraient-elles se disperser autour de l'arbre-mère, sur l'étendue d'un vaste espace, si ce n'est par le vent, qui les détache de leurs pédicules et les emporte d'autant plus loin, que l'arbre qui les a produites est grand et élevé. Tombées toutes au pied de leur mère, à peine germées elles étoufferaient ou donneraient naissance à une espèce naine et de courte existence, n'ayant ni assez de place, ni assez de nourriture pour sortir de son état de rabougrissement.

Nous voyons donc, que la nature en privant les plantes de locomotion, a donné des aîles aux graines et a si bien calculé ses moyens, pour que justement au moment de leur maturité et de leur ensemencement il régnât des vents continuels.

Les corps simples sont privés de locomotion, mais est-ce que la propriété qu'ont les corps de tomber, lorsqu'ils sont laissés à leur propre sort, est-ce que leur volatilisation continuelle et leur divisibilité sans porter atteinte à leur individualité, n'est pas une locomotion dans le sens profond du mot?

Les corps organiques sont indivisibles en ce sens, qu'une fois mis en pièces ils perdent leur individualité, quoique même ici, les êtres inférieurs de l'échelle animale, comme les *vers* et les *polypes* nous aient fourni des preuves du contraire. — Les animaux toutefois envisagés comme matière, sont susceptibles de division.

Dans le règne végétal, est-ce que les branches et les feuilles, quoique privées de la faculté de changer de lieu ne tournent pas du côté de la lumière, est-ce que les racines ne tendent pas toutes du côté de la rivière, est-ce que même les vieux troncs séculaires ne plient pas sous l'impétuosité d'un vent orageux, est-ce que le vent ne berce pas leurs feuilles et leurs rameaux, comme une mère berce un enfant qui ne sait pas marcher — est-ce que des certaines plantes ne rampent pas par terre, ne grimpent pas les murs et ne montent pas le haut des arbres? ne sont-elles donc pas douées de locomotion à leur manière?

N'ont-ils pas les organes de la reproduction comme les animaux? Est-ce que ces organes dans leur structure, dans leur forme et dans leur disposition ne présentent pas d'analogie avec les mêmes organes des animaux le plus haut placés dans l'échelle animale? Est-ce que ces organes n'exécutent pas de certains mouvements nécessaires pour la conception d'un être nouveau?

D'un autre côté chez les plantes appartenant aux espèces dans lesquelles les organes sexuels ne se trouvent ni sur le même individu, ni dans le même calice, mais sur deux individus différents, quoique ces individus ne peuvent ni changer de place, ni s'approcher l'un de l'autre pour accomplir l'acte de la copulation, étant privés de locomotion, est-ce que la nature toujours sage et prévoyante n'a pas su remédier à ce défaut, en se servant du vent pour porter le pollen ou sperme mâle sur les stigmates des organes sexuels femelles et accomplir ainsi l'acte de l'accouplement et par cela perpétuer leur espèce?

La sensation est une propriété exclusive de l'animalité, dit la science.

Or, nous avons cherché à démontrer que même cette propriété est ici relative; car nous avons cité des plantes douées d'une sensibilité irrécusable et dont nous supposons même le germe, quoique occulte, dans la matière inerte.

Cette terre froide et silencieuse qu'insoucieux nous foulons à nos pieds, est-ce que les mutations d'atomes, ou les combinaisons et les décompositions n'ont pas lieu à chaque instant jusque dans ses minimes parcelles? Ne renferme-t-elle pas dans ses entrailles une température fondant les pierres et les métaux? Est-ce qu'elle ne transpire pas? N'absorbe-t-elle pas l'air atmosphérique? Ne respire-t-elle pas? Est-ce que les liquides ne circulent pas dans son sein, le long de ses artères — de ses fleuves et de ses rivières? Est-ce que les pluies en mouillant sa surface ne remplacent pas en elle la circulation capillaire?...

N'oublions point, que là, où il n'y a pas de locomotion, de sensibilité, de circulation ou de respiration, que la nature jalouse de son harmonieuse unité, y pourvoit par d'autres voies mystérieuses empreintes d'une sollicitude pleine de sagesse et d'amour. La pierre comme nous avons dit, ainsi que toute la nature simple, comme toutes les plantes ont une âme en germe dans les forces simples qui font leur essence, elles ont la connaissance de leur *moi* dans l'homme et finalement en Dieu; quant à leurs fonctions intellectuelles, ainsi que quant aux organes de ces fonctions, elles les ont dans la Sagesse placée à la tête de l'harmonie universelle de la nature, elles les ont dans l'atome! Tout s'aide, tout s'enchaîne, tout ne fait qu'un tout harmonieux et vivant. — Il n'y a pas de mort, tout vit dans la nature!

Dans les êtres organisés, avons-nous dit, végétaux comme animaux, tous les tissus, tous les vaisseaux, tous les organes sont l'arrangement sui generis, sont la métamorphose d'un élément primordial — de la cellule organique, qui à son tour est le résultat de l'arrangement et de la métamorphose du principe élémentaire cosmique — de l'atome.

Si je prends donc un atome, ou une cellulle organique, une pierre ou une plante, si je considère l'homme ou les animaux, si j'élève mes regards jusqu'aux astres, jusqu'aux mondes des mondes, si je contemple l'univers entier—l'atome, l'homme et l'univers, quant au principe matériel, ne sont autre chose pour moi, qu'un atome plus ou moins limité dans son nombre, seulement ici plus et là moins développé ou metamorphosé, et quant au principe de la force, l'homme ne diffère de l'atome que par l'ordre plus élevé de cette dernière, qui est simple dans l'atome, et qui brille de la connaissance de Dieu dans l'intelligence! L'atome étant la plus minime parcelle de la force simple, l'homme aussi bien que la plante, que l'univers n'est autre chose qu'une métamorphose, ou un certain ordre de la force, simple dans le principe.

D'où il suit, qu'autant qu'il y a d'individus hommes, qu'autant qu'il y a de variétés dans les plantes et dans les animaux, qu'autant qu'il y a de variétés entre les corps bruts et entre leurs éléments, autant il y a de degrés ou d'ordres dans la métamorphose de la force élémentaire — de l'atome.

D'où il résulte, qu'il n'y a pas deux brins d'herbe ni deux feuilles qui se ressemblent; comme il n'y a pas un seul homme semblable à un autre, quoiqu'ils soient tous hommes.

Aussi J. J. Rousseau en commençant ses confessions, dit avec raison: „Je ne suis fait comme aucun de ceux que j'ai vus; j'ose croire n'être fait comme aucun de ceux qui existent. Si je ne vaux pas mieux, au moins je suis autre. Si la nature a bien ou mal fait de briser le moule dans lequel elle m'a jeté, c'est ce dont on ne peut juger qu'après m'avoir lu."

Ainsi la pierre, l'eau, l'air ou le monde dit inorganique, de même que l'homme, la plante, les étoiles, l'univers sont la résultante du rapport des deux propriétés essentielles de la force élémentaire, exprimée en elle-même, par la Volonté suprême, dans les divers ordres de sa métamorphose dans la création ou que la force élémentaire type est exprimée dans l'atome ou dans l'élément type de la matière simple, qu'elle est plus vivante, plus organique dans les plantes et dans les animaux et qu'elle est la plus rapprochée de Dieu dans l'homme.

Je souligne la phrase exprimant cette loi *de la synthèse générale, comme ne souffrant aucune exception dans le principe pour toute la nature, comme immuable aussi bien pour les mondes célestes, que pour la simple poussière de notre planète — aussi bien pour les forces, que pour la matière.*

Nous voyons donc, que la nature vue à grand saut, se laisse diviser et subdiviser en plantes, en corps simples et en animaux et en saisir les propriétés individuelles, et que dans le fond *toute la création* n'est qu'une suite non interrompue de *l'unité,* n'est qu'un *tout vivant!*

ÉTAT ACTUEL

de

LA PHYSIOLOGIE GÉNÉRALE.

Deux questions nous ont frappé dans les importants travaux de Claude Bernard [1]: la grande question de la *vie* et la question de *l'âme*.

L'illustre physiologiste français ne répond pas à la première question, ne donne pas une définition de la vie; il explique seulement: que la force de la *vie* n'engendre rien, ne crée rien; qu'elle ne crée ni la force élémentaire ou primordiale, ni la matière.

La *vie*, d'après Claude Bernard, arrange seulement les éléments primordiaux de la matière d'une certaine manière, qui caractérise *la matière organique* et donne la *forme* ou une *morphologie des phénomènes de la vie*.

„La matière organique du *cerveau*, dit Claude Bernard, qui manifeste les phénomènes de l'intelligence dans un être vivant, a autant de connaissance de la

---

[1] Rapport sur les progrès de la physiologie générale, présenté au ministre de l'instruction publique. Paris, 1869, in 8-vo. Hachette.

pensée et de l'intelligence qu'elle exprime, qu'en a la matière simple du mécanisme d'une horloge des mouvements qu'elle exécute ou de l'heure qu'elle indique [1]), comme en a le caractère sur le papier de la pensée qu'il exprime."

„Dire que le cerveau sécrète la pensée, serait la même chose que de supposer que l'horloge sécrète les heures ou l'idée du temps. Le cerveau et l'horloge sont deux mécanismes: le premier vivant et le second mort. Le cerveau embrasse virtuellement par son organisation primordiale tous les phénomènes qu'il exprime; mais il a besoin pour cela des *conditions*."

„La *vie* est la *cause*, la matière est la condition."

„Toutes les manifestations de la vie se composent des phénomènes, empruntés, quant à leur nature au monde cosmique, mais manifestés dans une forme ou dans l'arrangement particulier de la matière organique au moyen d'instruments ou moyens physiologiques propres."

„Ne pourrait-on pas ajouter, poursuit l'illustre physiologiste: que l'intelligence dont les phénomènes caractérisent la plus haute expression de la vie, existe en dehors des êtres qui en sont doués, qu'elle existe dans l'harmonie générale et dans les lois générales de l'univers? (p. 223)".

J'ai lu avec étonnement cette pensée si hardiment exprimée, ce cri instinctif de l'âme du physiologiste

---

[1]) J'ai dit dans la I-re édition de mon livre en 1868, que le cerveau est insensible, que la matière simple est insensible, mais que Dieu se sent et se reconnaît en elle. Que nos idées sur la sensibilité de la matière simple sont relatives!

français, frappé par l'analogie qu'elle présentait avec mes vues quant à l'identité de toutes les forces dans la nature, depuis la force simple jusqu'à l'intelligence, que toutes ne sont qu'une seule et même force; que dans toutes réciproquement est l'intelligence, la raison et l'amour!

J'ai lu, dis-je, cette pensée avec un bonheur inexprimable, croyant que Claude Bernard allait la conduire jusqu'à ses dernières conclusions, mais je me suis trompé; car le savant professeur du Collège de France après avoir reconnu, que la matière est passive et insensible, chose, qui au premier abord semble être vraie, et après avoir accordé à *l'arrangement seul* de la matière primordiale une propriété involontaire d'exprimer les phénomènes de l'intelligence (ce qui serait vrai, si Claude Bernard avait ajouté à sa phrase, celle que j'ai formulée dans mon livre, savoir: et *de la métamorphose sui generis de ces éléments*), dit à la page 57 du rapport: „Il nous répugne de croire que la matière soit douée de la propriété de penser et de sentir." Le physiologiste français a raison de refuser à la matière pesante la faculté de penser et de sentir; car la matière pesante n'a pas la connaissance de ses actions — Dieu seul se connaît et se sent en elle. Mais le savant professeur reconnaît, que l'intelligence appartient à la force simple ou cosmique, il dit qu'il est seulement *une physique* et *une chimie générale* (expression qui porte le germe d'une grande pensée; car il semblerait, que C. Bernard eût deviné que l'intelligence est l'ordre le plus élevé de la force simple), et il repousse la pauvre matière dont il est composé lui-même et qui brille dans l'éther de la substance grise de son cerveau avec tant d'éclat comme âme; il admire la matière arrangée d'une certaine façon, mais il méprise la matière elle-même: parce qu'il ne connaît pas sa parenté avec la force, parce qu'il n'est pas arrivé à cette vérité, que le *verbe* ou la *matière* n'est autre chose que la force spirituelle exprimée, que la matière n'est que la métamorphose de la force, qu'une expression d'un certain rapport de ses deux propriétés essentielles en elles-mêmes, qu'elle n'est que la suite, que la conséquence de la métamorphose de la force dans la création, que la force et la matière sont une suite interrompue, une transformation du même être, que la matière est telle par la force qui est en elle et qui fait son essence, qu'elle est pesante par la force, qu'elle attire par la force, qu'elle repousse par la force, que la matière simple est une concrétion en quelque sorte de la force simple, que la matière organique est une expression *sui generis* de la force organique, que la matière simple est l'organisme de la force simple et que la matière organique du cerveau de l'homme est l'organe de la pensée, l'organe des facultés intellectuelles, que l'éther ou la matière impondérable ou le fluide subtil et impondérable de la substance grise du cerveau ou l'effet direct de la mutation de cette substance, considéré comme être, pris au moment de s'élever à la connaissance de son *moi* et de s'exprimer en *verbe* est le *lien* de l'esprit *pur* avec la matière et constitue l'intelligence humaine ou l'âme ou l'esprit *pur* materialisé, qu'il n'est autre chose que l'âme telle, que nous la concevons comme êtres matériels; *que la matière en un mot, envisagée sous un point de vue, est douée de la faculté de penser et de sentir!*

Ceci dit sur la force de la *vie*, Claude Bernard arrive à la force de *l'intelligence*, à *l'âme* et s'exprime en ces termes:

„Le cerveau est un mécanisme conçu et organisé d'une manière propre à manifester les phénomènes de l'intelligence par la réunion d'un certain nombre de conditions. Si nous retirons une de ces conditions, le cerveau cesse de fonctionner."

„Les expériences de la transfusion, poursuit-il, faites avec la tête, dans laquelle nous voyons apparaître et disparaître successivement et à volonté l'intelligence, nous frappent toujours comme un phénomène extraordinaire, mystérieux…! Mais cela nous frappe parce que nous prenons les causes des phénomènes pour les conditions de leurs manifestations. Il serait donc dans l'erreur celui qui croirait que la science conduit à supposer que la matière engendre des phénomènes. La matière n'engendre les phénomènes seulement elle permet par son arrangement la manifestation des phénomènes de l'intelligence..... de *l'âme!*"

„Pour un physiologiste, qui a une idée nette de la nature, les phénomènes de la vie et de l'intelligence... de l'âme, dans le cerveau, sous l'influence du sang artériel, n'a rien d'extraordinaire et de mystérieux; il serait plus surpris si le contraire avait lieu.—Ainsi le cerveau est un organe conçu et organisé de manière, qu'il manifeste les phénomènes de l'intelligence par la réunion d'un certain nombre de conditions. Or, si nous retirons une de ces conditions, le sang par exemple, il serait difficile de concevoir, par quel moyen le mécanisme du cerveau pourrait continuer de fonctionner. Mais si nous restituons la circulation du sang, la conséquence ne sera pas moins évidente pour que le cerveau fonctionne de nouveau. On peut, dit le savant physiologiste, comparer ici le cerveau à une horloge dont on aurait retiré une roue et que l'on aurait remise ensuite. Dans le premier cas l'horloge cessera de marcher tandis que, dans le second cas elle recommencera à fonctionner."

Si Claude Bernard avait rapporté l'expérience de Flourens sur le cerveau, consistant à léser cet organe dans une région déterminée et à entraîner ainsi la cessation immédiate de l'intelligence, avec la guérison de laquelle lésion l'intelligence reparaît, sa théorie n'aurait rien perdu de sa vérité et les comparaisons y gagneraient beaucoup.

Mais ce savant physiologiste compare le sang à une roue d'horloge. Or, la roue dans une horloge est l'élément du mécanisme de l'horloge, tandis que le sang comme l'air sans lequel l'animal ne peut pas vivre et par conséquent, sans lequel le cerveau ne peut pas exister n'est que l'élément modifié du monde extérieur, fournissant à l'organisme des parcelles de la matière nécessaire pour la continuité de sa vie. Le sang les fournit directement à l'organisme entier, y compris le cerveau, tandis que l'air les charie aux poumons et par l'intermédiaire de cet organe à l'organisme entier, pour remplacer les parcelles trop mûres, ou celles qui à chaque instant comme-usées et inutiles sortent de l'organisme et par conséquent du cerveau — continuité de la mutation de la matière dans un organisme vivant, dont l'effet ou le résultat ou ce en quoi la matière change pendant sa mutation, comme nous avons cherché à l'expliquer en son lieu, constitue la vie et dont la cessation ou la suspension constitue la mort ou la suspension de la vie ou une mort instantanée.

Le sang donc, à mon avis, est une condition nécessaire à la manifestation ou à la cessation de l'intelligence ou de la plus haute expression de la vie en tant, qu'elle entretient la continuité de la mutation de la matière de l'organe de l'intelligence, ou en d'autres termes en tant, qu'elle entretient la continuité de sa vie, en fournissant les éléments primordiaux nécessaires à la restauration continuelle du cerveau, sans lesquels, comme avec la cessation de la respiration, qui met empêchement à ce que l'air arrive aux poumons, la vie s'arrête et avec la vie sa plus haute expression, l'intelligence!

Pourquoi, encore une fois, dans l'expérience du physiologiste français, l'intelligence cesse-t-elle, lorsque le sang se retire du cerveau, et pourquoi reparaît-elle, lorsque nous y introduisons du sang artériel? C'est que pendant quelques minutes le cerveau a été privé des molécules nouvelles, nécessaires pour remplacer celles qui venaient d'être éliminées ou restaient à être éliminées; car la continuité de la mutation de la matière du cerveau a été interrompue, que par conséquent, son effet direct ou la vie avec tous ses symptômes, que les phénomènes de l'intelligence ont été suspendus dans leurs manifestations. Je restitue la continuité de la vie, en rendant à la matière organique du cerveau les éléments dont il a besoin pour la continuité de son existence et les mutations de la matière recommencent, avec elles la vie et avec la vie l'intelligence.

Claude Bernard après avoir posé ainsi la question ne se demande pas, où était l'âme au moment de la cessation des phénomènes de l'intelligence, il affirme seulement d'emblée, que l'âme retourne à la force cosmique.

Flourens après avoir fait son ingénieuse expérience, la laisse aussi sans conclusion et dit tout simplement: „qu'on peut enlever, sur un animal, soit par devant, soit par derrière, soit par côtés, une portion assez étendue de lobes ou hémisphères cérébraux, sans qu'aucune faculté intellectuelle soit perdue, que toute l'intelligence subsiste".

„Mais, que passé une certaine limite, des qu'une faculté disparaît, toutes disparaissent".

„Il y a plus, dit-il, on peut conduire l'expérience de manière que la lésion puisse guérir, et les fonctions renaître. Eh bien encore, dès qu'une faculté renaît, toutes renaissent. *Tout se perd, tout renaît donc à la fois*, tout n'est donc qu'un; l'intelligence est donc une faculté *une*" [1]).

Claude Bernard, moins heureux, comme nous l'avons vu, dans le choix du fait, dit d'une manière absolue: „*que l'âme* retourne à la force cosmique lorsque nous retirons le sang du cerveau—" quoique la question où était l'âme au moment où le cerveau était lésé, ou lorsqu'on retirait le sang de sa substance se présentât d'elle-même dans le premier comme dans le second cas; puisqu'une fois le cerveau guéri, une fois que le sang lui est restitué, l'intelligence renaît en lui.

Appuyé sur l'expérience décisive de Flourens, et ne pouvant connaître l'opinion de Claude Bernard sur

---

[1]) De la vie et de l'intelligence. Paris, 1858, p. 49.

ce point important, j'ai dit dans la première édition de cet ouvrage [1]: „Blessons le cerveau dans une région donnée et l'intelligence disparaît, guérissons-le et l'intelligence renaît" et j'ajoute: „qu'est-ce que le cerveau est devenu, dans sa région lésée? Il est devenu le théâtre du combat des forces simples avec les forces organiques, il est devenu matière organique en voie de décomposition; car il n'obéit plus dans ce point qu'aux lois des forces d'un ordre inférieur. Que faisons-nous en le guérissant? Nous arrangeons en lui les éléments simples de manière à les élever avec les éléments que nous lui fournissons par la circulation du sang, à l'état du cerveau sain ou à l'état dans lequel le cerveau se trouvait avant d'être lésé; en d'autres termes, que nous élevons la force et la matière dans la région du cerveau lésé à un ordre plus élevé; qu'en arrangeant ses éléments primordiaux, nous les métarmorphosons, nous les rendons organiques ou de l'ordre de l'organisme du cerveau, nous soutenons les forces organiques restées en combat avec les forces simples, qui, en arrangeant les éléments de la matière fournie continuellement par le sang et en les métamorphosant, rendent au cerveau son état primitif et l'intelligence renaît".

Je me demande, „où était l'intelligence, où était l'âme au moment où le cerveau était blessé?" Et je réponds: „que l'intelligence, que l'âme vivait en Dieu". — Claude Bernard dit: que l'âme retourne à la force cosmique générale ou à la force qui remplit l'univers. Moi, je dis, „qu'elle vit sur place en Dieu. Car si la

---

[1] Zarys Filozofii Natury. Varsovie, 1868.

force physique peut dans certaines conditions donner les phénomènes de la vie et même de l'âme, ou se métamorphoser en force organique dont l'âme est la plus haute expression, donc Dieu est présent dans le cerveau blessé quoiqu'invisible, qu'il est dans l'âme, comme Il est dans la force simple à laquelle l'âme s'est trouvée réduite par la voie de la métamorphose rétrograde, qu'il était aussi bien dans le cerveau sain, que dans le cerveau, lorsque ce dernier fut malade, ou réduit à la matière simple". — Ce qui sanctionne encore une fois de plus la loi que j'ai formulée, savoir: ,,que si *l'âme* peut devenir *force simple*, si la *force simple* peut devenir *âme*, si le *cerveau* peut devenir *matière simple* et *réciproquement*, que la sagesse et l'amour sont cachés dans la matière simple, ou dans le monde inorganique, comme dans les forces simples, qui font leur essence; que toutes les forces, depuis les forces cosmiques jusqu'à l'âme sont le développement de la force simple, élémentaire. — Et comme Dieu, dans chacune de ses qualités est tout entier comme unité indivisible, il en résulte, que la Sagesse suprême quoique à l'état de germe, par rapport à nos sens, ou visible seulement dans les forces simples comme dans la matière simple autant que nous les voyons obéir à la loi de la Sagesse et agir comme êtres doués de Sagesse passive, que Dieu, dis-je, est tout entier dans la pierre, et dans la force cosmique, comme dans la matière primordiale de l'univers!"

L'âme par conséquent ne retourne pas à la force cosmique, ne retourne même pas à Dieu, mais vit sur place en Dieu, capable à tout instant d'apparaître comme intelligence, comme âme dans le monde physique, ou dans la nature, ce qui dépend de l'arrangement et de la métamorphose des éléments de la matière qui la tient cachée et du degré de la métamorphose de la force qui régit ces éléments matériels ainsi arrangés et métamorphosés [1]).

DE LA CONCEPTION CHEZ LES ÊTRES ORGANISÉS VÉGÉTAUX ET ANIMAUX.

En lisant le rapport de Claude Bernard sur l'état actuel de la Physiologie Générale, tout en ayant les idées arrêtées d'avance, autant qu'il en est encore possible sur les points les plus mystérieux de la création, les faits toutefois simples, communs, et connus de tout le monde se sont présentés à ma pensée sous un jour nouveau, et ont fait naître dans mon esprit une idée assez neuve, pour que je n'essaie pas de l'exposer dans ce livre.

Je me disais donc en lisant le rapport de Claude Bernard: si je retire le sang de la tête, l'intelligence disparaît, la vie cesse; si je rends à temps le sang à la tête, au moyen de la transfusion, la vie reparaît et avec elle sa plus haute expression, l'intelligence. Si

---

[1]) Dans le chapitre *Dieu et la Nature*, nous reviendrons encore une fois sur cette importante question.

j'empêche l'air d'arriver au poumon, ou si je ne donne pas à manger à un animal pendant un certain temps, l'animal meurt; si je rends l'air au poumon à temps, ou si je donne à temps de la nourriture à l'animal, l'animal ne cessera pas de vivre.... Or, en considérant que la vie, et avec la vie l'intelligence reparaissent dans le cerveau, parce que la continuité de la mutation interrompue de la matière s'y trouve rétablie par l'arrivée des éléments fournis par le sang ou par l'air pénétrant dans les poumons par la respiration, parce que le cours de la vie organique du cerveau reparaît, parce qu'il y reparaît la succession des moments de la sortie de la matière ancienne et usée de l'organisme, et de l'arrivée à sa place de la matière nouvelle, procédé, dont t'effet direct qui, nous l'avons dit, constitue la vie; qu'avec une nouvelle liaison, si je puis m'exprimer ainsi, de cette continuité d'incarnation de la matière nouvelle dans l'organisme, la vie reparaît..., en m'expliquant, dis-je, de la sorte des faits que je viens de rapporter, j'ai été amené à résoudre, à mon avis, les mystérieux problème de la conception chez les êtres organiques.

Pour bien faire comprendre ma théorie, je dois rappeler ce que c'est que *l'oeuf*.

Or, l'oeuf à l'état de mâturité chez les mammifères consiste en une vésicule microscopique ou en une cellule transparente de $1/10$ à $1/7$ de millimètre de diamètre, avec un noyau ou point de matière granuleuse, cristallisée au centre, renfermant à son tour une vésicule transparente ou vésicule dite germinative [1]. Le

---

[1] Membrane vitelline, vitellus et vésicule germinative.

noyau constitue le centre de la vie de la vésicule, dont cette dernière n'est que l'enveloppe. Chez les oiseaux cette vésicule avec son noyau ou vitellus et la vésicule germinative occupe à peine un point dans le jaune d'œuf.
— Le reste des parties constituantes de l'œuf, comme le jaune et le blanc constituent l'aliment de l'embryon futur ou une matière déposée auprès de lui, où il va puiser les éléments toujours nouveaux pour son développement, éléments qui vont entretenir la mutation de sa matière ou la vie organique en lui jusqu'à ce qu'il ne sorte de la coquille.

Les graines des plantes sont exactement la même chose que les œufs des mammifères et des ovipares.

Si nous étudions, comme je l'ai dit plus haut, un embryon aussitôt après sa conception au moyen du microscope, nous apercevrons un mouvement continuel des corpuscules microscopiques dans le sens de l'attraction et de la répulsion; si nous continuons cette étude pendant un certain temps sur l'embryon, tant sur la formation de ses enveloppes dans la matrice, que sur la formation du placenta dans la matrice, nous apprendrons que la cellule en passant par diverses phases de son union avec une autre, qu'en se serrant avec elle, que plusieurs systèmes de cellules en se serrant ensemble donnent naissance aux tissus et aux membranes de différentes consistances — nous assisterons en quelque sorte au mécanisme de la formation des membranes, des fibres musculaires, des cartilages et même des os, etc.

Je dois encore rappeler que chez les grenouilles le mâle féconde les oeufs sortis de la femelle en les arrosant avec le sperme, et que chez les vivipares l'introduction mécanique du sperme dans le vagin suffit pour féconder l'oeuf contenu dans l'ovaire, que la copulation par conséquent a pour but unique l'introduction du sperme aussi près de la matrice que possible; que les zoospermes ou cellules granuleuses vivantes et mûres du sperme sont un élément vivant, parce que soumises à l'action des narcotiques, de la strichnine et d'autres substances toxiques elles sont immédiatement narcotisées, paralysées, ou qu'elles finissent subitment comme foudroyées après quelques secousses convulsives. Que ces spermatozoïdes toujours présents dans le sperme de l'homme, se trouvent chez les animaux seulement au moment du *rut:* ce qui arrive comme l'on sait une fois par an; que le sperme qui ne contient pas de ces animaux microscopiques vivants ou de ces vésicules vivantes et à queues (qui ne sont qu'un arrangement organique des granules de la cellule du sperme), n'est pas apte à la fécondation — que ces zoospermes en conséquence constituent de la part du mâle l'élément de la fécondation.

Je dois enfin rappeler un fait qui apartient à M. Coste[1], que le sperme déposé à l'entrée de la membrane de l'hymen, ou à l'entrée du vagin, ou introduit dans le vagin au bout d'une demi-heure commence à s'introduire dans la matrice, et en 10 ou 12 heures monte le long des canaux des trompes jusqu'à l'ovaire, par la voie capillaire, ou purement physique, où il s'unit avec l'ovaire, ou plutôt où ses vésicules mâles entrent par une ouverture imperceptible de la vésicule de l'ovule dans

---

[1] Coste. Hist. gén. et part. du dévelop. des corps organisés. Paris, 1859, tom II, p. 103.

son intérieur et s'unissent avec le noyau cristalisé ou centre de l'ovule, — car si cette union ou la fécondation n'avait pas lieu dans l'ovaire, l'ovule tombée de l'ovaire sur le péritoine n'étant pas fécondé, ne pourrait pas se développer; tandis que nous connaissons des grossesses extra-utérines, qui confirment pleinement ce fait. M. Coste a même trouvé, comme je viens de le dire, les spermatozoaires dans le milieu de la vésicule ou de l'ovule de la femelle.

L'alliance donc de deux sexes ou la *conception*, s'accomplit finalement dans l'ovaire et sous une enveloppe commune de la vésicule-femelle ou de l'ovule.

J'ajoute pour finir, que la conception une fois accomplie, on ne trouve plus de zoosperme dans l'ovule, qu'il y est décomposé, désagrégé dans ses éléments...

Ceci posé, n'oublions pas, encore une fois, la loi de la continuité de la mutation ou de la transformation de la matière dans l'organisme, et que j'ai appelée la vie l'effet de la continuité de cette transformation de la matière dans l'organisme, que l'oeuf mûr dans lequel la force de la vie individuelle n'est pas réveillée, dans lequel la matière n'a pas reçu d'impulsion à la mutation va mourir, et que l'oeuf dans lequel nous parvenons à réveiller cette mutation de la matière dans ses éléments primordiaux, dans le sens déterminé de son espèce, que l'oeuf que nous plaçons dans les conditions à recevoir la matière nouvelle nécessaire pour remplacer celle qui doit d'un moment à l'autre l'abandonner comme trop mûre, comme trop usée... vivra!

Que les poumons soient privés d'air, l'homme meurt. Je rends à temps l'air aux poumons et l'homme renaît.

Le cerveau privé de sang meurt. Je rends le sang au cerveau et le cerveau renaît et avec le cerveau la vie et avec la vie l'intelligence.

Que l'oeuf ne reçoive pas de sperme, l'oeuf meurt. Je mets l'oeuf en contact avec le sperme et l'oeuf renaît. Une fois la mutation de la matière éveillée en lui, une fois la vie individuelle éveillée en lui, il est fécondé il vivra.

Je m'explique et je dis: comme un des éléments de l'air, l'oxygène par exemple, s'unit avec les globules de sang dans les poumons, les vivifie, les métamorphose pour ainsi dire — comme ces globules de sang, sorte de corpuscules vivants ou d'êtres vivants, pénètrent dans l'organisme par la voie d'assimilation capillaire, se métamorphosent et qui le sait, se subdivisent, se décomposent peut-être encore en *atomes* avant de fixer leurs éléments primordiaux mystérieux et extrêmes dans les divers points de l'organisme pour remplacer les particules qui venaient d'être éliminées: procédé intime et profond de la mutation de la matière, dont la continuité constitue la vie ou la résurrection continue de l'être; de même les éléments de la cellule vivante du sperme ou les granules [1] constituant les spermatozoïdes [2] en pénétrant

---

[1] Une cellule spermatique est un amas de granules vivantes Il y a des cellules qui contiennent une cellule plus petite au milieu d'elles et qui se changent en zoosperme par un arrangement particulier des granules.

[2] Un zoosperme ou un animalcul spermatique très-ressemblant à un têtard qui vient de s'éclore ou qui a par conséquent, une tête, un corps et une queue n'est pour moi, qu'un amas sui generis de granules vivantes collées ensemble sous forme, à pouvoir le plus

dans l'ovule, en s'unissant avec les granules de son noyau cristallisé vivant, dans lequel tous les matériaux sont prêts, suffisamment mûrs et n'attendent qu'une première impulsion à la mutation dans leurs éléments pour commencer la vie d'un être; de même dis-je, les éléments du spermatozoïde ou ses granules entrant dans l'ovule se désagrègent au profit du noyau et commencent ainsi le premier moment de la mutation de sa matière ou de sa vie. Je penche pour cette manière de voir, car une fois la conception faite et la vie de l'individu commencée, on voit le noyau cristallisé de l'ovule subir des changements divers, se développer autour de la vésicule germinative, qui constitue le foyer d'action, tandis que le spermatozoïde disparaît, qu'il est décomposé ou désagrégé dans ses éléments.

On pourrait encore admettre que le zoosperme une fois pénétré dans l'ovule comme individu s'y développe au dépens des matériaux de l'oeuf ou de la mère; mais la difficulté d'expliquer la formation des vaisseaux sanguins et des nerfs au moyen desquels il serait attaché plus tard à la mère me fait pencher pour la théorie que je viens de donner.

Dans tous les cas, le moment du contact du zoosperme avec le vitellus de l'ovule est le premier moment de la mutation de la matière dans un être nouveau, est le moment intime de l'union de deux sexes et est le moment dans lequel les éléments d'une matière sont venus remplacer les éléments d'une autre matière prêts à la quitter

---

facilement pénétrer dans la vésicule de l'ovule pour s'y désagréger ensuite.

et n'oublions pas que sans cette intervention, notre noyau cristallisé-vivant serait bientôt mort.

Or, la force réveillée au moment du premier contact des éléments qui sont venus remplacer les éléments usés et prêts à mourir dans le noyau de l'ovule (vitellus), la force, dis-je, qui est l'effet direct de la transformation des éléments du noyau de l'œuf à cette première mutation de la matière, constitue, à mon avis, le premier moment de la vie de l'individu ou le moment de sa *conception*.

Le développement successif du nouvel être suit sa marche ordinaire.

Aux questions, pourquoi un seul contact de l'élément du sperme suffit pour réveiller la mutation de la matière dans l'oeuf, pour réveiller sa vie, tandis que les autres conditions sont appelées à la continuer et à l'entretenir jusqu'à la mort de l'individu; pourquoi une seule aspiration d'air au moment de la naissance du foetus ne suffit pas pour toute sa vie, je répondrai: que la Sagesse suprême en créant la nature, l'a animée au commencement d'un souffle de vie à tout jamais et que les autres conditions entretiennent; que la fonction de la reproduction a reçu aussi, d'une manière particulière, sa première impulsion au moment de la création et qu'elle la transmet ou répète chaque fois que la vie d'un être nouveau commence: ce qui constitue la continuité de la création. Et comme l'intermittence entre une aspiration d'air et une autre, fait un temps limité, dont la succession constitue la vie de l'individu, de même l'intermittence entre la conception d'un être et celui qu'il produira un jour constitue la continuité de la vie de l'espèce. Que sous un certain rapport, cette fonction prise dans une génération donnée, quoiqu'elle s'effectue à de grands intervalles de temps, tous les 20 ans par exemple, est pourtant continue; car avec sa cessation, la suite de la génération du même individu serait interrompue; comme la vie individuelle cesse, lorsque nous arrêtons artificiellement l'accès de l'air aux poumons ou du sang au cerveau. C'est pourquoi les deux dernières fonctions ont pour but l'entretien de la vie individuelle ou de la mutation de la matière dans un individu donné, tandis que la première a pour but d'entretenir la mutation de la matière dans la création.

La question de la conception que j'ai essayé d'expliquer au point de vue physiologique, contient encore plusieurs points obscurs, quoique infiniment intéressants et méritant une méditation plus profonde, pour que je n'essaie pas de soulever le voile qui enveloppe la mystérieuse nature de quelques uns d'entre eux.

Nous rangerons dans cette catégorie des points obscurs les questions suivantes: 1° la cause de la *différence des sexes*, savoir: pourquoi il vient au monde tantôt un mâle, tantôt une femelle? 2° la question de la naissance des *jumeaux* ou de la fécondation de deux oeufs à la fois, ou de la fécondation de deux oeufs à des intervalles éloignés ou de la *superfétation*, 3° la question la plus intéressante peut-être, grande et terrible à la fois dans ses conséquences de famille, celle de l'influence qu'exerce l'auteur d'une première fécondation sur les produits des fécondations ultérieures dûs à d'autres pères, ainsi que sur la femelle elle-même et 4° la question d'hérédité ou de l'influence des parents sur leur progéniture tant sous le rapport physique que moral.

La première question me paraît très-simple, quoi qu'elle ne soit pas encore résolue, la seconde est plus simple encore, les deux autres auront besoin d'une plus longue explication.

Car, si les plus grands embryologistes et certes Coste est à leur tête, considèrent les spermatozoïdes comme des individus organiques et vivants; ces individus donc sont d'eux-mêmes doués ou empreints d'un sexe déterminé, pas toutefois dans le sens, qu'ils seraient munis des organes de la génération parfaits comme les animaux supérieurs, vu, que leur organisation est à peine ébauchée et consiste en un arrangement particulier des granules qui composent les cellules du sperme.

Rien ne sarait donc plus logique, qu'en donnant la première impulsion à la mutation de la matière de l'ovule pendant la fécondation et en lui cédant de ses propres éléments ou granules, ils ne lui imprimassent le sexe qui leur est propre.

Quant aux jumeaux, la chose est encore plus facile. — Car, si l'alliance de spermatozoïde avec l'oeuf pouvait donner naissance à un nouvel être, cela n'empêche pas à un autre zoosperme de pénétrer dans un autre oeuf et à un autre encore de pénétrer dans un troisième par la voie de l'absorption capillaire à travers les tissus de l'ovaire [1]. Dans le cas de la fécondation de deux germes à la fois dans le même temps il y aura des jumeaux et s'il se passait plusieurs semaines et même plusieurs mois entre la fécondation d'un oeuf et d'un autre il y aura *superfétation*.

---

[1] Coste. Hist. gen. et par. du dévelop. des corps organisés. Paris, 1859, tome II.

Quant à l'influence de l'auteur d'une première fécondation sur les produits des fécondations ultérieures dûs à d'autres pères, et de la modification ou de la métamorphose profonde de la mère, quoique les faits nécessaires pour éclaircir cette question soient difficiles à trouver dans l'espèce humaine, la physiologie comparée nous fournit un grand nombre de documents des plus intéressants et qui tranchent définitivement la question.

Or voici ce que je lis à ce sujet dans la Physiologie de F. A. Longet [2]).

„L'étude du croisement des races, chez les mammifères, paraît établir que le mâle, qui a eu une fois avec une femelle un *coït fécondant*, imprime un cachet plus ou moins reconnaissable sur les produits des fécondations ultérieures de la même femelle, dûs à d'autres mâles. Un des faits les plus remarquables que l'on puisse citer, est celui que rapporte lord Morton. „Une jument arabe fut fécondée par un couagga, espèce d'âne sauvage de l'Afrique marqué à la façon du zèbre. Après onze mois et quatre jours, elle donna naissance à un hybride tenant fortement du couagga. La même jument, fécondée les années suivantes par un cheval arabe, donna, *à trois reprises*, des produits dont les formes étaient celles de la race chevaline arabe, mais dont le pelage, rappelait, par des zébrures très-marquées, le couagga, père du premier poulain."

„Il est établi, universellement, aux yeux des éleveurs de bétail, de chiens de combat, de chevaux de race etc., que quand une femelle a été imprégnée *une*

---

[1]) Longet Physiologie. Paris, 1869, t. III, p. 822.

fois par un mâle d'une autre race, et a porté un hybride, elle est par ce seul fait *détruite, altérée*, au moins pour un temps, si ce n'est pour toujours. Ainsi, notamment dans le Poitou, où l'on fait souvent couvrir les juments par des baudets, l'observation a appris que les produits nés ultérieurement de ces mêmes juments, fécondées par des chevaux, conservent toujours, dans leurs formes, une infériorité marquée."

Quant à l'espèce humaine, nous rapporterons un exemple que l'on doit au professeur Simpson d'Edimbourg et qui prouve que cette loi fatale n'exclut pas l'homme même.

„Une jeune femme, dit ce professeur, née des parents blancs avait, du côté de sa mère un frère mulâtre né avant le mariage de cette dernière: or, la jeune femme portait elle-même des marques inconstestables du sang noir."

Des faits de cette nature continue F. A. Longet paraissent être couramment acceptés dans les colonies. . . .

Il est donc évident, ce que prouvent d'ailleurs les observations faites sur les crabes par Coste et de Gerbe, ainsi que celles de Coste sur les oiseaux, qui ont vu chez les premiers des oeufs fécondés en quelque sorte à l'état de germe et chez la poule pas plus gros qu'une noisette, il est, dis-je, évident, que le sperme après avoir fécondé une ovule mûre à la première copulation, arrive par la voie d'absorption aux ovules non développées encore dans l'ovaire et que s'il ne les féconde pas définitivement par anticipation, c'est qu'elles ne sont pas mûres; le sperme imprime toutefois à leurs éléments une direction déterminée.

Que, par conséquent, les ovules des générations futures dans une femelle donnée, étaient en quelque sorte en partie fécondées et que c'est pour cela que, fécondées définitivement à l'état de mâturité par un autre mâle, elles laissent dans les êtres qui en naissent des traces de la fécondation première incomplète.

„Si, dans l'espèce humaine, dit à ce sujet F. A. Longet et les mammifères, la *fécondation exclusivement ovarienne* laisse quelques doutes, il ne saurait en être de même en ce qui concerne les oiseaux, les crustacés, et probablement la plupart des animaux à fécondation interne. Chez eux, le sperme exerce manifestement son action sur l'oeuf dans l'ovaire, et il l'exerce non-seulement sur les ovules dont la maturation est imminente, mais même par *anticipation*," comme nous venons de le dire, „sur ceux qui, avant de quitter le follicule où ils se forment, auront longtemps encore à y séjourner. Ne pourrait-on pas trouver dans ce dernier fait l'explication de l'influence, que semblent exercer les auteurs d'une première fécondation sur les produits des fécondations ultérieures, dûs à d'autres pères? Ne pourrait-on pas supposer aussi, non sans quelque fondement, que cette influence, *insuffisante* pour déterminer le développement, est néanmoins assez profonde pour qu'à la suite d'une seconde alliance, les produits portent l'empreinte d'une paternité mixte?"

Mais comment, poursuit Longet, les corpuscules spermatiques arrivent-ils jusqu'à l'oeuf, malgré la paroi résistante de la vésicule qui le renferme... La seule conjecture que l'on puisse faire aujourd'hui c'est qu'ils sont peut-être entraînés par une sorte d'absorption, ou qu'ils pénètrent à travers une ouverture que les micrographes ont été jusqu'ici impuissants à découvrir. Quoiqu'il en soit, l'admission des spermatozoïdes au sein du follicule qui contient l'ovule est un fait dont les animaux à gestation ovarienne fournissent une preuve irrécusable. Chez les poéciliens, par exemple, l'oeuf fécondé dans la capsule de l'ovaire se développe dans cette capsule, et n'en rompt la paroi qu'après que l'embryon y est arrivé à terme [1]).

Dans la résolution définitive de ce quatrième problème, je penche donc du côté de l'opinion de l'illustre physiologiste français; car elle permet aussi de nous rendre compte de l'influence, qu'a le père sur la métamorphose profonde de la femelle, puisqu'elle nous démontré l'influence du sperme sur son organe essentiel—sur l'ovaire.—Ce qui nous explique par analogie l'influence des parents sur le physique et sur le moral de leurs enfants, de leurs descendants en ligne directe et indirecte, ce qui nous explique l'influence des parents sur les maladies même organiques de leur progéniture!

Dans la dixième génération vous répondrez pour vos fautes et pour les fautes de vos pères.

La physiologie comparée nous fournit encore un étonnant exemple de la fécondation par l'auteur de la première conception non pas de deux, ou de trois ovules dans l'ordre de leur mâturité dans l'ovaire de la femelle ou de la fécondation incomplète ou par im-

---

[1]) Duvernoy. Observ. pour servir à la connais. du dévelop. de la Poécilie de Surinam, Comptes rendus de l'Acad. des sciences 15 et 22 avril 1844.

pression ou par anticipation et qui imprime son cachet sur la fécondation définitive par un autre père, mais elle nous fournit encore des exemples de la fécondation de l'ovule du germe femelle, qui doit sortir de la femelle qui vient d'être fécondée, savoir: que le produit, femelle, d'un accouplement donné, va produire sans avoir de rappot avec le mâle.

Ce qui nous explique chez les abeilles, ainsi que chez certains insectes que la femelle peut engendrer à l'état vierge ou sans accouplement préalable.

Or, voici ce que je lis à ce sujet dans l'ouvrage d'Emile Blanchard: [1])

„Dzierzon, ingénieux observateur de la Sylésie a démontré que la mère, ou reine des abeilles, pond des oeufs à l'état vierge, d'où sans exception naissent des mâles; que cette même reine après l'accouplement avec le mâle pond des oeufs d'où naissent des abeilles ouvrières ou des femelles déjà fécondées, pouvant ainsi produire sans mâle. Cette propriété de reproduction sans le concours du mâle, et à l'état vierge, que l'on nomme *parthénogenèse* et que possèdent beaucoup d'animaux articulés, semblait ne pas être vraisemblable. Or Sibold, professeur à Munich et le professeur Leuckart à Giessen ont prouvé par des expériences d'une extrême exactitude l'authenticité de ce fait."

J'ajouterai que la nature qui est toujours la même, je veux dire qu'elle suit dans tout et toujours la marche tracée par ses lois éternelles, a jugé convenable de soustraire le genre humain à la règle prescrite pour

---

[1]) E. Blanchard. Métamorphoses, moeurs et instincts des insectes. Paris, 1868, p. 447.

les abeilles et pour les animaux articulés dans cette circonstance. Ainsi, pour moi, je ne crois pas à la conception sans rapports sexuels préalables dans notre espèce.

Ce fait est d'une haute importance pour tout homme qui pense et surtout pour celui qui s'est voué à l'approfondissement des mystères...... de la nature!

UNITÉ DES FORCES PHYSIQUES, ORGANIQUES ET DES FACULTÉS INTELLECTUELLES. ATTRACTION-RÉPULSIVE EST L'ÉLÉMENT DE LA CRÉATION, TANT SOUS LE RAPPORT DES FORCES QUE SOUS LE RAPPORT DE LA MATIERE.

Toute la création depuis l'atome jusqu'à l'homme, comme nous l'avons vu, n'est que la variété dans l'unité; n'est que le développement successif du même principe élémentaire—de l'atome.

Pourquoi alors la force, considérée dans tous ses ordres si variés, depuis les forces physiques jusqu'aux facultés de l'âme, si intimement liée avec l'unité de la création et démontrée pour ses groupes naturels comme *une*, par Newton, Mayer, Flourens et Secchi, ne serait-elle pas *une* dans son type, dans son essence spirituelle et ne différerait-elle que par la variété de ses phénomènes?

Ainsi Newton, a décomposé la lumière en sept principes élémentaires et par la fusion de ces sept principes il a obtenu la lumière blanche

La couleur blanche est donc la synthèse de toutes les couleurs.

D'après ma théorie les sept principes de la lumière ne sont que le développement, que le degré de plus en plus élevé, que la métamorphose de plus en plus élevée de la force élémentaire ou de l'attraction-répulsive en action de plus en plus grande dans ses atomes.

Il était aussi un temps où les savants pressentaient comme je l'avais dit, que les forces physiques, telles que: la chaleur, la lumière, l'électricité et le galvanisme n'étaient qu'une seule et même force (je prends ici les phénomènes des forces pour leur essence), seulement vue dans des conditions différentes et observée dans les différentes phases de son action. La science exacte a sanctionné déjà la légitimité de ces pressentiments, et ces forces physiques sont regardées aujourd'hui comme une seule et même force, vue seulement dans les diverses phases de son action; que l'électricité est au fond même chose que le galvanisme, que la lumière est chaleur, que la chaleur est lumière etc..

Nous avons donné la synthèse des forces physiques en 1868, que nous avons reproduite dans ce livre.

Le R. P. Secchi a démontré dans ces derniers temps que la lumière, la chaleur, le galvanisme et autres agents physiques ne sont qu'une seule et même force; que le mouvement de la matière en serait la cause et que le mode de mouvement de cette matière en constituerait toute la différence.—Pour nous, l'attraction-répulsive en action est la cause et le principe élémentaire de toutes les forces; et le degré de la métamorphose de cette force élémentaire en action constitue toute la différence entre l'une et l'autre.

Nous avons essayé de prouver que les forces physiques telles que: la chaleur, la lumière etc. se transforment en forces organiques.

Etienne Geoffroy Saint-Hilaire a démontré l'unité de composition pour les animaux vertébrés. D'où j'ai conclu à l'unité de type des forces qui président à la vie de toutes les variétés de ces êtres, aux fonctions de leurs organes et à toutes les nuances de ces fonctions.

Goëthe est arrivé à l'unité de type pour le règne végétal. D'où j'ai conclu à l'unité de type de toutes les forces qui président aux fonctions des organes si divers dans une même plante et qui constituent la vie organique d'une si grande variété des plantes composant le règne végétal.

Puis, j'ai démontré avec Flourens, d'après son ingénieuse analyse des facultés intellectuelles et des forces organiques, que toutes les forces si diverses, tant organiques, qu'intellectuelles ne sont au fond qu'une seule et même force et qu'elles ne diffèrent entre elles, que par le degré de leur développement ou de leur métamorphose.

Puis, j'ai démontré, que de même que les divers principes de la lumière ou que les diverses couleurs de la même lumière apparaissent successivement dans une barre de fer chauffée à mesure, par exemple, que l'intensité de la température dans cette barre de fer sera grande, de même dans le cerveau blessé, que nous parvenons à guérir, dès qu'une faculté apparaît, toutes apparaissent successivement, depuis l'attention jusqu'au jugement, jusqu'à la volonté; qu'il y a donc rapport entre les principes de la lumière et la succession dans leur apparition et l'apparition successive ou métamorphose d'une faculté intellectuelle en une autre; qu'il y a rapport entre la lumière et l'intelligence...!

Ensuite, j'ai cherché à démontrer dans mon livre, que l'instinct et l'intelligence des bêtes et l'âme de l'homme ne sont qu'une même force et qu'elles ne diffèrent que dans le degré de leur développement.

Puis, j'ai prouvé: que toutes les forces physiques comme: la lumière, la chaleur, l'électricité, le galvanisme, et les forces organiques végétales et animales comme: la digestion, la respiration, la circulation, l'instinct qui les préside, ainsi que l'intelligence des bêtes et l'esprit de l'homme, sont une même force dans le principe: car l'âme peut devenir force cosmique, car l'instinct, et les forces organiques peuvent devenir force cosmique, ou physique ou simple.... J'ai, dis-je, démontré, que toutes ces forces ne diffèrent entre elles que dans le degré de la métamorphose de la force élémentaire; car la force cosmique peut éclater dans la matière simple avec la lumière de la raison, si nous arrangeons et métamorphosons ses éléments primordiaux, d'une façon convenable.

Personne toutefois, jusqu'à présent, n'a osé comparer l'amour ou l'inclination ou le penchant de deux coeurs à une force physique, à l'affinité par exemple, ou à l'attraction-répulsive entre les molécules de deux corps simples dans une cornue. Plus d'un savant, en se présentant avec une proposition semblable craindrait d'être tourné en ridicule. Personne n'a eu le courage d'apercevoir dans l'intelligence, et dans la sensibilité des animaux, pas plus que dans une étincelle de feu, résultat du choc de la pierre contre l'acier, les différentes facultés de l'âme et du coeur, de la sagesse et de l'amour! Personne n'a vu de germe de l'âme dans une pierre, ni même n'a osé le deviner dans des êtres inférieurs à l'homme dans la création.

Jusqu'à présent l'homme a regardé les animaux comme des machines, comme des automates sensibles, parcequ'ils poussent des cris de douleur sous les coups de sa colère, intelligents parcequ'ils lui sont soumis. Il leur accorde l'intelligence innée, en leur refusant toute combinaison de la pensée et même la connaissance de ce qu'ils font....

On serait obligé d'entrer dans un labyrinthe de faits et de citer une infinité de preuves pour soutenir ma thèse. Tutefois ne perdant pas de vue ce que j'ai déjà dit à ce sujet aux chapitres „*l'instinct et l'intelligence*, où j'ai rapporté les ingénieuses observations de P. Huber et où j'ai cité à dessein tant de faits intéressants et „*l'union de trois règnes*", je rappellerai seulement les trois faits, qui doivent être toujours présents à l'esprit du lecteur, savoir: 1^0 que la Sensitive *(Mimosa Sensitiva)* ferme ses feuilles à l'approche d'un corps étranger et qu'une fois chloroformisée elle reste impassible à tout attouchement, 2^0 que le cristal répare ses angles et ses arêtes endommagées, et 3^0 que l'âme peut retourner à la force cosmique et que la force physique peut s'élever jusqu'aux sentiments d'amour et d'adoration pour l'Être Divin....; je me bornerai, dis-je, à rappeler ces faits importants au lecteur intelligent, avant d'exposer en parlant de Dieu et de la nature et de l'immortalité de l'âme cette mystérieuse question d'une manière décisive, car le cours de ma pensée m'oblige à dire ici quelques mots sur un fait des plus importants.

Or, E. G. Saint-Hilaire en considérant le fait: „que lorsque les deux moitiés d'un individu, ou deux ou plusieurs individus sont en voie de formation et quand la conjugaison a lieu normalement dans le premier cas et par anomalie dans l'autre, qu'au milieu de tous les éléments organiques qui les constituent, chaque homologue se porte vers un homologue ou que *l'union s'établit entre parties similaires*. Et qu'on le remarque bien, dit-il, ce n'est pas quelquefois, c'est toujours. Quand on réfléchit, poursuit-il à la disposition de l'arbre artériel et de l'arbre veineux, s'accompagnant mutuellement dans toutes les parties du corps et se trouvant en contact sur tant de points, comment ne pas s'attendre à voir cette contiguité presque constante se changer parfois en continuité? Eh bien! l'a-t-on vu souvent? Non. Quelquefois? Non. On ne l'a jamais vu. Pas un exemple n'est connu de l'embranchement anomal d'une artère aortique sur une veine appartenant au système des veines caves et réciproquement.—Toujours un rameau artériel se porte vers une branche artérielle, un rameau veineux vers une branche veineuse, et de même, invariablement pour tous les éléments organiques, de quelque système qu'ils soient, A vers A, B vers B, C vers C, jamais A vers B, ou B vers C".

E. G. Saint-Hilaire, dis je, appuyé sur ces faits est arrivé à la découverte: qu'il existe entre les éléments similaires de l'organisme une véritable affinité élective, sorte d'attraction élective et a formulé la loi de l'attraction ou de *l'affinité de soi pour soi;* mais il n'a pas pressenti, que dans un corps si minime que la pensée puisse concevoir, que dans l'atome pesant, que dans la réunion des deux atomes impondérables pour constituer le premier couple d'atomes ou une parcelle élémentaire de la matière pesante, que dans tous les ordres des forces, que dans tous les corps de la création, que dans tous les êtres vivants, que dans les fonctions de leurs organes comme dans leurs actions, etc., etc., il existe toujours la même force *d'attraction* élective pour soi, ramenée dans sa plus simple expression à *l'affinité de soi pour soi* et que j'ai appelée *attraction-répulsive;* que l'attraction-répulsive gouverne les fonctions organiques et est la base des facultés de l'âme, comme la Sagesse et l'amour président aux actions chimiques entre les atomes constituant les corps simples et sont l'âme des forces simples; que tous les phénomènes de la force sous n'importe quel aspect que la pensée se la représente, ne diffèrent entre eux que par le degré de la puissance de leur développement ou par leur plus ou moins grande perfection, jusqu'à la connaissance de son *moi*, jusqu'à la morale, jusqu'à la Sagesse, jusqu'à l'Amour, que toutes ces forces dans le fond se réduisent à *l'attraction-répulsive!* Et pourtant l'analogie guidée par l'intuition m'a permis d'arriver à la découverte de cette loi commune à toute la création. Car, si la loi de l'identité de principe pour la matière est vraie, elle doit être vraie aussi pour la force qui en est l'essence.

Je suis allé plus loin et j'ai dit, que la matière envisagée n'importe sous quel rapport et vue n'importe sous quelle forme de la nature aussi bien simple, que vivante n'est que l'expression d'un ordre de la force qui lui est correspondante sous un certain rapport dans ses deux propriétés opposées en elles mêmes, qu'elle n'est qu'une *force* exprimée dans la *force*.

Que l'attraction-répulsive est le type élémentaire, est l'essence de toute la création, tant sous le rapport de la force que sous le rapport de la matière, qui en est la métamorphose.

Descartes regardait les animaux d'accord avec l'état de la science et de l'esprit de son temps comme des automates ou des machines fonctionnant.

Or, si dans le règne animal on avait compris par la force organique animale, ce que Newton a compris dans les corps célestes par la gravitation, si les savants comprenaient la nature comme François Huber et Dzierzon ont compris les abeilles ou comme Pierre Huber a compris les fourmis, la science marchant sur cette voie, tiendrait déjà son sceptre bien haut! On ne manque pas de matériaux, l'observation a éclairé bien des mystères et a rendu partout les analogies trop saillantes, pour que la science, dis-je, une fois sur la bonne voie ne continue à suivre ses traces à l'avenir.

Bichat, en physiologie s'était posé le problème de ramener les forces vitales à la loi de la gravitation de Newton et a écrit son immortelle physiologie générale sans atteindre le but de sa pensée primitive.

Les physiologistes moins prudents que Bichat, peu soucieux de l'observation, l'avaient négligée. La force de la vie entre leurs mains était devenue un entité abstrait et indépendant de l'organisme, de la matière.... En abondant dans le sens de la tradition, en flattant la routine, ne voulant pas abaisser l'image de Dieu qui est en nous, ils ont rétrogradé la science de quelques siècles oubliant, qu'en marchant avec la vérité dépouillée de préjugés, non-seulement ils n'auraient pas manqué à l'âme, mais ils auraient contribué à l'élever à son vrai rang et auraient rendu par là un témoignage éclatant de leur hommage à l'Être suprême.

La vérité ne connaît ni concession ni détours, elle ne veut pas de faux apôtres. La vérité doit être franche et ouverte. Si l'âme est la résultante de l'organisme, si l'âme a créé l'organisme, si ces deux phénomènes si opposés de la force sont solidairement liés entre eux, s'ils ne sont que les manifestations opposées d'une seule et même cause dans des conditions relatives par rapport à nos sens? Quoique je me sois déjà exprimé sur ce point d'une manière positive, je dirai: que puisque la force est mère et créatrice de la matière, que la force organique a créé en dernier lieu la matière organique ou l'organisme proprement dit; ou que la Sagesse suprême en s'exprimant elle-même comme *force simple* ou comme *atome*, sa plus minime parcelle, dans la matière simple et par la force organique, qui n'est que son oeuvre et son être, dans la matière organique, a créé la matière simple et la matière organique ; qu'en arrangeant les éléments de la matière métamorphosés ou élevés à un ordre de plus en plus élevé, elle s'est permis à elle-même, transformée en force organique, de manifester ses diverses facultés par cet arrangement et par cette métamorphose des éléments primordiaux, qui sont son oeuvre et son être; qu'elle a arrangé dis-je, et métamorphosé la matière, de manière à se manifester dans tout l'éclat de ses plus hautes facultés spirituelles au moyen de ce singulier arrangement de la matière métamorphosée, et à manifester ses phénomènes dans la création en elle et par elle, ou dans l'organisme et par l'organisme qui est son oeuvre. Nous voyons donc que l'hommage que nous rendons à la Cause éternelle, en puisant *force* et *matière* dans son Être et en faisant dépendre les manifestations des phénomènes de l'âme de l'arrangement et de la métamorphose des éléments primordiaux de la matière dans le cerveau, est plus éclatant, que de fouiller, comme par le passé, la matière à nos pieds et que d'élever l'âme aux nues sans connaître la parenté et les rapports qui lient la force et la matière en Dieu.

L'homme prononce avec mépris le nom de *matière*. Il lui répugne de reconnaître en elle, quelque chose de plus, qu'il ne l'avait appris des préjugés des siècles.

Le nom de bête est devenu même un terme de mépris dans son langage habituel. Oubliant qu'il est aussi animal que les autres animaux, il s'est élevé avec orgueil au-dessus de la création. Ne pouvant pas toutefois contester sa parenté avec la bête, qu'il méprise, il a placé son trône au-dessus des animaux sans s'apercevoir, que Dieu l'a puni ainsi dans son orgueil même. Car, bon gré, mal gré, s'il est à la tête des animaux ou non, s'il est le roi de la création ou non, il est bête et matière comme le plus humble des animaux, comme la plus minime parcelle de la poussière qu'il foule insoucieux à ses pieds.

L'homme foulant tout aux pieds et s'élevant par trop au-dessus de la création est bien petit en face de la Vérité éternelle et s'humilie beaucoup aux yeux de cette même Vérité par sa stupidité et par son aveuglement.

Nous avons émis la pensée, que tous les types si nombreux et si variés de l'échelle animale ne sont qu'autant d'arrêts dans le développement organique d'un type élémentaire et dont l'homme fait le modèle du développement et de la perfection. Nous avons, dis-je, émis la pensée, que toutes les variétés des êtres de la création depuis les corps simples jusqu'aux êtres les plus organisés ne sont qu'autant d'hommes arrêtés dans les diverses phases de leur développement, depuis l'atome jusqu'au gorille; que les animaux par exemple, sont la personnification, dans chacune de leurs espèces, dans chacune de leurs variétés, d'une certaine inclination bonne ou mauvaise, d'un élan particulier, de telle ou telle mauvaise passion ou défaut par rapport bien entendu à la pure morale; qu'ils sont l'a, b, c pour un homme qui sait réfléchir sur ce qu'il peut devenir, lorsqu'en oubliant sa dignité d'homme, il laisse dominer en ui telle, ou telle mauvaise inclination, lorsqu'en faisant dominer en lui tel, ou tel autre mauvais instinct, il se dégrade en lui-même et devient homme-hyène, homme-vipère, homme-chat et même, chose étonnante il acquiert alors jusqu'aux traits des animaux dont il a emprunté les vices et il porte ainsi gravé sur son front le cachet de la punition de Dieu! N'oublions pas que les anneaux de la grande chaîne de la création sont pour un penseur une grande clef pour comprendre les mystères de la nature!

Ainsi basé sur l'analogie dans les phases que parcourt le foetus de l'homme depuis le moment de sa conception jusqu'au moment de sa naissance avec les types de l'échelle animale, depuis la cellule organique jusqu'aux poissons, jusqu'aux animaux mammifères les plus voisins de son espèce, je suis arrivé aux lois qui nous enseignent 1° qu'avant d'être hommes nous étions des êtres d'une organisation inférieure; 2° que nous avons un commencement commun avec les animaux tant sous le rapport de la force que sous le rapport de la matière; 3° que nous sommes des êtres comme les animaux, seulement plus développés et d'une plus parfaite organisation que nos frères cadets dans la nature.

Ces lois nous imposant le devoir de considérer comme frère toute créature appartenant à la grande oeuvre de la création, nous enseignent l'unité dans la variété ou l'unité de l'origine du germe dans la diversité des formes—analogie, que nous saisirons en comparant notre pigeon domestique avec la tourterelle, si nous comparons le chien avec le loup; mais que nous serons bien loin de soupçonner, si nous comparons un poisson avec un brin d'herbe ou avec un homme par exemple !

Ces lois nous apprennent enfin, que de même que l'unité de la création physique, sous le rapport de la matière est *une* et constitue un tout *un* et *harmonieux*, que la force malgré les milliers de phénomènes, est *une*; que la force est l'essence, le principe, l'âme, l'être même de la matière; que la matière est un certain état de la force, qu'elle est la métamorphose ou la transformation de la force.

Que la force et la matière ne sont au fond que le même être, vu seulement dans ses différents états, que la matière retourne à la force, que la force se change à tout instant en matière, que la matière est le développement de la force dans la création, qu'elle n'est qu'une métamorphose de la force, que la création n'est autre chose que la transformation de la force en matière, que la création est la force exprimée dans la matière, qu'elle est la matière conçue dans la force, qu'elle est le verbe, qu'elle est la chair et l'être même de Dieu, pour nos sens.

Pour nous la matière est tellement liée avec la force et toutes deux constituent si bien un tout inséparable; que la matière sans force n'est rien, et que la force dans le sens que nous lui donnons dans la nature sans matière n'est également rien; que la force dans la matière et que la matière dans la force sont tout, qu'elles constituent la nature, qu'elles constituent la création.

Leibnitz le plus grand génie moderne, est arrivé à la conclusion, *que la force est matière, que la matière est force; que la force et la matière sont une seule et même chose.*

J'ai prouvé que la différence entre ma manière d'envisager la question et celle de Kant, qui regardait aussi la matière comme même chose que la force, et de Leibnitz consiste, en ce que je suis arrivé à ma conclusion par une voie basée sur les faits du domaine de l'observation; et que pour moi, la force est même chose que la matière en ce sens, que la force est le principe élémentaire de la matière et que la matière en est la métamorphose; que la force et la matière sont pour nos sens les différents phénomènes du même principe qui est la force et finalement qui est Dieu; que je considère la force comme étant la même chose que la matière dans un moment seulement de la création — dans le moment du passage ou de la transformation de la force en matière ou dans le moment des combinaisons et des décompositions chimiques des corps, dans le moment de la transformation de la force pure en **atome** lequel, comme parcelle finalement indivisible de la force physique ou de la matière impondérable est force et matière à la fois. Hors le moment de la transformation de la force pure en matière, dans la création, la force est pour nous force physique, appelée à agir dans la matière, à permettre, à la matière d'avoir ses propriétés, et la matière est matière, comme source continuelle de la force et de la manifestion de ses phénomènes!

L'une comme l'autre, la matière dis-je, comme la force, hors ce moment sont pour nous choses tout-à-fait différentes et tranchées, quoique, dis-je, elles soient en rapport tellement intimes, qu'elles ne peuvent ni exister, ni être conçues isolément. La matière constitue le monde physique. La force dans le sens intime du mot ou force spirituelle ou Dieu constitue l'essence, la vie, l'âme de la création. L'état intermédiaire entre la force et la matière, ou celui qui lie la force pure avec la matière pesante, l'état transitoire ou de la transformation de la première en la seconde est déjà une force physique en action ou la matière impondérable ou la matière pesante non encore définitivement crée

Or, les phénomènes que produit cette matière impondérable ou la matière pesante non encore définitivement formée, cet éther, par les mouvements imprimés à ses atomes par la force, ou l'âme qui agit en eux pendant le moment de leur mariage ou de la formation de la matière pesante, constitue comme nous avons vu les phénomènes de la lumière, de la chaleur, de l'électricité et jusqu'à de l'intelligence. La matière naissante, dont je viens de parler ou l'éther de la physique moderne, dont j'ai donné en son lieu une si minutieuse explication, est donc le lien de la force avec la matière, ou un premier trait de la création, dont l'atome pondérable est la réalisation ou une matière accomplie et finalement exprimée par l'union des deux atomes proprement dits.

Après avoir passé en revue la théorie de la force envisagée sur tous les points de vue possibles et après l'avoir étudiée dans ses divers états, après avoir approfondi les diverses théories de la force, depuis les forces physiques jusqu'à celles qui gouvernent les êtres de la plus parfaite organisation, nous avons assez rapporté de faits, assez étudié leur analogie, nous avons donné une direction assez nette aux conclusions que nous en avons tirées, pour qu'il ne nous restât que peu de chose à dire pour prouver l'existence de l'élément commun à toutes les forces si diverses en apparence.

L'intelligent lecteur devine d'avance, que si tous les groupes naturels de la force ont chacun un élément ou une force élémentaire, puisque cette force élémentaire est la même pour tous les groupes de la force, que par conséquent, toutes les forces sans différence, de quelque ordre qu'elles fussent, ne sont que la métamorphose de cette même force élémentaire, ou force type de toutes les forces de la création.

Il nous reste à prouver l'identité dans le fond de l'attraction-répulsive ou de la force élémentaire et de l'amour.

Or, nous pardonnons le plus à l'amour, parce qu'il est la négation de son *moi*, de son propre être au profit de l'objet aimé.

L'amour, dit Virey, est la base de la domination de la femme; c'est par lui qu'elle arrive à dominer l'homme; en se réservant la soumission, elle le subjugue par sa faiblesse, de même qu'elle le révolterait par sa force; et lorsqu'elle se retire ou cède, c'est pour reprendre ensuite plus d'empire sur sa victime. *Sa douceur fait sa puissance!*

L'expression: *sa douceur fait sa force*, les termes: elle *cède*, elle se *soumet pour dominer*, prouvent la soumission, l'abnégation de son *moi*, la répulsion en soi dans la force, qui au fond n'est que l'attraction à soi de l'être aimé pour le posséder, pour s'y incarner, pour le fondre en son moi, pour le gouverner, pour le subjuguer au profit de son *moi*. La soumission ou la répulsion dans son moi est ici l'attraction, la domination, le pouvoir!

L'amour est donc une force répulsive en elle-même relativement à la personne qui aime et elle est attractive par rapport à l'objet aimé; elle est attractive et se concentre en elle-même pour se repousser en elle-même, pour se sacrifier au profit de la personne aimée. Deux personnes qui s'aiment, se repoussent chacune en elle-même, afin que chacune vivant à part dans le coeur aimé puisse s'attirer mutuellement, et se fondre en un coeur *unique*, en une âme *une*, pour que les deux coeurs ne fassent qu'un coeur, pour que les deux *moi* ne fassent qu'un *moi*, pour que toutes les deux ne fassent qu'une unité *une*, ou le premier couple, ou le type de la création nouvelle. Ce qui nous explique la signification de la loi, de *l'affinité de soi pour soi*, ou de *l'attraction de soi à soi* ou *de la répulsion attractive* et vice versa, ayant tant d'analogie avec *l'affinité élective* entre les éléments similaires de l'organisation et l'attraction intime, comparable aux *attractions moléculaires* des physiciens et aux affinités électives des chimistes, dont nous avons parlé en son lieu.

Donc la force de l'amour, dont nous saisissons le côté attractif et répulsif aussi bien dans un être pris individuellement, que dans deux êtres qui s'aiment et dont la profonde vérité philosophique est gravée dans l'expression même de notre langue „kochać się", qui veut dire, *s'aimer* ou aimer soi-même en aimant l'objet de son amour ou aimer en soi l'idéal de sa propre pensée, l'oeuvre de son coeur, de son amour, de son âme, *inspiré par un objet aimé, donc aimer l'objet de son amour en soi*, nous résout le plus mystérieux problème de la fusion dans une force *une*, de ses deux éléments opposés, savoir: de *l'attraction* et de la *répulsion*.

La vraie sagesse est l'amour. Le vrai amour est la sagesse.

La sagesse aussi bien que l'amour est une fusion des deux éléments opposés de *pour* et de *contre*. La répulsion est attraction et réciproquement: car la répulsion n'est force qu'en tant, qu'elle s'attire en elle-même, qu'elle se concentre en soi; qu'en tant, qu'elle est attraction; et l'attraction est force en tant, qu'elle se repousse en elle-même: car nous savons, que pour que la force puisse repousser, il faut qu'elle se concentre préalablement en elle-même et que plus cette concentration ou attraction de soi en soi sera grande, plus grande sera la force de sa répulsion; qu'en un mot, la force doit être forte pour attirer ou pour repousser. Combien en effet il faut d'efforts, comme il faut se replier en soi-même ou concentrer ou attirer de la force en soi, pour repousser son adversaire!

Or, ces deux qualités de la force ou propriétés essentielles opposées, qui ne peuvent ni exister, ni être, conçues séparément, ne font comme nous l'avons prouvé, bu'une force *une*.

La puissance de la sagesse est grande, la puissance de l'amour est grande aussi. La puissance de la sagesse et de l'amour est la plus grande. L'amour sans sagesse n'est point amour, mais folie, mais faiblesse. La sagesse sans amour n'est pas la sagesse, c'est une monstruosité, qui n'a pas de nom.

Personne n'est capable de calculer la puissance de ces deux facultés de l'âme fondues dans la même âme.

Une puissance pareille ne connaît ni distance, ni temps, ni obstacles!

Tout le mal sur la terre est le résultat de l'inharmonie de ces deux facultés dans l'âme, de l'absence de l'une ou de l'atrophie de l'autre. Toujours et partout trop de spéculation, de calcul, de finesse, de ruse et par cela même absence d'amour et de vraie sagesse; ou trop de coeur et pas assez de raison, pas assez de vraie sagesse....!

Le seul Christ, depuis la création du monde, a réuni en lui-même la plus grande puissance de la sagesse et de l'amour et fut la plus pure harmonie de l'amour et de la sagesse en action.

L'esprit de l'homme, comme je l'ai dit, est une fusion des deux forces opposées en apparence et dont chacune est constituée des deux facultés ou forces opposées, qui au moment de leur action constituent les divers phénomènes de l'âme ou de l'intelligence.

Ainsi la même force d'attraction-répulsive fondue en une force une, réside aussi bien dans l'homme que dans un corps simple, seulement elle est ici d'un ordre plus élevé et là d'un ordre moins élevé.

Or, cette sagesse et cet amour toujours actifs dans la même âme, cette expansion et cet égoïsme toujours vivaces dans le même esprit, cette attraction et cette répulsion en combat perpétuel ou en action tant dans l'âme que dans la force qui gouverne les corps célestes aussi bien que les mondes de l'univers et qui préside à l'union des éléments simples dans un corps simple, est la seule et même force, avec la différence de la connaissance de son *moi* ou qu'elle est active — comme dans l'homme; et qu'elle est cachée ou passive — comme dans la matière simple.

Notre âme, si nous rentrons en nous-mêmes, nous explique, qu'il n'y a pas de force répulsive, ni attractive, qu'il n'y a pas de sagesse et d'amour, qu'il n'y a pas deux forces, mais qu'il y règne une force spirituelle, une en elle-même, d'où les facultés les plus diverses prennent naissance pour se fondre à leur tour dans leur source commune, dans l'âme; que la vraie sagesse comme nous l'avons dit, est l'amour, et que le vrai amour est sagesse, que toutes ces deux forces ne font qu'une force.

L'attraction et la répulsion sont deux forces, la sagesse et l'amour sont deux forces. — L'attraction-répulsive est une force *une;* la sagesse et l'amour sont une force *une*, car, si la force comme nous l'avons dit n'était que l'attraction sans aucune opposition, elle réduirait la création à un point physique, et il n'y aurait ni la force, ni ses phénomènes — la création n'aurait pas lieu ; si la force n'était que la répulsion sans l'attraction, l'espace de l'univers ne serait pas assez grand pour embrasser la création continuellement poussée dans sa tendance centrifuge à gagner les limites du néant. — L'espace de la création, dis-je, aurait dû être infini et idéal en quelque sorte, pour embrasser sa répulsion sans borne et sans terme. Il n'y aurait dans ce cas ni force, ni création, ni idée même de la création — il y aurait *néant*.

Même chose pour la sagesse et l'amour dans l'âme.

L'une ne peut ni exister, ni être conçue sans l'autre, comme un *oui* ne peut exister sans un *non*, et réciproquement.

Il n'y a donc pas, et il ne peut pas exister deux forces élémentaires à part. Il n'y a pas de force attractive, ni répulsive, mais bien une force une en elle-même pour toute la création; il n'y a qu'une attraction avec le pouvoir en elle-même de la répulsion.

Or, l'union ou le mariage de ces deux propriétés essentielles, de ces deux forces opposées, constitue l'unité de la force.

Ce fait nous rappelle la loi que nous avons formulée, savoir: que de même qu'un être organisé animal se compose dans le principe de deux moitiés symétriques (de Serres), que le premier couple d'atomes ou l'atome pondérable, que même l'atome proprement dit se compose aussi de deux parties symétriques dans le principe; que la force, que tous les ordres de la force, depuis l'attraction-répulsive jusqu'à l'âme ou jusqu'à l'amour, jusqu'à la raison! se composent dans le principe de deux parties symétriques, quoique opposées sous un certain rapport et que justement cette opposition est le principe moteur comme nous l'avons dit, de toute action dans la création, et par cela même de la création.

En descendant de l'homme aux animaux, aux plantes et à la matière simple, nous voyons l'âme devenir instinct, force vitale, force simple ou cosmique. En envisageant ensuite l'oeuvre de la force ou la matière simple et organique végétale et animale, la force simple dans les cristaux se présente déjà comme le premier plan de la force organique; dans les corps organiques végétaux, elle se présente par les phénomènes de la croissance, de la respiration, de la reproduction, de la vie en un mot sans intelligence et s'éteint pour nos sens, comme nous l'avons dit, dans les cristaux, pour apparaître sous forme des phénomènes plus simples, plus élémentaires encore dans la chute des corps ou dans l'union des atomes dans un corps donné.

Allons plus loin, frappons une pierre contre une autre et nous apercevrons une étincelle de *feu* et une parcelle de pierre par terre.

Qu'est-ce que cette étincelle? Qu'est-ce que le feu?

Or, quoique j'aie donné une théorie de la matière impondérable en action ou prise au moment de sa métamorphose en matière pesante, quoique nous sachions que l'atome impondérable en action ou en mouvement donne des phénomènes du feu, entrons encore une fois dans quelques détails sur cet intéressant sujet.

Figurons-nous encore une fois dans ce but une bougie allumée et une soucoupe en porcelaine blanche au-dessus de la flamme. Chose simple, que dans ce cas, nous aurons la flamme entre la bougie et la suie qui se formera sur la soucoupe, ou entre une matière qui disparaît et une autre qui se forme. La flamme en outre va durer ici tant qu'il y aura de la bougie et avec la consomption de la dernière molécule de la matière de la bougie la flamme va s'éteindre aussi.

Le feu sera ici l'état intermédiaire entre la matière disparaissant de la bougie et celle qui vient de se former, sera une masse d'atomes impondérables en action, qui par leur union constituaient les atomes pesants de la bougie et qui se sont transformés en matière nouvelle de la suie, sera matière impondérable en action, sera force physique en action.

Que sera-t-elle à son tour l'étincelle de feu engendrée par le choc de deux pierres l'une contre l'autre? Elle sera la manifestation d'un phénomène de la force physique ou de la matière impondérable ou d'une masse d'atomes en action, que nous n'avons pas vus lorsqu'ils formaient la parcelle de la pierre enlevée avant un instant à la masse de la pierre, lorsqu'ils y étaient à l'état caché ou d'équilibre ou de repos, lorsque mariés les uns aux autres, ils y constituaient les atomes pesants. Cet équilibre une fois rompu par le choc de deux pierres dans une région donnée, les atomes impondérables ou élémentaires de cette région en repos relatif comme unis les uns avec les autres, ont passé à l'état d'action et se sont présentés à nos yeux sous forme de feu ou d'étincelle savoir: que les parcelles de cette région de la pierre sont retournées au moment de la séparation de notre parcelle d'avec la masse de la pierre à l'état de matière impondérable en mouvement ou en action et que cet état de la matière impondérable ou de la masse des atomes divorscés s'est présenté à nos yeux à cause de leur action sou forme d'étincelle,

Je m'explique. La force ne peut pas sortir dans la nature de son état de repos ou d'équilibre sans la matière dont elle constitue l'essence, et comme l'action de la force est fatalement suivie du retour de la matière qu'elle unit et qu'elle constitue à la matière impondérable en action, comme la matière impondérable par le seul fait qu'elle est en action, est aussi en mouvement dans ses parcelles, comme il faut du mouvement à ces parcelles pour que la force qui y agit se manifeste d'une certaine façon, comme justement toutes les conditions sont réunies ici pour que la force se présente sous forme des phénomènes de la lumière et de la chaleur, nous aurons comme de raison le feu, dont la durée et la continuité dépendront de la continuité de l'action entre les parcelles du corps en combustion et les atomes d'oxygène de l'air atmosphérique environnant.

Le feu est donc le phénomène accompagnant la métamorphose ou la transformation cortinuelle des atomes pondérables de la matière en atomes élémentaires en action. Plus l'action de ces atomes est vive, plus les phénomènes qui accompagnent cette action seront chaleur ou lumière plus ou moins intense.

Les atomes par conséquent ou l'éther dont ils constituent les plus petites parcelles n'entoure pas les molécules des corps comme fluide subtil et incoercible, comme force étrangère unissant ces parcelles, mais les constitue et les maintient par l'attraction-répulsive, dont il est l'expression ou la métamorphose. En d'autres termes l'éther qui entoure les corps ne les lie pas, mais sert de conducteur ou d'organe passif entre les forces qui agissent dans les corps et qui les gouvernent.

Ainsi, comme la lune, le soleil et les étoiles jetés dans l'espace ne sont entourés d'aucune force collante, quoiqu'ils se tiennent mutuellement : car ils se tiennent par la force qui est leur essence, l'éther cosmique servant seulement de conducteur à cette force; comme la colle n'a pas besoin d'être entourée de fluide étranger pour coller, mais que cette propriété lui est inhérente et constitue son être; comme les objets placés sur ma table à écrire, ou sur le parquet de mon cabinet ne sont pas doublés en dessous d'aucune force collante qui les tiendrait à leurs places respectives, mais qu'ils y sont fixés et maintenus par la force active qui les constitue, qui constitue leur propriété essentielle et entre autre celle de l'attraction-répulsive ou force collante en question; comme le lingot de fer que dix hommes ne peuvent soulever ou détacher de la terre n'a aucune force entre lui et le sol qui l'y tiendrait attaché, mais il y est tenu par la force attractive de tous ses atomes, dont ils sont l'expression physique, dont ils ne sont que la transformation ou métamorphose; comme le cerveau n'a besoin d'être entouré d'aucune force pour que son intelligence agisse en lui à distance, traverse l'espace et les siècles comme pensée, comme verbe : phénomène, qui nous offre une analogie de plus entre la force simple et les facultés de l'âme, de même les atomes n'ont pas besoin d'être entourés par une force pour se tenir mutuellement, mais qu'étant une concrétion de la force simple, ils se tiennent seuls au moyen d'elle, l'éther cosmique qui les entoure servant à cette force de pont de communication à distance.

Le feu est donc un phénomène qui accompagne le retour de la matière à la force pure et la transformation de la force pure en matière ou finalement est un phénomène qui accompagne la création, qui par son essence ou par *l'atome* constitue la création.

Et comme toute force simple peut devenir âme et que l'âme peut devenir force simple ou cosmique, l'étincelle de feu dont nous parlions tout à l'heure est donc l'essence, est l'âme de la pierre, est son intelligence aveugle et constitue sa pesanteur, sa dureté individuelle, etc., est son amour et sa sagesse passive, qui élevée au degré de l'intelligence dans l'homme est active ou connaît son moi.

Tous les phénomènes de la force comme la lumière, la chaleur, l'éléctricité, la force de la vie, d'intelligence, etc., qui étaient regardées comme autant de forces diverses ne sont aujourd'hui, pour nous, que les phénomènes des divers ordres de la même force en action, qu'autant de divers phénomènes de la création. — Tout dépend comme nous le voyons, de l'œil de l'observateur envisageant le même objet sous des conditions et des points de vues différents.

Prenons un homme caché dans une forêt par une nuit obscure, que nous n'entendions seulement que sa voix; si ce même homme se présente à nous en plein jour dans ses trois âges divers: de l'enfance, de l'âge mûr et de la décrépitude; représentons nous cet homme à l'état de la nature vierge, ou à l'état élevé de l'intelligence de Kopernik ou de Mickiewicz, de Moïse ou de Newton, nous ne contesterons pas que ce sera toujours l'homme, seulement, qu'il sera dans les différentes phases de son état organique ou social ou intellectuel... Ôtons une trentaine d'années à un vieillard, nous aurons un homme plein de verve et de raison. Réveillons par des moyens appropriés l'intelligence assoupie chez un Esquimeau, nous verrons, qu'il avait de l'aptitude même aux spéculations intellectuelles d'un ordre élevé.

Même chose avec les phénomènes de la force simple.

On nous objectera, que les phénomènes de la lumière et de la chaleur n'accompagnent pas toujours l'union et la rupture de deux atomes dans un corps donné.

Nous répondrons, que si nous avions un instrument assez sensible pour démontrer l'exactitude de l'existence de ce phénomène, nous serions convaincu, qu'il en est réellement ainsi.

Humboldt en parlant de la température intérieure de la terre et des phénomènes que cette température produit à sa surface, dit: que si nous avions un instrument assez sensible et assez généralisé, qui pût nous prévenir avec une précision mathématique des suites du travail intérieur de la terre à sa surface, nous aurions à chaque instant des nouvelles d'un tremblement de terre, sinon dans un endroit du moins dans un autre de sa sphère.

Ce qu'Humboldt dit des suites de la température interne du globe, s'applique exactement à l'existence de la lumière et de la chaleur non-seulement au moment des actions chimiques des corps, non seulement au moment du plus léger contact d'un corps avec un autre, mais même à l'état de repos de chaque corps, entre les molécules qui le composent, par le seul motif, qu'il n'y a pas de repos absolu et que la lumière et la chaleur étant les phénomènes de l'action, sont inséparables de l'action; ce qui fait ce fluide éthéré qui constitue chaque atome pesant dans un corps donné, ce qui constitue la chaleur et la lumière latente d'un corps donné, ce qui constitue la force en action entre les molécules composant les corps, ce qui constitue l'existence de la matière simple, ce qui constitue son être et sa vie, ce qui constitue *l'atome* proprement dit.

Nous réveillons les forces de l'état de repos relatif dans un corps donné par le frottement etc., etc., mais nous ne les créons pas.

- Nous réveillons, nous développons l'intelligence et les sentiments dans l'homme mais nous ne les créons pas!

Demandons d'ailleurs à la chimie, elle nous répondra: que les phénomènes de la lumière et de la chaleur accompagnent, dans la majorité des cas et à des degrés plus ou moins sensibles, toutes les actions chimiques dépendant de la plus ou la moins grande affinité des corps entre eux et de leur nature etc., etc.; qu'il y a des corps qui brillent à froid comme phosphore et que ce phénomène accompagne la composition de ses vapeurs volatilisées avec de l'oxygène de l'air; qu'il y a des conditions dans lesquelles les phénomènes qui accompagnent la force au moment des actions chimiques des corps égalent en intensité les phénomènes de la chaleur et de la lumière solaire; qu'il y a des corps qui se décomposent atome par atome pendant des siècles, qui pourrissent pendant des siècles. — Or, pour apercevoir les phénomènes de la lumière et de la chaleur qui accompagnent ce travail lent et insaisissable, pour voir la lumière cachée dans un corps au moment où elle acompagne comme phénomène la force qui tient en repos ses molécules constituantes, pour voir la lumière ou les oscillations ou le phénomène de l'action d'un atome lorsqu'il tient un autre atome dans un atome pondérable, il faut être Dieu même! Mystères subtils et élevés, dont il est à peine permis de deviner la réalité par intuition, et pourtant ces mystères ne sont point des mystères, mais bien de la plus pure réalité!

Un corps croît et change d'état à tout instant et nous ne voyons pas cela dans un moment donné. Et, parce que nous ne voyons pas quelquefois la lumière accompagner les décompositions d'un corps, est-ce que la Puissance suprême aurait cessé pour cela d'en éclairer les ténêbres par la lumière de son amour et de sa sagesse?

En résumé toutes les forces dans la nature, de quelque ordre qu'elles soient, comme forces physiques, organiques, intellectuelles, comme l'âme, ne sont que la métamorphose, que le développement de la force élémentaire type, et qui est *l'attraction-répulsive*, avec la connaissance de son *moi*, comme dans l'âme de l'homme, ou avec la connaissance de son *moi* en *Dieu*, comme dans les *forces simples* et dans les forces organiques végétales et en partie animales.

Il existe donc une seule force élémentaire pour toutes les forces de la création et qui n'est ni l'attraction, ni la répulsion, ni la *gravité* de Newton (qui, comme on le sait encourageait les physiologistes à trouver un ou deux éléments du mouvement), ni le *mouvement* du R. P. Secchi, mais bien **l'attraction-répulsive.**

Puisque alors l'atome ou la plus petite parcelle indivisible de la force physique ou de la matière impondérable est l'élément type de tous les corps de la création *sans exception;* puisque la métamorphose de l'atome constitue la diversité incalculabe des formes, non seulement de tous les types, mais de leurs variétés sans nobre dans la grande chaîne de la création; puisque l'attraction-répulsive est l'élément de toutes les forces de la nature sans aucune exception; puisque tous les ordres de forces dans la création ne sont que les divers degrés de la métamorphose de la même force type, qui est *l'attraction-répulsive active*, dont Dieu est le *moteur suprême;* je dirai plus, puisque la matière n'est que la métamorphose de la force et que la force n'est que l'élément, la base de la matière sans aucune exception, on peut proclamer comme loi de la nature, *l'unité de l'élément pour toute la création—tant pour les forces, que pour la matière, que pour la force et la matière* et que ce principe élémentaire de toute la création est l'attraction-répulsive considérée comme être, comme existence.

DÉFINITION DE LA FORCE.

Personne jusqu'à présent n'a répondu à la question: *qu'est-ce que la force?*

Descartes en sondant son esprit, en étudiant sa raison par sa raison, est arrivé à la connaissance de son *moi;* il est arrivé à son immortel: ,,Cogito, ergo sum"— Je pense donc je suis.

Nous, en étudiant l'esprit de la création entière, nous sommes arrivé à la loi: que l'amour et la sagesse qui réside en nous et qui constitue notre *moi* est dans toute la création; qu'elle est dans l'immensité de l'univers aussi bien que dans ses moindres parcelles, toujours active, quoique une fois visible—comme dans l'homme, et une autre fois cachée—comme dans la nature simple; nous avons trouvé l'être spirituel de la nature entière ou son immortalité; — nous avons trouvé l'amour et la sagesse incarnés dans l'atome et par l'atome dans toute la création—nous avons trouvé la force.

La force, comme nous l'avons dit, ne peut être conçue, ni exister à l'état de repos absolu, si ce n'est hors de la nature ou en Dieu.

L'état de repos de la force est donc relatif dans la nature et constitue ce que nous appelons l'état d'équilibre de ses deux propiétés ou de l'attraction et de la répulsion.

Ainsi primitivement la force vivait en Dieu, comme elle vit dans la création dans le principe spirituel de notre âme et a reçu par Lui ou par Sa volonté une impulsion à l'action ou à se métamorphoser en matière, avec la faculté d'action imprégnée de sagesse et d'amour sans la connaissance de son *moi*, pour nos sens, dans la matière simple et comme dans l'homme, avec la connaissance de son *moi* et avec la faculté de s'élever à Dieu, sa cause première: exactement comme cela a lieu à chaque instant dans notre être spirituel ou dans notre âme, qui par sa volonté puise aussi en elle-même une force, une idée, qu'elle se métamorphose en *verbe* ou en *action*, en continuant ainsi l'oeuvre de la création par le pouvoir que la Volonté suprême a déposé en elle.

L'âme est force en tant, qu'elle est en impulsion à l'action, qu'elle puise dans sa source divine l'élément de l'action et qu'elle s'incarne dans le *verbe*.

Les forces physiques ou simples sont forces en tant, qu'elles ont tressailli en elles-mêmes à l'action ou en tant, que l'impulsion à l'action ou à leur transformation en matière s'est réveillée en elles.

Or, le moment du réveil de l'esprit en soi-même en Dieu et par la volonté de Dieu à l'action dans le monde des sens ou à sa transformation en matière est force.

La force au moment de devancer son tressaillement à la vie dans le domaine de la création vit en Dieu, est Dieu, et une fois réveillée dans la voie de l'action ou de sa métamorphose en matière est la matière impondérable en action, est lumière, chaleur etc., et constitue le lien entre la force pure ou entre Dieu et la matière pesante, constitue la nature, constitue la création.

Il résulte de ce que nous avons dit de la force en général dans ce long travail:

1° Que l'attraction par elle-même n'existe pas, et ne constitue pas la force.

2° Que la répulsion aussi comme ne pouvant exister seule, n'est pas non plus la force.

3° Que l'attraction-répulsive est l'élément type ou le principe élémentaire de toutes les forces de la création.

4° Que toutes les forces, que tous les ordres des forces depuis les forces simples jusqu'à *la raison*, ne sont que la transformation ou la métamorphose de cette force élémentaire type.

5° Que les atomes des corps simples, comme des corps composés, comme des plantes, comme des animaux sont la métamorphose de l'atome impondérable ou de l'atome élémentaire type; qu'ils sont plus organiques dans les animaux, moins organiques dans les plantes, encore moins dans les sels, chimiquement parlant, et le moins dans les éléments chimiquement purs.

6° Que la force pure ou Dieu s'est exprimé dans la force physique ou dans l'atome élémentaire type — qui, étant comme de raison, la transformation ou un certain état de la force pure ou une métamorphose de Dieu pour nos sens, en se métamorphosant lui-même, en se combinant, en s'arrangeant ensuite comme atome pesant, avec les autres atomes pesants, toujours par la volonté de Dieu qui est en lui (que nous appelons loi de la nature), constitue la variété des formes et la diversité des phénomènes physiques et intellectuels de toute la création.

7. Que l'atome *est* matière *et* force *à la fois: qu'il est* matière, *lorsqu'il est incarné dans la matière et fait sa partie constituante; et qu'il est* force, *lorsqu'il est libre et par cela même en action.*

8. *Que chaque fois, par conséquent, qu'un corps se transforme en un autre corps et que ses atomes devenant momentanément libres sont en action, qu'ils donnent les phénomènes de la force et sont* force. *Que ce n'est pas comme nous le voyons, le mouvement de la matière ou de ses parcelles qui est force, mais bien l'action réveillée dans les atomes, ses parcelles finalement indivisibles, dont est tissée la matière, qui la constitue. L'action par parenthèse, plus ou moins grande des atomes et leurs métamorphoses, constituent la différence entre une force et une autre. L'action des atomes dans la matière simple est extrêmement ralentie, elle est moins ralentie dans les plantes et encore moins dans les animaux.*

9. *Que par conséquent, l'atome libre et par cela même en action ou le phénomène qui est l'effet direct de la continuité de la mutation de la matière (ou ce en quoi un corps se transforme dans la cornue avant d'entrer en composition avec un autre corps, ou avant de devenir un autre corps), considéré comme être, comme existence est* **force.** *D'où la force physique, organique ou la force de la vie ou* **la vie** *et la force de l'intelligence est le phénomène qui accompagne une fois comme effet et une autre fois comme cause la continuité de la mutation de la matière simple, organique et de la substance grise du cerveau. Autrement: que l'attraction-répulsive et non pas le mouvement du*

P. Secchi et de Tyndall, ni la gravitation de Newton, considérée comme être, agissant avec la connaissance de son **moi** *— comme dans l'intelligence humaine, ou sans cette connaissance — comme dans la masse de la nature, en constituant en elle (dans la nature)* **la loi de la Nature** *ou ce qui trahit en elle la présence active de la* **Sagesse** *est l'élément de la Nature — est* **force.** *En d'autres termes: que le réveil de l'Esprit créateur en Lui-même a l'action, dans le monde des sens, avec la connaissance de son moi — comme dans la conception des oeuvres de l'intelligence humaine ou avec la connaissance passive de ce moi (pour nos sens) ou en Dieu — comme dans la lumière, dans l'électricité et autres liens du Créateur avec la création constitue la force physique, dont l'attraction-répulsive est l'élément physique et dont l'esprit créateur ou Dieu est le moteur suprême..*

CRÉATION

DE LA

TERRE.

Rien ne peut intéresser plus vivement l'homme, ni flatter autant son intelligence, que la question de l'origine de l'existence de la terre ou de sa création.

Cette question à laquelle l'existence et le développement de toute la création sont si intimement liés, à laquelle est liée l'histoire du progrès de la civilisation du genre humain, ainsi que le développement de toute la nature vivante, a préoccupé les plus fortes intelligences de tous les siècles et de tous les pays et a dirigé depuis un demi-siècle et surtout depuis quelques dernières années les esprits les plus forts sur la voie des recherches méthodiques.

Il y a eu des époques où tout était merveille, où tout était miracle. Il y a eu des temps où l'on attribuait tout au hasard. — Il y a eu et il y aura toujours des théories et des hypothèses. — On n'a encore rien dit de précis sur la création de la terre dans le sens rigoureux du mot.

Les livres de la genèse de Moïse quoique d'une haute portée philosophique, quoique écrits sous une haute inspiration, ne sont qu'un résumé symbolique de traditions; tous en métaphores, demandent à chaque pas des commentaires.

On dirait qu'ils sont une essence des grandes recherches scientifiques de la philosophie de la nature exprimée par des métaphores. Ils exigent, je le répète dans le fond, une grande intelligence pour les comprendre, et se laissent interprêter de différentes manières: — tellement ils sont inaccessibles. On les dirait voilés par les mêmes ténèbres que la création elle-même, que la cause de toute la création.

La théorie de la genèse de la terre de Buffon, appuyée sur l'hypothèse d'un choc possible d'une comète contre la surface du soleil et du rejaillissement consécutif de la terre dans l'espace, quoique s'appuyant jusqu'à un certain point sur les lois de déviation des corps célestes de leurs orbites, ou de certaines perturbations dans leurs mouvements dans l'espace, ne donne pas pourtant d'explication concluante sur l'origine de notre planète dans le sens rigoureux du mot, et ne s'accorde même pas avec les lois de la mécanique céleste. Car, d'après ces lois, si une portion de la masse du soleil, était projetée dans l'espace par une cause quelconque, le corps qui en résulterait se mouvrait autour du Soleil en revenant à chaque révolution passer par son point de départ, tandis que la forme presque circulaire des orbites des planètes et la position du soleil près du centre de chacune de ces orbites, ne peuvent se concilier avec l'idée de Buffon.

Depuis le temps d'ailleurs où les astronomes s'adonnent à l'étude des phénomènes célestes, on n'a pas remarqué la moindre rencontre pendant ces déviations *entre* les corps du système solaire ou du système de l'univers.—Car le contact des planètes avec les astéroïdes, ces futils points cosmiques, comme les chutes des aérolithes sur la terre, ou le contact de cette dernière avec la matière éthérée des comètes, dont les queues même ne constituent qu'une illusion d'optique, ne mérite sous ce rapport pas la moindre attention.

Tous les phénomèens, que nous rencontrons dans le système de l'univers, semblent au contraire suivre un cours régulier bien loin d'en troubler l'harmonie éternelle.

En admettant toutefois, pour un moment l'hypothèse de Buffon, la terre, comme un bloc gigantesque, détachée subitement avec la force incalculable d'un corps céleste plus gigantesque encore, du soleil par exemple, et, lancée dans l'espace avec une vitesse inouïe, a été dans ce premier moment toute liquide et incandescente comme l'est aussi momentanément, sur une petite échelle, une parcelle d'acier détachée de sa masse par un violent coup de pierre porté contre sa substance.

Dans quel état étaient ses océans et ses mers dans cet état de température de feu, pourquoi n'ont-ils pas éteint ce feu, pourquoi ne se sont-ils pas convertis en vapeur et n'ont-ils pas abandonné pour jamais la terre?— Comment la science peut-elle expliquer tous ces états extraordinaires et incompatibles au premier abord, comment va-t-elle expliquer et concilier d'autres difficultés qui se pressent à l'esprit dans cette supposition aventureuse?—La suite va le démontrer.

Et d'abord, quant à la température primitive de la terre, et de quelle manière l'eau se trouvant en contact avec la terre à l'état incandescent ne s'est pas évaporée, je m'explique ce phénomène, extraordinaire en apparence, de la manière suivante.

Or, si nous réveillons les phénomènes de la chaleur et de la lumière par le frottement de deux corps l'un contre l'autre, si le choc d'une pierre contre l'autre produit une étincelle électrique comme témoignage du détachement subit d'une de ses parcelles ou du retour de cette parcelle à la force physique ou à l'état impondérable en mouvement ou en action dans ses parcelles ou atomes; pourquoi le choc de deux corps gigantesques lancés avec la rapidité de la foudre ne pourrait-il pas être suivi d'un détachement d'une masse du volume de la terre tout en élevant sa température à la température d'une étincelle électrique à laquelle rien ne résiste?

Ce qui est arrivé dans cette hypothèse avec les océans et les mers se trouvant en contact avec une masse réduite ainsi en feu, je répondrai: que l'eau bout à 100 degrés au-dessus de 0; si toutefois nous jetons une goutte d'eau sur une plaque de platine chauffée de 200° à 300° au-dessus de 0, ou bien encore à une température plus élevée; elle passera immédiatement à l'état sphéroïdal, elle va tourner comme un corps solide autour de son axe en décrivant des courbes sur la plaque, et ne la touchant qu'avec un point de sa sphère sans s'évaporer, ni mouiller notre plaque de platine, tant que nous ne faisons descendre sa température à 140° Réaumur.

Qu'est-ce que cela nous explique? que nous explique cet état sphéroïdal des divers corps tels que: l'eau, l'iode, les corps gras etc., etc.?

Cela nous explique, que quoique la terre dans cette hypothèse ait été incandescente dans son état primitif et toute fondue, que l'eau malgré son incompatibilité avec cet état de température de la terre, placée en contact immédiat avec elle, pouvait ne pas changer d'état et même ne pas passer à l'état de vapeur.— Qu'à mesure que ses parties solides se refroidissaient, l'eau en sortant de son état sphéroïdal saisie avec le continent, déjà à l'état solide dans sa couche externe, par les forces maintenant l'harmonie dans le système solaire, s'est fait des lits et s'y est nivelée conformément à l'ensemble d'un tout harmonieux constituant aujourd'hui le globe terrestre et que ce n'est qu'alors qu'elle a commencé à s'évaporer, mais attirée vers le centre de la terre par la force de gravité et comprimée dans le sens centripète par l'air atmosphérique, elle s'est trouvée forcée de prendre la forme, qu'elle a aujourd'hui dans notre planète.

Avant d'aller plus loin, je répondrai à l'objection que l'on pourrait me faire, savoir: *que l'eau s'évapore à l'état sphéroïdal*, que ce fait ne m'est pas inconnu, car la chimie nous apprend, que le fer rouge décompose l'eau en oxygène et en hydrogène, ce qui n'arrive toutefois comme on le sait, que lorsque la température du fer est baissée à 170° (Boutigny) ou à 140° (Bouchardat) et où la température de l'eau tombe à 96,5 [1]). Je

---

[1]) La température des corps à l'état sphéroïdal, quelle que soit d'ailleurs celle du vase qui les contient, est invariable et toujours in-

sais aussi que le fer décompose l'eau à froid, que l'eau s'évapore même à l'état sphéroïdal, mais pas plus qu'à la température ordinaire — car l'évaporation de l'eau bouillante, par exemple, et de l'eau à l'état sphéroïdal est tout-à-fait différente. — Or, il est démontré, que l'eau pendant un certain temps avant de se décomposer, savoir: depuis la température la plus élevée du vase, jusqu'à 140°, restera à l'état sphéroïdal, sans se décomposer et sans passer à l'état de vapeur. — L'eau arrivée à ce degré de température se décompose, en laissant une tâche humide sur le vase employé pour l'expérience, s'évapore et finit par disparaître.

Supposons toutefois, que l'objection qu'on nous aurait pu faire soit fondée et que l'eau s'est décomposée, ou qu'elle s'est évaporée lorsque la terre était dans sa température le plus élevée, et dans laquelle se trouvait aussi la terre pendant un instant, d'après notre théorie [1]). Or, on conviendra, que l'eau décomposée au même instant en ses deux principes, dans un rapport par conséquent, nécessaire pour sa composition, (par le passage de l'électricité, ou par le seul fait de l'action de la température de 400° sur ces deux principes, sous l'influence de laquelle l'oxygène et l'hydrogène pris dans un rapport convenable se réunissent et se conver-

---

férieure à celle de leur ébullition; elle est proportionnelle à celle de $+96,5$ pour l'eau. Bouchardat.

[1]) J'insiste sur l'explication de ces faits, flatteuse pour la théorie de Buffon; car notre théorie de la création de la terre quoique n'ayant aucun rapport avec celle de Buffon, (à moins de supposer que la terre dans le premier moment de sa création ait été incandescente ou à l'état de matière impondérable), pourra aussi en profiter.

tissent en eau) — on conviendra dis-je, que l'eau décomposée au même instant en ses deux principes, pourrait se recomposer par la double influence de la haute température ou de l'électricité. Ainsi une haute température aurait décomposé l'eau et une haute température aurait composé l'eau.

L'eau ensuite se convertit en vapeur à la température même au-dessous de 0, elle se volatilise plus facilement à 100° et passe à l'état de vapeur à la température de 140° Réaumur.

S'il y a donc des conditions dans lesquelles le calorique décompose l'eau, ou la fait passer à l'état de vapeur, il y en a aussi dans lesquelles le même agent à un degré moins élevé de température recompose l'eau, qu'il y en a d'autres dans lesquelles il maintient l'eau à l'état sphéroïdal, dans lequel l'eau ne se décompose plus, ni ne passe pas à l'état de vapeur.

L'électricité d'un autre côté décompose l'eau en ses principes, et passée par ces principes sous forme d'une étincelle, les convertit en eau.

S'il y a donc des conditions dans lesquelles l'eau serait passée à l'état de vapeur ou se serait décomposée en oxygène et en hydrogène, cela se serait passé au milieu des conditions qui auraient instantanément ramené ces mêmes principes à l'état d'eau.

Voilà des phénomènes et des conditions étonnantes dans leur admirable tendance au maintien de l'harmonie de l'univers et dont il est indispensable de connaître l'enchaînement et les rapports pour faire le plus petit pas dans la philosophie de la nature....

Je passe sous silence, qu'une fusion de notre planète a été nécessaire pour expliquer sa forme sphérique, ainsi que le grand nombre des phénomènes de son intérieur, comme la formation de ses veines métalliques, de ses cristaux etc. etc. — Cette liquéfaction toutefois de la terre, qui exigeait de 600° à 4000° centigrades, aurait détruit dans une seconde toute la vie de sa surface, jusqu'à son dernier germe. Où la terre aurait-elle pris alors le germe de la vie, puisqu'il est dans les lois de la nature qu'il n'y a point de *génération spontanée*, mais que chaque être organisé puise son origine dans un être semblable à lui. — Dieu d'un autre côté après avoir créé l'univers, n'est pas descendu sur une éclaboussure de quelqu' astre pour y pétrir les premiers couples de chaque espèce.... Mais laissons ces digressions en suspens et répondons aux questions exigées par le cours de notre travail.

Or, quant à la température primitive de notre planète, pour que celle qu'on suppose exister dans son centre fût encore la température primitive de la terre, si nous réfléchissons, qu'il se passe continuellement dans ses entrailles des combinaisons et des décompositions chimiques sur une immense échelle et qui produisent une température extraordinaire, température de l'étincelle électrique; si nous considérons que ces actions chimiques fournissent une masse de productions infernales dont la concentration engendre l'action centrifuge de la force de quelques milliers et milliers d'atmosphères [1]), nous nous expliquerons sans difficulté l'hy-

---

[1]) Il faut une force de 300 atmosphères pour soulever la *lave* du centre de la terre jusqu'à sa superficie, et combien n'en faudrait-il pas pour soulever une masse de terre telle que les Alpes ou les Cordillières, lorsque la plus puissante machine à vapeur construite usqu'à ces jours est à peine de 12 à 14 atmosphères.

pothèse de la température du milieu de la terre, nous en aurons une juste idée, et nous nous rendrons compte des violentes secousses de certaines régions de la terre, des tremblements, des soulèvements de sa croûte, et d'autres phénomènes volcaniques déterminant les submersions plus ou moins grandes de notre sol.....

Nous concevons donc avec Buffon par intuition, comment un bloc de 9,000,000 de lieues carrées de surface ou la terre, au moment de son détachement d'un autre corps céleste, du soleil par exemple, lancée dans l'espace avec une rapidité bien autrement grande que celle d'un boulet de canon, s'est trouvée surprise et fixée par l'harmonie des forces gouvernant l'univers dans le point qu'elle occupe actuellement, et qui lui ont commandé de tourner autour de son axe, ainsi qu'autour du centre du système solaire jusqu'à l'éternité

Quant à la rotation de la terre autour de son axe et de son mouvement elliptique autour du soleil je m'explique ce double mouvement de la manière suivante.

On sait que le point central de chaque corps est le point central de sa gravité ou de son attraction vers le centre du globe. Or, si nous frappons une balle de côté, ou dans le sens de sa tangente, et non pas dans la direction de son centre ou de son centre de gravité, cette balle, comme une bille de billard va tourner autour de son axe, tout en décrivant une courbe. — Le premier mouvement sera autour de son axe et le second sera centrifuge.

Est-ce que les deux mouvements auxquels la terre est soumise, ne laissent pas supposer, qu'ils sont justement la suite du choc qu'elle aurait reçu d'un corps céleste au moment de son détachement d'un autre corps céleste? si encore ils ne dépendent pas comme le mouvement des globules dans le sang, comme le mouvement des corps célestes d'une autre cause, que nous apellerons *la vie de l'univers* et que nous placerons dans l'atome et finalement dans l'attraction-répulsive de la Puissance qui en est le moteur extrême?

Il me semble donc, quant à moi, tout en laissant de côté l'expérience avec la bille de billard, que la cause mystérieuse et non encore résolue du double mouvement des corps célestes ou du mouvement de rotation autour de leur axe et en même temps du mouvement circulaire, sur les ellipses, sur les hyperboles et sur les paraboles, est comme je l'ai déjà dit, le résultat, quant au premier mouvement de *l'attraction-répulsive* ou de son essence ou de son âme en action, et quant au mouvement sur les différentes courbes, qu'il dépend de la vitesse du mouvement circulaire et de la modification de la circulaire parcourue par un corps par *l'attraction-répulsive* des autres corps épars dans l'espace.

Je reprends la théorie de Buffon et je dis, que quoique les forces qui gouvernent l'univers et qui maintiennent ses corps à des distances extraordinaires, s'acquittent de leur mission avec une si grande précision, qu'il semblerait que l'éternité des siècles est sans influence sur les lois de leur harmonie; quoique les orbes parcourus par chaque corps céleste autour des centres des systèmes de l'univers soient d'une telle précision mathématique que Le Verrier appuyé sur l'harmonie des forces gouvernant les corps célestes, est arrivé par le calcul à désigner un point dans l'espace qui devait être occupé par un corps céleste, et que le temps a prouvé la justesse de cette prévision... [1]) cela n'empêche pas que le même calcul a aussi démontré que les corps célestes sont sujets à de certaines perturbations dans leur mouvement ou à de certaines déviations des lignes qui sont prescrites pour leur orbite et qu'après quelques milliers de siècles ce qui n'est qu'une seconde pour l'éternité, ces corps en s'approchant des autres systèmes peuvent y être entraînés et déterminer des catastrophes, des déluges et même déterminer un changement dans l'harmonie des corps qui constituent l'univers. — Si le calcul est faux, ou si notre hypothèse n'est qu'une pure supposition plus ou moins logique, ou si réellement le système de l'univers porte en lui-même quelqu' indisposition, quelque maladie comme tout ce qui a son commencement, son existence, sa vie et sa fin, nous n'en savons rien.... — En jugeant les choses, d'après ce qui se passe journellement dans les êtres de notre planète et jusqu'aux entrailles de la terre que nous habitons, nous penchons pour cette dernière opinion.

Les mouvements circulaires des corps célestes autour de leur axe s'exécutent comme nous le savons avec une étonnante rapidité.—L'homme toutefois, chose singulière, placé sur l'équateur et ne connaissant pas la vitesse du double mouvement de la terre, ne se douterait jamais que tous les vingt-quatre heures il par-

---

[1]) On sait qu'il s'agit ici de la planète de Neptune, découverte par Le Verrier.

court l'espace égal à la circonférence du grand cercle du globe sans mettre sur la ligne de compte le chemin qu'il parcourt avec la terre autour du soleil.— L'homme, dis-je, qui reste immobile sur un point donné du sol, ne se doute pas, qu'il parcourt dans une seconde avec la terre quarante fois plus d'espace, que n'en parcourrait dans le même temps un boulet de canon.—Et pourtant que sera cette vitesse ou ce mouvement, si nous y ajoutons l'espace parcouru par le soleil avec la terre autour d'un point central d'un autre système plus grand encore et ainsi de suite, peut-être, jusqu'à l'infini…!

J'ai lu dans un voyage au pôle-nord, que des matelots marchèrent avec leur capitaine une quinzaine de jours sur la glace dans la direction du pôle, sans se douter que le glaçon qu'ils croyaient immobile s'avançait sur l'eau dans un sens opposé—Exténués par une longue marche, ils se trouvèrent au terme de leur voyage au même point de latitude d'où ils étaient partis. Tout en marchant ils ne bougeaient pas de place…!

Ainsi donc notre vie et notre jugement sont en tout et toujours relatifs. L'état du repos et l'état du mouvement ne sont qu'illusoires et relatifs et dépendent du point de vue dont nous les envisageons.

Il n'y a rien d'absolu, tout est relatif et conditionnel dans la nature.   F. Arago.

Les termes, tels que: le temps, l'espace, la vitesse sont des dénominations exprimant une seule et même chose, sont synonymes.

En revenant aux corps célestes, les phénomènes étonnants, quoique réels dont nous venons de parler, nous expliquent la possibilité des catastrophes extraordinaires dans le système solaire et même dans le système de l'univers, et font voir jusqu'à quel point la théorie de Buffon, qui ne donne pas la genèse de la terre dans le sens rigoureux du mot, peut être jusqu'à un certain point justifié par la science.

Je ferai observer à cette occasion, qu'une théorie, qui change en feu la terre déjà créée, comme matière, qui détruit toute existence sur elle, ne peut expliquer ni l'origine des êtres vivants, ni comme de raison, répondre à la question, d'où est venu l'homme sur la terre: s'il est un habitant primitif de notre planète, ou s'il vivait auparavant sur une autre. —

La dernière pensée que nous venons d'émettre sur l'origine de l'homme, est une supposition appuyée plutôt sur des données du coeur que sur la raison.

Car, si l'on n'était pas pénétré de la loi sévère, qui a l'ensemble de la création et non les individus pour but, on aurait de la peine à comprendre que l'homme ait été créé pour une terre, sur laquelle avant de naître il est déjà fatalement condamné à mort et où depuis son berceau jusqu'à sa tombe il est continuellement exposé à toutes les tortures physiques et morales du monde, où il est jeté en quelque sorte, pour s'exterminer mutuellement ou s'exténuer pendant toute sa vie à amasser les moyens nécessaires pour préparer à ses enfants une vie plus facile et moins douloureuse!

Mais non, il devait en être autrement dans l'harmonie primitive de l'univers, quoique cette harmonie, du moins au point de vue à nous, qui n'arriverons peut-être jamais à connaître ses vraies fins, soit vicieuse et soit sujette aux infirmités et aux maladies communes à toutes les créatures. — L'être comme l'homme, même pris individuellement, devait y être aussi doté avec une précision mathématique et son séjour sur la terre devait être l'effet du hasard de quelque catastrophe extraordinaire, qui dut frapper aussi sa patrie primitive, les cieux.

D'un autre côté l'homme, comme composé des mêmes matériaux simples que la terre et que l'air qui l'entoure, soumis aux mêmes conditions que la terre, a dû être créé avec la terre et pour vivre sur la terre; d'autant plus, que la nature n'ayant pas en vue l'homme mais la continuité de son espèce, les conditions de notre planète suffisent largement pour la conservation de notre espèce et puis, si nous considérons même l'homme comme individu, Dieu lui a donné l'instinct et l'intelligence, et ce qui est non moins vrai, l'homme avant d'atteindre son organisation actuelle, lorsqu'il n'était que singe, avant d'être homme sauvage, avait moins de sentiment et d'intelligence pour comprendre son malheur, qu'il était placé dès son origine dans des zônes chaudes, abondant en toutes sortes de nourriture végétale appropriée à ce climat, qu'il n'avait donc à se soucier ni de ses vêtements, ni besoin de travailler pour ses enfants, ni de s'épuiser jusqu'à la sueur de son front pour se procurer les moyens d'existence tant pour lui, que pour sa famille, qu'il n'avait pas encore.

C'était bien tant que l'homme habitait son *Eden* primitif. Mais est-ce que la Providence pouvait être assez cruelle pour créer l'homme nu par exemple, tout en sachant, que son espèce va se multiplier et que non seulement l'Asie, mais les contrées du nord ne suffiront pas pour le nourrir? Comment pouvait-elle exposer son oeuvre dans l'avenir au froid glacial de Sybérie, sans feu, sans vêtements, sans habitation au milieu des loups et des ours de la Kamtchatka!

Il est toutefois une vérité incontestable, c'est qu'à mesure que l'espèce humaine se multipliait, et que la nécessité de sa dispersion sur la terre devenait urgente, que l'intelligence pressée par la nécessité se développait aussi en lui et qu'avec l'intelligence les moyens adoucissant sa déplorable position se multipliaient aussi.

Ainsi donc, toujours et partout nous rencontrons la Providence veillant sur l'harmonie de l'univers, comme sur son humble poussière!

Buffon, comme nous l'avons vu, n'a pas expliqué le vrai commencement de la terre et au lieu de nous donner une théorie de la création de notre planète dans le sens du mot *créer*, savoir: tirer quelque chose physiquement parlant, du *néant*, nous a donné seulement un tableau incomplet des suites du choc d'une comète contre le soleil. Car créer la terre ne veut pas dire transférer seulement sa substance d'un endroit en un autre, ou même créer la matière simple, mais créer aussi bien ce qui constitue ses ornements, savoir: créer les êtres organiques animaux et végétaux. Ce que la théorie de Buffon n'explique pas.

Nous allons voir tout à l'heure, que la cosmogonie de Laplace n'est pas supérieure à celle de Buffon, et que le premier comme le dernier, au lieu d'expliquer la création dans le sens rigoureux du mot, ne font que tirer la terre tout simplement de la matière déjà créée.

Laplace en reprenant la théorie de la création du monde de Herschel, sur la condensation progressive de la nébuleuse générale, et de sa transformation en corps célestes de Kant, qui à son tour l'avait prise de Descartes[1]) *sur les tourbillons de la matière éthérée remplissant dans le commencement l'espace* et que Descartes avait emprunté de Kepler, et ce dernier de Leucyppe et qui n'est autre chose que le chaos d'Hésiode, Laplace dis-je, a esquissé à grands traits l'histoire de la formation du système de l'univers.

Il semblerait même au premier abord qu'il a deviné les mystères de la création, lorsqu'il nous convie en quelque sorte, à assister à la grande œuvre de la formation de tous les corps célestes.

Supposons dans ce but, avec Laplace, une *nébuleuse* de l'étendue de l'infini, une sorte de vapeur d'éther sans borne, ou un assemblage de corpuscules dans l'infini. Or si nous supposons tous ses corpuscules éthérés épars dans l'espace à l'état d'immobilité inerte, leur masse constituerait une sphère immense dans l'infini de l'espace. Mais si cette masse éthérée était attirée dans ses parcelles par un point de *gravité*, la sphère se gâterait et prendrait la forme plus ou moins ovale ou allongée d'une goutte d'eau tombant, aplatie aux deux pôles de l'axe de son mouvement, par le seul fait de la rotation de son tourbillon autour de son centre de gravité.

Or, à mesure que la nébuleuse se condensait, que ses corpuscules s'approchaient de son centre, il devait y avoir dans cette hypothèse un moment, où sur le bord

---

[1]) Descartes. Système des tourbillons. — Débrouillement du chaos.

du disque, (la force attractive se trouvant en équilibre avec la force répulsive) un anneau de cette matière ou de cette nébuleuse condensée se serait trouvé détaché de la masse commune et tombé dans l'espace, et comme la pesanteur ici n'était pas égale, la nébuleuse aurait donné naissance à la masse d'un corps nouveau sphérique, plus ou moins aplati ou aurait engendré une planète attachée par la force de l'attraction-répulsive à la masse de la nébuleuse-mère.

D'après la théorie de Laplace toutes les planètes, tous les corps célestes devaient se former ainsi, savoir: qu'ils devaient se former par la réunion successive des *atomes pesants déjà créés*, formant dans le commencement un chaos infini ou un brouillard de la matière éthérée ou une nébuleuse remplissant un espace sans limite.

D'après cette théorie, le mouvement rotatoire devait rapprocher avec le temps de plus en plus les corpuscules de chaque corps, qui ne faisaient encore qu'un brouillard condensé, devait les congeler pour ainsi dire, les cristalliser et les durcir, et comme conclusion, les corps célestes auraient aujourd'hui une moindre dimension qu'aux époques primitives de leur formation.

Que le soleil au moment de ce passage d'un tourbillon sphérique de la matière gazeuse en un corps plus dense et plus serré ne cesserait pas d'être le centre de son système et qu'en lançant de temps à autre des anneaux de sa substance dans l'espace, phénomène qu'on n'a jamais observé, continuerait à donner naissance aux nouvelles planètes dont il gouvernerait le mouvement.

Or, quant à la mécanique planétaire du système solaire, d'après laquelle le soleil attire et entraîne en quelque sorte avec lui son état-major ou toutes les planètes de son système, la théorie de la création du monde de Laplace est assez satisfaisante et conforme à l'expérience physique faite avec une goutte d'huile soumise dans l'éther à un mouvement rotatoire autour de son axe, quant à son aplatissement vers les deux pôles de son axe, à son allongement ovale et au détachement successif dans l'espace d'éther des anneaux de sa substance.

N'oublions pas toutefois, que ce système ne nous explique pas l'origine intime des choses, comme tirant l'origine de tous les corps célestes de la matière pesante, quoique infiniment divisée et nous devons encore faire remarquer, qu'il n'explique pas d'une manière satisfaisante même tous les phénomènes cosmiques, ainsi: il donne par exemple, le rapport de la masse et de la densité des planètes à leurs distances du soleil, quoiqu'il soit difficile de concilier ces anomalies avec la théorie de Laplace.

Et que dirons-nous des comètes, qui se meuvent dans des orbites si divers et si excentriques et qui malgré cela sont soumis dans leur cours aux mêmes lois que le monde planétaire?

Les comètes ne peuvent être regardées comme des parcelles du soleil, car d'après la théorie de Laplace elles appartiendraient au système solaire, auquel elles n'appartiennent pas.— Il faut donc les considérer comme des monades, des hôtes étrangers visitant par hasard notre système: car, il y en a qui vivent dans d'autres systèmes et parcourent des voies immenses sur des hyperboles et sur des paraboles, d'autres se montrent une fois, ne reparaissent plus et ne passent qu'une fois la sphère attractive de notre soleil.¹).

Or, ce fait seul, porte un coup mortel à la théorie de Laplace, qui est bonne pour expliquer la formation des aérolithes et des anneaux qui s'en détachent, lorsque tombées dans notre athmosphère elles la percent tout incandescentes avec la rapidité de la foudre, et non pour expliquer les grands phénomènes du système de l'univers et surtout pour expliquer la création!

Car, est-ce que cela s'accorde avec le simple bon sens que le soleil et les myriades d'étoiles, points fixes de leurs systèmes respectifs, aient été jusqu'à ce jour des nébuleuses à peine figées dans quelques points seulement, tandis que la terre qui est sous la dépendance du soleil, serait dépendante d'une nébuleuse gazeuse, serait un corps approchant de sa décrépitude, et que la lune ne serait qu'un cadavre, qu'un corps en décomposition?

Peut-on concilier ces états dans le même système, peut-on admettre pour un instant que la terre ait été formée et mûrie, tandis que le soleil, sa cause et les étoiles ne seraient que des nébuleuses non encore converties en corps d'une organisation achevée?

On nous objectera, qu'il doit justement être ainsi d'après la théorie de Laplace. Or, quoique je ne conteste pas que la décomposition de certains corps demande quelquefois des années pour s'accomplir et que

---

¹) La période de toutes les comètes n'est pas aussi longue. F. Encke en a découvert une, dont la période n'est que de 3 ans et 115 jours.

l'évolution des espèces ou la métamorphose de la nature entière s'accomplit dans l'éternité des siècles — basé sur le fait, que les actions chimiques sont instentanées, je ne vois par pourquoi les atomes de la nébuleuse solaire en restant sous l'influence de la force, qui tend à les unir en un système de corps, devraient ne pas s'unir, lorsque tous les corps du système solaire, qui ne sont que les parcelles de cette nébuleuse, sont formés depuis l'éternité?

La critique répondra, que la théorie de Laplace est conforme à la vérité, parcequ'elle est sanctionnée par l'analyse spectrale, qui a justement trouvé les mêmes substances (à part l'or et l'argent) dans le soleil et dans la terre; que la terre par conséquent et le soleil formaient jadis un seul et même corps ou que la terre n'est qu'une parcelle de la nébuleuse solaire condensée. Je répondrai, que puisque la même analyse a trouvé dans les astres, les principes communs à la terre et au soleil, qu'au lieu de regarder la théorie de Laplace comme vraie, il faudrait plutôt admettre, comme nous l'avons formulé dans ce travail, que l'infini de l'espace occupé par la création actuelle n'était dans le commencement qu'une nébuleuse de feu ou de la matière impondérable en action ou de la force physique en action, dans laquelle la force spirituelle ou l'Esprit créateur s'est incarné et qui s'est transformée à son tour dans la nature, dans le sens rigoureux du mot.

De la Marmora en trouvant les débris de l'industrie naissante dans l'île de Sardaigne a renversé la doctrine de George Cuvier en paléontologie.

La découverte de Lord Rosse, qui a trouvé au moyen de son puissant télescope, que la grande nébuleuse dans l'Orion n'est qu'une myriade d'astres grands comme le soleil et non pas une masse éthérée d'une nébuleuse, non encore réunie en un système de corps célestes, ne renverse-t-elle pas à tout jamais la théorie de Laplace?

Et que dirons nous des faits, que les comètes, d'après les récentes découvertes de Schiaparelli, ne sont que d'immenses boules de gaz à peine solidifiées dans quelques points de leurs noyaux, parcourant les espaces voisins du soleil, que Volta a même observé, que le diamètre de ces hôtes étrangers change à tout instant sous l'influence des rayons solaires et diminue à mesure, qu'ils passent dans un milieu plus dense, que les comètes ne menacent pas par conséquent, notre planète du plus petit danger, comme corps étrangers à notre système, que leurs queues ne sont qu'une simple illusion d'optique, que d'après les découvertes les plus récentes de Reichenbach, les météores cosmiques sont tout simplement des comètes éteintes, qu'ils sont une espèce de corps solides, qu'ils sont des concrétions formées dans l'espace par voie de cristallisation.

Ainsi la théorie de Laplace n'explique ni l'origine du cosmos, ni de la terre, ni même les phénomènes de la nature déjà créée. — Je dirai donc que, comme la vérité est un tout qui ne se fractionne pas, que nous nions, qu'on puisse expliquer la moitié d'une difficulté et léguer l'autre moitié aux inventeurs d'une théorie supplémentaire; je dirai plus, je dirai, que comme la vérité est une vérité tout entière, que non seulement la théorie de Laplace, mais que toutes les théories des Kant, des Buffon, des Descartes des Hésiode et autres, qui n'expliquent qu'une partie d'une difficulté, sont fausses, ne disent rien et ne doivent point être considérées comme des théories, mais comme des hypothèses plus ou moins illusoires du passé.

Il existe encore, entr' autres, une hypothèse sur la création du monde, celle de l'impulsion générale, d'après laquelle chaque planète serait jetée sur la tangente de sa future orbite, au moment, où la gravité l'attirerait au centre de son système et tous les systèmes au centre de la gravitation universelle de l'univers. Mais nous rejetons cette hypothèse, que notre philosophie de la nature ne nous permet pas d'admettre.

C'est beau et bon pour une machine et non pour l'univers dont le but est bien autrement élevé. Car nous savons, que le travail mécanique de la nature qui dépend de l'attraction-répulsive n'est qu'un fragment bien minime de son grand travail organique dans lequel le but du mouvement continuel des corps célestes depuis l'éternité n'est pas encore deviné, mais dans lequel, nous savons, que la force cosmique se transforme continuellement et se manifeste une fois comme chaleur une autre fois comme lumière, une autre fois comme force vitale, comme intelligence; que l'atome qui en est la plus minime parcelle se montre une fois comme plante, une autre fois comme homme ou comme un astre brillant sur l'azur des cieux, etc.

Je laisse ces vérités jetées ici en germe à la méditation des philosophes.

Quel est donc l'origine de la terre, d'où est venu l'homme sur notre planète? Personne jusqu'à ce jour n'a répondu à cette question. Est-ce Dieu qui l'a pétri d'argile avec ses mains?... Belle légende!

Personne jusqu'à présent n'a approfondi l'origine extrême non seulement de l'homme, non seulement de la terre, mais même, ce qui revient au même, d'un atome! Personne jusqu'à présent n'a osé approfondir l'origine d'un grain de poussière!

Est-ce qu'il serait à jamais défendu, d'essayer ses efforts peur comprendre et expliquer la manière dont l'atome a été créé?

Telles sont les idées dans l'état actuel de la science sur l'origine de la terre, et sur la créatien du monde.

Quant à nous, appuyé sur les faits, rapportés dans le chapitre précédent, traitant la philosophie de la force et sur les conclusions que nous en avons tirées, nous dirons: que la terre est aussi ancienne que l'atome, que Dieu, que toute la création. — Que son origine remonte à l'origine de la création entière; qu'elle fut créée dans la Sagesse et par la Sagesse suprême avec toute la nature et fixée dans le point de l'espace qu'elle occupe depuis l'éternité; qu'elle n'est le fragment d'aucun corps céleste; que si elle fut jadis à l'état de feu, que c'était dans le moment de sa création, dans le moment de la conversion de la force pure en matière et réciproquement, comme cela a lieu jusqu'à présent au moment des combinaisons et des décompositions des corps, et nous donne encore aujourd'hui le témoignage de la métamorphose de la force en matière dans ce mystérieux phénomène; que la température actuelle de son intérieur n'est que le résultat des actions chimiques, qui s'opèrent dans ses entrailles sur une grande échelle [1]); que tous les tremblements de terre, les productions effrayantes et destructives des volcans, que les soulèvements et les abaissements plus ou moins circonscrits de sa masse ou la formation des montagnes et des précipices, les apparitions des continents et leurs submersions, comme tous les cataclismes et leurs bouleversements sont la suite de l'action de la force centrifuge des produits de son travail intérieur— travail, qui constitue le labourage de la terre, sa culture naturelle, sa vie! que toutes les théories des Adhémars, quant aux déluges universels-périodiques, n'arrivant que tous les 10,500 ans, ceux-ci, quoiqu' en rapport avec les données en astronomie et en mécanique, sont impossibles comme surnaturels, et que contrairement à l'opinion de Cuvier, Dieu n'a jamais créé d'êtres nouveaux après chaque déluge et qu'il n'est jamais descendu sur la terre pour pétrir les premiers couples de toute la création sur une éclaboussure du soleil; que tout fut créé en même temps, ou du moins, que le germe de tout, ou l'atome et avec l'atome le germe de toute la création fut créé instantanément; que tout se développait dans le commencement avec une succession rapide, logique et harmonieuse comme cela a lieu actuellement dans le sein de la mère, ou dans l'oeuf fécondé; que Dieu n'a pas en vain laissé et éternisé ce développement du germe de la vie organique de chaque espèce dans la matrice ou dans l'ovule de sa mère; que le germe des êtres organiques est éternel sur la terre,

---

[1]) Cette théorie n'est pas neuve. Humphry Davy le plus grand chimiste et philosophe moderne a émis il y a 40 ans la même opinion à ce sujet.

comme toute la nature, comme Dieu, cause extrême de toute la création.

En enseignant que la matière est aussi ancienne que la force, que la création est aussi éternelle que Dieu, nous avons en vue, que la nature était depuis l'éternité dans la Sagesse suprême et comme la Sagesse suprême est en même temps une volonté toute puissante, ainsi, quoiqu'il semblerait, que la Sagesse ne pouvait être force en équilibre ou dans un repos inactif sans s'exprimer simultanément dans la création, que toutefois, comme Volonté elle pouvait s'exprimer en temps qu'elle le jugeait nécessaire dans sa Sagesse.

Ainsi, quoique la création fut en Dieu depuis l'éternité, sans commencement, et resta en équilibre ou dans un repos relatif de la Sagesse, elle pouvait avoir son commencement accentué. Ce que nous concevrons en étudiant journellement la nature déjà créée, en étudiant le commencement tranché, ou la naissance de tout être vivant dans la création qui, malgré son commencement ou sa naissance ou sa création bien marquée, vivait, comme l'homme par exemple, pendant 270 jours dans le sein de sa mère et avant cette époque pendant de longues années dans le sein de ses parents, de ses grands pères, de ses aïeuls, de ses bisaïeuls et ainsi de suite jusqu'à l'éternité, jusqu'à son origine première en Dieu!

Ainsi la terre dans le premier instant de sa création ou dans l'instant de la transformation de l'Esprit-Créateur en matière, se trouvant à l'état impondérable en action (946 trillions d'oscillations par seconde) où en vie dans ses atomes, était de la température et de l'éclat d'une immense étincelle électrique et se présentait par conséquent sous forme d'une boule immense de feu de la température de 4,000 à 6,000 degrés et plus. — Je fixe plus ou moins ces limites de la température de la terre à son état impondérable, car il n'y a pas de corps entrant dans sa composition qui ne se décompose, ou qui ne se combine dans cette température. Cette température est donc pour nous, celle du passage de la force pure et de la matière pesante à l'état impondérable ou intermédiaire entre la force pure et l'atome pesant.

Que cet état de la terre, se présentant au moment de sa création comme une immense étincelle de feu, non seulement n'a pas détruit le germe de la vie organique sur elle, mais sanctionne la nécessité de sa formation et prouve le fait, que justement l'atome impondérable qui est l'élément des corps simples aussi bien que des corps organiques, comme parcelle extrême indivisible de la force physique ou du feu ou de la matière impondérable en action, constitue justement le phénomène *de feu*. Qu'ainsi le *feu*, comme je l'ai dit en son lieu, non seulement ne tue pas l'élément organique (quoiqu'il tue la matière organique) mais, qu'il constitue le phénomène de son existence en action.

Le premier effet de la formation de la terre ou du passage des parcelles de son état impondérable à l'état des atomes pondérables ou de la matière proprement dite, était l'extinction de sa lumière et de son refroidissement, qui n'était pas aussi lent qu'on le suppose, car il ne pouvait en aucune façon s'éloigner de ce que nous voyons journellement dans nos laboratoires, à moins que la terre par son volume n'ait eu besoin d'un temps plus long pour arriver à sa température normale, qu'une parcelle de quelque métal, ou de quelque sel chimique que nous créons artificiellement et à volonté.

Le premier phénomène du refroidissement de la terre était la formation de sa croûte, sous laquelle d'autres couches en se figeant et en se cristallisant, ont déterminé dans la première des rugosités, des inégalités, des fendillations etc., etc. L'eau séparée de la terre, s'est mise en équilibre avec le continent et s'est nivelée avec sa surface sphérique en se couchant dans ses lits préparés par l'équilibre naturel des éléments du globe. — Des masses considérables de matériaux se décomposant et se combinant dans les entrailles de la terre sur une échelle immense donnent des quantités immenses de gaz et des productions liquides incandescentes, qui ne pouvant se contenir dans les espaces souterrains occupés par les matériaux avant leur décomposition, déterminent, comme je l'ai dit, d'effroyables secousses en soulevant la terre dans de certaines régions à des hauteurs extraordinaires et en donnant ainsi naissance aux montagnes, ou aux vastes continents, ou en lançant par les cratères des volcans de la fumée, de la flamme, de la lave et des cendres, ensevelissent des villes et des provinces et impriment ainsi les grands bouleversements limités du globe auxquels les mers et les océans en y prenant part, sortent subitement de leurs lits et déterminent des déluges limités et même universels.

Ce que nous avons dit de la création de la terre s'applique à la création de tous les corps célestes de l'univers, et ce que nous avons dit de la formation de la matière simple par la réunion harmonieuse et par la métamorphose de ses atomes, s'applique aux corps célestes réunis en système solaire et en système de l'univers — Ainsi toute la nature, l'univers entier, au moment de la création ou de la métamorphose de l'Esprit créateur en matière pesante se présentait instentanément comme *feu* remplissant *l'espace*, que Dieu a tiré aussi de son Moi suprême.

Quant à l'avenir de notre planète, nous dirons avec Beudant „que tout porte à croire que l'état de tranquillité dans lequel nous vivons n'est que temporaire, aussi bien que tous les intervalles de crises pendant lesquels les différents dépôts sédimentaires du globe se sont formés. En effet, dans la série des perturbations qui ont fait de tout temps partie du mécanisme de la terre, nous ne voyons aucune loi qui puisse permettre de concevoir un terme à la succession de ces phénomènes; à des accidents peu importants, succèdent indistinctement ou des crises du même ordre, ou d'affreuses catastrophes; comme à de longues périodes de tranquillité succèdent tout-à-coup des bouleversements épouvantables."

„Au petit soulèvement du mont Viso, par exemple a succédé la grande catastrophe des Pyrénées; après celle-ci viennent les petits accidents du système de Corse qui ont été suivis immédiatement par les deux grands évènements consécutifs des Alpes. La longue période des terrains jurassiques a été troublée par le soulèvement de la Côte-d'Or, comme le dépôt du grès vosgien a été presque aussitôt arrêté par le système du Rhin, Tout est donc irrégulier dans les révolutions que nous avons apprises à connaître; il ne se présente aucune circonstance qui puisse suggérer l'idée d'une diminution graduelle dans l'intensité des actions souterraines et nous faire penser que la croûte terrestre ait aujourd'hui perdu, en quelque point que ce soit, la propriété de s'affaisser, d'être soulevée, ou disloquée de toutes les manières et dans tous les sens. Rien par conséquent, ne peut nous assurer que la période calme dans laquelle nous nous trouvons depuis 5,178 ans ne soit troublée a son tour, à l'improviste, par l'apparition de quelque nouveau système de montagnes, de quelques nouveaux continents, effet d'une nouvelle dislocation, ou submersion du sol, dont les tremblements de terre nous montrent assez que les fondements ne sont pas inébranlables."

Il suit de là, que l'idée d'une fin, ou d'un renouvellement des choses d'ici-bas tout aussi répandu que celle, d'une grande inondation passée, pourrait également trouver un double appui dans les lois mêmes qui semblent régir le monde.

Elle trouve son appui dans la fatalité du refroidissement du globe et de sa congélation et par là de la cessation de la vie sur la terre — elle trouve son appui dans la fatalité de l'apparition de plusieurs catastrophes avant sa mort par le refroidissement.

Il y aura donc une fin du monde et une fin de l'existence sur la terre [1]).

---

[1]) Dans l'hypothèse du déluge universel, comme dans l'hypothèse des déluges limités, comme dans celle du refroidissement du

Tout ce qui a un commencement, aura aussi une fin d'après les lois de la nature.

Tout être naît et meurt; les espèces ont eu leur commencement et auront leur fin. La matière conçue dans la force retournera-t-elle aussi un jour à son origine, à l'idée, à Dieu? Quelle forme prendra l'univers dans ce moment suprême. Quelle est la forme ou l'apparence de Dieu? Dieu a-t-il une forme ou une apparence quelconque? Certainement non. Car toute l'idée que nous avons de Dieu comme êtres matériels jugeant par nos sens, étant plus ou moins du domaine de la matière est erronée. Dieu est un esprit pur. Il est pure sagesse et pure volonté. S'il manifeste son Être par de certains phénomènes, ce n'est que dans la création, qui est le phénomène grandiose de sa propre nature, (car, notre âme même est de la création), qui est pour nos sens une manifestation sublime de l'immensité infinie de son Être.

Si la terre est soumise à des perturbations si extraordinaires, si l'homme, soumis aux mêmes lois de l'harmonie que l'univers est sujet dans son organisme aux catastrophes ou maladies, pourquoi les grands systèmes ne seraient-ils pas sujets à de grands bouleversements dans leur organisme, pourquoi l'univers, pourquoi la nature entière n'aurait-elle pas son avenir d'outre-tombe dans le Créateur?

N'oublions pas d'un autre côté, que le travail intérieur de la terre, cause du feu de ses entrailles, que nous

---

globe la vie finira tôt ou tard sur la terre, tout à la fois, ou partiellement, par nations, par races, par contrées comme elle s'éteint journellement avec la mort des individus, etc., etc.

avons tant de fois maudit, est aussi *une des conditions* de la température de la terre, de sa vie et par là, de la vie de toute son existence. Car au moment où la terre serait refroidie dans ses entrailles, malgré la force qui la lie au soleil dans le système solaire et la réchauffe, malgré la chaleur des astres qui la réchauffe aussi, toute existence sur elle serait impossible.

Ainsi donc, il y aura fatalement d'une manière, ou d'une autre, une fin à tout ce qui existe sur la terre. Alors cette terre privée de vie, toute gelée roulera solitaire dans l'espace autour du soleil!

Il viendra donc un moment dans des siècles, ou dans un an, dans un instant, qu'une nouvelle catastrophe nous saisira; les lames de l'Océan suspendues sur nos têtes, après avoir subitement roulé sur nos habitations emporteront nos cadavres et ceux de nos amis, de nos ennemis, de nos femmes et de nos enfants sur les mers glaciales ou peut-être dans les contrées lointaines de la Kamtchatka!

Si nous réfléchissons que ce malheur commun est peut-être très-prochain, à quoi bon nous quereller, nous haïr, nous mitrailler, nous exterminer? Que deviendront ces trésors entassés par l'exploitation sur notre prochain?— Les torts de l'humanité au moment suprême de ce malheur commun, au milieu du trouble général, des cris, lorsque nous et nos enfants nous nous verrons engloutis par les vagues furieuses de l'océan, étouffés sans pouvoir trouver de l'air pour prolonger notre existence d'une seconde et même prolonger le désespoir et la panique de la mort..., comme le tort que nous avons fait à nos semblables sera un lourd fardeau dans ce moment suprême! Moment terrible, dans lequel commencera le châtiment mérité pour notre peu d'amour chrétien et pour notre égoïsme sur la terre!

Mais dira-t-on, à quoi bon les sciences, la morale les découvertes et le progrès, puisqu'une si grande fatalité qui a déjà tant de fois frappé notre planète, peut la saisir à tout moment, puisque nous serons tôt ou tard ensevelis dans la nuit sombre du néant, puisque le linceul de la mort va presque tout engloutir à tout jamais, puisque l'eau va plus ou moins tout submerger en laissant à peine quelques vestiges du passé? [1])

Le progrès, les découvertes, le travail sont indispensables avec la multiplication du genre humain,

---

1) Je dis que le déluge universel a détruit *presque tout* sur la terre; car, quoiqu'il ait respecté l'homme et quelques espèces d'animaux habitant des contrées élevées, s'il détruisait de nos jours rien que les pays civilisés avec leurs monuments des sciences et des arts, il détruirait en réalité tout, ou à peu près tout. — Qu'est-ce qu'en effet que la longue perspective demandant des siècles pour arriver à quelques lueurs de civilisation, si ce n'est l'anéantissement même de cette civilisation...? Qu'est-ce qu'une catastrophe effaçant la moitié des espèces vivantes, si ce n'est l'anéantissement à jamais de la vie de ces espèces?!

sont une condition d'être de l'espèce humaine, facilitant les moyens d'existence, adoucissant la dureté du travail, faisant de l'homme une créature libre et indépendante. Ne serviraient-ils qu'à détourner l'homme enfermé dans l'égoïsme de l'amour de son prochain, ne serviraient-ils qu'à le détourner du bonheur de contribuer à l'oeuvre commune de l'humanité? Dieu n'aurait-il donné l'esprit à l'homme que pour qu'il l'emploie à faire du tort à son semblable! . . . .

UN MOT

sur le

DÉLUGE UNIVERSEL

SUR SA CAUSE, SUR SA DATE.

Comme j'ai fait souvent mention dans ce livre du *déluge universel*, je crois de mon devoir de justifier mon opinion sur la possibilité de son existence, sur sa cause probable et sur la date que la science semble lui assigner. — Or, quoique d'Orbigny et surtout Lyell n'admettent pas le déluge universel, quoique nous adoptons la doctrine de la géologie moderne, celle du développement progressif du globe ou de l'uniformitarianisme de Hutton et de Lyell ou plutôt de l'évolutionisme du globe de Huxley, de William Thomson, de Spencer et d'autres, si propre à expliquer les révolutions partielles et qui donnent une si satisfaisante explication des déluges limités, si nous réfléchissons toutefois sur l'étendue des dépôts du dernier déluge, si nous réfléchissons qu'il a laissé ses traces aussi bien en Europe, qu'en Asie et en Afrique et par voie des dépôts sous-marins même en Amérique, qu'il est impossible d'assigner des limites à ces dépôts, il en résulte pour nous, que la doctrine de Moïse professée par Cuvier, Elie de Beaumont, de Humboldt et autres savants des trois derniers siècles, fut vraie et que le dernier déluge fut universel en ce sens, que l'ancien et le nouveau continent pouvaient se trouver submergés à l'exception de quelques contrées élevées, et de quelques pieds de chaînes de montagnes, où l'homme avec les espèces d'animaux existant actuellement, pouvait trouver son salut.

Quant à sa cause, les géologues sont aussi bien loin d'être d'accord sur l'origine et sur la classification des terrains diluviens, et quoique les uns regardent les dépôts diluviens comme ayant été charriés par les eaux, les autres ne pouvant pas comprendre l'existence dans les vallées de tant de matériaux erratiques, promènent sur les terres submergées des radeaux de glaces flottantes chargées de pierres de différentes grandeurs, quoique Lyell explique la cause des déluges avec sa théorie glacière appliquée aux phénomènes du nord et les regarde ainsi que nous l'avons dit, comme déluges limités, quoique Elie de Beaumont, G. Cuvier et de Humboldt regardent le dernier déluge comme universel et l'attribuent au soulèvement des Alpes ou des Cordillières, quoique Adhémarc croie aux déluges universels périodiques arrivant tous les 10,500 ans, qui résulteraient de la formation lente mais continue pendant cette époque dans les régions du pôle-nord d'un glaçon de 600 lieues carrées tous les 10,500 ans, qui par son poids énorme aurait fait perdre l'équilibre à la terre et l'aurait fait basculer sur elle-même en déterminant ainsi un flux subit des océans du midi vers le pôle-nord, quant à nous, pour les motifs, que nous venons de signaler, nous croyons à l'existence du déluge universel, auquel nous assignons pour cause non pas le soulèvement des Alpes, qui sont regardées par les mêmes savants comme une petite inégalité sur l'écorce d'une orange en comparaison avec l'étendue du globe, et qui n'auraient jamais pu à notre avis, occasionner une sortie de la masse d'eau de l'océan capable de submerger une si grande étendue de terre à de certaines hauteurs, mais l'apparition de certains continents tels par exemple, que l'Amérique du Sud avec ses Cordillières ou la Nouvelle Hollande.

Car, s'il est reconnu, que les catastrophes limitées par la submersion d'une partie du terrain entre la France et l'Angleterre ont séparé ces deux pays; si le soulèvement de la terre entre la France et l'Espagne a séparé un océan d'une mer; s'il est vrai, que la France actuelle à l'époque Sillurienne ne se composait que de quelques petites îles, que ses provinces entières avec des villes comme Paris, Bordeaux et Marseille n'existaient pas, que le point du sol où se trouve Paris, était submergé, s'il est vrai, comme le soutiennent Lyell, d'Orbigny, Huxley, et autres sommités en cette matière, que la partie septentrionale par exemple de l'Europe a été submergée et qu'elle est ensuite sortie de l'eau, que les sables du Sahara ont été sous l'eau, que l'Asie a été submergée... pourquoi l'Amérique avec ses Cordillières, ainsi qu'avec ses cinquante volcans et ses grandes montagnes, avec les Alpes de l'ancien continent ne pourrait-elle pas être un résultat naturel de la dernière catastrophe, comme le déluge une conséquence de son apparition? Puisqu'encore une fois, ni le soulèvement des Cordillières, ni celui des Alpes ne pouvait déterminer la sortie d'une quantité d'eau suffisante pour submerger le globe, de manière à laisser partout les traces de cette submersion?

Nous renvoyons d'ailleurs le lecteur à notre édition polonaise de cet ouvrage dans laquelle nous avons consacré un long chapitre à l'étude de cette question.

Quant à la date du déluge universel, je ne puis mieux faire que de recourir aux documents basés sur les faits historiques et sur les calculs les plus minutieux recueillis par Georges Cuvier et consignés dans son *Cours de l'histoire des sciences naturelles et de la philosophie de l'histoire naturelle.*—Paris, 1831, et dont voici la teneur:

„Le globe offre partout dit G. Cuvier, des témoignages de plusieurs révolutions. Les débris organiques, ensevelis dans ses couches, portent des caractères visibles d'époques différentes. Suivant que les formations sont plus ou moins distantes de la surface de la terre, et par conséquent, plus ou moins anciennes, leurs fossiles appartiennent à des espèces diverses et sont plus ou moins altérés. Si la mémoire des bouleversements antérieurs à celui dont parlent les traditions n'est pas venue jusqu'à nous, c'est probablement parce que l'espèce humaine était alors peu nombreuse et qu'elle habitait des lieux où leurs effets ne furent pas sensibles; ou bien parce que ces lieux furent entièrement détruits et par conséquent aussi leurs habitants, à l'exception d'un petit nombre. On pourrait même douter que l'homme existât alors, car on n'en a encore trouvé aucun débris dans les couches régulières du globe [1]).

L'état de fraîcheur que présentent les débris des animaux renfermés dans les couches marines les plus rapprochées de la superficie, prouve que la dernière révolution terrestre ne remonte pas à une époque bien éloignée.

L'observation des éboulements des montagnes et celle de l'accroissement des dunes et des alluvions conduisent au même résultat.

On a noté pendant quelques années, l'augmentation qu'éprouvent les alluvions de certains fleuves, et en comparant la quantité observée à la totalité des alluvions antérieures, on a obtenu des résultats qui n'ont pas fait remonter ces alluvions à plus de cinq ou six mille ans.

Des observations et des calculs semblables ont été faits pour les talus des montagnes, et on a aussi reconnu que leur origine ne pouvait pas remonter à plus de cinq ou six mille ans.

Feu M. Brémontier, inspecteur des ponts et chaussées, qui a publié un mémoire sur la fixation des dunes, estimait leur marche annuelle à soixante pieds, et sur certains points à soixante douze. Selon ses calculs, il ne leur faudrait que deux mille ans pour arriver à Bordeaux, si on ne leur opposait pas d'obsta-

---

[1]) Cuvier disait cela en 1831.

cles, et d'après leur étendue actuelle, il doit y avoir à peu près cinq mille ans qu'elles ont commencé à se former.

Les effets du vent d'ouest sur les terrains cultivables de l'Egypte, sont un phénomène du même genre que les dunes. Les sables stériles de la Lybie, chassés par ce vent, ont envahi, depuis la conquête du pays par les mahométans, des villes et des villages d'Egypte dont les ruines paraissent encore.

On voit percer au travers de ces sables les sommités des minarets de quelques mosquées. S'ils étaient jetés sur l'Egypte depuis un temps indéfini, il ne resterait plus rien entre la chaîne Lybique et le Nil; leur marche rapide aurait sans doute rempli toutes les parties étroites de la vallée,

Les tourbières, produites si généralement dans le nord de l'Europe par l'accumulation des débris de *sphagnum* (sphaigne) et d'autres mousses aquatiques, peuvent aussi servir de chronomètres. Elles s'élèvent dans des proportions déterminées pour chaque lieu; elles enveloppent ainsi les petites buttes des terrains sur lesquells elles se forment, plusieurs de ces buttes ont été enterrées de mémoire d'hommes. En d'autres endroits les tourbières suivent la pente des vallons; elles avancent comme les glaciers, avec cette différence, que les glaciers fondent par leur bord inférieur et que les tourbières ne sont arrêtées par rien; en les sondant jusqu'au terrain solide, on juge de leur ancienneté; or, on a trouvé qu'elles ne peuvent remonter aussi à une époque indéfiniment reculée,

Ainsi, partout la nature nous tient le même langage, toujours elle nous répond, que l'ordre actuel des choses n'a pas une origine bien éloignée.

L'histoire, comme je l'ai dit, confirme les résultats obtenus par l'examen des phénomènes naturels.

En effet, bien que d'abord les traditions de quelques anciens peuples semblent contredire la nouveauté du monde actuel, lorsqu'on examine de plus près ces traditions, on a bientôt reconnu qu'elles n'ont rien d'historique, et que la véritable histoire, et tout ce qu'elle nous a conservé de documents positifs sur les premiers établissements des nations, ne les fait remonter qu'à une époque qui est de beaucoup en de çà des temps traditionnels.

La chronologie d'aucun des peuples de l'occident ne remonte sans interruption à plus de trois mille ans. Aucun d'eux ne nous offre, avant cette époque, une suite des faits enchaînés les uns aux autres avec quelque vraisemblance. Le nord de l'Europe n'a d'histoire que depuis sa conversion au christianisme. L'histoire de l'Angleterre, de la Gaule, de l'Espagne, ne remonte pas plus haut que les conquêtes des Romains, celle de l'Italie septentrionale, avant la fondation de Rome est encore à peu près ignorée. Les Grecs avouent ne savoir l'art d'écrire que depuis que les Phéniciens le leur ont enseigné, il y a trente trois, ou trente-quatre siècles. Longtemps après, leur histoire est encore pleine de fables, et ils ne placent pas à trois-cents ans plus haut les premiers vestiges de leur formation en corps de peuples. Nous n'avons de l'histoire de l'Asie occidentale que quelques extraits contradictoires qui ne comprennent guère que vingt-cinq siècles d'une manière un peu suivie, et en admettant, ce qu'on en rapporte de plus ancien avec quelques détails historiques, on arriverait à peine à quatre mille ans.

Le premier historien profane dont il nous reste des ouvrages, Hérodote, n'a pas deux mille trois cents ans d'ancienneté. Les historiens antérieurs qu'il a pu consulter ne datent pas d'un siècle avant lui, et les extravagances qui nous restent extraites d'Aristée, de Proconnèse et de quelques autres, peuvent même nous faire juger de ce qu'ils étaient. Avant eux on n'avait que des poètes. Homère, le plus ancien de ceux que nous connaissons, n'a précédé notre âge que de deux mille sept cents ou deux mille huit cents ans.

Quand ces premiers historiens parlent des anciens évènements de leur nation ou de ceux des nations voisines, ils ne citent point d'ouvrages publics, mais seulement des traditions orales. Ce n'est que longtemps après eux que l'on a vu paraître de prétendus extraits des annales égyptiennes, phéniciennes et babyloniennes. Berose n'écrivit que sous le règne de Séleucus Nicator, environ quatre cents ans avant Jésus-Christ, Hiéronyme, que sous celui d'Antiochus Soter, qui est plus rapproché de nous; et Manéthon, que sous le règne de Ptolémée Philadelphe, plus voisin encore de nos temps.

Sanchoniathon, auteur phénicien, qu'il soit véritable ou supposé, n'était point connu avant que Philon de Byblos en eût publié une traduction, sous Adrien, dans le deuxième siècle après Jésus Christ; et, quand on l'aurait connu, il n'aurait présenté pour les premiers temps, comme tous les auteurs de cette époque, qu'une théogénie puérile, ou une métaphysique, méconnaissable à force d'être déguisée sous des allégories.

Un seul peuple nous a laissé des annales écrites en prose avant l'époque de Cyrus: c'est le peuple juif.

Les cinq premiers livres de la Bible, que nous nommons le Pentateuque, existent très-certainement sous leur forme actuelle depuis plus de deux mille huit-cents ans, puisque les Samaritains les reçoivent comme les Juifs.

En attribuant la rédaction de la Genèse à Moïse lui-même, ce que rien n'empêche, on la ferait remonter à cinq cents ans plus haut, c'est-à-dire à trente-trois siècles; et il suffit de la lire pour s'apercevoir qu'elle a été composée en partie de morceaux d'ouvrages antérieurs: on ne peut donc aucunement douter que ce ne soit l'écrit le plus ancien dont notre occident soit en possession.

Or, cet ouvrage et tous ceux qui ont paru depuis, quelque étrangers que leurs auteurs fussent à Moïse et à son peuple, nous présentent les nations des bords de la Méditerrannée comme nouvelles; ils nous les montrent encore demi-sauvages quelques siècles auparavant; et enfin, ils nous parlent tous d'une catastrophe générale, d'une irruption des eaux, qui occasionna une régénération presque totale du genre humain.

Le texte hébreu de la Genèse fait remonter le déluge à quatre mille cent soixante-quatorze ans avant nous; le texte samaritain, à quatre mille huit cent soixante-neuf ans, et la traduction des soixante douze hommes qu'on appelle *Septante* à un mille trois cent quarante cinq

Les traditions poétiques des Grecs, sources de toute notre histoire profane pour ces époques reculées, s'accordent avec les annales des juifs: elles placent le déluge d'Ogygès à deux mille trois cent soixante seize ans avant Jésus Christ, c'est à dire à quatre mille deux cent six ans avant nous.

Les Vedas, ou livres sacrés des Indiens, qui ont été comptés à peu près dans le même temps que la Genèse, placent le commencement de ce qu'ils nomment *l'âge de malheur*, à quatre mille neuf cent trente-deux ans avant nous. C'est à quelques années près l'époque indiquée par le texte samaritain.

Le Chón-King, le livre le plus authentique des Chinois, et qu'on assure avoir été écrit par Confucius, avec des fragments d'ouvrages antérieurs, il y a à peu près deux mille deux cent cinquante cinq ans, commence l'histoire de la Chine par un empereur nommé Yao, qu'il représente occupé à faire écouler les eaux, *qui, s'étant élevées jusqu'au ciel, baignaient encore le pied des plus hautes montagnes, couvraient les collines moins élevées et rendaient les plaines impraticables.* Cet Yao suivant quelques auteurs date de 1,175 années avant notre temps. C'est, comme on voit, l'époque même assignée au déluge par le texte hébreu.

Enfin le déluge des Assyriens remonte à l'an 2,200 avant Jésus-Christ, c'est-à-dire à quatre mille trente ans avant nous." [1]

---

[1] G. Cuvier a publié ces chiffres en 1831.

Ainsi, nous voyons en résumé, que si nous consultons la tradition, l'histoire, la géologie, ou le calcul, que le déluge universel a eu lieu et cela suivant les données de la géologie entre l'an 3,130 et 4,130 avant Jésus Christ, suivant la Genèse à 4,270, suivant le texte Samaritain à 4,966 ans avant notre époque, ou suivant la chronologie généralement admise à 3,067 ans avant Jésus Christ; donc 4,966 avant l'époque actuelle.

CRÉATION

DE

L'HOMME

DES PLANTES ET DES ANIMAUX.

Voltaire a beaucoup ri, dit Flourens de Maillet, qui soutenait que nous étions tous poissons[1]). Flourens, le grand Flourens a beaucoup ri de Pline, qui dans l'expression „*Convolvulus tirocinium naturae lilium formare discentis*" cherche à démontrer, que le liseron est l'apprentissage de la nature qui s'essaie à faire un lis; et s'il cite Lamarck qui veut, que tous les animaux aient été dans l'origine des polypes ou des monades et lui donne le nom de respectable, c'est plutôt pour les services rendus par ce grand savant dans une autre branche de la science, que pour reconnaître sa doctrine sur les monades.

Quant à nous, ni Pline, ni Lamarck n'avaient raison quant aux détails, savoir: quant à la véritable origine des animaux, quoiqu'ils aient eu raison dans le principe, touchant la loi de la métamorphose ou du développement des êtres organisés, et Flourens a eu grand tort de rire de Lamarck; car si des hommes tels que Pli-

---

[1]) Flourens. Longévité humaine, p. 131.

ne, Lamarck, Geoffroy Saint-Hilaire et Goëthe se sont occupés de la question de la métamorphose ou du développement des êtres organisés, c'est que leur doctrine devait embrasser le germe de la vérité. Lamarck en tirant l'origine de l'homme des *polypes* et des *monades*, ne s'est trompé que dans ces deux mots seulement.

Geoffroy Saint-Hilaire en démontrant l'unité de type pour les animaux vertébrés, n'a pas non plus expliqué ni l'origine des animaux, ni celle de l'homme.

En me basant sur ce que j'ai dit dans les précédents chapitres, j'essaierai de donner une idée, sans imposer ma manière de voir à personne, dans quelles conditions et dans quelles limites la doctrine de Lamarck peut être justifiée et quel est l'origine et le développement logique, scientifique et possible tant des animaux, que de l'homme.

Or, quant à l'origine de l'homme, ainsi que des plantes et des animaux, je dirai, que **l'Eternelle Sagesse** s'est exprimée par la force, qu'Elle a puisé en Elle-même, dans la force physique ou dans *l'atome* sa plus minime parcelle indivisible, et par l'union de celui-ci avec un autre atome dans la *matière pesante*, dans laquelle cachée, (pour le monde de sens) quoique continuellement active, Elle surveille comme *loi de la nature* (pour nos sens) la marche et l'accomplissement de ses plans primitifs[1]). C'est

---

[1]) On a depuis longtemps instinctivement deviné la vérité que nous formulons pour la première fois d'une manière scientifique dans ce livre, lorsqu'on attribuait en dernier lieu tout ce qui s'accomplissait dans la nature depuis des choses infiniment insignifientes jusqu'aux plus serieuses, à l'action directe de Dieu.

de cette manière que la matière en suivant la loi de l'évolution est devenue successivement plante, animal, l'homme enfin. En d'autres termes, que l'Esprit Créateur (Spiritus Creàtor) s'est transformé en matière palpable, pour nos sens et que dans la succession des siècles, comme loi de la nature il a développé ou transformé cette matière en plantes, en série des plus divers animaux jusqu'à l'homme. Ou encore, que Dieu en dotant la matière créée par Son incarnation en elle, du pouvoir de métamorphose ou du pouvoir de développement progressif; en dotant la nature dans le commencement des conditions favorables à cette métamorphose; en déposant ces conditions pour l'éternité dans le sein de la mère de chaque espèce organique, pour servir à l'homme à deviner plus facilement son origine ou la voie qu'il avait, lui aussi, parcourue dans l'origine de la création; en déposant dans chaque couple élémentaire de la création la force de la conception, avec le pouvoir de transmettre cette force aux générations futures, l'Être suprême dis-je, a aussi bien créé le germe élémentaire de la matière simple, que le noyau élémentaire organique, que tout le règne végétal, comme le règne animal, que l'homme et toute la création.

L'origine de toute la nature et comme de raison celle de l'homme, quant à l'esprit qui remplit tout, est donc en Dieu[1]) et quant à la nature physique, est dans l'atome ou élément vivant de toute la création.

---

[1]) Anaxagore est le premier, au rapport de Cicéron, (sur la nature des Dieux, L. I, ch. I) qui reconnut l'influence de l'Intelligence suprême dans l'oeuvre de la création. „Anaxagoras... primus, omnium rerum descriptionum et modum mentis infinita vi ac ratione designavi ac confici voluit."

Dieu est la Sagesse exprimée dans la nature.
La nature est la Sagesse conçue dans l'Amour.

Quant au développement du germe de la matière organique déjà créée, la science, comme nous l'avons vu, confirme, que le développement des êtres vivants dans la nature est une loi reconnue, que leurs métamorphoses ne dépassent pas, dans les conditions actuelles du globe, la limite de l'espèce et se bornent seulement à l'amélioration des races : ce qui par parenthèse n'affaiblit nullement la loi précitée; qu'il y a eu pour la terre des conditions différentes de celles d'aujourd'hui au milieu desquelles, la terre chaude, plus rapprochée de sa naissance, plus animée, plus apte à l'action, vierge, dans lesquelles son atmosphère plus pénétrée encore de la force créatrice, saturée d'une chaude vapeur, pouvait favoriser le développement prompt des êtres organiques, depuis la cellule organique jusqu'à leur complète organisation. — Qui sait, si elles n'avaient même pas créé le premier germe, la première cellule organique, par un arrangement propre des éléments simples, qui ont reçu au moment de la création une onction de la vie organique, avec le pouvoir de se métamorphoser convenablement dans la voie de cette première conception en quelque sorte spontanée et sans parents.—Qui sait, dis je, si elles n'avaient pas créé elles-mêmes toutes les variétés, ou métamorphoses successives de la création vivante, comme les favorisent et les créént encore sous nos yeux l'œuf, la matrice, la terre (pour les plantes), et si le germe ou la cellule organique ainsi créée, par la réunion des conditions favorables de la nature primitive, des atomes simples, dociles à cette oeuvre de la métamorphose, comme ils le sont encore aujourd'hui, en prenant à tout instant dans les organismes vivants la forme et la qualité organique donnée, si dis-je, la cellule organique n'a pas atteint au milieu de ces circonstances la perfection organique du type de notre espèce?

S'il y a, je le répète, des conditions dans la nature, que Dieu a perpétuées jusqu'à la fin de l'existence de la création, dans le sein de la mère et dans lesquelles l'ovule ou une cellule organique ou un point de la matière cristallisée ou enfin un atome peut se développer et parcourir toutes les phases jusqu'à la perfection organique de l'homme; s'il y a des conditions dans lesquelles une matière simple, un point cristallisé après avoir reçu au moment de la conception une dose suffisante de la vie individuelle peut après avoir parcouru tous les degrés possibles de développement, devenir homme par exemple; *si les atomes simples ou pondérables en pénétrant à tout instant dans notre organisme par la voie de la respiration ou de la digestion puissent se changer en atomes organiques et constituer une molécule organique nouvelle, une cellule nouvelle, un tissu nouveau, un organe nouveau, un être nouveau;* [1] pourquoi en nous appuyant sur ces faits existants dans la nature, constituant la continuité de l'existence ou la vie éternelle de l'univers, pourquoi, dis-je, en nous appuyant sur ces faits naturels de la conception continuelle de la matière organique de la nature, de la métamorphose de la matière simple en matière organique

---

[1] Voyez le chapitre sur les mutations de la matière dans les individus et dans la création—actions, dont la continuité constitue la continuité de la vie de la création.

qui s'opère à tout instant sous nous yeux; pourquoi nous appuyant sur la loi de développement de ce noyau organique, à chaque instant conçu dans l'ovaire de la mère, n'aurions-nous pas le droit légitime d'admettre des conditions dans la nature primitive, qui auraient pu remplacer celles de la matrice, de l'oeuf, de la chrysalide et permettraient la conception et le développement d'un être organique sans parents, sans conception préalable, sans l'intervention de l'ovaire, de l'ovule et de la matrice? Pourquoi ne pourrions-nous pas fermement et scientifiquement affirmer, que ce qui est impossible aujourd'hui, que ce qui n'est possible que dans la matrice et par le concours de deux sexes, s'opérait naturellement au sein de la nature vierge ou primitive, puisque les atomes de la matière simple se changent ai-je dit, à tout instant et sous nos yeux par la voie de la respiration et de la digestion en matière organique, au lieu de supposer, que Dieu ait pétri le premier couple avec un peu d'argile? Et qui aurait pétri les plantes et les animaux? puisque la genèse de Moïse n'en fait aucune mention, si ce n'est de nous dire comme George Cuvier, que les animaux apparurent; à moins, que ne prenant pas cette expression de la Bible à la lettre, mais prenant le mot *argile* dans le sens de la matière simple, nous aurons une sanction de plus, jusque dans les livres de Moïse, non seulement de l'origine de l'homme comme venant de la matière simple, mais même des animaux.

Si les conditions en question duraient pour chaque espèce autant de temps, que celle-ci en a actuellement besoin pour vivre dans l'oeuf ou dans la matrice avant d'acquérir un développement individuel nécessaire pour vivre séparément; si ces conditions ont duré des mois ou des années ou même des siècles, nous n'en savons rien. — Nous pouvons seulement affirmer, appuyé sur l'analogie des faits positifs, qu'il existait, dans les premiers moments de la création des conditions, dans lesquelles les êtres organiques devaient de toute rigueur être conçus spontanément, par le seul fait, *que le premier couple pour chaque espèce n'existant pas, il fallait qu'il eût été spontanément créé; que la terre, l'eau et l'atmosphère dans ces conditions primitives remplissaient les fonctions de l'oeuf, de la graine et de la matrice* (la terre jusqu'à présent fait l'office de la matrice pour le règne végétal tout entier); et que tout être organique était le germe en lui-même; qu'avec la cessation successive de ces conditions et le développement des êtres organiques s'est trouvé resserré; qu'il est arrivé même un moment pendant lequel cette faculté dans la possibilité de franchir les genres, les familles et les règnes ayant cessé, et ayant surpris un être animal par exemple, qui ne s'était développé ou élevé qu'au degré de chat elle l'a laissé comme chat, qu'elle en a laissé un autre comme poisson, un autre comme oiseau, un autre comme singe et un autre comme homme; qu'elle a fait plus, qu'elle a laissé certains êtres dans le moment où ils se métamorphosaient en êtres plus harmonieux et plus symétriques, et ne leur donnant pas assez de temps pour achever leur métamorphose et atteindre leur type, elle les a laissés sous ces formes inachevées et nous a donné la chauve-souris; que dans les zoophytes elle s'est arrêtée moitié-chemin entre le règne végétal et le règne animal, et qu'elle a donné ainsi naissance à tous les types ou premiers couples si variés de la création, qui ne sont pour nous, qu'autant de degrés d'arrêts dans le développement d'un seul et même être.

Nous supposons même, que si la Sagesse suprême a agi ainsi et si elle a perpétué la création et le développement des êtres dans l'oeuf, et dans la matrice et si elle a laissé des types d'êtres inachevés, si elle a permis aux métamorphoses des classes entières d'êtres inférieurs comme des insectes de s'opérer devant nous, qu'elle avait pour but de ramener tôt ou tard la pensée humaine au dénoûment du plus grand et du plus mystérieux problème de l'origine de l'homme et de sa création.

Les choses ont dû donc se passer ainsi d'après nous, dans la première époque de la création quant au développement des êtres organiques comme cela se perpétue encore aujourd'hui dans l'oeuf, comme cela se fait dans la matrice avec une différence de forme, qui est chose relative; car la forme change et la force reste. L'arrêt d'ailleurs dans le développement du foëtus, ou d'un de ses organes dans la matrice, dans la production des monstres, ne nous donne-t-il pas à penser — n'y trouvons-nous pas la même loi de l'analogie entre la création sous le rapport du développement des êtres à l'époque actuelle avec ce que nous venons de dire par rapport à l'arrêt dans le développement des êtres à l'époque primitive de la création? Même chose, dis-je, devait avoir lieu dans les premiers moments de la création avec la création des espèces, des genres, des familles et même des règnes, comme si des milliers de foetus s'étaient arrêtés dans les différentes phases de leur développement et s'étaient trouvés placés tout-à-coup dans des conditions qui leur permettraient d'exister sous ces formes inachevées. D'où, nous avons tant de types, tant d'hommes inachevés, à peine ébauchés, arrêtés dans leur développement et tant de types surpris au moment de subir leurs métamorphoses, comme la *giraffe*, comme la *chauve-souris*, comme le *chameau*, *l'âne*, les *phoques*, les *chiens-marins* etc., etc., auxquels il semblerait qu'il ait manqué du temps pour arriver à une forme plus symétrique, plus achevée. Le têtard, comme nous l'avons vu, se métamorphose encore aujourd'hui en grenouille. Il est évident que les circonstances actuelles permettent encore cette métamorphose. La chenille se change encore aujourd'hui en papillon; tandis que le *protée* reste toute sa vie avec deux organes de la respiration appartenants aux deux classes du règne animal!

Il s'en suit par parenthèse pour nous, quant à l'origine de l'homme et de ses diverses races dans la voie de développement organique, que l'homme vient du singe et que ses races proviennent de diverses espèces de singe habitant l'Afrique, l'Asie ou l'Amérique, savoir: que les nègres viennent du singe d'Afrique et que la race Indienne vient du singe d'Amérique, comme l'orang-outang peut venir de Gibon etc., etc. ou que les races d'homme ne sont que le développement progressif de sa race-type venant du Singe [1]).

---

[1]) Lorsque je formulais, il y a six ans, dans la première édition de ma philosophie de la nature, mes vues sur le développement des êtres organiques, je ne connaissais pas les travaux de Ch. Darwin sur le même sujet et j'ai dit, que ma théorie n'était que le développement et la généralisation du principe posé par Aristote, repris par Lamarck et par E. G. Saint-Hilaire et appliqué par ce dernier aux animaux vertébrés.

J'ai lu depuis l'ouvrage de Darwin, *sur l'origine des espèces*, et

Depuis le moment de la cessation des conditions de l'époque vierge de la nature où toutes les métamorphoses étaient possibles, le développement des êtres organiques n'est plus permis, quant à nous, que dans les limites des races constituant l'espèce et que les révolutions du globe sont par conséquent sans influence pour etendre ces métamorphoses aux limites dépassant les espèces et les genres... Et si j'ai parlé du plus haut développement organique possible sur la terre, j'avais et j'ai en vue de nouvelles conditions; convaincu toutefois, que quelles que

---

j'ai consacré même un long chapitre dans la seconde édition de mon livre à l'appréciation de cet important ouvrage, dans lequel je dis: que Darwin comme moi, doit toute sa théorie aux illustres savants français; que dans l'explication qu'il donne de la longueur du cou de la giraffe, il n'est pas supérieur à de Lamarck, qu'il a seulement rendu sa théorie originale par l'étude des causes et leur application catégorique aux changements qui s'opèrent dans les animaux et dans les végétaux; que toutes ses variétés de pigeon de roche sont toujours des pigeons, que toutes ses variétés des froments sont de la même espèce du froment et que son hanneton aux courtes ailes de l'île de Madère n'est qu'une variété de notre hanneton indigène. Qu'en un mot, il n'a pas prouvé comme je l'ai dit, dans le cours de mon livre, la possibilité de la transformation d'une espèce en une autre; quoiqu'il veuille que le développement des êtres dans les limites dépassant les bornes de l'espèce, soit progressif et continu, et qu'il aille de paire avec les transformations successives du globe. Tandis que nous, basé sur le fait, que la nature a perpétué le développement prompt et progressif de chaque espèce dans la matrice de sa mère, depuis la cellule organique jusqu'à l'état qui le caractérise, en passant dans ce travail par les phases rappelant les espèces qui lui sont inférieures ou plutôt dépassant la limite de l'espèce, du genre et de la famille; basé dis-je, sur le fait, que la nature a laissé dans la métamorphose du ver en insecte dans le papil-

soient les conditions dans lesquelles la terre puisse se trouver, par suite des catastrophes à venir, que les animaux n'atteindront jamais la perfection de l'homme dans cette voie de développement continuel et progressif, mais que le développement de l'homme aussi bien que celui des animaux s'opèrera seulement dans les limites des races respectives de leurs espèces, que l'homme de l'avenir par conséquent peut nous être supérieur comme la race blanche est supérieure à la race nègre; qu'il peut se développer, mais seulement comme être intellectuel et mo-

---

lon et du poisson en batracien dans la grenouille etc., etc., loin de contester le développement progressif des êtres organiques dans la succession du temps sous l'empire des causes résultantes de la transformation progressive du globe, nous penchons du côté de l'opinion, que nous avons formulée dans ce livre, savoir: que le développement des êtres organiques depuis la cellule organique jusqu'à leurs espèces respectives a eu lieu dans la première époque de la création; que l'homme se transformait progressivement, qu'il s'améliorait dans la limite de son espèce, dans la série des époques successives, que le dernier déluge l'a trouvé à l'état d'homme-singe et que l'époque poste-diluvienne lui a donné même un certain vernis appelé civilisation, sous lequel hélas! on reconnaît encore en lui l'homme sauvage pas très-supérieur à celui de l'âge de fer; que toutefois les changements, même les plus extraordinaires, qui se sont opérés dans les deux règnes, depuis la première époque de la création, s'effectuent tous dans la limite de l'espèce seulement et que les révolutions du globe par conséquent ou les suites de sa transformation progressive sont impuissantes à faire d'avantage.

Quant à ma théorie de l'origine de l'homme, que j'ai donnée aussi il y a six ans, dans la première édition de ma philosophie de la nature, je suis arrivé presque à la même conclusion sur ce point que Ch. Darwin, quoique je ne pusse connaître son livre „The descant of man" qui paru deux ans plus tard.

ral et que le croisement des différentes espèces d'animaux ne sera jamais suivi de fécondation par le motif, que chaque espèce s'est développée dans des conditions différentes de la première époque, et qu'elle est devenue fixe, par suite de la cessation de ces conditions et en dernier lieu, que les espèces sont séparées pour jamais par la diversité des conditions de l'époque primitive ; que même il serait plus logique d'admettre dans l'état actuel de notre planète, que si la terre après avoir achevé le travail des actions chimiques ou de son développement lent et progressif se calme dans ses profondeurs et qui le sait, se refroidit ou devient incapable de produire ou s'épuise dans sa force créatrice, pour déterminer comme corps mort et inerte quelque changement dans la vie du système solaire et peut-être dans le système de l'univers[1]), ou pour recevoir une impulsion nouvelle à la vie... qu'il serait, dis je, plus logique d'admettre, que non seulement la vie organique ne va pas se développer sur elle de manière à ce que l'homme par exemple, devienne un être supérieur à soi-même, organiquement parlant, à ce qu'un singe devienne homme, ou en d'autres termes, à ce que l'intelligence des animaux arrive à l'émancipation de notre âme qui connaît son moi, mais qu'avant la cessation définitive de la vie sur notre planète, toute espèce

---

[1]) S'il y a des substances comme la strichnine, l'arsenic et surtout, comme l'acide prussique chimiquement pur et récemment préparé, dont la centième partie d'une goutte peut troubler l'harmonie des forces de la vie de l'homme de manière à occasionner sa mort, pourquoi la terre se trouvant dans des conditions exceptionnelles ne pourrait-elle pas troubler l'harmonie de l'univers même, dans des limites déterminées, bien entendu?

de métamorphose ou de développement, même dans les limites des espèces, s'y trouvera arrêtée[1]).

---

[1]) La science admet comme nous avons vu le refroidissement progressif de la terre, seulement elle explique différemment la cause de ce phénomène. Il y a même des savants aujourd'hui, qui soutiennent, que la terre est solide jusqu'à son centre et que tous les phénomènes volcaniques sont dûs aux actions chimiques de son intérieur sur une échelle immense. Sir Humphry Dawy soutenait cette dernière thèse il y a quarante ans. Il faut donc regarder notre manière de voir sous le rapport de la cause du refroidissement progressif de la terre, comme une hypothèse—ce qui dans le résultat n'ôte rien à la question; car dans la supposition admise par l'état actuel de la science, comme dans la supposition qui nous est personnelle, la terre arrivera tôt, ou tard à un refroidissement complet.

LE SOLEIL.

La science n'est pas encore arrivée à connaître la nature intime du *corps solaire* et n'a pas répondu à la question: qu'est-ce que le *soleil?* car les astronomes dans les études sur la nature physique du soleil à l'exemple de George Cuvier en Paléontologie, en poursuivant toujours l'étude de ses phénomènes, absorbés dans les détails, quoiqu'ils les aient interprêtés d'une manière flatteuse pour l'intelligence, semblaient dans les conclusions générales oublier leurs rapports avec les lois qui régissent l'univers — la raison, pour laquelle leurs conclusions quoique séduisantes, laissent dans leurs contradictions réciproques tant à désirer. —

Il ne sera donc pas déplacé de présenter en quelques mots les conclusions de la science, tant sous le rapport des phénomènes isolés du soleil, que sous le rapport des idées qu'elle est arrivée à se faire sur sa nature intime, avant de présenter notre manière de voir dans cette question aussi intéressante que difficile.

Les taches solaires, ses noyaux et ses pénombres, la photosphère du soleil, l'atmosphère nuageuse du soleil, la couronne lumineuse du soleil pendant son éclipse entourant le limbe obscur de la lune, les rayons des gloires et des aigrettes lumineuses de cette couronne irrégulièrement distribuées sur le contour du disque de la lune, les protubérances gazeuses du soleil, la composition de l'atmosphère solaire et du corps solaire même, savoir: si le corps solaire est constitué par une masse incandescente liquide ou gazeuse, ou s'il fait un corps sphérique solide, lumineux, ou s'il constitue un corps solide obscur entouré d'une photosphère? sont autant de questions mystérieuses que les astronomes se posent journellement sans en avoir résolu définitivement aucune, ou presqu' aucune jusqu'à présent, dans le sens surtout d'éclairer et de résoudre définitivement la plus importante d'entre elles, celle de la nature intime du corps solaire.

Or, Fabricius a découvert en 1611 les taches solaires et leur mouvement apparent.

Galilée qui a le premier démontré que les taches solaires existent réellement et qu'elles ne sont nullement un jeu d'optique ou des taches sur les lentilles des instruments d'observation, comme on le prétendait, voyant, qu'elles changeaient à chaque instant leurs disques et leur position relative sur le disque du soleil, voyant la transformation des groupes de taches dans l'intervalle de leur rotation sur le disque solaire, a conclu: que les taches du soleil sont des nuages suspendus dans l'atmosphère du soleil de différentes dimensions.

Nous avons admis cette théorie des taches solaires de Galilée contrairement à la plus récente théorie de la *constitution physique du soleil de Faye*, avec cette différence, que nous ne les regardons pas comme nuages, mais bien comme corps solides ou concrétions de différentes grandeurs et réunis en groupes, comme le plus en rapport, comme nous le verrons dans la suite de notre travail, avec l'unité et la simplicité des lois de la nature ou comme le plus en analogie avec le double mouvement des planètes autour de leurs axes et autour du point central de leurs systèmes respectifs.

Jannsen, Faye, Secchi, le Major Tennant et d'autres astronomes ont conclu des observations faites pendant l'éclipse totale du soleil le 18 août 1868 à Whatonne, à Malaka, à Borneo, à Guntoor plus ou moins en faveur de l'opinion de Saigey, savoir: que la matière du corps solaire à cause de sa température dans laquelle aucune combinaison chimique ne peut avoir lieu et à cause de laquelle aucun corps solide ne peut exister en elle, est une immense boule incandescente d'une substance gazeuse. Chose étonnante, que les mêmes physiciens, qui ne peuvent pas concevoir, qu'un composé chimique puisse avoir lieu dans cette température, qu'on suppose n'être que de 2,500°[1]), que les états solides soient compatibles avec une si haute température, que les corps solides puissent exister en elle, admettent, que dans le corps solaire il se trouve des métaux en nature comme le fer, le cuivre, le zinc, le nikel; que les mêmes savants ont oublié que la même étincelle électrique qui décompose les corps peut déterminer leurs combinaisons, et que la même chaleur qui à l'état latent ou caché, par rapport à la température du soleil, unit les molécules dans des corps donnés de notre planète, puisse, quoique élevée

---

[1]) Le R. P. Secchi n'admet pas la même température pour les diverses régions du Soleil.

même à 2,500°, dans le soleil constituer l'état relativement normal de cet astre, et être compatible avec l'état solide de son corps.

La science à notre avis, n'aurait jamais pu parvenir à déterminer l'existence de ces corps au moyen du spectroscope dans le soleil, si le noyau de cet astre n'était pas constitué de ces mêmes corps, si ces corps en constituant le corps solaire comme ils concourent à former la terre, ne se volatilisaient pas et ne passaient pas ainsi sous forme d'émanations extrêmement subtiles jusque dans la photosphère du soleil; s'ils n'existaient pas séparément dans le corps solaire, au lieu de s'y trouver à l'état d'alliage de gaz incandescent, sorte de matière demi-impondérable en ébullition.

Car en supposant que la théorie de la physique moderne sur ce point soit vraie, savoir: que tous les corps composant le soleil se trouvent à l'état d'alliage de gaz en incandescence, les raies du spectre solaire seraient dans ce cas si non impossibles, du moins très-souvent tellement embrouillées, qu'elles ne pourraient pas accuser nettement l'existence de tel ou tel autre corps dans la photosphère du soleil. Aussi Mitscherlich contrairement à Kirchhoff dit avec raison, que la présence de certains corps dans une flamme peut avoir pour résultat d'empêcher la reproduction des spectres d'autres corps ou, d'éteindre leurs raies principales. Effectivement, quand on imprègne du chlorure de cuivre et d'ammonium la flamme du chlorure de strontium, la raie bleue de ce dernier métal disparaît, par la simple raison, que ce métal est dans ce moment à l'état impondérable. D'où il résulte, que s'il existait quatorze, ou vingt principes par exemple, dans le soleil, en supposant, qu'ils constituent une masse de vapeur incandescente en effervescence *sorte de matière* demi-*impondérable*, que nous ne pourrions jamais les retrouver dans le soleil au moyen de l'analyse spectrale.

Le spectroscope dévoile dans chaque endroit et à chaque moment le *sodium* par exemple, dans l'atmosphère de la terre, quoique notre terre n'est pas un corps plongé dans une étincelle électrique et que le *sodium* n'y est pas dans une atmosphère gazeuse incandescente.

Saigey ne peut pas comprendre l'existence d'un corps non seulement congelé mais même obscur dans une enveloppe incandescente, quoiqu'il soit de loi en physique, que la température élevée n'exclut pas la compatibilité d'un milieu même de température de glace.

Je me bornerai à rapporter ici une expérience de Faraday, qui va peut être définitivement convaincre les partisans de la théorie de Saigey de leur partialité.

„Il m'a été possible, dit Faraday, de congeler du mercure avec la plus grande facilité dans un creuset d'un rouge feu. J'ai d'abord fait rougir un creuset en platine et je l'ai maintenu à cette température; j'y ai introduit de l'éther, puis de l'acide carbonique solide, et enfin j'ai plongé dans ce mélange à l'état sphéroïdal une capsule métallique contenant environ 31 grammes de mercure, qui s'y est solidifié au bout de deux ou trois secondes. *Il a paru très-étrange que du mercure plongé dans un creuset d'un rouge feu ait pu en sortir* **congelé.**"

L'expérience qui précède est à peine croyable, dit Bouchardat. Celle-ci l'est moins encore. „On pose sur la platine d'une machine pneumatique un morceau de brique disposé de telle sorte qu'il ne puisse boucher l'ouverture du conduit destiné au passage de l'air; tout autour de cette brique on étend une couche de bioxyde de plomb très-sec destiné à absorber l'acide sulfureux. Les choses étant ainsi disposées, on fait rougir à blanc un autre morceau de brique dans lequel on a creusé d'avance une cavité égale à la convexité d'une capsule quelconque; cette capsule est placée dans la cavité qui lui est destinée, on y verse quelques grammes d'acide sulfureux anhydre, et le tout est placé sur la brique froide et recouvert du récipient dans lequel on fait le vide le plus rapidement possible."

„L'acide sulfureux, qui devrait pour ainsi dire faire explosion, ne bout pas, il s'évapore lentement comme dans une capsule chauffée à blanc, comme dans le moufle des fourneaux à coupelle; et, *chose remarquable, si l'on opère par un temps humide, le peu d'eau contenu dans l'air du récipient va se* **congeler** *dans le sphéroïde d'acide sulfureux*, dont il trouble la transparence."

Je sais qu'il existe des savants, qui refusent de reconnaître la possibilité d'appliquer ce fait à l'explication du grand phénomène céleste qui nous occupe, par cela seul, disent-ils, que ce qui se fait en petit, ne peut se faire dans la nature en grand. En vérité, je ne comprends pas une logique, qui applique les faits de nos laboratoires lorsqu'ils flattent nos vues ou nos théories, et qui les rejette, lorsque nous ne connaissons pas leur vraie portée et leur véritable application. Une minime étincelle d'électricité et une foudre ne s'expliquent elles pas réciproquement et ne sont-elles pas identiques comme décharge électrique, quoique le premier phénomène soit du domaine de nos manipulations journalières, tandis que l'autre est un des phénomènes imposants et majestueux de la nature?

Chacornac a remarqué la tendance des taches du soleil à former des groupes allongés dans le sens du mouvement de rotation de cet astre; celle dont le noyau est le plus grand, le plus noir et qui persiste le plus longtemps, précède très-souvent une traînée de taches disposées parallèlement à l'équateur solaire. Quand le groupe disparaît par l'envahissement des facules placées à l'arrière, c'est la tache la plus avancée dans le sens de la rotation qui s'évanouit en dernier lieu.

Faye cherche à prouver dans sa théorie, que le soleil est une masse de matière gazeuse incandescente, dont la température est le plus élevée au centre, que les nuages provenants de ce gaz en combustion en passant près du soleil et en changeant leurs formes ne sont autres choses que les taches de Galilée, que l'atmosphère du soleil se compose d'hydrogène et d'oxygène et que les rayons des gloires de sa couronne, comme la photosphère elle-même n'est que la lumière de l'hydrogène en combustion, (Jannsen partage cette manière de voir) que les corps solaires sont composés de principes communs à la terre, existants dans le soleil par conséquent, à l'état de gàz etc., etc.

Kirchhoff reprenant l'hypothèse de Galilée regarde les taches comme des nuages suspendus dans l'atmosphère du soleil. D'autres astronomes soutiennent que les taches ne sont autre chose que des ouvertures de la photosphère. Comme si des lacunes pareilles pouvaient exister dans la photosphère du soleil en laissant voir son noyau obscur?

Wilson prétendait que les taches étaient des creux coniques dans le noyau du soleil, ayant le sommet dans le centre de cet astre et la base à sa surface?

Kirchhoff considère la partie visible du soleil, celle qui est limitée par les contours du disque et dont la surface forme la photosphère, comme une sphère solide ou liquide, incandescente. Ce noyau dont la température est très-élevée, serait entouré d'une atmosphère très-dense, formée des éléments constitutifs du globe incandescent, que l'intensité de la température maintient à l'état de vapeur. D'autres regardent les taches solaires comme des tourbillons du feu solaire ou des lacunes ou trouées gigantesques dans la photosphère solaire changeant à tout moment de forme et de lieu dans la masse effervescente du gaz en ignition.

Faye en admettant toutefois (car tout ceci n'est qu'une supposition plus ou moins logique), que le noyau du soleil est une masse de gaz d'une température très élevée, peu lumineuse, entourée d'une photosphère lumineuse d'hydrogène en combustion et finalement d'une atmosphère composée d'hydrogène et d'oxygène, et en considérant que les taches solaires se meuvent, qu'elles changent leurs disques sur le disque du soleil et que les groupes de ces taches se transforment dans l'intervalle de leur rotation, il admet que la photosphère du soleil est constituée par une masse de gaz en combustion et considère avec Staney ces taches comme autant de nuages et de tempêtes traversant l'atmosphère du soleil.

Il résulterait de cette théorie que la flamme du gaz incandescent aurait depuis l'éternité la clarté, la pureté, la force, la dimension et la forme invariable du disque de la lumière solaire.

Or, nous ne pouvons pas partager cette manière de voir la nature de la lumière solaire, ni celle de ses taches.

Car, pourquoi ne prendrions-nous pas pour un nuage la lune qui disparaît de l'horizon non pas tous les mois, ni tous les quelques jours, mais bien toutes les douze heures, et qui change sa forme à tout instant? Est-ce que le double mouvement auquel tous les corps célestes sont soumis n'explique pas assez clairement et irrévocablement, comme je l'ai dit, ces changements dans les taches solaires et dans leurs groupes sans les prendre pour des nuages, ou chose plus extraordinaire encore pour des lacunes dans la photosphère de cet astre, puisqu'il est reconnu, que la grande tache de 1779 resta visible pendant six mois et que Schwabe en observa une en 1840 qui revint huit fois et dont la durée atteignit près de 7 mois, et que Horrox jeune étudiant anglais[1]) en reprenant le calcul de Kepler, sur le passage de Vénus sur le disque solaire, a fixé le moment de ce passage pour le 24 novembre 1639, époque à laquelle Vénus s'est effectivement présentée sur le disque solaire, comme une *tache noirâtre et qu'elle a mis plusieurs heures à disparaître.*

Ainsi l'hydrogène d'après la théorie moderne brûlerait éternellement dans l'atmosphère voisine du soleil dont la nébuleuse incandescente de fer, de cuivre, de zinc etc. etc., constituerait le corps. Puis il se formerait de cette combustion d'hydrogène ou de son union avec

---

[1]) Mort à l'âge de 22 ans, consumé par l'ardeur de son intelligence.

de l'oxygène des masses d'eau, qui sous forme de pluie retomberaient continuellement sur la nébuleuse incandescente du corps solaire.

Or, quoique la science soit arrivée à reconnaître à des distances, au moyen du spectroscope, la nature des principes du corps solaire, qu'elle ait surpris certains faits et les phénomènes qui les accompagnent; quoiqu'elle ait à son service le télescope de Foucault, le télescope réfracteur de Merz avec son oculaire diagonale, les lunettes des Brunners et d'autres instruments d'une si grande précision, qu'elle a pu reconnaître, dit-elle, des traces de gouttes de pluie imprimées sur le corps solaire (je ne comprends pas que l'on puisse voir des traces de gouttes de pluie sur la surface d'une nébuleuse en effervescence), elle ne soit pas arrivée toutefois jusqu'à la source de la vérité.

En résumé, le soleil, de même que toutes les étoiles d'après les idées généralement adoptées par les astronomes modernes est formé par la réunion successive de la matière en *vaste amas, ou des matériaux primitivement disséminés dans l'espace sous l'empire de l'attraction.*

Quant aux taches solaires, il y a des astronomes qui les prennent, comme Kirchhoff, pour des nuages de l'atmosphère solaire; d'autres qu'elles sont une espèce de lacunes formées par l'effervescence de la matière gazeuse; les uns supposent que le noyau du soleil est solide, d'autres qu'il est obscur, d'autres que c'est une nébuleuse en incandescence, d'autres qu'il est constitué par une masse dont la température le plus élevée serait au centre; puis d'autres que c'est sa surface qui est la plus chaude et d'autres encore que c'est dans la photosphère que se concentre la plus haute température avec la plus vive lumière du soleil.... Le seul Galilée jusqu'à ce jour a été, selon nous, le plus près de la vérité, quant à la nature des taches solaires seulement.

Il est vrai que les astronomes contemporains pouvaient mieux et avec plus de précision examiner, au moyen de si puissants instruments mis à leur disposition des gaz allumés à la surface du soleil, mais est-ce que notre atmosphère animée par l'éblouissante lumière du soleil et vue à grandes distances ne nous semblerait pas être une masse de gaz en incandescence? est-ce que les astronomes ont pénétré au moyen de leurs instruments, tout puissants d'ailleurs, jusqu'au centre du noyau solaire et même ont-ils deviné la nature du feu solaire tout en constatant son existence?

Puisqu'ils ont trouvé de l'hydrogène en prépondérance à l'oxygène dans l'atmosphère du soleil, mais notre atmosphère aussi est composé entre autres d'hydrogène en prépondérance au gaz oxygène, et quoiqu'ils aient trouvé le soleil plongé dans une matière subtile et brûlante de flamme, ils ne sont pas toutefois arrivés à reconnaître la nature intime de ce phénomène!

Quant à la nature des *aigrettes* lumineuses et des *rayons* des *gloires* on les regarde comme un phénomène dû *probablement* à la diffraction de la lumière solaire sur les aspérités des bords de la lune au moment de l'éclipse du soleil [1]), ou comme une combustion de l'hydrogène.

---

[1]) Guillemin. Le Soleil p. 214.

D'où il résulte, que l'astronomie moderne, les hypothèses à part, ne donne pas de réponse définitive non seulement sur la nature intime du soleil, mais encore qu'elle n'est pas d'accord dans l'interprétation des divers phénomènes de cet astre.

Dans les temps actuels, savoir: en 1874, on n'est pas encore d'accord sur la nature du centre de la terre et les uns supposent, comme au temps d'Humphry Davy, qu'il est à l'état solide et de très-basse température, d'autres qu'il est à l'état liquide et à la température de 4,000° minimum.—Quant à la composition géologique de ses entrailles et même, quant à sa surface, la science n'a pas déterminé les limites des dépôts appartenants à telle ou telle époque et n'est pas arrivée à connaître ses régions polaires et en poursuivant comme partout et toujours les détails pourrait-elle avoir un meilleur jugement sur la nature intime du soleil?

Si donc nous avons pris la plume pour esquisser en quelques mots une théorie nouvelle du soleil, nous l'avons fait dans la conviction, que tous ses phénomènes observés jusqu'à ce jour sont plus simples dans leur nature et qu'ils sont soumis à des lois plus simples que ne l'enseigne l'astronomie moderne.

Nous avons démontré dans le cours de ce livre que la lumière, la chaleur, l'électricité ainsi que le feu sont les phénomènes de l'attraction-répulsive en action ou des parcelles finalement et indivisibles ou des atomes en mouvement. Nous avons vu que les phénomènes de la lumière et de la chaleur accompagnent toutes les combinaisons chimiques savoir: que chaque fois que nous déterminons le mouvement dans les *atomes impondérables* ou dans les éléments extrêmes de la nature constituant les atomes pondérables d'un corps donné, constituant donc leur atmosphère étherée comme étant parcelles d'éther eux-mêmes, que chaque fois que nous réveillons la force qui constitue les atomes impondérables et qui les gouverne, chaque fois que nous transformons la matière pesante pendant les actions chimiques, ou celles qu'emploie la nature, chaque fois que nous déterminons le mouvement comme on a l'habitude de le dire dans la force ou dans l'éther qui entoure les molécules, nous aurons toujours les phénomènes de la lumière et de la chaleur. Nous disons: toujours, car si ses phénomènes ne sont même pas bien sensibles et manquent quelquefois, cela n'empêche pas comme nous le savons, leur existence réelle; seulement, ils sont plus ou moins voilés pour nos sens par certaines conditions.

Ainsi, si nous mettons une partie d'eau avec quatre parties d'acide sulfurique, nous aurons un mélange d'une température de plus de $100°$ centigrade.

L'antimoine en poudre introduit dans le chlore s'enflamme.

Nous savons ensuite que la flamme est le phénomène de l'effet direct de la continuité de la transformation des parcelles fournies par la matière grasse de la bougie et de leurs combinaisons avec l'air atmosphérique environnant; qu'elle est l'état intermédiaire entre la matière qui disparaît et la matière qui se forme; qu'elle est matière impondérable en action.

Nous savons aussi que le mélange de deux volumes d'hydrogène et d'un volume d'oxygène allumé, donne une très-faible lumière, dans laquelle si nous plaçons un corps étranger, comme un morceau de charbon ou un morceau de chaux, la lumière à peine visible prendra une si grande force d'éclat que nous ne pourrons la regarder sans en être éblouis.

Laissons une barre de fer dans une atmosphère humide, le fer va se rouiller; son poids augmentera de la quantité d'oxygène de l'eau avec lequel il s'est combiné. La décomposition de l'eau et la formation de la rouille s'opère ici très-lentement de manière, qu'elle ne nous permet pas de saisir, ni de constater la moindre élévation de température, quoiqu'il y ait des corps organiques morts qui, pendant leur décomposition lente, brillent la nuit d'une lumière faible et incertaine, tandis que si nous allumons le phosphore dans le gaz oxygène, le phénomène de la plus éclatante lumière va accompagner la combinaison brusque de ces deux corps.

Ainsi donc, une fois les phénomènes de la lumière et de la chaleur accompagnant les combinaisons et les décompositions chimiques ou les procédés de la force en action, seront très-faibles, puis imperceptibles, ou des plus éclatants; une fois on ne verra que la lumière, une autre fois la température sera celle dans laquelle fond le platin, tandis que la lumière à peine visible deviendra éblouissante lorsqu'on placera au milieu un corps solide convenable. Nous savons en outre que partout où il y chaleur, il y a aussi lumière, que ces deux phénomènes sont les manifestations relatives et conditionnelles de la même cause — de la *force en action*.

Nous savons que l'apparition de la lumière et de la chaleur pour nos sens est conditionnelle; puisque la lumière invisible en plein midi sera visible la nuit, car les phénomènes insaisissables quand ils s'opèrent pendant des années, deviennent visibles lorsqu'ils s'opèrent en un instant.

Nous savons [1]), comment la matière au moment de sa décomposition chimique retourne dans l'atome à la force physique ou à son état impondérable, à l'éther ou à la force en action ou à la lumière, à la chaleur, à l'étincelle électrique etc., etc, et que le mouvement qu'exécutent dans cette circonstance les parcelles de cet état impondérable ou de cet éther sous l'influence de la force qui opère ainsi en elles et qui le constitue, se manifeste par les phénomènes de la lumière de la chaleur.

Nous avons expliqué, que lorsque la force est au moment de son repos ou de son équilibre dans un corps donné ou lorsqu' en tenant ses atomes dans un tout donné, elle semble ne rien faire du tout et y est comme on le dit à l'état latent, que ses phénomènes lumineux et caloriques sont comme de raison à l'état de repos relatif, et quoique la force et ses phénomènes soient dans ce cas à l'état de repos et cachés, si nous avions toutefois des instruments assez sensibles et convenablement appropriés pour voir dans les ténèbres,

---

[1]). Voir notre philosophie de la force.

nous y verrions la lumière briller et la chaleur marquer un certain degré de température, nous y verrions aussi l'éther entourant ou pour mieux dire constituant les molécules des corps en sui generis mouvement, ou oscillant aussi à sa manière, *nous y verrions même les atomes composant l'atome pondérable osciller, puisque la moindre cause les fait sortir de leur repos et les fait vibrer de plus en plus et engendre ainsi les phénomènes de la lumière et de la chaleur invisibles et imperceptibles avant un instant,* puisque la moindre cause les sépare et les fait passer à leur état primitif ou impondérable à la force.

Nous avons expliqué par conséquent, que les *phénomènes de la chaleur et de la lumière sont des manifestations de la force en action,* ou comme le veut le R. P. Secchi, de la matière impondérable en mouvement *et que chaque fois que nous verrons ces phénomènes diffus ou concentrés, et même invisibles, nous devons conclure qu'il y a de la force en action.*

Si après ce que je viens de dire, nous concentrons, au moyen d'une loupe, quelques rayons lumineux ou même de la lumière diffuse dans le même point, nous verrons que la même lumière à peine perceptible à l'état diffus, brillera d'un vif éclat lorsqu'elle sera concentrée.

Or nous voyons par ces quelques faits, *que partout, comme nous le savons déjà où il y a force en action, les phénomènes de la lumière et de la chaleur accompagnent cette action.*

Si maintenant nous attachons deux fils métalliques aux deux pôles de la pile de Volta et si nous approchons leurs extrêmités libres de manière à produire une étincelle électrique, nous apercevrons effectivement une étincelle de feu entre les deux extrêmités ainsi rapprochées des deux conducteurs. Ce phénomène par parenthèse, d'une lumière momentanée, est comme nous le savons la neutralisation des deux principes opposés de la même force, est leur fusion, est l'action, est la force en action, est la manifestation, la réalisation de la force en action dans le domaine de la création.

Or, Humphry Davy a remarqué, que si nous plaçons un morceau de charbon entre les extrêmités des deux conducteurs de la pile de Volta et si nous faisons passer une étincelle électrique à travers, que la force et l'éblouissante clarté de l'étincelle électrique sera dans ce cas égale à celle de la lumière solaire. — En continuant ainsi cette expérience et en faisant passer une étincelle électrique après une autre par le point occupé par le charbon, nous verrons que ce dernier se consumera au bout d'un certain temps...

Pour avoir un courant continu ou aux étincelles si rapprochées, qu'elles ne feraient qu'une lumière continue on a remplacé il y a une vingtaine d'années la pile de Volta par celle de Bunsen au courant continu, et au lieu de charbon ordinaire Foucault a employé le charbon le plus dur et qui se consume le moins, et il a terminé avec ce charbon taillé en crayon les deux extrêmités libres des deux conducteurs. — Or, en rapprochant à une distance convenable les extrêmités de ces deux conducteurs ainsi arrangés, on a obtenu une lumière continue ayant l'éclat de la lumière solaire. — La chaux en remplaçant le charbon fait apparaître le phénomène de la lumière avec plus d'éclat encore.

Les faits que nous venons de rapporter démontrent, nous le répétons, clairement, que les phénomènes de la lumière et de la chaleur accompagnent toujours *la force en action et réciproquement.* — Ainsi donc, si nous allons décomposer chimiquement les corps, si nous allons opérer n'importe par quelle voie leurs combinaisons, que ce soit par les voies brusques, ou lentes ou que ce soit sur une grande ou sur une petite échelle, si nous allons opérer le changement ou provoquer le mouvement entre les molécules constituant les corps, nous verrons, que le phénomène de la lumière sera partout présent, quoique à des degrés différents, que le phénomène de la lumière, dis-je, sera plus manifeste et plus éclatant lorsque la masse de la force en action sera plus grande, lorsque nous agirons plus promptement, sur une plus vaste échelle et si l'action s'opère entre les corps qui ont plus d'affinité entre eux, moins de certaines conditions le masqueront à nos yeux et plus il sera concentré dans un point.

Si nous réveillons par conséquent, par le plus léger frottement de deux corps l'un sur l'autre ou par le mouvement que nous déterminons dans les molécules de leurs surfaces la force de l'état du repos dans lequel elle maintenait ces molécules à l'état de mouvement ou à l'état d'action, et si cet état de la force en action est accompagné des phénomènes de la lumière et de la chaleur; si la phosphorescence accompagne comme phénomène la force en action pendant la décomposition lente: ce qui a lieu pendant la pourriture d'un morceau de bois par exemple ou le détachement de ses molécules l'une après l'autre pendant de longues années; si le phénomène de la lumière et de la chaleur accompagne les combinaisons entre les atomes mis en jeu; si l'action des atomes se tenant dans un corps donné est la lumière et la chaleur cachées, qui dans de certaines conditions peuvent briller comme nous l'avons vu avec une force et un éclat de la lumière solaire, qui peuvent être invisibles et visibles par rapport à la force et à l'éclat de la lumière solaire, pourquoi le point central de la concentration des forces du système solaire tout entier, qui embrasse tout et domine tout au moment de leur action qui est continue, pourquoi, dis-je, ce point qui est la résultante de l'action des forces maintenant les corps gigantesques à des distances respectives et maintenant ces mêmes corps d'un système tout entier dans un ensemble harmonieux, ne devrait-il pas être pour nous le point culminant de la plus pure et de la plus éclatante lumière?

Pénétrés du sens profond de ces faits, tournons maintenant notre regard du côté du soleil par une journée sereine et brûlante d'été; regardons-le face à face en plein midi, dardant ses rayons éblouissants de feu; examinons-le au moment de son coucher, pâle et blême pendant les courtes journées de décembre et nous serons frappés en voyant comment les conditions au milieu desquelles nous avons vu le même astre en ont changé l'aspect, comme l'analogie de l'influence des conditions sur les phénomènes du soleil est identique avec les lois prescrites pour la terre. Nous croirions même pour un instant que ce n'est pas le même soleil!

Qu'est-ce que le soleil, cette joie éternelle de toute la création, cette vie de l'homme, ce bonheur et cet espoir de tous les instants de sa vie?

Par le système solaire on entend le groupe des corps célestes tels que la Terre, la Lune, Mars, Jupiter, Mercure, Vénus etc. etc., avec tous leurs satellites obscurs et invisibles tournant autour du soleil dans l'espace et dont le soleil occupe le centre. Le soleil dans le système de l'univers est un point mobile, car il est reconnu aujourd'hui que non seulement il tourne sur lui-même, mais qu'il parcourt avec tous les corps, constituant son système, une orbite autour d'un autre point central, qui à son tour parcourt une voie plus grande encore autour d'un point central et ainsi de suite, peut-être jusqu'à l'infini...[1]).

Pour quelle raison tous les corps du système solaire ne se détachent-ils pas du soleil et ne se dispersent-ils pas jusqu'à l'infini de l'espace? Pourquoi ne tombent-ils pas sur le soleil et ne se consument-ils pas dans ce vaste océan de feu? Pourquoi roulent-ils dans leurs orbites depuis l'éternité en gardant toujours la même distance du soleil?

Nous avons expliqué, que la cause de cette grande loi siège dans le rapport de l'attraction qui attire chaque corps vers le soleil et de la répulsion qui tend à l'éloigner du centre de son système.

Or, comme nous le voyons par là, la même loi qui préside à l'harmonie entre les corps célestes quant à leur position et leurs orbes respectives gouverne aussi les atomes du microcosme, prescrit les distances d'un atome

---

[1]) Je crois que les systèmes stellaires en tournant l'un autour de l'autre, tournent tous dans le même cercle—ce qui constitue l'infini en question.

à l'autre dans un corps donné, trace les règles de leurs mouvements lorsque les corps qu'ils composent sont à l'état inerte, se combinent avec d'autres corps ou en déterminent la décomposition.

Le soleil est dans son système, comme tout autre astre dans son système respectif le foyer commun des orbites des planètes[1]) ou le point dans lequel les forces extraordinaires se concentrent, agissant à de grandes distances et gouvernant des masses gigantesques comme la terre par exemple; il est le point central ou la résultante de ces forces extraordinaires au moment de leur action et comme de raison des phénomènes d'égale puissance de la lumière et de la chaleur savoir: que les phénomènes de la lumière et de la chaleur solaire sont toujours de force égale, d'égale dimension, jamais plus petits, ni plus grands, jamais plus blêmes, ni plus éblouissants.

Les phénomènes de la lumière et de la chaleur solaire sont le témoignage du mouvement réveillé dans la force en action ou dans l'éther, remplissant le système solaire par les forces, gouvernant tous les corps sous sa dépendance et concentrées dans son foyer.

Le soleil occupe donc le point le plus lumineux de son système et est par sa photosphère le témoignage de l'action continue des forces maintenant son système entier et concentrées en lui.

La grande étincelle électrique constitue-t-elle le corps solaire, ou en d'autres termes, les atomes consti-

---

[1]) L'orbite de la terre est elliptique. Ce qui ne nuit en rien à notre théorie.

tuant son corps sont-ils dans un mouvement tellement accéléré à cause de leur extrême animation, qu'ils produisent le phénomène de la lumière et de la chaleur solaire, ou ne constitue-t-elle que la photosphère d'un corps sphérique, solide et obscur placé à son centre. Est-elle aussi éclatante pour tous les points extrêmes de l'univers que pour notre terre ou n'est-elle aussi éclatante que dans son système et peut-être n'est-elle qu'à peine perceptible pour d'autres systèmes de l'univers? Nous penchons pour cette dernière opinion, par la raison: 1° que la plus basse température est compatible avec le feu et 2° que, plus nous nous trouvons rapprochés du foyer de l'action de la force qui maintient la terre avec le soleil, plus nous nous trouvons rapprochés de la ligne qui unit le centre de ses deux corps, plus la chaleur et la lumière solaire deviennent intenses et éblouissantes pour nous; et plus nous nous éloignons de cette ligne, moins cette même lumière et cette chaleur sont intenses; car dans le premier cas, nous nous trouvons au milieu de la force en action ou de la masse de ses phénomènes lumineux et caloriques qui, rapportés par notre vision au point occupé par le soleil, comme le résultat de toute la lumière et de toute la chaleur qui se trouvent sur toute la ligne sur laquelle nous nous trouvons, et qui mesure l'espace entre notre oeil et le soleil, seront pour nous d'une étonnante puissance — tandis que les mêmes phénomènes lumineux et caloriques pour un observateur placé au même instant sur un autre point du globe, tout en tenant compte des causes physiques qui influent sur ces changements, seront à peine sensibles, et seront autres lorsqu'il examinera le soleil à son lever, autres, lorsque le soleil jette ses rayons directement sur sa tête, autres à son coucher.

et autres quant à son intensité entre les bords et le centre
de son disque. Nous penchons encore pour un autre motif pour la manière de voir que nous venons d'émettre,
que justement le corps solaire comme étant placé dans le
foyer de la lumière solaire peut à l'exemple du charbon,
ou de la chaux placée dans l'étincelle électrique de la
pile de Bunsen augmenter sa puissance, que la lumière
solaire par conséquent, sans qu'un corps solide se trouve
dans son centre peut n'être qu'une faible lumière quoique
toujours d'égale intensité

L'analyse d'ailleurs spectrale n'a pas trouvé d'or,
d'argent ni de platin dans le corps solaire. Pourquoi
donc son noyau ne serait-il pas un certain arrangement
de ces principes communs à la terre, qui sous forme d'un
corps de volume extraordinaire, fixé dans sa photosphère
non seulement ne se consumerait pas, mais servirait à rehausser son éclat, tout en permettant une certaine existence à sa surface.

Le soleil restera donc toujours pour nous le centre
des forces agissant dans son système et le centre des
phénomènes lumineux ou caloriques, qui éclipsera toujours les phénomènes lumineux et ceux de la chaleur de
tous les corps de son système.

Blessons le cerveau, avons nous- dit, troublons l'arrangement dans les parcelles primordiales qui le constituent, reculons pour un instant le degré de la métamorphose auquel ces particules sont arrivées dans le cerveau
à la matière simple, reculons la force organique et l'organisme même du cerveau à la force simple et l'intelligence ou la force qui était il y a un instant la plus haute
expression de la force organique en action dans le cerveau, qui brillait dans le cerveau, va s'éteindre.

Décomposons par la pensée tous les organes constituant l'organisme vivant de l'homme, concourant avec une si grande solidarité de rapports au maintien de son tout vivant et harmonieux et l'intelligence qui brillait dans cette unité vivante, qui était la résultante en action de toutes les forces gouvernant son être, va s'éteindre pour jamais en lui.

Troublons par la pensée l'ordre et l'harmonie entre les corps du système solaire, et les forces qui président au maintien de cette harmonie, qui lient tout ce système dans le point occupé par le soleil, qui brillent dans ce point avec la lumière solaire, deviendront autant de forces à l'état latent d'un corps quelconque de notre planète et la lumière solaire s'éteindra.

Si nous retirions par conséquent, par la pensée, du système solaire tous les corps qui le composent et si nous laissions le soleil seul à sa place, nous le verrions briller de la lumière d'une étoile. — Retiré du point qu'il occupe dans le système de l'univers, il serait obscur et plongé dans une nuit éternelle. — Même chose avec tous les astres de l'univers. La lune est obscure et elle sera claire pour nous autant que les rayons solaires vont l'éclairer ou que la force qui l'attire au soleil va directement agir sur elle. La terre séparée du soleil serait un corps obscur et glacé. — Ainsi les phénomènes de la lumière et de la chaleur solaire sont des phénomènes *sui generis*, résultants d'une certaine combinaison, d'un certain rapport d'action des forces, sont la résultante de l'action de toutes les forces continuellement actives et concentrées dans le soleil. La lumière et la chaleur solaire sont la vie du système dont le soleil est le coeur et leur plus ou moins grande intensité dépend de ce que nous les observons de la terre; car lorsque, le soleil est à notre *zénith*, il brille pour nous avec le plus d'éclat, parce que ses rayons ont moins de distances et une couche d'air moins dense à parcourir, et lorsqu'il est à l'horizon, ses rayons ayant à parcourir une distance dix fois plus grande et à traverser une atmosphère beaucoup plus dense, la lumière solaire nous paraîtra le plus pâle [1]).

Ainsi pour nous, l'organisme du système solaire, comme l'organisme du cerveau, comme l'organisme de l'univers, comme l'organisme d'une parcelle de sang ou de notre corps vivant, vus au microscope, sont des organismes *sui generis*, ayant leurs forces vitales actives, brillantes dans les unes avec les phénomènes de l'intelligence, tandis que dans les autres elles se manifestent avec les phénomènes de la lumière, ayant leur existence, leurs mouvements, leur circulation, leurs maladies *(catastrophes)* et comme tout, leur commencement, leur existence et leur fin.

Le soleil en dernier lieu, est pour nous un corps comme la terre, comme les autres corps de l'univers, obscur, solide, sphérique et très-probablement pas plus chaud que la terre, qu'il est entouré comme la terre d'une atmosphère d'air dont la masse de la matière impondérable en mouvement ou de la force physique en action comme résultante de l'action de toutes les forces constituant et maintenant tous les corps de son système dans une unité harmonieuse, en imprimant par

---

[1]) Nous reviendrons sur l'explication de la nature de ces phénomènes.

son action qui est continue le mouvement ou l'action de l'éther de l'espace du système solaire engendre une continuité de phénomènes de la lumière et de la chaleur de ce système qui, *concentrés dans le point occupé par le soleil font sa photosphère* et comme diffus dans l'espace de son système constituent, je le répète, la lumière et la chaleur diffuses de l'espace du système solaire entier.

Ainsi il est certain que le soleil a son atmosphère, ses nuages, ses orages, ses pluies etc., qu'il tourne autour de son axe et en même temps autour d'un autre point dans l'univers, que rien n'a diminué de sa substance depuis l'éternité, que sa lumière et sa chaleur constituent son état normal, compatible avec une vie organique, que sa lumière et sa chaleur ne sont jamais ni plus, ni moins intenses, que sa seule différence d'avec les corps obscurs ou avec les planètes consiste en ce: qu'étant le centre d'un système de corps célestes, concentrant en lui toutes les forces *en action* de son système, *il concentre aussi dans le point qu'il occupe les phénomènes accompagnant cette concentration* et que très-probablement, placé au centre de ce formidable phénomène, il y joue le rôle d'un charbon, ou d'un autre corps ayant pour but dans l'intérêt du système entier, de rehausser à distance l'effet des phénomènes caloriques et lumineux de sa photosphère.

Tous les principes des corps que nous trouvons dans le soleil par l'analyse spectrale sont pour nous une preuve, que le corps solaire a une même composition que la terre, qu'il n'est pas constitué par une matière impondérable, qu'il n'est pas une masse d'atomes en mouvement, donnant les phénomènes de la lumière solaire, mais, que plongé dans une force en action ou fixé au milieu de la matière impondérable en action, il est constitué par des principes pondérables, qui remplissent son atmosphère de feu ou de matière impondérable en action avec ses émanations et plaident même en défaveur d'une théorie, qui regarde le soleil comme un alliage de gaz de quelques principes pondérables en effervescence. Si toutefois on n'y a pas trouvé de l'or ou de l'argent, cela prouve ou l'insuffisance de l'analyse spectrale, ou que la composition du corps solaire pour de certaines raisons ne l'ait pas permis.

Chaque corps céleste lumineux est le centre d'un système à part et n'est que la manifestation de la concentration des forces en action de son système. D'où il résulterait que chaque corps céleste est lumineux depuis l'éternité. Où est le point central de tous les systèmes de l'univers, quelle est la puissance sidérale de ce centre des centres? Nous n'en savons rien... Nous savons seulement que le mouvement du soleil avec tous les corps de son système dont on a évalué la vitesse à plus de 7 kilomètres (une lieue) par seconde est dirigé vers un point de la voûte céleste, situé sur la ligne droite qui joint les deux étoiles de troisième grandeur π et μ d'*Hercule*, à un quart de la distance apparente de ces étoiles à partir de π et que le soleil et les étoiles ont une vie *sui generis*. Y a-t-il des êtres vivants sur le soleil? Et pourquoi pas—puisqu'il s'en trouve sur la terre qui roule aussi sur elle-même et se trouve à chaque instant déplacée avec le système solaire tout entier et ne vit en quelque sorte que par la vie des forces du système auquel elle appartient, puisqu'elle ne vit que par l'effet reflexe de la concentration des forces en action du système solaire dans le soleil même, qu'elle ne vit que par une vie empruntée du soleil, puisque d'un autre côté, comme nous l'avons dit, la lumière et la chaleur solaire ne sont pas aussi intenses que nos observations sembleraient le démontrer et qu'elles constituent d'ailleurs un état normal, compatible avec une *vie sui generis*.

Il est vrai que l'état physique et moral des êtres, qui vivent à sa surface, comme placés dans des conditions si différentes des nôtres, peuvent ne pas être les mêmes que ceux des êtres vivants sur la terre; peut-être même que l'espèce humaine, s'il en existe une sur cet astre, est plus élevée sous le rapport moral que nous autres d'ici-bas; que les hommes ne s'y dévorent pas, qu'ils ne s'y calomnient pas injustement comme nous pour arracher un morceau de pain à leurs semblables, qu'ils ne s'y exterminent pas, qu'ils s'y aiment et vivent heureux et en paix; mais est-ce qu'il y a deux hommes sur la terre qui se ressemblent tant sous le rapport physique, que sous le rapport moral, est-ce qu'il n'y a pas des Christ et des satans, quoique tous les êtres, si variés qu'ils soient, y sont composés des mêmes principes, et ont une même force-type pour base? Quant à la forme des êtres habitant le soleil, est-ce que ces formes ne varient pas aussi sur la terre selon les conditions dans lesquelles les animaux et les plantes y sont placés.—Est-ce que nos poissons par exemple, ressemblent aux plantes, ou les oiseaux aux mammifères?! Et puis, la lumière et la chaleur sont comme nous le savons des phénomènes relatifs, nous savons que la plus vive lumière peut être d'une très-basse température et qu'une lumière à peine visible peut être de la température qui fond le platine. — Ce qui d'ailleurs est une flamme sur la terre est une lumière naturelle sur le soleil, est l'état naturel, est la lumière et la chaleur latente du soleil, est l'éther du soleil dont les oscillations produisent des phénomènes d'autant plus éclatants, que les forces qui se concentrent dans le soleil, sidérant du soleil, sont d'une puissance plus élevée que ne l'est celle de la force, qui est concentrée dans un atome pesant et qui est cause de la lumière et de la chaleur latente d'un corps quelconque de notre planète.

L'analogie même nous fera dire plus, savoir: que les êtres organiques du soleil sont composés des mêmes principes que ceux qui habitent notre planète; que le soleil, comme la terre, comme tous les astres de l'univers, que l'univers entier est composé des principes communs à la terre; autrement, que ces éléments sont partout et toujours une expression ou une métamorphose d'un certain rapport des deux principes de la même force-type *une*, pour toute la création, et que ce principe matériel, vivant, de toute la création est *l'atome*.

Nous croyons trouver un autre appui à notre théorie du soleil dans les observations de l'éclipse totale du soleil du 18 août 1868 à Philadelphie.

Or, d'après ces observations on a constaté, que quelques jours avans l'éclipse du soleil, avec l'abaissement graduel de la température, quelque chose de lugubre et de sombre remplissait notre planète; qu'au moment de l'éclipse totale ou de l'interposition du disque obscur de la lune entre cet astre et l'observateur, savoir: au moment de la section pour le point occupé par l'observateur, de la force, qui attirait la terre au soleil, la température de 95° Fahrenheit était tombée pour de certains points à 50° et même à 45° Fahrenheit et comme à Montréal et à Canada au-dessous de 0 Réaumur.

On me dira que ce phénomène a été une suite logique de l'interception des rayons caloriques par la lune. Je répondrai, que ni les phénomènes de la lumière et de la chaleur solaire, ni par conséquent les rayons ou les faisceaux d'un certain nombre de rayons de cet astre n'existeraient, si la force n'agissait dans le sens de ces rayons ou de ces faisceaux de rayons et si elle ne déterminait pas les vibrations ou le mouvement ou l'action dans les parcelles d'éther, qui se trouvent sur cette ligne et dont l'action, dis-je, se manifeste sous forme d'un rayon lumineux. — Si donc la température a baissé à Montréal au-dessous de 0, c'est que la force qui engendrait les phénomènes de la lumière et de la chaleur sur cette ligne a été interceptée. Je dirai même, que si toutes les forces qui se concentrent dans le soleil et produisent un aussi formidable phénomène, que nous admirons dans cet astre, étaient subitement interceptées, ce formidable phénomène cesserait d'exister; que la photosphère lumineuse du soleil par conséquent n'est que l'effet de la concentration de toutes les forces qui maintiennent tous les corps du système solaire à des distances données, et qui, parce qu'elles tiennent sans relâche ces corps en question, sont par cela seul en action continue d'égale intensité.

On a observé aussi, que pendant cette même éclipse totale, les chiens couraient effrayés dans tous les sens et qu'ils manifestaient leur effroi par des hurlements lugubres et des aboiements lamentables, que tout ce qui vivait était consterné et effrayé, que même les hommes pleins d'intelligence et prévenus de ce qui devait arriver, étaient inquiets et consternés.

On voit donc par là, que les forces qui gouvernent la terre et le soleil quoique simples, ne sont pas sans analogie avec les forces organiques et même avec la force de l'intelligence, puisqu'elles influent si profondément sur ces dernières—que par conséquent, le changement du système solaire entraînerait à coup sûr des changements incalculables dans les forces organiques et intellectuelles des êtres qui habitent notre planète et qu'en modifiant les forces organiques il apporterait de grands changements dans les organes et même dans les formes des êtres entiers.

Je trouve encore la confirmation de ma théorie dans le fait que: plus une région de la terre se trouve éloignée du point de l'action directe du soleil ou de la ligne, qui unit le centre de la terre avec celui de cet astre, plus sa température sera abaissée et plus l'éclat de la lumière sera diminué: comme cela a lieu sur une petite échelle la nuit, vu la très-courte durée de cette action et ce dont l'hiver, où le soleil se lève à peine et est pendant des mois entiers au-dessus de l'horizon, nous offre une preuve des plus remarquables; chose d'ailleurs, que nous connaissons déjà.

Si nous examinons en effet la nature pendant la nuit nous verrons, que dans ce cas là où la terre est justement attirée par le soleil dans l'hémisphère opposée à celle où nous sommes, l'intelligence s'endort, la vie devient végétale, les calices de certaines plantes se ferment, la vie de tout ce qui existe, en un mot, se ralentit, recule, devient de l'ordre inférieur..., la terre se couvre de rosée, l'eau des océans et des mers reflue, baisse [1]), la température de l'air atmosphérique baisse, une sombre obscurité couvre l'horizon de son linceul de mort; tandis, que le contraire a lieu avec l'apparition du soleil sur notre horizon, où tout alors renaît, tout vit, tout s'élève vers les cieux!

---

[1]) Le flux et le reflux de la mer regardés comme phénomènes dépendant de la lune, ont lieu aux heures du coucher et du lever du soleil et sont dus selon moi, à ce que la surface d'une mer donnée se trouvant vers le soir de plus en plus abandonnée par les forces qui la maintenaient dans son niveau pendant le jour *monte* et il y a *flux* de la mer, et comme le soleil se lève au même temps sur l'horizon opposé et commence à attirer l'hémisphère opposée et ses eaux comme de raison, pour les mettre à leur niveau normal, il y aura flux de la mer ou de l'océan dans cette région et reflux de notre mer à nous. Je crois, que les vents qui règnent en automne et au printemps ou que le mouvement de l'air occasionné par l'abaissement de la température de l'atmosphère qui a lieu avant l'hiver et son élévation à l'approche du printemps a aussi pour cause, qu'avec l'hiver l'action du soleil se porte principalement sur l'hémisphère opposée à la nôtre et que le retour de cette action vers nous a lieu avec le printemps.

Mais si nous allons plus loin et si nous examinons pendant l'hiver les animaux et les végétaux, se trouvant sur la région de la terre abandonnée ainsi des forces du soleil, qui sont dans cette saison presque toutes portées à l'opposé de la région qui nous occupe et où elles exercent presque toute leur action, nous verrons, que même la vie animale s'y trouve parfois réduite à un sommeil léthargique, à un engourdissement, pendant lequel certains animaux ne digèrent même plus et s'ils respirent, si la circulation du sang ne cesse pas d'avoir lieu en eux, elle se fait d'une manière extrêmement lente en suffisant tout juste pour empêcher sa coagulation ou sa mort, que les animaux deviennent plantes. Quant aux plantes, celles-ci cessent tout à fait de respirer, elles jettent même leurs organes de la respiration, c'est à dire leurs feuilles; alors la circulation ne se fait plus chez elles et elles deviennent à l'état de la matière presque simple. — Que la terre tourne sa région ainsi morte du côté du soleil, que les forces qui l'unissent au soleil commencent à agir de plus en plus directement sur elle, qu'elle ressente l'influence naissante de la lumière et de la chaleur solaire et à mesure que cette action intéressera la région de la terre choisie pour l'observation, à mesure que le printemps y renaîtra, les animaux sortiront de leur engourdissement, ils se réveilleront; leur intelligence revivra, la sève recommencera sa circulation dans les plantes, elles renaîtront; les bourgeons se transformeront en feuilles, en fleurs, en fruits et en nouvelles branches, les plantes reprendront leurs organes de la respiration etc., etc...

La lumière et la chaleur solaire, comme nous le voyons encore une fois, réveillent la force de la vie, font renaître la vie et l'intelligence! Prodige de métamorphose! qui, par parenthèse, nous fournit encore une preuve de plus de l'analogie entre les plantes et les animaux et de l'influence de la chaleur et de la lumière sur les forces organiques, ainsi que de la transformation des forces simples en intelligence!

Mais la plus grande preuve de toutes en faveur de ma théorie, c'est que les physiciens emploient indistinctement dans leurs études sur la lumière solaire, la lumière électrique pour la lumière solaire et que les résultats obtenus dans les deux cas sont identiques.

Quant à l'avenir du soleil, celui-ci d'après ma théorie est définitivement rassurant. — Car il n'y a pas de cause positive dans la nature, à moins quelques suppositions des causes probables, qui pourraient rompre l'harmonie de son système ou changer la nature des forces et des lois auxquelles elles sont soumises et qui seraient capables de détourner les forces suivant lesquelles les corps célestes sont distribués et maintenus dans l'espace et continuellement attirés vers le point occupé par le soleil.

La lumière et la chaleur solaire comme phénomènes de cette concentration des forces actives dans le soleil, ne cesseront jamais d'après ma théorie, de chauffer la terre et de l'éclairer de sa vivifiante lumière, tandis que d'après les théories de Faye, de Kirchhoff et d'autres, qui considèrent le soleil comme une nébuleuse de plusieurs principes en combustion ou comme une combustion d'hydrogène, l'avenir du soleil et de tout son système et comme de raison de la terre, est des plus effrayants; car il nous menace à tout moment d'un épuisement des matériaux combustibles entretenant la combustion, et de là d'une congélation universelle au milieu d'une nuit profonde ou d'une mort générale et même d'un changement universel dans l'univers.

Ce qui démontre une fois de plus, que notre théorie est plus en harmonie que les autres avec les lois qui ont l'unité et la conservation pour but.

Ce que nous avons dit du soleil, se rapporte à la lettre à tous les astres ou à tous les soleils du système de la création.

Ainsi donc, les étoiles de toutes les couleurs et de toutes les grandeurs, quoiqu'elles donnent toujours par l'analyse spectrale la combustion de l'hydrogène mélangé avec d'autres principes, et quoique Huyghens attribue la disparition de certaines étoiles à l'extinction de leur hydrogène ou à l'épuisement de leur matériel combustible; les étoiles, dis-je, ne s'éteignent pas, ne s'allument pas mais brillent depuis l'éternité d'une même lumière que notre soleil et qui n'est autre chose que le phénomène de la résultante des forces agissant dans leurs systèmes respectifs.

Quant au phénomène, que les étoiles s'allument et s'éteignent, je me l'explique par leur course dans l'espace — ainsi, lorsqu'elles sont très-éloignées de nous, elles sont invisibles, lorsqu'elles s'approchent de notre système ou lorsque notre système s'approche d'elles, elles commencent à apparaître et à briller comme de raison comme des étoiles de 9, 8, 7, 6, grandeur etc., lorsqu'elles sont le plus près de nous, elles brillent comme les étoiles de 4 grandeur.

Après une période de temps plus ou moins grande comme de 10,000, 50,000, 100,000 ans, en s'éloignant imperceptiblement de notre système ou notre système en s'éloignant d'elles, ces étoiles apparaissent sur le firmament comme les étoiles de 4-ème, 5-ème, 6-ème, 7-ème, 8-ème, 9-ème grandeur et disparaissent. Ce qui veut dire, qu'elles ne sont plus visibles même au télescope, mais qu'elles ne s'éteignent pas!

Quant au fait qu'il y a des étoiles qui brillent d'une lumière verte, rouge, ou bleue, laissant de côté l'hypothèse, que la couleur de la lumière peut dépendre des parcelles de certains corps qui s'y trouvent mêlées, le lecteur intelligent connaissant le fait, que plus la température d'un corps donné, d'une barre de fer par exemple, est élevée ou plus les vibrations de ses atomes sont accélérées ou plus ses molécules sont prêtes à se désunir, à se désagréger en leurs éléments extrêmes, ou atomes ou plus ses atomes pondérables sont prêts de leur retour à l'état impondérable, à l'atome élémentaire, à la force physique, plus ce travail se manifestera avec les phénomènes rapprochés de la lumière blanche; et moins ce procédé sera accéléré, plus la couleur qui l'accompagnera comme phénomène, sera éloignée de la couleur blanche et sera jaune, rouge, bleue etc., le lecteur dis-je, devine d'avance que la couleur des étoiles dépend, ou de la vitesse plus ou moins grande de leur rotation, ou de la plus ou moins grande activité de la force de leur système concentrée dans les points occupés par elles, et par conséquent, du nombre plus ou moins grand de vibrations des parcelles d'éther qui leur est respectif, dans un temps donné.

L'UNIVERS.

Celui qui a contemplé le firmament des cieux pendant une belle nuit d'été, a été frappé par l'innombrable quantité d'étoiles ou de points brillants parsemés sur son azur. En pénétrant du regard plus avant dans cet abîme insondable de l'infini, il a aperçu qu'il y en a de plus petites et de plus grandes étoiles, qu'il y en a de plus rapprochées et de plus éloignées de la terre....

Si, armé d'un télescope il a cherché à pénétrer dans les profondeurs de cet abîme sans bornes, il a été surpris, que ce qui l'étonnait lorsqu'il contemplait le ciel à l'oeil nu, n'était que futilité, que néant, en comparaison de la masse infinie de points lumineux sans nombre, brillant dans l'immensité de l'espace, il a été ébloui par le nombre infini des étoiles si éloignées de la terre et si rapprochées les unes des autres ... et ce qui l'étonnera encore plus, c'est ce tableau de la pluralité des mondes—si dans sa pensée il ajoute à chaque astro autant de satellites ou planètes obscures qu'il en tourne autour du soleil; s'il songe un instant que chaque étoile avec son état-major constitue un système à part, égal par son immensité à notre système solaire et peut-être même le surpassant. Celui qui, en ayant devant ses yeux un tableau d'une si étonnante grandeur, a tourné son regard dans la direction de la voie lactée, sur cette fourmilière de soleils jetés comme une bande de sable le long de l'hémisphère de l'espace, et a réfléchi sur l'infinité de ces systèmes solaires ne faisant qu'un vaste ruban de lumière; celui qui a réfléchi sur ce tableau miraculeux embrassant dans son être tous les états dans lesquels la matière est susceptible de se trouver, et toutes les températures depuis la plus basse jusqu'à la plus élevée, où la nuit obscure fait si heureusement ressortir la clarté éblouissante, où le repos est marié avec une vitesse inouïe, où la vie de la même matière se manifeste ici, avec les phénomènes de la lumière et là, avec les phénomènes de l'intelligence....! celui, qui a réfléchi sur ces points lumineux, en apparence fixes, qui sont si éloignés les uns des autres, qu'ils peuvent se tourner sur eux-mêmes et autour d'autres points relativement fixes, en nous rappelant les conditions de l'état liquide et gazeux dans lesquelles les parcelles qui les constituent se meuvent librement et vivent selon les lois de l'attraction-répulsive...; celui, qui voit et entend ce mystère dans l'univers, qui l'a admiré dans les mondes d'atomes, dans les mondes infiniment petits, qui l'a contemplé au microscope dans une parcelle d'un corps vivant, dans laquelle se trouvent aussi des petits points plongés dans un liquide qui se tournent et qui parcourent respectivement de grandes distances..., ne sera-t-il pas frappé par la pensée de l'analogie, de l'identité même des mondes infiniments grands et d'infiniments petits? ne lui viendra-t-il pas à la pensée qu'en regardant cette masse de points se mouvant dans l'espace, qu'en regardant cet évènement saisissant par sa grandeur, qu'il voit une parcelle du corps vivant de l'univers, qu'il y admire une parcelle vivante de son organisme infini et dont nous ne sommes avec tout notre système solaire qu'un petit grain de poussière?

Celui qui d'un autre côté a déchiré, le calcul à la main, les mystères des voies et des distances parcourues par tous ces corps célestes, d'après lequel la terre saisie avec la lune dans l'espace parcourt journellement autour du soleil une route de 600,000 lieues et avec ce dernier autour d'un autre astre une distance supplémentaire de 170,000 lieues [1]), et en ajoutant les inflexions de ses orbites dépendantes de l'attraction de la terre dans ce mouvement par les autres astres et des perturbations planétaires qui compliquent encore ce mouvement, a mis sur la balance un grand nombre d'agents, qui modifient sa marche dans l'espace, et changent son orbite elliptique en cycloïde etc., etc., sans jamais nous permettre de deviner la dernière courbe de son orbite; celui, dis-je, qui appuyé par le calcul, a réfléchi, que la terre parcourt sans disconti-

---

[1]) La vitesse du mouvement de translation du soleil, avec tous les corps qui en dépendent, dans la direction d'Hercule est telle, qu'il avance annuellement de 1,623 fois le rayon de l'orbite terrestre, ou de 240,000,000 de kilomètres, ou d'environ 600,000 kilomètres par jour, ou une lieue par seconde.

nuer l'espace dans son mouvement de rotation autour de son axe en emportant avec elle les individus, les familles, les nations et leurs générations; celui, qui a réfléchi, que depuis la création du monde elle n'a pas passé une seule fois par le même point de l'espace et qu'elle ne se trouvera jamais dans les points qu'elle a déjà parcourus, que dans un jour elle est à quelques centaines de milliers de lieues du point qu'elle occupait hier, que dans un an elle se trouvera éloignée de ce point à quelques centaines de millions de lieues et que dans des siècles elle en sera éloignée à des millions des milliards de lieues etc., etc. [1]), jusqu'à l'infini! qu'en même temps, de même que la terre, tous les systèmes planétaires, tous les systèmes solaires avec les générations qui vivent à leur surface sont soumis à la même loi du mouvement sur les courbes dépendant l'une de l'autre et formant ainsi un enchevêtrement dont nous ne connaîtrons jamais la dernière courbe; que pendant que ces corps célestes roulent ainsi dans l'espace en suivant une marche pleine de régularité et d'harmonie, qu'en même temps tout change continuellement à leur surface, que leurs individus, leurs générations, la forme de ces individus, et l'aspect de ces générations, que leur nature interne comme externe, que leur intelligence, que tout n'y est pas aujourd'hui comme il était hier ou comme il sera demain; celui qui a réfléchi sur cette loi générale qui emporte continuellement tout dans ce tourbillon

---

[1]) Flammarion. Conclusion à l'ouvrage de Sir Humphry Davy. „Les derniers jours d'un philosophe." Paris, 1869, I, vol. 8-vo.

plein d'harmonie d'unité, et de vie, dans lequel notre planète joue à peine le rôle d'un atome imperceptible; celui, dis-je, aura une image approximative de la grandeur et de la vie de la nature!

Quelle est la forme, quelles sont les limites de ce corps vivant, composé de tous les systèmes solaires emboités les uns dans les autres, nourrissant des myriades d'êtres vivants à la surface des corps qui les constituent, composé par un arrangement harmonieux de tous les états que la matière puisse revêtir, reliant en lui toutes les combinaisons des forces depuis les forces simples jusqu'à l'intelligence dans une unité harmonieuse, dans quelle direction est emporté notre système solaire, quel est le point central de tous les systèmes...?

La voie lactée, cette nébuleuse brillant avec ses myriades de soleils serait-elle une des parties solides de ce géant, un os par exemple, ou un muscle dont les autres nébuleuses formeraient d'autres parties constituantes? Ce que nous savons, c'est que le géant vit, que ses parcelles depuis les astres jusqu'aux atomes bougent, oscillent, qu'il est dans les conditions d'un corps vivant dans lequel il n'y pas de vide, que la lumière qui entoure les étoiles est dans le système de l'univers même chose que la lumière cachée et invisible qui constitue les atomes, qu'elle constitue la lumière latente de l'univers; que toute cette immensité de l'espace avec tous les corps qui y circulent ne fait qu'une masse harmonieuse vivante, qu'elle est un être vivant aussi bien dans son tout, comme dans ses atomes.

L'espace qui nous sépare des étoiles n'est pas un vide mais bien une masse d'un corps transparent, fluide, dans lequel plongés, nous exécutons toutes nos fonctions, dans lequel nous vivons, et sans lequel nous ne pourrions pas exister: d'abord comme puisant en lui par la fonction de la respiration les éléments nécessaires pour notre existence et puis, comme maintenus jusqu'à un certain point dans notre forme individuelle par sa pression de toutes parts sur notre corps.

Lorsque l'air est calme, nous ne percevons pas son être, nous ne sentons pas sa résistance, il semble au contraire fuir devant nous et ne pas exister; nous oublions plus d'une fois que nous vivons au milieu d'un corps, comme vivent les poissons au milieu d'un élément plus dense que ne l'est l'air atmosphérique. Si nous nous plaçons toutefois sur les hauteurs des pyramides d'Egypte, ou si nous suspendons notre regard sur l'océan au moment d'un orage accompagné d'un vent impétueux, nous serons frappés par un spectacle aussi grandiose qu'effrayant. Cet air, dont nous savourons la balsamique fraîcheur, pendant les belles matinées d'été, une fois troublé dans son repos par la fougue de la tempête, enseveli sous le moelleux sable du Sahare des vastes contrées voisines, renverse les maisons, enlève les toits et les troupeaux à de grandes distances, brise les mâts, déracine les chênes séculaires, se joue des navires, remue les mers et les océans jusque dans leurs profondeurs [1]).

---

[1]) L'air d'après l'hypothèse de Quetelet se compose de deux couches: d'une couche qui entoure la terre, dans laquelle nous respirons, et dont la hauteur monte à 7 $1/2$ lieues et d'une couche superposée, et qui s'étend à 42 lieues au-dessus de la première.

L'univers, est une masse vivante, est un corps au milieu duquel nous exécutons avec les plantes et les animaux, comme organismes, des fonctions qui ne sont que des parcelles de la vaste fonction de la vie universelle; l'univers, dis-je, est un être au milieu duquel vivent et fonctionnent tous les corps célestes avec tous les êtres vivants sur notre planète; dans lequel tous les mondes des mondes avec l'air qui les entoure et qui remplit les espaces constituent un tout harmonieux et vivant, dans lequel chaque point matériel, chaque atome, est un être

---

La première couche qui est composée d'hydrogène et de gaz acide carbonique est variable; c'est au milieu d'elle que règnent les vents, les orages, les tonnerres, les éclairs, c'est en elle que les nuages se forment; que les pluies tombent avec la grêle et les neiges etc., etc. La deuxième calme et invariable, est composée d'hydrogène, et est extrêmement inflammable. C'est dans cette dernière couche d'air que se produisent seulement les phénomènes magnétiques, c'est là que les étoiles filantes, les aérolithes et les bolides s'enflamment par le frottement contre les parcelles immuables de cette matière subtile en brillant avec des couleurs si variées, phénomène qui dépend des parcelles de certaines substances mêlées à leur lumière naturelle. Les aérolithes d'après l'hypothèse de Quetelet une fois tombées dans notre atmosphère s'éteignent. — Ce qui n'empêche pas, sans vouloir faire tort à la théorie de ce savant, que nous avons tous vu l'année dernière une aérolithe tout enflammée et brillant de diverses couleurs traverser notre atmosphère avec la vitesse d'une flèche, à savoir: qu'elle a passé tout enflammée en quelques minutes la couche la plus basse de l'atmosphère de l'Europe centrale, en jetant de distance en distance les anneaux de sa masse qu'on a retrouvés éteints dans nos champs.

Ce qui n'empêche pas, que quoique l'air soit plus dense près des planètes et moins dense à une certaine hauteur, qu'il n'y a pas de vide dans la nature, que partout il y a matière.

à part ou un point central de son petit système d'atomes, une combinaison de forces à part et solidairement liées avec l'unité de l'univers et ne faisant qu'un tout inséparable avec lui, dans lequel chaque atome, chaque être est un des organes collectifs de l'organisme de l'univers. L'univers se gouverne avec des lois communes à la terre, celles de l'attraction-répulsive,—se connaît dans l'homme et finalement en Dieu.

Jetons un coup d'oeil du haut du Panthéon sur les deux millions d'habitans se promenant dans les rues de la capitale du monde, ils nous paraîtront comme un essaim d'abeilles ou comme une fourmilière d'insectes Placés sur une planète nous ne les apercevrons plus. Est-ce qu'en suivant des yeux ces petits points noirs qui tout en se mouvant continuellement changent à peine de place, devinerions-nous combien il y a de fougue, de coeur et d'intelligence dans cet essaim de points imperceptibles; supposerions-nous que la volonté d'un de ces êtres futiles a fait ériger un monument des hauteurs duquel en contemplant le néant des choses d'ici-bas, nous nous sentons géants en nous-mêmes! que cette fourmilière d'hommes-fourmis a reconstruit la surface de la terre, qu'elle a pénétré jusque dans ses entrailles, qu'elle est arrivée par l'étude de la formation de ses couches diverses à connaître les lois qui gouvernent l'univers et a arraché à la Sagesse suprême le mystère de son origine, des rapports du Créateur avec la création! que les hommes qui ont osé regarder en face leur Créateur, deviendront un jour comme matière victimes du sort commun de la création et retourneront dans le néant, pour revivre au sein de l'univers dans leurs enfants, et dans leurs oeuvres, pour revivre un jour dans les oeuvres de leur intelligence?

Nous présumons, que l'intelligence de l'esprit de l'univers est en elle-même une sagesse d'autant plus élevée de l'intelligence de l'homme, que l'univers est au-dessus d'une petite parcelle de la création qui s'appelle l'homme; que l'univers comme matière fait le corps de la Sagesse suprême comme notre corps est le corps de notre âme, que l'amour et la sagesse remplissant l'univers, gouvernant l'univers et se comprenant dans l'univers sont Dieu, souverain maître de la création; que Dieu est l'âme de l'univers, que quoiqu'il n'ait pas besoin de ce corps immense pour connaître son moi suprême, qu'il peut toutefois se connaître dans l'univers et par l'organisme de l'univers de même que notre âme émancipée par un singulier arrangement et les métamorphoses des atomes dans notre cerveau arrive à se connaître elle-même; qu'il connaît, dis-je, son *Moi* par l'univers, qu'il a créé lui-même comme Sagesse et Volonté dans son amour, qu'il a arrangé et qu'il gouverne dans sa sagesse pour y régner jusque dans l'éternité.

La Sagesse suprême gouverne l'univers, se reconnaît en lui, se manifeste par lui, tandis que *l'Amour* anime la nature et relie toute la création dans une harmonieuse sympathie et dans une communauté de but.

Sans l'amour, la pierre n'est qu'un corps dur et pesant, le bois est un article de chauffage ou de construction, l'eau est fluide, l'animal est une machine, l'homme est un animal qui spécule sur son prochain, est un monstre; une étoile est un corps brillant à froid, l'univers est un rouage des corps morts tournant continuellement sans but dans l'espace... est une machine! Sans l'amour il n'y a ni famille, ni société, ni patrie, ni humanité, ni progrès! Sans l'amour, la nature n'est qu'une mage morte *sans Dieu!*

L'amour vivifie toute la nature. Avec lui une pierre fière de la majesté des colonnes des stalactites avec un diadème de Brabant [1]) sur le front, érigée jusqu'aux nues par une main inspirée par le génie, ou vivante dans les statues antiques [2]), transmet les sentiments et la pensée aux générations futures. — Avec lui l'arbre riche de verdure et de fraîcheur embaume la nature toujours renaissante et mêle ses parfums à l'harmonie du chant des oiseaux et à l'extase des premiers couples toujours nouveaux dans la création. Avec lui une plante confidente des mystères du cœur dans la calme verdure des *édens*, le symbole de la pudeur dans le *lys*, de la modestie dans la violette, des larmes dans le saule pleureur, des regrets douloureux dans le gardien de nos tombes le cyprès funèbre, de l'ardeur sublime du coeur dans la rose rougissante de pudeur. L'amour est la vie de la nature.

Avec l'amour, l'eau coulant tranquillement le long du ruisseau touche harmonieusement les petites pierres, guérit les blessures saignantes du coeur avec son mystérieux murmure et calme les moments du désespoir.... Avec lui, immense dans ses étendues, elle emporte sur ses vagues écumantes le génie de Christophe Colomb à la découverte du nouveau monde, avec lui en mugissant, effrénée dans ses vagues elle inspire le poëte, effraie les simples d'esprit et pour ceux qui savent comprendre le combat animé des éléments de la nature elle est un imposant spectacle de grandeur! Avec lui, la lumière et

---

[1]) Le style gothique avec ses flèches et ses rosaces surpassant en finesse les dentelles de Brabant.

[2]) Statues de la Vénus de Milo, de Médicis, d'Apollon de Belvéder, le groupe de Laocoon etc., etc.

la chaleur solaire versent la vie et la béatitude dans la création, élèvent la pensée, animent le coeur, sont la vie de l'homme et de la plante. — Avec lui, les étoiles et les soleils font courber le front de l'orgueilleux devant le Créateur, avec lui le sage lit dans les étoiles les mystères que les plus puissants télescopes des Herschel n'ont point découverts.... Avec lui, l'homme vit heureux avec la moitié de son âme, avec sa famille, avec ses semblables. Avec lui il aime l'humanité et en lui dévoilant les trésors de sa sagesse, il reçoit en échange les dons venant toujours de la même source.... de *l'Amour suprême*.

L'Amour et la Sagesse suprême sont le commencement, la vie et le but de l'univers.

Que vont devenir maintenant nos convictions d'hier en présence de ces vues touchant le but dans lequel Dieu a créé le monde, ou que Dieu a créé le monde rien que pour la joie et le bonheur de l'homme, ou pour avoir en lui un témoin de sa toute-puissance, ou enfin, que notre pauvre terre est le centre moral et intellectuel de l'univers.

Or, la philosophie appuyée sur la science nous élève au-dessus de la sphère de ces enfantillages.

Car, si nous considérons les milliers de spermatozoïdes qui se trouvent dans le sperme de notre espèce depuis la puberté jusqu'à la vieillesse de l'homme et dont chacun peut engendrer un individu à part, si nous pensons à la prodigieuse quantité de cette liqueur perdue à tout instant, si nous réfléchissons à la quantité d'oeufs non fecondés que les femmes pondent chaque mois à l'époque de la menstruation, depuis leur puberté jusqu'à l'âge critique, si nous pensons aux myriades d'oeufs pondus par quelques espèces de poissons et aussitôt détruits, nous saurons, que si la nature est aussi prodigue en fait d'individus dans une espèce donnée, c'est qu'elle n'a pas les individus mais bien la conservation de l'espèce en vue et que, prévoyant la difficile conservation des individus dans l'espèce humaine, elle a été si prodigue en moyens pour assurer cette conservation et a permis à l'homme entre autres, de se multiplier à l'infini sans se soucier de la misère de la vie des individus, de la difficulté très-souvent extrême de leur existence, des maladies et des guerres fratricides qui les déciment, de leurs pleurs, ni de leur bonheur; car les moyens même qu'elle emploie pour les rendre heureux, nous semblent en dernier lieu ne servir que dans l'intérêt plutôt de l'espèce que des individus.

Si nous considérons maintenant que la nature ne tient pas plus compte des espèces que des individus, car nous trouvons parmi les espèces fossiles 25,000 espèces de poissons ou 25,000 espèces de poissons perdus, sur six mille espèces aujourd'hui vivantes et 40,000 espèces de coquilles perdues etc., etc., etc., nous saurons que la nature protège aussi peu les espèces qu'elle dédaigne les *individus*.

Tout ce qui semble l'occuper le plus et constituer le but final de son problème, c'est *l'existence*. Se jouant de la *forme* elle ne s'occupe que de la *vie*. *La vie est le commencement, l'essence et le but de la création.*

Dieu n'a donc pas créé le monde pour l'homme, mais bien il a créé l'homme, comme les soleils des soleils, comme les atomes pour l'unité et l'harmonie vivante de l'univers.

La philosophie actuelle appuyée sur la science admire Dieu dans la nature, admire la *Cause Première* dans les lois qui gouvernent la création, dans les forces simples, dans leurs métamorphoses en matière, dans la matière ainsi vivante par la force, dans les forces organiques, dans les forces de l'intelligence, dans la beauté, l'harmonie et la grandeur de la création, et lui rend le culte divin dans la sagesse et dans l'amour de l'univers.

DIEU ET LA NATURE.

> Dieu est caché dans la nature, où il fait sa loi ou la loi de la nature ou ce qui trahit en elle la présence active de l'Esprit créateur et est visible dans l'homme. D'où la science ou l'étude des lois de la nature et de la raison par la raison est l'étude de Dieu même en tant, qu'il est caché dans la nature et qu'il est visible dans l'homme.
> *L'Auteur.*

„Qu'est-ce que nos principes naturels, dit Pascal [1]), sinon nos principes accoutumés? Dans les enfants, ceux qu'ils ont reçus de la coutume de leurs pères, comme la chasse dans les animaux."

„Une différente coutume donnera d'autres principes naturels. Cela se voit par expérience; et s'il y en a d'ineffaçables à la coutume, il y en a aussi de la coutume ineffaçable à la nature."

„Les pères craignent que l'amour naturel des enfants ne s'efface. Quelle est donc cette nature sujette

---

[1]) Pensées. Edit. Firmin Didot. Paris, p. 66.

à être effacée? La coutume est une seconde nature qui détruit la première. Pourquoi la coutume n'est-elle pas naturelle? J'ai bien peur que cette nature ne soit elle-même qu'une première coutume, comme la coutume est une seconde nature."

Ainsi, ce qui sera faux pour un homme sera vrai pour un autre et réciproquement.

Il y a des hommes qui contredisent des choses vraies, parce qu'on les a appris à avoir cette conviction, parce qu'ils ont appris depuis leur naissance à les regarder comme fausses. Un juif se laissera tuer, convaincu de la vérité de ses préjugés et de sa manière de voir, un catholique se sacrifiera pour sa foi; quoique le fond de leurs convictions soit diamétralement opposé; un troisième sans préjugé, jugera sainement les choses et les deux premiers vont le lapider....!

Il y a des hommes, qui, une fois sur une certaine voie, que l'habitude et la routine leur a fait regarder pour vraie, s'y tiennent aveuglement et arrivent aux conclusions qui leur paraissent être vraies quoique ces conclusions soient diamétralement opposées. Exemple: les travaux et les tendances de la doctrine de Cuvier et d'Etienne Geoffroy Saint-Hilaire et les mémorables débats auxquels ils ont donné lieu. L'un comme l'autre croyait à l'infaillibilité de la voie ou de la méthode qu'il avait choisie, à l'infaillibilité de sa théorie; et pourtant le premier à notre avis, quoique généralement regardé comme plus ingénieux, n'avait pas raison dans ses conclusions et combattait la vérité avec de faux arguments parce qu'il les *croyait* vrais.

Nous ne connaissions jusqu' aujourd'hui, ni la *force*, ni la *matière*, ni *Dieu*. „Perdra son temps, disent les uns avec le philosophe anglais[1]), qui cherchera à expliquer de quelle manière le corps est uni à la pensée." Et que diraient-ils, s'il s'agissait d'expliquer les rapports de la force à la matière? „Nous ne connaîtrons jamais" dit Claude Bernard, „la nature intime de la force, ni de la matière." Le Père Secchi en parlant des forces physiques ne reconnaît pas leur existence et regarde les termes, tels que: l'électricité, la lumière etc. comme inventés uniquement pour cacher notre ignorance. Les autres regardent la force comme quelque chose d'abstrait, n'ayant aucun rapport avec la matière. D'autres regardent la matière comme quelque chose d'inerte, de froid, d'éternellement glacial; puis d'autres la regardent au contraire comme la seule chose périssable, changeante et plus subtile, plus éthérée que la force....

La matière change, la force reste.

Les uns regardaient les animaux avec Descartes comme des machines sans coeur, ni intelligence; d'autres ont vu dans les animaux une volonté intelligente, ont reconnu une âme en eux; les uns croyaient en Dieu; d'autres contestaient son existence; les uns regardaient *l'idée* comme même chose que la création, d'autres soutiennent qu'il est impossible de prouver scientifiquement comment *l'idée*, comment le *verbe* peut être la même chose que la création — comme si on pouvait concevoir *l'idée* et l'existence *du verbe* dans le *néant*, comme si le *verbe* n'était

---

[1]) Sir Humphry Davy: „Les derniers jours d'un philosophe." Trad. p. C. Flammarion. Paris 1869, p. 276.

pas une preuve suffisante de *l'existence* ou de la *création*, comme si ce fait avait besoin d'être scientifiquement prouvé; d'autres soutiennent que la science n'arrivera jamais à la connaissance de Dieu, oubliant, qu'en se posant cette question, que c'est Dieu même qui s'interroge ainsi dans leur intelligence.[1])

Tous les savants semblent d'ailleurs abdiquer devant la possibilité de traiter la question de Dieu, de l'immortalité de l'âme, de la matière, de la force. Les savants en faisant cet acte d'abdication ont oublié, que s'ils sont arrivés à connaître leur *moi* intérieur ou à reconnaître en eux un être spirituel raisonnable, qui crée des oeuvres, ils ne peuvent contester, comme faisant eux-mêmes partie de la nature, que s'il se trouve en eux un esprit raisonnable, un esprit créateur en un mot, qu'il n'y ait pas d'esprit créateur dans la nature. Et puisqu'ils ne verraient pas l'intelligence de Newton par exemple, en supposant que ce grand penseur fût placé devant eux vivant mais muet, mais ils verraient seulement la force et la matière animée, ils verraient un homme vivant — pourquoi, alors les savants en regardant la nature où ils ne voient que les phénomènes de la force organique ou les phénomènes de la vie doutent, de l'existence en elle de l'Esprit Créateur. Et puisqu' ensuite Newton avait cet esprit créateur supérieur à l'intelligence d'un paysan et l'âme de ce dernier en a plus que n'en a la force organique ou la force cosmique, puis

---

[1] „La raison supérieure qui réside dans l'homme est Dieu même." Fénelon. De l'existence de Dieu T. I. p. 93.". Vous êtes tous des Dieux" a dit Jésus Christ. Evang. de St. Jean.

q'aussi un enfant développe son intelligence de manière à briller quelquefois dans sa maturité d'un esprit divin, il en résulte, que les savants doivent convenir, que puisque basés sur ces faits du domaine de l'observation de la nature et de la logique ou du domaine de la science (car la science ne consiste pas uniquement à calculer, ou à peser), nous sommes arrivés à la certitude mathématique, qu'il existe un esprit créateur ou sagesse et amour dans la nature et que cet esprit créateur est du degré supérieur et inférieur, qu'il peut exister et qu'il existe un esprit dans la nature à un degré qui surpasse notre intelligence, comme celle de tous les siècles du passé et de l'avenir au point, comme son oeuvre—la nature, surpasse nos oeuvres à nous— qu'il existe un Dieu, un Esprit Créateur supérieur ou Cause Première de toute existence.

Et puisque dans les oeuvres de notre esprit, dans lequel est le Dieu — créateur, je vois, que cet esprit tire ses idées de lui-même, qu'il crée de lui-même et non pas du néant ou plutôt qu'il crée du néant mais pour nos sens seulement, il en résulte, pour moi, que Dieu a créé la nature de son *moi* ou de son propre être et non pas du néant.

Que dirons-nous en présence de ces faits, basés sur l'observation des phénomènes de la nature, si quelqu'un niait son *moi* intérieur, parce qu'il ne peut pas peser ce moi, ni le toucher, ni le soumettre à l'épreuve des chiffres; ou qui basé sur le fait, que l'intelligence de Newton par exemple, est supérieure à son intelligence à lui, en concluérait, que son intelligence n'est pas de l'intelligence, que son âme n'existe pas?

Nous avons donc une preuve scientifique de l'existence de Dieu ou de la Cause Première dans la création et de son rapport à la *nature*.

Les savants par conséquent qui soutiennent, que la science n'arrivera jamais à la connaissance de Dieu, ont oublié en prononçant cet arrêt, que justement l'étude des *lois de la nature*, par lesquelles l'Esprit Créateur trahit en elle son active présence, ainsi que l'étude de la *raison* par la *raison*, constitue une méthode scientifique qui conduit à la connaissance de Dieu en tant, qu'il est visible dans l'homme et caché dans l'immensité de la Nature.

Les savants ont donc raison dans le cas seulement, où ils ont en vue le Dieu absolu; mais ils ont tort de soutenir que la science ne parviendra jamais à connaître Dieu *relatif* ou tel qu'il est dans la Nature.

Nous faisons aussi sur les animaux les expériences qui ont pour but les plus hauts problèmes: de l'unité des facultés intellectuelles, du rapport de l'intelligence aux forces simples, du rapport de l'âme à l'organisme du cerveau vivant, ou du cerveau réduit à la matière simple, et nous trouvons tout simple et tout naturel, que notre méthode soit bonne, que tous les animaux aient de l'intelligence de l'homme, seulement à un degré inférieur; mais lorsque nous retournons de l'homme aux animaux, nous leur contestons l'âme...!

La postérité sera étonnée de notre peu de logique, que, capables de comparer les choses de la même espèce lorsque cela nous était nécessaire et de tirer des conclusions sur l'âme humaine et sur son immortalité d'après l'intelligence des bêtes, que nous n'ayons pas aperçu l'âme chez les animaux; qu'en leur contestant une âme, nous avons désapprouvé dans le principe toutes nos expériences sur les animaux, ainsi que toutes les conclusions que nous en avons tirées.

Or, il y a deux natures absolument distinctes l'une de l'autre. Une nature telle, qu'elle est, et une autre telle, que les préjugés de ños pères l'ont fait germer en nous dès notre plus tendre enfance, et que l'âge n'a fait que mûrir en nous.

Le vulgaire et les faux-sages la voient de l'oeil de leurs pères, la voient de l'oeil du préjugé. — L'homme sans préjugé la voit telle qu'elle est — nue et naturelle.

En traitant présentement de Dieu et de la nature, nous tâcherons, de parler comme jusqu'à présent, sans préjugé, c'est à dire en repoussant loin de nous ce qui dans notre jugement pourrait faire la seconde nature de Pascal, et nous essaierons de prouver, qu'il est dans le pouvoir de l'intelligence humaine de donner une idée juste de la *matière*, de *l'âme* et enfin de *Dieu, cause* et *essence* de la création.

Or, nous savons, que si nous blessons le cerveau dans une certaine région que les phénomènes de l'intelligence disparaissent, que l'âme devient force organique, et puisque cette dernière n'est que la métamorphose de la force simple, donc l'âme en devenant force organique, devient force simple dans le principe. Et puisque le cerveau une fois guéri sa force organique, qui est le degré supérieur de la force simple devient âme, il en résulte que l'âme ou force spirituelle, se transforme en force simple et cette dernière se transforme en force spirituelle. Nous avons prouvé de plus, que la matière étant un certain état de la force physique est une métamorphose de la force spirituelle. D'où il résulte que la lumière ainsi que la chaleur ou la force simple, que l'atome qui en est la plus minime parcelle indivisible, que l'âme, que la matière sont une métamorphose ou transformation du même élément, et du même Être—de la *force* spirituelle; qu'ils sont des manifestations ou des divers états de la même cause et du même principe; qu'ils sont les *diverses expressions* du rapport de l'attraction dans sa répulsion en action ou en d'autres termes, que la force simple est l'élément de l'intelligence aussi bien que de la force organique etc., etc. et que la force spirituelle ou Dieu est l'élément ou l'âme de la force physique.

D'où l'attraction-répulsive est la force élémentaire type dans le monde des sens ou dans la création, dont Dieu est la Cause *Première spirituelle*, ou comme les extrêmes se touchent, Dieu est la *Cause Première* de *la création* et l'attraction-répulsive ou l'atome impondérable comme Sa plus simple expression dans le monde des sens, est l'élément palpable de Dieu dans la création. D'où toute *sagesse* et tout *amour* ou Dieu est dans l'attraction-répulsive active ou vivante ou dans l'atome vivant, seulement il y est voilé pour nos sens; et comme tout vient par l'attraction-répulsive ou par l'atome et que celui-ci vient de Dieu, donc tout est Dieu palpable pour nos sens; d'où Dieu est en tout, tout est sagesse et amour, seulement, nous n'y voyons Dieu qu'autant, qu'il y a de la vraie sagesse et de l'amour en nous, qu'autant, que nous l'apercevons dans les lois de la nature ou que ces dernières trahissent dans tout Sa présence.

D'où la matière est un certain état de la force spirituelle, est une métamorphose de la force spirituelle — d'où la nature tout entière, comme l'expression de la *sagesse*, est une métamorphose de la *force*, ayant sa source dans l'Être même de la Suprême Sagesse.

Etendons cette loi à toute la création, et nous dirons: que de même que la chaleur est un phénomène accompagnant un certain état de la force physique, que de même que la chaleur est le phénomène d'un certain état de la force dans le monde des sens, sans cesser d'être force, que de même que la lumière est un certain état de la force, qu'elle est une force métamorphosée, qu'elle est le phénomène de l'âme de la matière impondérable en action, que la plante aussi bien que l'animal, que l'homme que l'organisme végétal comme animal, que la nature tout entière, si variée et infinie dans les êtres qui la constituent n'est dans tous ces êtres qu'un certain état de la force, qu'elle est une force métamorphosée ou exprimée d'une certaine manière; que l'esprit, que l'âme est l'image la plus vraie de Dieu, seulement sur une échelle infiniment petite; que de même qu'il y a des intelligences supérieures et inférieures, qu'il y a des talents et des génies, que Dieu est la plus haute intelligence exprimée dans la nature.

On va nous objecter, comment Dieu infini, peut-il-être exprimé dans la création qui a son commencement et qui a sa fin; comment ce qui est infini peut-être fini?

Je répondrai, que notre âme, qui est infinie, qui n'a ni commencement ni fin, a avec notre naissance son commencement et aura avec notre mort une fin dans la création ou dans le monde des sens; que Dieu infini par conséquent, peut être fini dans la création et y avoir son commencement et sa fin, sans que cela n'ôte rien à son infini....

Je laisse mes idées sur ce point à la méditation des penseurs.

Il existait donc au commencement une force à l'état de repos relatif ou d'équilibre dans la toute-puissante Sagesse. — Cette *Sagesse toute-puissante*, donc *pouvant tout*, capable d'exprimer sous toutes les formes possibles la force de sa propre sagesse, en tirant ainsi d'Elle-même *Sa force* par Sa *volonté*, sans rien lui ôter de Sa nature primitive comme sagesse, a fait en Elle-même une première impulsion de l'état de repos rélativement à nos sens à l'état d'action ou de la création ou de Sa transformation en nature et a créé la force physique. La force en action ainsi conçue dans la Sagesse étant déjà du domaine de la création ou étant force physique, palpable ou matière impondérable quoique d'une subtilité extrême, ou atome impondérable, sa minime parcelle indivisible en action ou en mouvement extrêmement accéléré, oscillant par le Dieu, qui agit en lui, caché pour nos sens, comme loi de la nature, a éclaté par la lumière, par la chaleur et par d'autres phénomènes soumis dans ses lois à la nature de leur origine ou de la Sagesse, comme conçus dans la Sagesse et par la Sagesse. Au même instant les atomes ou les plus minimes parcelles indivisibles de la force physique se sont unies entre elles suivant la loi de la nature ou par l'attraction-répulsive qui leur est inhérente, qui est leur Dieu caché, qui est leur loi intime, leur âme muette et ont donné naissance à la plus petite molécule matérielle—à l'atome pesant. La force physique suivant ainsi sa première impulsion est devenue le noyau ou le type de la matière par l'union ou par la fusion intime de deux atomes; elle a créé ainsi le premier couple d'atomes au moyen desquels, dans la voie de la métamorphose ou du développement progresssif, toujours en Dieu et par Dieu, elle a créé comme nous l'avons dit, le monde tout entier, dans toute sa splendeur et harmonie.

Notre pensée nous conduit tout droit à la conclusion, que nous avons formulée, savoir: *que la force est matière* sans cesser d'être force et que la matière est force, sans cesser d'être *matière;* elle nous explique finalement, le mystère de l'origine de la force et de la possibilité du retour de la *matière* par l'atome ou par l'état impondérable à la *force pure* et justifie notre théorie de la fin de la nature tout entière et de son retour à ce moment suprême à la *force pure*... à *l'idée*... à *Dieu* — sa source première!

Aussi, lorsque je regarde une pierre, je vois en elle une certaine expression de la force, je vois qu'elle est pesante par la force, qu'elle est dure par la force etc. etc.; lorsque je regarde un arbre, je vois un certain état de la force devant mes yeux, je vois son origine, son état actuel, palpable, et sa fin...; lorsque je regarde un homme, lorsque j'appelle toute la nature devant moi et que j'admire ses formes si harmonieuses et si variées, je ne me perds plus dans l'infinité des conjectures au sujet de leur nature; car je lis *force* à une extrêmité de la création, qui a Dieu pour source, j'admire devant moi l'Amour et la Sagesse, ou Dieu incarné d'une manière palpable pour mes sens, et je lis encore *force* à l'autre extrêmité de la création ou le retour de la nature à l'idée, à la plus haute puissance de la force, dont la Volonté suprême dans Sa sagesse et dans Son amour est le commencement et la fin.

Dieu est l'âme de la création — La Nature est Sa chair et Son oeuvre.

Un jour viendra où les hommes s'étonneront qu'on ait pu si longtemps ignorer une vérité aussi claire, que nous nous soyons donné tant de peine pour arriver à la découverte d'une vérité aussi simple que naturelle. Or, que la postérité sache, que ce vertige du passé venait de la fausse idée de *Dieu*, de la *force*, et du mépris pour la *matière*.

Respectons la matière simple comme nous respectons les cendres de notre mère, ou de notre enfant chéri et nous reconnaîtrons cette vérité et nous ne foulerons plus avec mépris une froide poussière; c'est alors seulement que nous comprendrons la vraie signification de la *force*, ayant sa source en *Dieu* et nous saurons rendre au Créateur le culte qui Lui est dû.

En résumé, la matière est une métamorphose de la force, est un certain état de la force. La force est mère de la matière, est son élément, son âme. Les forces simples arrangent les parcelles élémentaires ou atomes pesants, les maintiennent dans un tout donné et constituent ainsi les corps.

Lorsque les forces simples tiennent dans un corps donné les atomes ou ses propres parcelles transformées en atomes pesants, ces parcelles sont à l'état de repos relatif, n'exécutent que les mouvements d'oscillation et la force simple, dans cet état de repos relatif de ses atomes, ne se manifeste que par les phénomènes cachés ou latents ou spécifiques.

Lorsque cette force, ou la masse d'atomes impondérables sort de son état de repos relatif et entre dans la voie de l'action, ou lorsque les atomes, ses parcelles, entrent en mouvement ou en action, les phénomènes qui accompagnent cette action ne seront plus cachés, mais au contraire, apparaîtront comme lumière ou chaleur et seront visibles et palpables.

Nous voyons par là, que la même force physique qui constitue et qui arrange les atomes pesants pour former un corps quelconque, est en état de repos relatif lorsqu'elle les tient dans un tout donné et constitue un corps, et devient lumière et chaleur lorsqu'elle est active ou en voie de sa transformation en matière. Elle est froide et silencieuse lorsqu'elle constitue un corps et brille avec tout l'éclat de la lumière, lorsque nous déplaçons les atomes, ses parcelles, dans ce corps, ou lorsque nous décomposons les atomes pesants de ce corps, ou lorsque nous les entraînons dans un nouveau composé chimique, lorsque nous réveillons la force en eux de l'état de repos relatif à l'état d'action et déterminons ainsi le mouvement de ses parcelles impondérables.

Ce qui nous prouve une fois de plus, que le mouvement des parcelles du fluide extrêmement subtil et impondérable, appelé éther et que l'état du retour de l'atome pesant à la force physique sont des états identiques se manifestant par les phénomènes de la lumière et de la chaleur.

La force organique à son tour qui n'est que l'ordre plus élevé de la force simple, arrange les éléments primordiaux de l'organisme, les métamorphose et les maintient dans un tout donné. Elle constitue donc l'éther caché de la substance grise du cerveau, et tient une de ses parcelles avec une autre dans un tout donné au moyen de sa propre substance ou de la force qui leur est inhérente et constitue l'être organique, constitue l'organisme.

Lorsqu'elle est en action, elle se manifeste par les phénomènes de la digestion, de la respiration, de la circulation, de la locomotion... de la vie organique en un mot. — Elle est donc soeur aînée de la force simple qui gouverne les corps simples et agent passif de sa soeur aînée — de l'intelligence.

Ainsi la force, qui maintient les parcelles matérielles ou les atomes pesants de la substance grise du cerveau, qui les a instinctivement arrangées métamorphosées et organisées — la force qui les gouverne et les constitue, qui préside à la fonction de la nutrition du cerveau, qui préside à son existence, à sa vie, qui est l'effet de la continuité des moments de la mutation de toute la matière de la substance grise du cerveau, est la matière impondérable ou l'éther ou la force organique ou la vie de cette substance. Or, cette même force organique, élevée comme nous le savons, au plus haut degré de sa puissance ou prise au moment de son réveil dans le domaine de l'intelligence, brillant par les phénomènes de l'intelligence, constitue l'âme qui connaît son moi et dont l'essence constitue l'esprit pur, constitue le Créateur.

Les phénomènes de l'intelligence ou de l'âme ne sont donc, que les phénomènes de l'éther de la substance grise du cerveau réveillé à l'action dans le domaine de la pensée; et l'éther de la substance grise du cerveau, n'est, ce que nous savons déjà, que le lien de *l'esprit pur* avec le *corps*, comme l'atome impondérable ou la force physique est le lien de la force spirituelle avec la matière.

L'intelligence à l'état de repos ou devenue sur place force d'un ordre inférieur, devenue force organique, n'est que la force organique en action instinctive et aveugle, n'est qu'une demi-veille, n'est que le sommeil, n'est qu'une mort momentanée de l'intelligence.

La force organique de la substance grise du cerveau élevée à son degré culminant en action, est la sagesse de l'éther de la substance grise du cerveau, sans suspendre son action comme force organique, se manifestant par les phénomènes de la sagesse active ou de l'âme.

Troublons, comme nous l'avons déjà dit, l'harmonie entre les parcelles constituant le cerveau, réduisons-les à l'état de matière simple, l'âme, ou l'intelligence descendra immédiatement en lui à la force simple, pour apparaître et briller dans le même cerveau une fois guéri, une fois revenu à son état normal.

Ce qui veut dire, que les forces simples, comme l'intelligence, sont la même sagesse, seulement une fois moins et une autre fois plus développée, qu'elles ne sont qu'une et même force avec la différence dans le degré de son développement, que l'une est d'un ordre plus élevé de la force élémentaire que l'autre et vice versa.

Dans le soleil, comme nous l'avons dit, siège la plus haute expression des forces simples en action, qui sont dans le principe de la même espèce que les forces organiques; car elles peuvent agir sur ces dernières, se changer en elles et réciproquement.

Dans le cerveau est la plus haute expression des forces organiques.

Il est le siège de la raison et de l'amour actif ou de l'âme.

Ainsi l'âme, d'après notre théorie, est matière impondérable ou force physique élevée à la force organique ou la force vitale de la substance grise du cerveau, prise au moment de son réveil à l'action, dans la sphère de la connaissance de son action, comme chez les animaux et du retour en soi-même, de la connaissance de son moi, avec le pouvoir de s'élever à la morale, à Dieu, comme dans l'homme; est une force en action du plus haut degré de développement, est l'ordre culminant de la force physique, est l'éther intelligent de la substance grise du cerveau en action, brillant par les phénomènes de l'intelligence, comme la lumière et la chaleur sont les phénomènes des forces simples en action, comme la clarté est le phénomène, est l'expression culminante de la force gouvernant le système solaire en action, concentrée dans le point occupé par le soleil, comme la lumière solaire est l'éther en action, qui étant dans les planètes à l'état de repos relatif y est actif et par conséquent visible dans de certaines conditions, quoiqu' imperceptible comparé à la lumière solaire, brillant dans cet astre du plus pur éclat d'une immense étincelle électrique.

L'intelligence n'est-elle pas à son tour cachée, comme nous l'avons dit, dans les forces simples, n'est-elle pas en elles lumière et chaleur — n'est-elle pas plus développée dans les forces organiques, ne brille-t-elle pas avec tout l'éclat de la sagesse et de l'amour Divin avec la connaissance de son *moi* dans le cerveau de l'homme?

La nature comme nous le voyons par là, a son commencement en Dieu, vient de Dieu, est Dieu métamorphosé, pour nos sens. — Nous voyons en elle ce qui frappe seulement nos sens. — nous voyons la matière; nous ne voyons pas ce qui est son âme, sa cause, son essence — nous ne voyons pas Dieu.

La nature d'un autre côté ou ce que nous touchons avec nos sens ou ce qui pour nous est la réalité, change à tout instant, change continuellement depuis l'éternité, et disparaît à tout moment; car elle retourne, en nous servant du langage des sens, au *néant*, et ce qui en réalité n'est que l'idée, n'est que son âme, n'est que l'esprit créateur, que la suprême Sagesse.

Dieu se change continuellement en matière, en création. La création retourne continuellement à Dieu.

Nous avons donc un *cercle*, espèce de *perpetuum mobile*, dans lequel Dieu — cause première, se change en *nature* relativement à nos sens ou en une réalité palpable, laquelle *réalité* ou *nature* d'une existence éphémère, se change de nouveau en *cause première* ou comme nous nous exprimons par le langage des sens, retourne à la *force cosmique... meurt;* ou comme il faudrait dire pour être dans le vrai et d'accord avec une bonne logique, qu'elle vit et vit éternellement en *Dieu,* seulement, une fois *visible* et *palpable,* et une autre fois *invisible* et *imperceptible* pour nos sens.

Ce cercle, ce *perpetuum mobile*, nous explique le *fini* de *l'idée* dans la *matière* et *l'infini* de la *matière* dans *l'idée*, ou le mouvement, le tourbillon sans *commencement* et sans *fin*, dans lequel les *choses insaisissables* et *infinies* sont *finies;* dans lequel les choses *finies* et *exprimées* sont *infinies*.

Ce qui nous explique l'**infinité**.

Il n'y a donc pas de *fini* et d'*infini*.

Les termes: *infinité* et le *fini* ne sont que les expressions de nos sens.

Et c'est pour cela que nous ne pouvons concevoir ni

l'un, ni l'autre: car nous ne comprenons tout et n'expliquons tout, que par le prisme de nos sens.

Ainsi, la *matière* sous un certain rapport est *infinie*, est *Dieu*: car elle naît de la force, elle est métamorphose de la force et elle retourne à la force, à Dieu. La *matière* est *finie*: car elle est, pour nos sens, un état palpable de l'idée, de Dieu.

D'où, la Sagesse suprême est *finie* dans la création: car elle y est une idée *exprimée* et par conséquent apparément *limitée*.

Je prends un exemple:

L'homme avant sa conception vivait comme âme, dans l'âme de ses parents, de ses aïeux... en Dieu. Il était donc *infini*. Comme âme, comme *infini* il a toutefois son commencement dans la nature, avons-nous dit, avec le moment de sa naissance. Il a donc comme âme *infinie* son *fini* ou sa *limite* dans le monde des sens.

Comme corps, l'homme au moment de sa conception n'est qu'un point cristallisé, un atome. Il est donc matériellement parlant *infiniment* petit, il est *infini*.

Ceci posé, aurions-nous jamais pu deviner en voyant ce point cristallisé, qui a été le germe d'un Kopernik ou d'un Matejko par exemple, que ce futil point de matière cristallisée renfermait à son tour tout une intelligence, en germe de l'un, ou de l'autre; aurions-nous jamais pu deviner qu'une étincelle de feu, que les forces tenant à peine cette matière imperceptible, ce petit néant microscopique embrassaient toute l'intelligence et le plan élémentaire parfaitement fini et limité du corps du créateur d'un système solaire, ou du créateur des oeuvres d'art destinées à l'admiration des siècles! Aurions-nous jamais pu prévoir qu'une idée, qu'une force pourrait tout d'un coup venir au monde sous la forme d'un petit point de la matière cristallisée et d'une force simple d'une faiblesse extrême, plus faible qu'un souffle, pour étonner un jour le monde par la force et la puissance de son génie, puis disparaître du monde des sens ou de la création pour jamais et retourner à l'immortalité, à l'idée, à sa source, à Dieu?

Voici des simples faits qui expliquent des choses infiniments petites. Voici des miracles du *fini* et de *l'infini*. Voici des mystères de Dieu et de la *nature* ou des choses relativement finies ou limitées et dans leur petitesse touchant à *l'infini*, et que notre théorie de la métamorphose ou du développement et de la transformation progressive explique d'une manière si claire aussi bien dans le monde des sens, que dans le monde de l'idée.

Or, ces vérités nous expliquent aussi irrévocablement comme l'expérience de Flourens et de Claude Bernard avec le cerveau, que puisqu' un point cristallisé peut renfermer en lui sous un certain rapport, *comme matière*, un Kopernik ou un Matejko tout entier et sous le rapport de la force renfermer l'âme de Newton, de Mickiewicz ou de Kopernik, rien n'empêche que ces forces, si simples et si futiles, ne soient Dieu même, et que Dieu tout entier ne se trouve en elles comme *Être* indivisible, comme présent tout entier dans la moindre parcelle de ses propriétés, que cette force futile n'embrasse d'une certaine manière, même la Toute Puissante Sagesse.

S'il y a donc une différence entre la matière et la force, entre la Nature et le Dieu, c'est seulement relativement à nos sens. Dans le fond tout est *un*, tout est même Être.

Ainsi la loi de la nature comme nous le voyons, est *une*, le commencement de toute chose est *un*, la nature de tout est *une* et la fin de toute chose est commune et est à son tour le commencement de toute chose.

Nous avons donc résolu pour la première fois la question de la *matière*, de la *force*, de la *création* et du *Créateur*, du *fini* et de *l'infini*, tant qu'il a été permis à l'intelligence humaine de le faire.

„Au commencement était le *Verbe*, dit Jean, l'évangéliste, et le *Verbe* était avec *Dieu* et ce *Verbe* était *Dieu*."

Ce qui veut dire, pour moi, qu'avant la création du monde il existait une *action* et *l'action* était dans la *Sagesse toute-puissante*, qui était *l'action*, qui était la *création*.

D'où la *Création* est *éternelle* comme la *Sagesse*. Dieu est *éternel* comme la *Création*. La *Sagesse* et le *Verbe* sont *éternels*, sans *commencement*, *inséparables*, *ne font qu'un Être*.

S'il n'y a pas de force, ai-je dit, il n'y a pas de matière. — S'il n'y a pas de matière, la force perd son droit d'existence: quoique la force ne soit pas matière quoique la matière ne soit pas force, quoiqu'il est un état dans lequel la *force* est *matière* et la *matière* est force.

Or, *s'il n'y avait pas de création, il n'y aurait pas de Créateur; s'il n'y avait pas de Dieu, il n'y aurait pas de Création.*

Dieu est incarné dans la Création, tout présent dans la nature, la gouvernant et exprimé en elle.

La Création est la personnification de la Sagesse. Dieu est l'âme, la vie, l'essence de la nature; Il est la sagesse et l'amour de la Création.

Dieu est présent dans les cieux, sur la terre et partout. — Il est aussi bien dans la plus minime parcelle de la matière que dans l'atome, que dans chaque créature, que dans la création entière. — Dans l'atome nous le voyons vivant, sage et aimant. Nous le voyons dans toute la splendeur de sa majesté incarné dans la *Nature*: car il y trahit son active présence par les lois qui gouvernent aussi bien l'atome que l'univers entier.

La *Nature* est un prisme, à travers lequel l'Eternelle Sagesse se montre toujours entière avec l'infini de ses qualités. *Toute qualité de Dieu est un Dieu tout entier. Dieu dans chacune de ses qualités est tout entier. Dieu est tout et gouverne tout.*

Tout est Dieu comme conçu en Dieu et par la Volonté même de Dieu.

Un *atome* ne se connaît pas, une *pierre* ne se connaît pas, une *plante* ne se connaît point.

La connaissance de la nature est dans l'homme, la plus haute connaissance de la nature est en Dieu.

L'homme connaît Dieu en lui-même et dans la nature autant, que la Sagesse suprême l'a voulu, et comme cela devait être dans les lois de la Sagesse éternelle.

Dieu est infini dans la matière finie, et sans commencement dans la matière conçue, est indivisible dans la matière divisible, est une volonté sage et aimante dans la matière froide et muette.

Dieu est *tout* et *Il* est *un* dans l'infinité de ses qualités. Etant partout et toujours, *Il* est sans commencement, et *Il* n'est compris ni dans le temps, ni dans l'espace.

Dieu est un, sans commencement et sans fin. *Dieu est l'Eternité.*

Ne méprisons jamais la moindre créature; car il n'y a ni êtres vils, ni êtres nobles, il n'y en a ni des petits ni des grands, ils sont tous égaux en Dieu. — Ne soyons donc pas fiers, si Dieu nous a revêtus de telle ou telle matière; car il peut en revêtir de même une plante ou la réduire en poussière... Ne méprisons pas la matière simple, parce qu'elle est froide et silencieuse, parce qu'elle nous semble passive et éternellement muette; car, nous devons toujours avoir présent à l'esprit, que la matière n'est qu'un certain état de nous-mêmes, de la force, et puis, que c'est à l'arrangement et à la métamorphose de ses atomes, (qui comme parcelles de la force, sont *force*), que nous devons le pouvoir de nous connaître nous-mêmes, de connaître notre *moi*. — Ne contestons pas l'âme aux êtres inférieurs à nous, ne refusons pas la sagesse et l'amour à l'humble poussière; car elle possède l'un et l'autre dans ses entrailles, dans ses mondes invisibles, dans les *atomes*; car elle les a dans les forces gouvernant ces atomes, et constituant leur âme, car elle a comme nous orgueilleux dans notre ignorance, la connaissance de son *moi* en Dieu! La poussière ne se connaît pas, mais Dieu s'y reconnaît! Frappons une pierre froide et passive contre une autre pierre — il s'en détachera une parcelle et nous apercevrons une étincelle qui nous dévoilera ce grand mystère et nous rappellera notre néant...! Grande est la sagesse qui comprend le mystère de cette étincelle! — Penses-tu, homme orgueilleux! que cette étincelle est un néant, qu'elle n'est pas en Dieu, qu'elle est perdue; penses-tu qu'avec la décomposition de ton corps, qu'avec ta mort, que ton *âme*, que ton *moi* soit perdu, qu'il ne retournera pas à sa source, à son origine, au sein de son Créateur, à la connaissance de l'Éternelle Sagesse en son *moi* suprême. — *Rien ne peut être perdu ni en Dieu, ni dans la nature.* - Celui qui veille sur un cheveu tombant de ta tête, pourrait-il oublier la plus noble parcelle de ton être, l'essence de ton être, pourrait-il oublier ton amour et ta sagesse, ton âme en un mot, *pourrait-il S'oublier Lui-même en toi* et Se *tuer* ainsi dans ton *âme...* *Pourrait-Il Se réduire Lui-même* au néant...! Mortel! ne t'inquiète plus de ton avenir; car, que tu le veuilles ou non, tu es immortel!

Dieu est dans les cieux, sur la terre, dans la moindre poussière et présent en tout lieu.

Notre âme est l'image vraie de Dieu, elle est conçue en Dieu et est Dieu sur une échelle infiniment petite.

Le rapport de l'âme humaine, avec toutes ses qualités d'amour et de sagesse aux forces, se manifestant dans les êtres inférieurs à lui, est tel, que le rapport de notre-âme à Dieu. — Les êtres les plus voisins de notre espèce, diffèrent dans leur âme de la nôtre en ce qu'ils ne connaissent par leur *moi*, quoiqu'ils soient doués d'intelligence. L'homme seul sur la terre connaît son *moi* et Dieu est le seul dans l'infini de la création qui y connaît son *moi*.

Dieu est une connaissance de Son Moi dans toute la nature.

Dieu est partout et toujours, aussi bien dans un grain de poussière que dans l'homme, que dans toute la création toujours actif et créant, toujours incarné et s'incarnant, toujours se comprenant et se voyant, s'aimant et se reconnaissant partout et toujours, seulement une fois visible et une autrefois caché. — Dieu est la suprême Sagesse dans l'Amour, et l'Amour dans la Sagesse, que nous comprenons en tant qu'il nous est donné de comprendre le rapport de l'homme à toute la nature ou d'un grain de poussière à nous-mêmes. — *La nature est une sagesse exprimée par l'amour, est le Verbe de Dieu, est la chair dont Dieu est l'âme.* Nous voyons Dieu et nous ne le comprenons dans ses oeuvres que du côté palpable par nos sens. — Nous le comprenons dans l'immensité de la création. Nous voyons qu'il est aussi grand et insondable dans un brin d'herbe, que dans un grain de sable, que dans toute l'immensité de la nature. — Dieu se connaît seul en son *moi* et se connaît le mieux dans la nature son second *moi* ou son *moi* palpable pour nos sens.

L'homme pourtant créé à l'image de Dieu, portant Dieu dans son âme, doué du pouvoir de connaître le *moi divin* dans son *moi*, devrait-il ne pas participer à cette mystérieuse connaissance de Dieu en son *moi* ainsi que dans toute la nature, devrait-il ne pas comprendre ces mystères en lui-même, du moins en tant que la Sagesse suprême lui a permis?

L'homme se comprend lui-même, il comprend ses semblables et la nature autant, qu'il a de Dieu en lui-même.

Puisque nous ne pouvons comprendre autrement Dieu, rendons-lui nos hommages dans la création, qui est un tout des plus harmonieux, dans lequel tout est Sagesse et Amour et à l'intelligence définitive duquel, Il a déposé les clefs en Son *Moi* à jamais.

DE L'IMMORTALITÉ DE L'ÂME.

Nous avons démontré, dans les chapitres précédents, qu'il existe une force élémentaire *type* de toutes les forces de la nature et que cette force est une fusion de deux proprietés essentielles ou de deux forces tout-à-fait opposées — qu'elle s'attire elle-même dans son *moi*, qu'elle se concentre en elle-même et qu'elle se repousse au même instant dans son être; qu'elle constitue une éternelle attraction, que nous appelons dans nos passions du coeur égoisme, désir de posséder et qu'elle est en même temps une répulsion de soi-même, qu'elle est le sacrifice de son *moi*, qu'elle est l'âme ou l'esprit matériel, dont l'atome comme la création entière est une métamorphose, est la chair.

Nous savons aussi que le degré ou l'ordre de la force ne conteste pas sa qualité intime. Car que nous prenions deux ou deux cents éléments de la batterie électrique et que nous les fassions fonctionner, nous aurons toujours de l'électricité.

Que nous prenions un morceau d'aimant de force à soulever une aiguille, ou que nous y ajoutions la quantité nécessaire d'aimant pour soulever une barre de fer et qu'un homme de grande force pourrait à peine remuer, ce sera toujours de l'aimant. — Que nous prenions le sentiment de Pétrarque, ou l'esprit de Salomon; que nous prenions la force d'affinité qui préside à la composition d'un certain corps et que nous suivions avec la pensée la force, qui dans un corps donné élimine un certain principe pour s'emparer de celui qui est resté abandonné; que nous élevions notre regard aux cieux, et que nous pénétrions par la pensée jusque dans la Sagesse maintenant les mondes dans l'espace, ce sera toujours de la Sagesse dans l'Amour ou de l'attraction dans la répulsion une fois intelligente et une autre fois aveugle et réciproquement.

La force tient-elle deux corps célestes à une certaine distance l'un de l'autre dans un temps donné dans l'espace, ou tient-elle deux atomes qu'elle constitue, dans un corps donné et semble-t-elle inactive, ou est-elle en mouvement, savoir: lorsqu'elle crée, ou lorsqu'elle se métamorphose, lorsque nous la réveillons dans un corps donné de son *repos actif*, lorsqu'elle préside à la composition, ou à la décomposition d'un corps, elle est toujours même force dans le principe; elle est électricité, elle est lumière, elle est force organique, elle est instinct, elle est intelligence, elle est amour et sagesse, elle est âme — elle est force cosmique.

Ainsi donc, tous les phénomènes qui accompagnent la force-type dans sa métamorphose en ordres de force de plus en plus élevés jusqu'à l'âme, et toutes les forces comme instinct, amour, sagesse, âme et force cosmique, ne sont que les divers degrés de la même force élémentaire type, ne sont que la seule et même force, seulement, vue dans les différentes conditions de son être, et saisie dans les divers états de sa métamorphose; ne sont qu'un même être spirituel élevé depuis sa simplicité élémentaire jusqu'à sa plus haute expression de l'âme en Dieu.

Ceci bien gravé dans notre pensée, n'oublions pas, que la force tenant tant d'ordres de forces dans sa puissance ou pouvant par sa métamorphose atteindre tous ses degrés et devenir de force élémentaire *âme*, que la force, dis-je, peut aussi se métamorphoser en atome, en matière et que toutes les formes et tous les degrés du développement des êtres organisés ne sont que des états à part ou des métamorphoses de divers ordres de la force, savoir: que l'atome pesant est une métamorphose de la force simple, que l'atome organique est une métamorphose de la force organique, qu'un être vivant quelconque n'est qu'une métamorphose de la force en matière vivante, n'est qu'un arrangement sui generis des éléments de la matière ainsi métamorphosés par la même force; que la force, dis-je, a su exprimer toutes les nuances de ses degrés dans la création, depuis l'atome jusqu'aux cristaux, jusqu'aux plantes, jusqu'aux animaux, jusqu'à l'homme et même jusqu'aux nuances si variées, qui distinguent un individu dans la même espèce d'un autre...

Il résulte de tout cela, que la force est un certain état de la matière et vice-versa et que l'atome, aussi bien qu'un corps simple quelconque, tel qu'un cristal, une plante, un animal, l'homme, la terre, un astre, l'univers est une seule et même chose au fond. — La seule différence consiste ici dans le degré de puissance de la force et de sa métamorphose en matière et dans un certain arrangement des principes primordiaux et organiques de la matière; la seule différence, dis-je, consiste ici en ce que dans un cas la force s'est exprimée dans toute sa simplicité élémentaire comme dans les corps simples et s'y manifeste par l'arrangement mystérieux quoique simple de ses éléments primordiaux et qu'elle brille dans l'homme par un arrangement *sui generis* et une métamorphose de ces mêmes particules avec tout l'éclat des phénomènes de l'âme émancipée qui connaît son *moi*.

D'où il résulte, que notre âme est le degré culminant de la force simple ou *de la matière impondérable;* que l'intelligence ou l'âme des animaux est un ordre moins élevé de la force simple; que la force organique végétale en est le degré encore moins élevé et qu' enfin la force simple, est l'âme de la matière simple; que notre âme de même que l'âme des animaux et des végétaux est un certain état de la matière, comme degré supérieur de la force simple, qui est *matière impondérable* en action, quoique d'une subtilité idéale, que notre âme en devenant même force simple, après la mort de notre corps, est dans cette force et si elle nous paraît perdue ce n'est que pour nos sens seulement.

N'avons-nous pas vu en effet chez les êtres inférieurs un noyau, un germe de sentiment et de raison, que nous avons appelé *intelligence, esprit, âme* de ces mêmes êtres? n'avons-nous pas vu dans l'expérience de Flourens avec le cerveau la force simple devenir âme?

Ne soyons donc pas orgueilleux comme nous le sommes, inclinons le front devant cette vérité éternelle et nous n'en serons que plus grands; car nous serons plus proches de la *Vérité* suprême, de **Dieu!**

N'ayant pas d'autres termes ni d'autres idées que celles qui sont dans la nature, que la nature nous a donnés, nous avons dit, qu'au commencement il y avait une *force* qui en même temps était *matière*, ou plutôt *nature* et qui était douée du pouvoir de se métamorphoser en matière et d'acquérir jusqu'aux nuances dans ses variétés de forme sans nombre.

Nous avons conclu de là, que la force simple ayant finalement sa source en Dieu, est l'âme du verbe, est la vie, est l'atome, est la matière, est l'univers, est la création.

La matière et la force sont, comme nous l'avons dit, les deux extrêmes de la création: la première, dans l'atome touche à l'idée; l'autre, *l'idée*, dans l'atome est la réalité, est la création! L'atome fait le passage de l'idée à la matière, est le trait d'union de la force pure avec la matière pesante. Le mariage de deux atomes ou la création de la matière pondérable est une force exprimée dans la matière, est une matière vivante dans sa force.

Il n'y a pas de force morte, il n'y a pas de matière morte, tout vit dans la nature.

La force, comme nous l'avons vu ne peut ni exister, ni même être conçue dans l'inaction absolue ou dans un repos absolu. — Nous attachons au terme de *force* l'idée de *vie*. — Si la force pouvait exister dans un repos absolu, il n'y aurait ni vie, ni création, il n'y aurait ni homme, ni nature, ni âme.

La force, ai-je dit, existait en Dieu avant la création du monde, était Dieu.

Force signifie vie, existence, matière, création, signifie Dieu!

Il y a force ou esprit créateur en tout, et en tout il y a vie, il y a Dieu.

La science a créé, pour sa commodité les termes de *repos*, de *mouvement*, de *mort* et de *vie*—termes, qui désignent les états relatifs de la vie pour nos sens seulement.

On ne peut donc concevoir une force sans l'existence de l'atome, ni l'atome sans la préexistence de la force.

La force et l'atome, la force et la matière, l'âme et la nature, sont synonymes dans le principe; — car tout signifie existence, vie, immortalité! car quoique Dieu est caché dans la force physique et agit visiblement dans notre âme, ce qui constitue la différence de l'une de l'autre, toujours est-il, que Dieu en est le moteur actif suprême.

Appuyé sur la loi de la métamorphose de la force, je dirai que chez un homme juste, qui vit selon les lois et la dignité de la nature, ainsi que son rang dans la création l'exige, le coeur est raisonnable et la raison est pleine de coeur. — En l'étudiant de près, en l'étudiant intimement, on trouve dans tout son être et dans toutes ses actions un accord plein d'harmonie. Tout se soutient solidairement en lui et concourt à l'ennoblissement général de son tout harmonieux.

Il y a pourtant des hommes arrêtés dans leur organisme et qui, l'apparence humaine exceptée, n'ont rien de commun avec notre espèce et tiennent du singe, du chien, du chat, du renard, de l'oie, de la pie, de la vipère; il y en a qui même ne méritent pas d'être appelés poussière . . . qui ne méritent pas comme nous l'avons dit, de coucher dans la boue. . . ! Dieu a donné à l'homme tant d'exemples d'infériorité et de dégradation dans les êtres inférieurs en l'appelant aux plus hautes destinées, pour qu'il ne descende jamais impunément de la voie prescrite pour son espèce.

Il y avait des philosophes qui, saisis par cette loi fatale de la nature, ne comprenant pas son vrai sens ont forgé le conte de la migration de l'âme d'un être dans un autre et ont bâti une doctrine connue sous le nom de *métempsychose* [1]), de même comme il y avait

---

[1]) Flammarion nous enseigne encore aujourd'hui, à l'exemple de Sir Humphry Davy, que les migrations des âmes des habitants de notre planète ont lieu après la mort de leur corps et qu'elles passent sur le soleil, sur les étoiles et sur les autres corps de l'univers, jusque sur les comètes pour recevoir leurs récompenses ou leurs pu-

d'autres, qui avec Kant et avec Leibnitz confondaient indistinctement la matière avec la force ou qui avec Hegel prenaient indistinctement la nature pour Dieu. — Spinosa a tué *Dieu*, la *morale* et la *nature* en matérialisant Dieu dans la nature!

Or, tous ces jouets inoffensifs de la pensée humaine sont ensevelis pour jamais, grâce au bon sens du progrès de la science, dans les cartons du passé. — Tout peut être bien ou mal vu; tout dépend de l'intelligence de la vérité, de la pénétration de ses lois et de la manière de l'envisager.

L'âme ne passe pas d'une planète sur un astre, ni sur une comète; l'âme ne passe pas du corps humain dans le corps d'un animal ou d'une plante, mais l'homme peut descendre en lui-même sans rien perdre *quelquefois* de son extérieur dans un animal ou dans une plante (*Catalepsie* résultante de *l'onanisme, démence alcolique* etc.), et peut se dégrader au point de devenir brute, avec les traits de l'homme seulement — que dis-je, une pierre peut le surpasser dans la dignité et dans les sentiments! Avoir nommé Dieu sagesse de la pierre, avoir appelé Dieu amour de l'humble poussière foulée indistinctement aux pieds de l'insouciance ou de la stupidité, ne veut pas dire prendre Dieu pour la pierre, ne veut pas dire mettre l'Eternel Amour au niveau avec une futile parcelle de la matière. Avoir dit que la Sagesse et

---

nitions, tout en prétendant, que la science actuelle conduit tout droit à cette conclusion. — Or, non seulement nous ne considérons pas la théorie de Flammarion comme étant la conclusion de l'état actuel de la science, mais nous la prenons purement et simplement pour anti-scientifique et pour pure création de la fantaisie.

l'Amour existe dans la pierre est rendre hommage à l'Être éternel dans la création, c'est reconnaître la Sagesse dans les forces cosmiques, gouvernant toute la création, constituant l'âme et le germe de la création, dont la création n'est qu'une certaine manifestation, n'est qu'un certain état, qu'un certain changement, qu'une manière d'être.

Le monde physique ou toute la nature est le prisme pour la force, qui en décomposant pour ainsi dire toutes les facultés de cette force les fait ressortir, comme il fait ressortir les couleurs élémentaires de la lumière dans l'arc-en-ciel.

Toute la *force* fut au commencement *matière* ou *Verbe*, et la *matière* ou la *création* a englouti toute la *force* ou D*ieu*.

Depuis le moment de la transformation de Dieu en Nature, ni la force, ni la matière n'ont augmenté; elles vivent éternellement mariées et fondues, se remplacent, se changent sans cesse l'une dans l'autre dans un être, qui est tantôt Dieu et tantôt la création, savoir: qu'elles vivent éternellement, qu'elles naissent et meurent, pour nos sens; car la mort même est un mouvement, est un passage de la matière à la force, est une vie, est une résurrection!

Nous avons dit, qu'au moment des combinaisons et des décompositions chimiques ou de la naissance et de la mort des corps simples, l'atome retournait moitié route à sa source divine ou à la force physique, que la matière retournait après sa mort à la force physique et cela ne nous étonne pas, quoique cette question posée soit nouvelle et hardie; car c'est physiquement palpable, car c'est évident.

Nous ne nous étonnons pas que l'arbre se décompose, qu'il pourrit, que le corps humain se décompose et disparaît dans la succession des années comme matière, qu'il retourne comme matière à sa source par la voie de cette décomposition, qu'elle retourne à la force cosmique... [1])

Nous ne nous étonnons pas que l'univers, que toute la création en naissant à chaque instant, en se transformant à chaque instant, étant dans le principe éternellement la même, meure à chaque instant, que la matière meure ou qu'elle se change, ou qu'elle se métamorphose, ou qu'elle retourne à sa cause, à la force physique et que la force physique vive continuellement immuable, quant à son principe élémentaire...

La pensée, que toute la création retournera un jour à son origine, à la force spirituelle, à Dieu ne nous étonne pas; car tout ce qui avait commencement aura fin... Pourquoi donc serait-il si surnaturel que non seulement l'âme humaine, mais que l'âme même des êtres inférieurs remplissant l'univers en retournant à la force cosmique y recouvrît son individualité après

---

[1]) Un corps en se décomposant, dira la chimie grossière, ne cesse jamais d'être matière, seulement, de visible elle devient invisible. Nous répondrons, que c'est vrai en tant, que les atomes naissants d'un corps en décomposition n'entrent pas dans de nouvelles combinaisons, mais qu'une fois combinés avec d'autres atomes ils retournent au moment de cette action, comme nous l'avons dit, à l'état impondérable ou à la force physique.

la mort de l'être auquel elle appartenait et qu'elle ne retrouvât pas cette individualité tracée d'avance par la Sagesse toute puissante pour l'âme de chaque être et pour chaque type à part dans la force cosmique, qui embrasse les forces simples, comme les forces organiques, intellectuelles et qui est dans la création, la partie spirituelle passive de la Sagesse, et dans laquelle l'âme se reposait dans le commencement avant de naître ou d'apparaître dans la création; car l'âme, comme la force cosmique ou Verbe était en Dieu avant la création du monde.

Si des philosophes de notre siècle nous demandaient: „... s'il y a quelque chose d'indestructible, qui adhère à l'être spirituel après la destruction de nos organes matériels, après la cessation de la vie du corps, quelque chose d'indépendant et d'immortel?" [1]), nous leur répondrions, que leur manière d'envisager l'immortalité est relative et qu'elle sent le préjugé du passé en cette matière, qu'elle est sensuelle, que dans le sens de la vraie philosophie ou du moins telle que nous la comprenons, le principe de toute la nature ou de la force comme de la matière est le même et est immortel; que la matière change et ne meurt pas, que les divers phénomènes de la force changent mais que l'essence spirituelle de la force, que le Dieu de la force, que le Dieu de la matière, que le principe de toutes les forces et par conséquent des âmes des animaux comme de notre âme, que l'âme, ou la vie de toute chose, que le Dieu qui est en nous, qui n'est en nous qu'un phénomène pour nos sens,

---

[1]) Sir Humphry Davy et Flammarion.

de la Sagesse éternelle elle-même, que notre âme en un mot, que Dieu qui est en nous[1]) et qui n'est que le Dieu en miniature pour nos sens du Dieu éternel est éternel, ou que notre âme, ainsi que l'âme des animaux et des plantes et des corps simples est immortelle en Dieu, que tout *rapport de deux facultés de la force*, n'importe son degré de puissance, que toutes les formules, si je puis m'exprimer ainsi, du *principe spirituel* de tous les êtres depuis l'atome jusqu'à l'homme vivent en Dieu et sont immortelles, car elles constituent l'infini des phénomènes de l'Être Suprême dans la création!

Notre pensée quant à l'immortalité de l'âme des animaux n'est pas nouvelle et quoique notre philosophie de la nature nous y a conduit tout naturellement, nous devons mentionner qu'Anaxagore et Pythagore enseignaient encore dans l'antiquité que les animaux ont une âme raisonnable, que Sennert, Valla, A. Citadin, Pasquier, Montaigne, Ossius, etc., etc., reconnaissent une âme intelligente aux bêtes. Bossuet même en voyant dans l'intelligence des bêtes une certaine volonté d'action, prenait les animaux pour quelque chose de plus que les machines de Descartes. Puis Leïbnitz[2]) est arrivé à la conviction que les animaux ont une âme **impérissable** après leur mort et voit même dans l'appui de la doctrine de l'immortalité de l'âme des bêtes un puissant avantage en faveur de l'immortalité de notre âme. Enfin Flou-

---

[1]) „La raison supérieure qui réside dans l'homme est *Dieu même.*" Fénelon: de l'existence de Dieu, t. I, p. 93.

[2]) Leibnitii. Opera philosophica, p. 205.

rens en 1865 a publié sa Psychologie comparée¹), quoiqu'il refuse une âme aux animaux. Flourens a écrit la psychologie comparée et ne reconnaît aux animaux ni âme, ni immortalité et trouve même mauvais que Condillac ait regardé l'instinct pour le commencement du savoir, pour le savoir! ²)

Si donc, nous le répétons, cette vérité que la matière retourne à la force simple ou à son origine, à son immortalité ne nous étonne pas, il n'est pas moins vrai que les êtres organisés n'étant qu'un certain état de la force d'un ordre plus élevé, au moment de leur mort rendent aussi leur force ou leur âme à la masse de la force cosmique, que par conséquent l'âme des animaux de même que notre âme doit être immortelle!

Ce mystère cessera d'en être un, lorsqu'en nous rappelant les expériences de Flourens avec le cerveau et notre conclusion personnelle à ce sujet, mentionnée dans un des chapitres précédents, nous voudrons comprendre sa haute portée philosophique.

Ainsi il y eut un temps où le nègre était esclave et aujourd'hui il est libre. Il y eut un temps où la femme était esclave et le christianisme l'a rendue libre. Est-ce que l'aube de la compassion devrait ne plus jamais briller pour les humbles créatures de Dieu, pour nos frères dans la grande oeuvre de la création?

---

¹) Flourens. Psychologie Comparée. Paris, 2-e édition, p. 46.
²) Traité des animaux, ch. V, p. 11.

Dieu est dans les mondes de l'univers, aussi bien que sur la terre, que dans la plus minime parcelle de la création, toujours présent. Il remplit donc de son Être l'infini comme le fini de l'univers.

Ainsi donc la création ou matière et force cosmique, que remplit la Sagesse éternelle, révèlent cette Sagesse éternelle dans des milliers des milliers de ses divers états ou dans le nombre infini des êtres organiques, des plantes comme des animaux, sans en excepter l'homme.

Prenons comme grossier exemple un vase en verre construit avec des carreaux obscurs, demi-obscurs et transparents et plaçons une lumière au milieu de ce vase.

Or, chaque carreau constituant le vase va nous révéler différemment notre lumière en dehors. — Nous apercevrons la lumière à travers le carreau transparent, nous ne la verrons plus à travers le carreau obscur! Et parce que nous n'avons pas vu la lumière à travers le carreau obscur s'en suivra-t-il que la lumière n'existe pas dans le vase? Polissons le carreau transparent à mat, la lumière brillera différemment à travers; réduisons-le en poussière et faisons de cette poussière de la pâte de la forme du carreau primitif et nous ne verrons plus de lumière à travers, — rendons à l'arrangement des parcelles de cette pâte son état primitif et la lumière éclatera de nouveau à travers. Et pourtant la lumière était toujours la même dans le vase.

Même chose avec le cerveau. A l'état normal étant un arrangement convenable des éléments de la matière, non seulement il permet à l'âme de connaître son moi en dedans, mais il lui permet de briller en dehors avec les phénomènes de la plus haute intelligence, du génie même;

tandis que, lorsqu'il est blessé, lorsqu'il est troublé dans l'arrangement de ses éléments primordiaux il ne révèle plus des phénomènes de l'âme.— L'âme toutefois devrait-elle pour cela ne pas exister en lui, devrait-elle ne pas exister dans le cerveau réduit à la matière simple, devrait-elle ne pas exister lorsqu'elle a été réduite à la force simple, puisqu' avec l'arrangement convenable des éléments primordiaux du cerveau et leur métamorphose elle y apparaît de nouveau comme âme!!!

Où était l'esprit, où était l'intelligence, où était l'âme lorsque le cerveau étant lésé est devenu dans le point blessé matière simple ou en voie à devenir matière brute? Elle vivait dans la force qui maintenait les éléments de la matière du cerveau et qui les constituait, elle était dans la force cosmique, elle était dans la Sagesse remplissant aussi bien l'espace que le cerveau lésé, elle était comme nous l'avons dit en Dieu!

L'homme par conséquent, chez lequel la force organique a cessé d'agir, chez lequel les phénomènes de la raison et du coeur ont cessé de se manifester, n'a pas cessé de vivre. — L'intelligence et le coeur sont les dons individuels conçus en Dieu, ayant leur être et leur existence en Dieu.—Après la mort de l'homme, sa raison et son coeur ne meurent pas; seulement, le prisme qui révélait ce coeur et cette raison ou les matériaux de son organisme, étaient nécessaires pour une autre destinée dans le problème de la nature, afin qu'en entrant dans d'autres conditions, ils révélassent d'autres phénomènes de la même force. — *Ressuscitez le prisme, et vous verrez tou-*

jours le même esprit à travers. — Où était-il, lorsque le prisme était mort? Il vivait en Dieu.

Homme! tu as rendu ta poussière à la terre et à l'air, sans te soucier si un jour changée en marbre ou en pierre précieuse, elle va briller sur le diadème d'une vierge au jour de son bonheur, ou si elle va revivre sous le ciseau d'un Phidias, ou si, fixée dans l'aîle de l'aigle, elle va planer fière et heureuse dans les espaces de l'infini; ne t'inquiète pas non plus pour ton âme; car rien ne sera perdu dans la nature toujours vivante; rien ne sera perdu dans la Sagesse comme dans l'âme de l'univers, rien ne sera perdu en Dieu: car tout était en Dieu, tout est Dieu, et tout retournera à Dieu pour vivre éternellement en Dieu!

Lorsque l'âme par conséquent, qui est Dieu en miniature, dans la création, vivra au sein de l'Eternelle Sagesse, elle connaîtra d'autant mieux son individualité.

H. Davy après avoir dit comme nous avons mentionné plus haut: „qu'il perdra son temps, qui cherchera à expliquer de quelle manière l'esprit est uni au corps" ajoute à sa doctrine en parlant de l'âme, *qu'il ne lui paraît pas improbable que quelque chose du mécanisme si raffiné de la faculté sensitive, quelque chose d'indestructible n'adhère à l'être spirituel après la destruction de nos organes matériels après la cessation de la vie du corps*[1]). Or quoique j'ai démontré dans les chapitres „Etat actuel de la physiologie générale" en parlant de l'âme, *qu'elle n'est*

---

[1]) Les derniers jours d'un Philosophe. Trad. p. C. Flammarion. Paris, 1869.

pas autre chose que la matière impondérable ou l'éther de la substance grise du cerveau pris au moment de sa métamorphose en verbe, ou du travail de la force dans le domaine de la connaissance de son *moi* etc., etc., quoique l'âme étudiée dans l'homme soit du domaine de la nature et est d'une substance éthérée, par conséquent matérielle; il ne faut pas oublier que l'intelligence ou l'âme telle, qu'elle se manifeste en nous, ici bas comme nous l'avons démontré, et telle, qu'elle sera dans la vie future, lorsqu'elle retournera à sa source, qui est Dieu, n'est pas la même chose; que tant qu'elle est liée avec notre corps, que tant qu'elle est liée par un lien matériel à notre substance matérielle, que tant qu'elle est l'effet de la transformation de cette substance, elle est matérielle (et c'est pour cela que nous appelons *phénomènes de l'âme* les facultés de l'intelligence, et nous les rangeons dans la catégorie de la matière impondérable ou des forces physiques, telles que, lumière par exemple..), mais que l'âme une fois séparée de notre corps, sera *esprit pur*, qu'elle sera *pure Sagesse et Amour*, qu'elle sera *Dieu* et que tout ce que nous nous figurons sur son avenir, ou son véritable état est *matériel* et *faux:* parce que nous jugeons par les *sens* qui ne peuvent pas nous donner l'idée *juste de l'âme pure ou émancipée.*

De là par parenthèse, Davy et Flammarion, qui croient aux âmes composées d'une matière extrêmement subtile en mouvement, ne sont nullement, à notre avis, idéalistes, et que contrairement à l'expression de Flammarion, *Davy qui aurait pensé avec l'âge comme cela convient au génie du matérialisme le plus affirmatif au spiritualisme éclairé* est resté toute sa vie matérialiste, quoique raffiné, sans cesser pour cela d'être génie bienfaiteur de l'humanité.[1])

Ainsi juger de l'âme débarrassée des chaînes de la matérialité, juger de l'individualité de l'âme libre et vivante au sein de l'Eternel, juger de l'esprit pur par l'individualité de l'âme emprisonnée dans la matière et dont l'arrangement des éléments primordiaux en action leur nombre et la métamorphose la faisait apparaître tantôt comme âme de Dante ou de Newton, de Moïse ou de Jésus-Christ, il ne serait pas rationnel.—Car, si le bonheur d'une âme débarrassée des chaînes de la matière est grand ici bas, quel ne sera pas son bonheur de participer éternellement aux plus purs trésors d'inépuisable Amour et Sagesse, lorsqu'elle se verra au sein du Créateur ou de la plus pure Vérité.

L'idée que nous aurons alors de l'individualité de notre âme va-t-elle flatter nos idées actuelles sur la nature de l'âme, sur son bonheur et sur ses peines dans la vie future? nous en doutons beaucoup.

Puisque nous traitons notre sujet au sérieux, passons au revers de la médaille.

Or, les phénomènes de l'intelligence, ou sa révélation dans le cerveau, dépendent, comme nous l'avons vu 1° du nombre d'atomes simples entrant dans la composition d'un atome organique du cerveau; 2, de l'arrangement de ces éléments primordiaux du cerveau: loi, que nous avons formulée en 1868 dans notre première édi-

---

[1]) Humphry Davy a inventé le chlore, le potassium, le barium, le strontium, le calcium, le magnesium, la lampe de sûreté qui porte son nom etc., etc., il était à la fois savant, philosophe et poëte.

tion polonaise, avant de connaître les travaux de Claude Bernard, parus un an après la publication de mon ouvrage; et 3°, du degré de la métamorphose de ces parcelles dans la matière du cerveau, prises au moment de leur action ou de leur mutation ou de leur vie élevée au degré de l'intelligence—loi, que j'ai formulée pour la première fois dans la deuxième édition polonaise de ma Philosophie de la Nature en 1869.

D'où j'ai tiré cette conclusion, que l'âme en devenant dans le cerveau blessé force organique, qui est la métamorphose de la force simple, devient force simple dans le principe, puisque le cerveau une fois guéri, l'âme reparaît en lui, *revient en quelque sorte de l'autre monde!* Donc l'âme en devenant même force simple, après la mort du corps, ne cesse de vivre.

Si maintenant nous arrêtons notre pensée sur le fait, que tout homme a un esprit Divin en lui, d'après les paroles de Jésus, qui dit dans l'Evangile de St. Jean: „Ne vous ai-je pas dit, que Vous êtes tous des Dieux?" [1]; si nous considérons que l'intelligence des hommes d'élite brille de la lumière Divine; si nous réfléchissons que

---

[1] Je ne cite pas Jésus comme fils de Dieu, selon l'Eglise, qui veut, qu'il soit conçu sans intervention de son père; car d'après les propres paroles de Jésus, nous sommes tous ses frères et fils de Dieu; mais je le cite comme génie naturel, qui sans culture universitaire, sans connaissance du grec, rien, qu'en puisant tout dans la lecture de l'Ancien Testament, dans l'observation de la nature et surtout dans la méditation (E. Renan. Vie de Jésus), a laissé dans la sublime doctrine qu'il a enseignée à ses élèves, dans ses sentences, ainsi que dans ses discours et sermons plus d'une preuve d'un grand et profond savoir et qui comme tel, a institué une religion la plus vraie et la plus durable de toutes, car elle est fondée sur le culte de la pureté du coeur et sur la fraternité.

l'homme étant enfant, a cette intelligence moins développée; qu'il était dépourvu de toute intelligence lorsqu'il est venu au monde; que cette intelligence était nulle pendant sa vie foetale, et qu'elle se réduisait à la force simple lorsqu' avant sa conception il n'était qu'un point microscopique de la matière cristallisée; si nous réfléchissons que cette force simple gouvernant le petit point de la matière cristallisée en question se métamorphose à mesure de son évolution organique et finit par devenir intelligence... j'en tire la conclusion, que la force simple est le germe de l'intelligence, puisqu'elle peut se transformer en elle, que Dieu vit en elle, seulement, qu'il y est caché pour nos sens. Basé sur ce fait, je dis: 1°, que Dieu est caché dans la nature morte et qu'il est visible dans l'homme, et 2°, que notre âme après la mort du corps en devenant force simple ne meurt pas, qu'elle cesse d'exister dans le monde de sens seulement, mais que dans le monde spirituel elle connaît son moi et elle vit au sein de l'Amour éternel — en Dieu.

Or, la force simple et l'intelligence étant d'après les faits que nous venons de rapporter, identiques et les mêmes dans le principe, puisque l'âme peut devenir force simple ou cosmique et la force simple peut devenir âme, notre théorie loin de contester l'immortalité de l'âme prouve une fois de plus:

1°, que l'âme est une force simple ou physique métamorphosée, puisqu'elle peut retourner à la force simple ou devenir force simple, puisqu'elle peut se transformer en force physique — fait, qui nous explique par parenthèse, le mystère de la métamorphose de la force spirituelle — créatrice, en force physique ou le mystère de la création dans le sens le plus rigoureux du mot.

2°, que la force simple ou cosmique est âme dans le principe ou comme nous l'avons dit, est Sagesse et Amour, puisque la force cosmique peut s'élever au degré de l'âme ou au degré de la Sagesse et de l'Amour.

3° que la force spirituelle pure, en un mot, pour nos sens ou dans la création seulement est force simple ou intelligence, a une fois la force cosmique et une autre fois l'intelligence pour expression — pour corps; que hors nos sens, elle est force pure ou âme de l'âme ou l'esprit pur ou Dieu qui vit caché dans la force cosmique et est visible dans l'intelligence.

4°, que par conséquent, l'âme après la mort du corps en devenant même force cosmique ou en prenant le corps de la force simple, retourne à la Sagesse ou vit en Dieu, son Créateur! Et puisque la force simple *type* de la création une fois devenue âme se connaît, connaît son *moi*, et en descendant au rang de la force simple ou cosmique ne perd pas de son individualité, car une fois reparue dans le *cerveau guéri* elle est toujours la même, *donc notre âme, en devenant même force simple ou cosmique après la mort du corps, est immortelle.*

La loi que nous venons de formuler prouve aussi de la manière la plus irrévocable, qu'une pierre a comme force, son immortalité en Dieu, qu'elle a une vie future dans la Sagesse et dans l'Amour éternel; que les plantes de même que les animaux ont aussi leur immortalité.

En résumé, nous considérons la matière ou toute la nature ou toute la création comme une existence passagère, comme un certain état de la force, comme périssable sous un certain rapport, comme *non existante*, comme ayant toute son existence, tout son être, et son immortalité dans la force.

Quant à la force, nous regardons cette dernière comme essentielle dans tout et toujours, quoique douée du pouvoir de se changer en matière et de se transformer elle-même; nous la regardons comme une vraie et unique existence.

D'où la matière pour nous, est périssable, n'est qu'un phénomène, qu'un état passager de la force, qui est éternelle. D'où, une vraie existence, un vrai être est la force, est l'âme, est l'esprit, est Dieu, comme source de toute force, comme cause d'existence, comme essence de la nature, comme âme de la Création.

Vous demanderez, lecteur, non sans une certaine raison: qu'est-ce que *l'esprit?*, qu'est-ce que *l'âme?* qu'est-ce que *l'individualité?*, qu'est-ce qu'une *mauvaise action* commise avec la connaissance du mal? qu'est-ce que le *libre arbitre?* Où est le monde Spirituel — séjour de l'âme après la mort du corps?

Or, quoique les deux premières questions se trouvent suffisamment élucidées dans le présent travail, je dirai encore une fois: que *l'esprit* est l'essence spirituelle de l'âme, qu'il est l'âme de l'âme, ou Dieu qui réside en nous. — Quant à l'âme, celle-ci est matière impondérable pensante ou force physique élevée au degré de la vie, de la raison! Elle constitue donc l'éther de la substance grise du cerveau pris au moment où celui-ci s'élève au degré de l'intelligence et se connaît.—Et puisque l'organisme du cerveau n'est pas le même, n'est pas fait de la même matière et cette matière n'est pas de la même qualité et de la même subtilité, ni de la même perfection organique chez tous les individus, l'éther par conséquent du cerveau ou l'effet direct de la mutation de sa substance grise ou ce en quoi la matière de cette substance grise se transforme pendant sa mutation, ou sa vie prise au moment de briller d'intelligence Divine ou l'âme en un mot, n'est pas la même chez tous les individus. — D'où il résulte, qu'autant qu'il y a d'individus, il y a autant d'espèces d'âmes, autant il y a d'individualités, autant il y a de différentes intelligences.²)

Le *lecteur intelligent* a trouvé aussi dans mon ouvrage la réponse à d'autres questions. Si toutefois nous prenons en considération les faits rapportés et prouvés dans ce livre: 1°, que nous ne sommes pas un instant les mêmes comme matière, car notre être change continuellement, car la matière nouvelle du monde extérieur entre à tout instant en nous et élimine la matière qui nous constitue — mutation de la matière, qui n'est pas sans influence sur notre individualité physique et comme de raison sur notre intelligence, sur notre âme individuelle; que par conséquent, notre individualité n'est qu'une individualité collective, dont chaque moment d'être ou un individu à part doit répondre pour ses propres actions¹); si

---

¹) Le législateur a instinctivement deviné cette vérité, lorsqu'il a institué la *préclusion* même pour les *crimes* — et notre religion est allée plus loin, car elle pardonne au pécheur qui promet de ne pas retourner à ses fautes.

²) Comme une preuve de plus, que l'âme est matérielle je rappellerai: qu'elle a son commencement ou sa naissance dans la nature, qu'elle s'y développe, mûrit et meurt de même comme naît, se développe et meurt le corps; que lorsque le corps est malade et a la

nous prenons en considération 2⁰, l'influence d'innombrables agents qui pendant des siècles ont élaboré dans les diverses sociétés tels principes, par exemple, ont fini par leur imposer telle idée sur le mal comme sur le bien et qui ne pouvaient rester sans influence sur les convictions et sur les actes des individus (la haine par exemple est une vertu chez les musulmans, tandis qu'elle constitue un péché dans notre religion); si nous considérons 3⁰, que tout ce que nous regardons comme vérité n'est pas toujours vérité, que toute société humaine, que chaque pays peut vivre et agir sous l'influence de l'idée sur le mal à peine approchant de la vérité; si ensuite 4⁰, il est dit non sans raison: „Vous répondrez à la dixième génération pour vos péchés et pour les péchés de vos pères" car, nous trouvons dans certaines maladies et sur certains individus cette vérité confirmée — ce qui ne peut pas être sans un certain fondement en prenant même la question par son côté moral; si 5⁰, le libre arbitre dépendant de l'influence des agents dont je viens de faire mention, est aussi l'œuvre de nos habitudes seulement, car nous avons le plus souvent tiré du sein de nos mères de fausses idées sur le mal comme sur le bien et enchaînés ensuite par leur influence nous agissons en aveugles ou plutôt, nous agissons avec une idée sur le bien, et sur le mal à peine approchant de la vérité etc. etc.; si nous considérons tout cela, nous devons tomber d'accord: qu'il est difficile de séparer ce qui, dans nos actions, constitue notre péché individuel, ce qu'est l'in-

---

fièvre par exemple, que l'âme délire aussi; qu'avec la mort du corps elle disparaît dans le monde des sens; qu'elle est donc soumise comme le corps et comme les forces simples aux lois de la nature, auxquelles Dieu ou l'esprit pur comme constituant ces lois est le seul exempt.

dividualité, pour quelle dose de mal répondra la société et les siècles et pour quelle dose répondra l'individu à l'heure de sa mort.

Il en résulte, que ce que nous appelons une mauvaise action, peut ne pas l'être au yeux de la Vérité suprême ou n'être, qu'une millionième partie du péché individuel, le reste retombant sur les agents inconnus à nous et qui ont travaillé depuis des siècles pour son accomplissement.

Nous ne serons pas punis par conséquent, pour nos péchés dans la dose comme on ne cesse de nous le prêcher depuis notre enfance, mais pour une dose seulement comme Dieu le jugera juste dans sa sagesse suprême.

Ainsi Dieu seul, qui a créé les Kopernik, les Kepler, les Newton, les Cauchy et les Arago, qui a créé le calcul différentiel, qui doit séparer les bons des méchants, saura séparer ce qui dans chaque péché appartient aux siècles, ce qui appartient à l'influence de la société au milieu de laquelle nous avons vécu, ce qui appartient aux individus à chaque instant de leur existence ou aux divers individus d'un individu donné et ce qui revient à l'individu dans le sens rigoureux du mot, depuis sa naissance jusqu'à sa tombe. Et puisque notre âme après la mort du corps va devenir force cosmique, pour nos sens, et Dieu même dans le monde spirituel, elle connaîtra donc alors ses fautes du passé ou plutôt elle connaîtra mieux qu'aujourd'hui le bien et le mal — aussi va-t-elle souffrir pour les fautes qu'elle a commises durant son séjour sur la terre.

Dans tous les cas, il y aura dans l'autre monde ou dans le monde spirituel une récompense pour le bien et une punition pour le mal fait dans ce bas monde.

Quant à la question: où est le monde spirituel — séjour de l'âme après la mort du corps? Il résulte des lois formulées dans notre travail, que le monde spirituel est dans la nature, sans être emprisonné en elle; qu'il fait son essence spirituelle invisible pour nos sens; qu'il constitue sa vie — le Dieu qui vit en elle.

ATTRACTION-RÉPULSIVE

en parallèle avec la

GRAVITATION

comme force élémentaire et comme loi générale de la Nature

SYNTHÈSE DE LA CRÉATION.

Ainsi, nous avons vu des *faits* scientifiques et nous avons vu leurs conclusions.

Ce qui nous frappe dans la science, ce qui nous paraît le plus ingénieux en elle, n'est pas la découverte des faits, mais bien les moyens dont elle se sert pour parvenir à les découvrir. — C'est donc à dessein que j'ai donné, dans l'édition polonaise de ce travail, la description des *l'analyse spectrale*, que je considère comme un des moyens les plus ingénieux dont la science dispose dans l'art d'atteindre à ses fins.

Quant aux faits scientifiques, je dois encore faire observer, que l'instinct naturel d'un homme voit souvent plus juste là, où les sociétés savantes, et même les successions de ses longues générations cèdent humiliées, malgré la richesse des moyens dont elles disposent et qui facilitent la connaissance de la vérité.—Exemple, Bernard Palissy, dont l'aperçu juste sur la nature, si en désaccord avec les idées de doctes compagnies de son temps, a été qualifié par Fontenelle *d'instinct naturel de l'homme* ou de *génie*.

Quant aux conclusions scientifiques ou celles, auxquelles conduisent les faits bien observés, nous dirons également, que souvent *l'instinct naturel* de plus d'un Palissy s'est montré supérieur aux plus minutieuses et plus profondes spéculations métaphysiques des savants docteurs. — Et en effet, qui est arrivé par la simple combinaison des faits à la découverte du Nouveau-Monde? si ce n'est un savant obscur, un navigateur aventurier, fils d'un cardeur de laine de Gênes, et qui à quatorze ans savait, dit-on, plus qu'on n'en enseignait alors à Pise—qui a découvert l'Amérique? si ce n'est l'obscur Christophe Colomb...! Qui a découvert la loi de la gravitation qui nous a conduits à la découverte de la force élémentaire dont les lois sont celles de la création entière? [1], si ce n'est un jeune homme de vingt ans, qui à cet âge ne pouvait être ni mathématicien consommé, ni astronome achevé, mais qui avait ce dont ni l'astronomie, ni les mathématiques ne sont capables de donner — qui avait, dis-je, *l'instinct naturel* de la vérité ... qui avait du génie! [2] Qui a découvert le

---

[1] Nous savons que l'attraction ne peut pas exister isolément et que la *gravitation* de l'aveu de Newton n'étant pas l'élément de la force, ne peut pas être une loi générale de la nature, que c'est par conséquent notre *attraction-répulsive* considérée comme être, comme existence, qui en est une.

[2] „Il convient à la paresse de ces esprits qui ne font jamais l'essai de rien, et qui ne réussiraient pas même en essayant, d'attri-

vrai sens des coquilles fossiles? si ce n'est un simple potier de terre! Qui, en reprenant les calculs de Kepler est par venu à fixer l'an et le jour ¹) du passage de Vénus sur le disque solaire? si ce n'est Horrox, jeune étudiant anglais, mort à l'âge de 22 ans.— Qui a découvert la loi de l'isochronisme des oscillations du pendule? si ce n'est un enfant!! ²)

„Le temps peu-têtre viendra dit Fontenelle ³) que l'on joindra en un corps régulier les faits isolés; et s'ils sont tels qu'on les souhaite, ils s'assembleront en quelque sorte d'eux-mêmes. Plusieurs vérités séparées, dès qu'elles sont en assez grand nombre, offrent si vivement à l'esprit leurs rapports et leur mutuelle dépendance, qu'il semble qu'après avoir été détachées par une espèce de violence les unes des autres, elles cherchent naturellement à se réunir."

---

buer au hasard ce qui appartient au génie. Des hommes de ce caractère prétendent parfois que la découverte de la loi de la *gravitation* est due au hasard, et répètent la légende *de la chute d'une pomme, dans le jardin de Newton,* présentée comme cause de la découverte. Autant vaudrait supposer que l'invention du calcul différentiel et intégral, ou les merveilles architecturales de Saint-Pierre de Rome, ou les miracles de l'art, tels que Saint-Jean de Raphaël et l'Apollon de Belvéder, sont des résultats accidentels, des combinaisons du hasard." — Humphry Davy. Les derniers jours d'un Philosophe. Trad. p. C. Flammarion. Paris, 1869, p. 304.

¹) Le 24 novembre 1639.

²) Galilée a fait cette découverte âgé à peine de dix-neuf ans.

³) Préface sur la vie des membres de l'Académie des Sciences au 1699, p. XIX.

J'ai dit dans le commencement de ce livre que la physiologie a beaucoup perdu, parce qu'elle n'a pas suivi dans l'appréciation et dans l'étude des faits la loi de Newton. Que la force vitale étant dans le principe même chose que l'attraction, que ces deux ordres de force devraient être subordonnés à la loi commune de l'attraction et de la répulsion ou comme je me suis exprimé, ne reconnaissant l'existence ni de l'une de ces forces, ni de l'autre, prise séparément, qu'elles devraient être subordonnées à *l'attraction-répulsive.*

Le R. P. Secchi enseigne aujourd'hui que la *lumière* et la *chaleur*, que tous les ordres de forces physiques ne sont autre chose que des modes de *mouvement* des parcelles infiniment petites de la *matière,* sans expliquer si c'est de la matière pesante ou impondérable et passe pour novateur; quoique Newton *plaçait la cause immédiate de nos sensations,* ce qui est bien plus fort, *dans les oscillations d'un milieu éthéré,* sans expliquer toutefois de quelle manière ces oscillations du milieu éthéré pouvaient engendrer les sensations.

Or, en nous rappelant que les oscillations des particules d'éther, d'après notre manière de voir, ne sont autre chose que *la force en action,* ou la force prise au moment de sa transformation en *matière* pesante, ou la matière impondérable en mouvement dans ses *atomes,* ou vibrante par la vie passive qui lui est inhérente; en nous rappelant, que tous les ordres de forces, depuis la force simple jusqu'à la force organique et la sensation y incluse, jusqu'à l'intelligence sont de la même espèce...; en nous rappelant, ce que nous avons dit de l'intelligence ou de l'âme, que cette dernière n'est pas autre chose que la matière impondérable ou la force simple en action élevée au plus haut degré de son développement, qu'elle n'est pas autre chose que *l'éther de la substance grise du cerveau en action ou pris au moment de son tressaillement à l'action pour s'exprimer en verbe*, et nous conviendrons que si on avait toujours marché sur la voie tracée par Newton et que je crois avoir élucidé en prenant l'attraction-répulsive pour élément des forces physiques aussi bien que des facultés de l'âme, on serait aujourd'hui bien plus avancé en physiologie et même en psychologie que nous ne le sommes.

Voyons d'ailleurs comme Newton lui-même encourage les physiologistes à suivre la loi de la gravité dans l'étude des forces vitales, comme il prévoit lui-même l'unité de principe des diverses forces de la nature, lorsqu'il veut les soumettre à la loi commune de l'univers.

„Les aristotéliciens, dit Newton, n'ont pas donné le nom des qualités occultes à des qualités manifestes, mais à des qualités qu'ils supposaient cachées dans les corps, et être les causes inconnues d'effets manifestes, telles que seraient les causes de la pesanteur, des attractions magnétiques et électriques, ... si nous supposions que ces forces ou actions possédassent des qualités qui nous fussent inconnues, et qui ne pussent jamais être découvertes. Ces sortes de qualités arrêtent les progrès de la philosophie naturelle, et c'est pour cela qu'elles ont été rejetées dans ces derniers temps. Nous dire que chaque espèce de chose est douée d'une qualité occulte spécifique par laquelle elle agit et produit des effets sensibles c'est ne nous rien dire du tout.

Mais déduire des phénomènes de la nature deux ou trois principes généraux de mouvement [dans ce livre nous sommes arrivé à un principe type ou élémentaire du mouvement ou à *l'attraction-répulsive* ¹)] et nous expliquer ensuite comment les actions de toutes les choses corporelles découlent de ces principes manifestes, c'est faire un progrès très-considérable dans la philosophie ²). Toute la difficulté de la philosophie dit ailleurs Newton, paraît consister à trouver, au moyen des phénomènes que nous connaissons, les forces qu'emploie la nature ³).

Voilà ce qu'avait dit Newton et ce que D'Alembert avait développé, avec autant de clarté que de précision, dans ses articles analytiques, *Attraction*, *Gravitation*, Newtonianisme etc., de *l'Encyclopédie*. Il ne restait plus qu'à introduire ces idées saines et justes en physiologie, dit Flourens, et c'est ce que tentaient infructueusement Barthez et Bichat.

Quelle est alors la voie la plus sûre pour résoudre la difficulté et arriver à la découverte de la force élémentaire de toutes les forces dit Flourens ⁴). Est-ce la seule combinaison des faits connus, des faits qu'on trouve dans les livres, des faits que fournit l'observa-

---

¹) Comme nous voyons, Newton lui-même ne considère pas le *mouvement*, ni *l'attraction*, ni la *gravitation* comme élément ou principe général, lorsqu'il sent le besoin de trouver deux ou trois principes de mouvement, ou d'attraction.

²) Traité d'optique, t. II p. 575 (trad. franç.).

³) Principes mathématiques de la philosophie naturelle, t. I, p. XVI (trad. franç.).

⁴) Flourens. De la vie et de l'intelligence. Paris. 1858. p. 87.

tion de l'homme sain, ou de l'homme malade comme le veut Barthez? Est-il vrai, comme il le prétend, qu'en agissant ainsi on *contribue beaucoup plus aux progrès réels de la science*, qu'en se livrant à ce qu'il appelle des *tentatives expérimentales?* Ou bien, au contraire, n'est-ce pas par ces *tentatives* expérimentales, à la manière de Bichat, de Spallanzani, de Bonnet, de Trambley, d'Haller, d'Harvey, n'est-ce pas par le grand art des expériences que l'on réussit à décomposer les faits complexes, à dégager les faits distincts, à remonter jusqu'aux forces primitives et simples, à saisir et à démontrer les véritables causes des phénomènes?"

La voie expérimentale est la seule, l'unique, la meilleure et généralement adoptée par les physiologistes; mais toute la difficulté consiste en ce que les détails dans l'étude des corps vivants sont si compliqués, si solidairement liés et malgré toute leur harmonie si subtils et tellement liés, qu'il est presque impossible de les saisir. Ces difficultés doivent être grandes en physiologie, lorsque Fontenelle en parlant de l'expérience avec les corps simples s'exprime en ces termes :

„Le moindre fait qui s'offre à nos yeux est compliqué de tant d'autres faits qui le composent ou le modifient, qu'on ne peut, sans une extrême adresse démêler tout ce qui y entre, ni même, sans une sagacité extrême, soupçonner tout ce qui peut y entrer. Il faut décomposer le fait dont il s'agit en d'autres faits qui ont aussi leur composition.... Les faits primitifs et élémentaires semblent nous avoir été cachés par la nature avec autant de soin que les causes, et quand on parvient à les voir, c'est un spectacle tout nouveau et entièrement imprévu." [1]).

Enfin Barthez est arrivé à l'unité des forces vitales, a inventé son *principe vital* et n'a rien expliqué.

La mécanique nous enseigne, que lorsqu' un corps tombe librement par le seul effet de la pesanteur, sa vitesse croît à chaque instant et qu'il prend ainsi un mouvement uniformément accéléré. Dans ce mouvement accéléré, l'espace croît comme le carré du temps et conséquemment comme le carré de la vitesse. En s'appuyant sur ce principe, on peut calculer la hauteur d'un édifice ou la profondeur d'un puits, quand on connaît la durée de la chûte et l'espace que parcourt un corps en une seconde. — La mécanique céleste calcule avec la plus grande précision le cours des astres sur les ellipses, sur les paraboles et sur les hyperboles comme on calcule la vitesse et la courbe que parcourt un corps jeté avec une certaine force dans l'espace, ayant égard à la résistance de l'air et à la modification que la gravité y apporte. Mais il ne s'est trouvé personne qui aurait reconnu la parenté et l'analogie entre les lois qui gouvernent les forces simples, organiques et les facultés de l'âme; qui basé sur la loi de l'attraction-répulsive, l'aurait appliquée aux fonctions organiques ou à l'intelligence; qui aurait prouvé que toutes les forces ne sont que le degré de plus en plus élevé

---

[1]) Éloge de Newton.

de la même force élémentaire; qui aurait calculé dans un être donné par exemple, la puissance de la résultante de toutes les forces toujours en action et qui agissent mutuellement les unes sur les autres, qui ne sont qu'une seule et même force au fond et qui concourent même par leur opposition à une harmonie profonde. — Le calcul intégral et différentiel ne s'y est pas encore laissé appliquer. — Il ne s'est pas trouvé un Newton qui aurait calculé dans quel rapport il faut réunir les forces simples et organiques et des corps à l'état solide, liquide et gazeux pour faire un être organique vivant; qui aurait ramené l'amour et la sagesse à un seul principe élémentaire avec les forces qui régissent les parcelles constituant une pierre par exemple; qui aurait reconnu dans les sentiments de la sympathie, dans la raison ou dans l'amour les divers degrés de la force simple gouvernant la matière inerte.

Nous savons par exemple, que les forces physiques, toutes subtiles et incoercibles comme fluide matériel impondérable, une fois en action ou en mouvement, luttent avec la matière pesante, qu'elles foudroient les bâtiments, font éclater les arbres séculaires, qu'elles traversent tout comme le feu par exemple, qui modifie tout, détruit tout et auquel rien ne résiste; mais personne n'a deviné ce que c'est que la force et la matière, personne jusqu'à présent n'a trouvé de quelle manière la force est unie à la matière, quel est le rapport de la première à la dernière.

Nous calculons la force de la vapeur au moyen de la force musculaire de 200, 300 chevaux et davantage et personne jusqu'à présent, à ce que je sache, n'a osé comparer l'attraction-répulsive à la force de la *volonté*, qui sans bouger de place, par le seul travail intérieur exprimé dans un *mot*, peut foudroyer une armée sur le champ de bataille; personne n'a porté son attention sur la puissance de l'influence de la force d'une intelligence sur celle de l'humanité entière, quoique cette influence fasse une force si puissante, si palpable, que celle qui préside aux fonctions de l'économie d'un être donné, et même bien autrement extraordinaire dans ses complications, quoique soumise à la même loi que la première, quoique soumise à la loi de *l'attraction-répulsive*. — Il est difficile de calculer et de concevoir dans le domaine de la physiologie sociale la puissance du génie, combien il peut déterminer de changements extraordinaires dans la société comme dans ses longues générations, rien qu'avec une idée, et quel est le rapport de ses oeuvres, de sa force, à la simple *attraction-répulsive*. Personne n'a évalué la puissance de l'amour dans la force divine de l'Homme-Dieu, qui ne cesse de régner depuis dix-neuf siècles dans les arts, dans la morale, comme en général dans tout ce qui fait la base de la societé humaine; personne n'a évalué le rapport de cette force avec celles qui gouvernent l'humanité depuis XIX siècles, ou qui sont en opposition avec elle et dont les nuances tantôt visibles et tantôt cachées ne sont pas sans influence sur ses progrès.... Y a-t-il quelqu'un, qui soit capable d'exprimer dans une formule algébrique, ayant le rapport de l'attraction à la répulsion d'une force élémentaire pour base, la puissance des oeuvres de l'intelligence de dix neuf siècles et le cachet que le christianisme leur a imprimé, sans exclure de ces œuvres la plus humiliante pour l'humanité de toutes, celle de la guerre fratricide de 1870 et 1871 en France; des moyens dont une race chrétienne s'est servie vis-à-vis de l'autre pour la déclarer et pour la mener à ses fins—sans exclure l'influence de cette guerre sur les destinées de l'humanité entière... — Et n'oublions pas, que cette abnégation de Jésus en lui-même, que cette mort dans l'intérêt de l'humanité, que ce sacrifice personnel pour tous et dont peu de monde comprend le vrai sens est le summum de l'amour dans la sagesse, et quoiqu'il touche dans le sublime à la Divinité, qu'il ne conteste pas dans le fond la loi de *l'attraction-répulsive*.

Il est aussi difficile de reconnaître l'amour et la sagesse dans une pierre que de réduire l'Amour dans la Sagesse de Jésus à la loi de l'attraction-répulsive, et pourtant l'amour et la sagesse se trouvent en principe dans une pierre! Il faut seulement avoir un esprit propre pour reconnaître l'amour et la raison dans le rapport des forces qui tiennent avec tant de sagesse ses molécules; il faut avoir l'esprit propre à voir de l'analogie entre la chûte d'un corps et la locomotion par exemple, pour trouver dans le premier phénomène le germe du mouvement volontaire ou de la vie; il faut seulement, dis-je, avoir l'esprit propre à voir le sentiment de colère et d'accord, de la férocité et de l'amour (en principe) dans une cornue, aussi bien comme dans les forces d'un ordre inférieur.

Quoique je ne conteste pas, qu'il soit difficile de trouver une formule pour la force vitale d'un ordre quelconque, pour une faculté de l'âme, qu'il soit difficile de trouver une formule pour une force intellectuelle dans un individu donné et que dire du rapport de cette force intellectuelle à l'humanité..? qu'il soit difficile de trouver une formule exprimant la scélératesse, la fourberie et la lâcheté de l'homme surpassant quelquefois en cruautés les tigres et les hyènes; que les pièges de l'homme sur l'homme couverts du manteau du désintéressement et des sentiments d'humanité et d'honnêteté attendront longtemps un Laplace pour leur trouver une juste formule... Ce qui est certain, c'est que tout se réduit à la loi commune de notre *attraction-répulsive*.

Mais, m'objectera-t-on, que je recule la physiologie aux temps, où les équations algébriques d'une part et la mécanique de l'autre jouaient un si grand rôle dans la théorie des êtres organisés.

Je répondrai, que ma pensée est plus profonde dans sa simplicité; que non seulement je ne recule pas la la science au temps de Boerhaave, ni désire flatter la folle manie de Laplace de vouloir tout exprimer dans des formules, mais que je suis pour le progrès; que je suis pour l'unité de la loi de l'univers, qui maintient tout dans une si grande harmonie, ayant toujours présent à l'esprit, que dans l'unité les diverses lois opposées ne peuvent avoir lieu; qu'une seule loi doit exister pour tout l'univers, comme pour les parcelles qui le composent, comme pour les forces qui le gouvernent!

Les hommes transplantent des chênes séculaires, percent de grandes montagnes avec des tunels, transportent des monuments gigantesques d'un bout du monde à l'autre, unissent des océans entre eux au moyen de canaux, changent les villes et les pays par un signe de leur volonté, exposent les oeuvres de l'industrie des cinq parties du monde à l'admiration générale pour s'égorger mieux après; que ne feraient-ils, s'ils y ajoutaient autant de coeur et d'abnégation personnelle au profit de leurs semblables, si l'amour guidait leurs actions de paire avec la raison..? Ils vivraient tous heureux avec d'incalculables trésors au milieu du progrès et de la paix éternelle!

La civilisation ne consiste pas à savoir masquer nos mauvais instincts et nos infamies, en faisant valoir nos qualités, en montrant au doigt les fautes et les faiblesses de nos semblables; la civilisation ne consiste pas en apparente politesse, en manières recherchées ou dans les séduisantes allures de l'extérieur; la civilisation ne consiste pas dans le *savoir*, ni à savoir cacher nos mauvais instincts sous le manteau de la gloire nationale de nos ancêtres, de nos penseurs sublimes, qui rougissent dans leurs tombeaux de nos actions sauvages; la civilisation ne consiste pas seulement dans la sagesse mais dans la *sagesse* et dans *l'amour;* la vraie civilisation est humble, patiente, franche, pardonnant les offenses, courageuse et morale. La vraie civilisation est l'harmonie de la raison et de l'amour. — Malheur à elle si entravant les intérêts d'autrui, elle se trouve tombée dans ses piéges! Comme il est habile, dit le monde, comme il a su adroitement tromper, comme il a bien su voler, comme il a adroitement tué son semblable...! Malheur à nous!

J'ai donc pris pour base de mon travail, ce que la science m'offrait de plus saillant sur le champ de l'observation.

En nous rappelant le grand nombre de faits rapportés dans ce livre, les analogies que j'ai signalées entre eux et les conclusions que j'en ai tirées; en nous rappelant que pour repousser un adversaire il faut attirer ou concentrer en nous-mêmes une certaine dose de la force attractive; en nous rappelant le fait: que si nous tenons sous nos pieds une espèce de petit serpent à écailles de couleur métallique ou plutôt un lézard sans pattes *(Anguis fragilis)*, que ce petit reptile va se concentrer en lui-même au point de se rompre en plusieurs morceaux; en nous rappelant que la propre force d'attraction s'est répulsée ici en elle-même et que notre serpent a trouvé sa mort dans l'excès de son énergie, que sa propre force concentrée a servi pour le diviser..; en nous rappelant qu'il n'y a pas de force répulsive ou centrifuge plus grande que l'attraction ou que la concentration de la force en elle-même; car, n'est-ce pas la force intérieure de notre planète, concentrée, qui a soulevé les Alpes aux cieux; n'est-ce pas elle qui vomit la lave et la rejette du fond de ses cratères sur des contrées lointaines? n'est-ce pas elle qui change en actes de désespoir la douleur trop longtemps comprimée? n'est-ce pas elle qui change quelquefois les hommes d'agneaux qu'ils étaient en tigres?... en nous rappelant, dis-je, ce que j'ai dit de la fonction de la digestion et d'autres fonctions animales, ce que j'ai dit des facultés de l'âme, ce que j'ai dit de la transformation de la force en matière et vice-versa, nous conviendrons, qu'il n'y a pas de force n'importe de quel ordre qu'elle soit, que l'on ne puisse réduire à l'attraction-répulsive et que l'on ne puisse expliquer par ce principe unique, et que si Newton est arrivé à regarder la *gravitation* comme *propriété primitive de la matière*[1]),

---

[1]) Cotes, disciple de Newton. Préface à la seconde édition *des Principes.*

que nous sommes arrivé à démontrer, que notre *attraction-répulsive* pas comme qualité, mais bien comme *être* constitue le *principe élémentaire*, la base, l'essence des forces et de la matière ou de toute la création et que la *loi*, comme de raison, de l'attraction-répulsive constitue la base aussi bien des forces organiques que des facultés de l'intelligence.

En me dirigeant ensuite dans la voie de la métaphysique, appuyé sur les analogies des faits, j'ai cherché à prouver par le raisonnement: que de même qu'il existe un rapport des plus intimes entre les corps simples et organiques, vu, qu'ils ont les premiers comme les derniers la *matière* pour base, car la matière, en passant à tout instant par notre organisme vivant, vit et retourne à la matière simple, que les forces simples sont aussi même chose; dans le principe, que les forces organiques avec la seule différence dans le degré de leur métamorphose, que l'amour et la raison se trouvent en principe aussi bien dans la *pierre* que dans l'animal, dans l'homme que dans les forces simples, supérieures à notre âme en ce sens, qu'elles travaillent depuis l'éternité conformément aux lois de la Sagesse suprême, tandis que l'homme, qui a reçu une certaine dose d'individualité indépendante en partage, s'en éloigne à chaque pas dans ses actions journalières...! Finalement, j'ai réduit l'amour et la sagesse, l'intelligence et l'instinct avec toutes les nuances de leurs facultés, comme toutes les forces de la vie ou forces organiques animales et végétales, et les forces physiques simples telles que: la chaleur, la lumière, l'électricité, le galvanisme, le magnétisme ou toutes les forces de la nature d'une part et toutes les nuances de la matière de la création, depuis la matière brute jusqu'à *l'homme*, depuis *l'atome* jusqu'à *l'univers entier* d'une autre part, *à un principe élémentaire unique;* j'ai réduit en un mot *la force* comme la *matière* à *l'élément type*, à *l'attraction-répulsive*—à *DIEU*.

Ainsi, dans ce livre, en étudiant à l'aide de l'observation et du raisonnement les analogies et la parenté entre les phénomènes les plus divers de la création entière, ou en interprétant d'une manière convenable les faits scientifiques qui sont le résultat de l'observation des siècles, non seulement je suis arrivé, à mon avis, à résoudre le mystère du mécanisme de l'univers (consistant dans la loi de la métamorphose de la nature entière dans ses éléments aussi bien, que de la transformation de la force spirituelle en la nature palpable et du retour de cette dernière à sa source Divine); non seulement je suis arrivé à la loi de l'unité du monde spirituel et du monde matériel dans le principe ou à la synthèse de ces deux mondes dans le sens le plus étendu philosophiquement parlant; non seulement je suis arrivé au principe élémentaire tant recherché en vain par Newton; non seulement je suis arrivé à résoudre la question de la *force* et de la *matière*, mais j'ai résolu par cela même la question de la nature intime de la *Cause Première*, de la création et de la vie future.

Mon livre, j'ose le croire, sera l'accomplissement de la prédiction de Fontenelle : *Les faits isolés s'y sont en quelque sorte assemblés d'eux-mêmes.*

COUP D'OEIL

SUR LA CAUSE

DU PROGRÈS ET DE LA DÉCADENCE

DE LA

CIVILISATION

DU GENRE HUMAIN.

Les récits fidèles des voyageurs sur les hommes vivant jusqu'à ces jours à l'état sauvage, ainsi que les observations des savants faites sur l'homme et la femme sauvages amenés par M. Porte du Brésil à Paris, nous donnent un vrai tableau de l'état primitif de l'homme.

Or, de ses récits, de diverses descriptions et des observations directes faites sur différents sauvages il résulte pour nous 1°, que l'homme sauvage actuel, qu'un Botécoudos, par exemple, est absolument la même chose sous le rapport moral, que sous le rapport physique que l'homme primitif; et 2°, comme conséquence de cette première règle, que si nous voulons connaître l'homme primitif sous le rapport physique et moral, nous n'avons qu'à étudier le sauvage du Brésil.

Or, en étudiant les *Botécoudos* ou *les plus sauvages des sauvages*, nous saurons, que nos premiers parents, et j'entends par nos premiers parents le premier couple ayant déjà la forme et l'organisation humaine, vivaient tout nus, sans demeure, n'avaient pas d'habitations fixes, menaient une vie nomade, et n'avaient d'autres moyens d'existence que la chasse et ce que la nature leur fournissait en fruits. — Lorsque l'homme à cet état, pouvait atteindre sa proie avec une branche d'arbre ou avec un bâton, ou avait quelques fruits à sa disposition, lorsque, en un mot, ses moyens d'existence étaient faciles et abondants, il mangeait son butin cru et en mangeait beaucoup. Si sa nourriture lui arrivait plus difficilement, il supportait la faim, et était triste, inquiet. — Il devait même lui arriver souvent, en nous appuyant toujours sur les sauvages actuels, et surtout sur ceux qui habitent l'île de Rossel en Mélanesie, de manger ses semblables sans aucune répugnance, comme l'homme civilisé mange aujourd'hui la chair des animaux.

Il est facile de concevoir que l'homme avec cette disposition d'intelligence ne pouvait avoir d'autres besoins que ceux du corps. Il était sans religion, sans morale et sans habitudes. Sa curiosité était sans pensée et sans but, mais toujours réveillée en lui, toujours active!

„Plus soumis à l'instinct qu'aux règles de la vie, il vivait, dit Flourens, sans liens de famille. — Le seul sentiment maternel, toujours actif et soucieux dominait en lui comme chez les animaux."

„Nous sommes restés jusqu'à midi à la porte de la cabane, dit Chateaubriand; le soleil était devenu brûlant.

Un de nos hôtes s'est avancé vers les petits garçons et leur a dit: *Enfants, le soleil vous mangera la tête, allez dormir.* Ils se sont tous écriés: *C'est juste.* Et, pour toute marque d'obéissance, ils ont continué de jouer."

„Les femmes se sont levées: … elles ont appelé la troupe obstinée, en joignant à chaque nom un mot de tendresse. A l'instant, les enfants ont volé vers leurs mères comme une couvée d'oiseaux." (¹)

„Et cependant ces sauvages, et je parle toujours des Botécoudos du Brésil, dit Flourens, ces hommes sans religion, sans moeurs, sans règles, qui semblent ne rien avoir de la condition humaine, ou, qui semblent n'en avoir encore rien acquis et qui vivent uniquement dirigés par l'instinct", ou plus exactement nos premiers parents, le premier couple du genre humain, „portent déjà en eux le germe de supériorité sur les animaux les plus parfaits. Si nous étudions les Botécoudos, ces hommes recèlent tous dans le fond du coeur, le germe d'une foi cachée, et comme le pressentiment obscur d'une autre vie, car ils croient qu'ils seront transformés après leur mort en bons ou en mauvais *génies*, selon qu'ils se seront bien ou mal conduits, et ils ne croient point cela de leurs animaux."

Il y avait donc un trait manifeste du germe de la foi et de la supériorité de la pensée dans l'instinct des premiers hommes sur la terre, que nous ne trouvons pas dans les animaux les plus rapprochés de l'homme et ce qui n'est pourtant que le pénombre en comparaison avec le développement et la puissance de l'intelligence dans les types élus de ses générations successives, tels que:

---

¹) Lettre écrite de chez les sauvages du Niagara.

Moïse, Homère, Mahomet, Newton, Luther, Kopernik, Leibnitz, George Cuvier ou Etienne Geoffroy Saint-Hilaire!

„L'homme sortait lentement, dit Cuvier, de cet état sauvage et c'est par une succession des travaux, pénibles et assidus, pressé par la nécessité, qu'il est arrivé à la pénétration des voiles de la nature, et à l'intelligence de ses phénomènes, qu'il a appliqués ensuite à l'amélioration de son état; mais il devait être dans les desseins de la Providence qu'il y parvînt, car autrement il eût été l'un des êtres les plus misérables de la création. — Dépourvu qu'il est d'armes naturelles pour attaquer ou se défendre, de grande vitesse et de forces physiques supérieures, d'enveloppes même propres à se garantir des intempéries des saisons, à peine eut-il pu vivre et propager son espèce s'il n'avait pas reçu en compensation un apanage particulier.

Ces dons naturels qui le placent au sommet de l'échelle des êtres sont l'instinct de *sociabilité*, l'instinct du *langage* et celui de *l'abstraction*.

Le premier est le fondement et l'origine de la société.

Le second a produit l'instrument indispensable de tous les perfectionnements de cette société.

Le troisième est la faculté de généraliser, de simplifier; c'est à lui que nous devons les méthodes, les règles de raisonnement et de conduite.

L'action combinée de ces trois instincts a produit toutes les connaissances que nous possédons; elle nous a conduits par des travaux successifs à l'état où nous sommes, car ce qui est aujourd'hui vulgaire, fut, dans les premiers temps, une découverte importante, et a eu une influence marquée sur l'ordre social.

Chacun des progrès de l'espèce humaine vers la civilisation est même si bien lié à l'une des découvertes qu'elle a faites dans les sciences naturelles, qu'on pourrait facilement tracer l'historie entière de la société en suivant celle des observations physiques.

Ainsi, ce sont les observations sur les animaux, la distinction de ceux que l'homme peut multiplier et employer à son usage, qui ont produit la vie pastorale, première source de l'idée de propriété et même de la douceur des moeurs, car alors au lieu d'égorger les prisonniers de guerre, on prit l'habitude de les garder pour les soins qu'exigeaient les troupeaux.

Les connaissances acquises sur la multiplication des végétaux, et la distinction de ceux qui offraient à l'homme et aux animaux qu'il tenait en esclavage, une nourriture plus abondante et meilleure, ont donné naissance à l'agriculture, d'où naquit l'idée de la propriété territoriale.

L'étude du mouvement des astres a fourni à l'homme un moyen de diriger sa marche dans des régions lointaines.

L'observation de quelques faits d'hydrostatique l'a conduit à surmonter l'obstacle qu' opposait à sa marche la liquidité des ondes.

La découverte de la propriété de l'aimant a enfanté un nouveau monde.

Celle de la poudre à canon a fait disparaître l'inégalité physique des hommes entr'eux.

L'imprimerie a prodigieusement facilité la diffusion des lumières, et a rendu les découvertes à tout jamais impérissables."

En supprimant le temps, elle a rendu tous les siècles contemporains et nous a permis de causer avec Homère, comme avec Kopernik, elle nous a permis d'assister aux évènements historiques ainsi qu'aux exploits des grands hommes du passé et permettra aux générations futures de causer avec nous, d'étudier notre esprit et de sonder jusqu'au fond de notre âme, comme si nous vivions, pensions et travaillions au milieu d'eux.

„De la connaissance des propriétés du feu, poursuit Cuvier, dépendent tous les arts métallurgiques.

Enfin de nos jours, quelle révolution l'emploi de la force électrique et de la force élastique de la vapeur n'a-t-elle pas occasionnée dans les arts utiles, sans qu'il soit possible d'assigner la limite de sa puissance!

Mais des faits, quelqu'importans qu'ils soient, ne constituent pas la science. Pour arriver à ce résultat, il faut coordonner toutes les observations, les lier entre elles, en déduire les conséquences qu'elles renferment, y appliquer notre faculté d'abstraction, et former ainsi un corps de doctrine. Ce sont donc les esprits spéculatifs, les hommes livrés à la méditation qui ont formé la science.

Les premiers qui s'étaient livrés à ce travail présentèrent aux peuples leurs propres découvertes, et celles qu'ils avaient recueillies, comme *des inspirations du ciel*; et, soit que leurs contemporains les aient en effet considérés comme des êtres inspirés, soit que la reconnaissance des peuples ait seulement voulu honorer leur mémoire, nous voyons que, dans tous les pays, ils furent divinisés: Brahma le fut dans l'Inde; Hermès en Egypte; Cérès et Triptolème dans la Grèce, et une foule d'autres ailleurs.

Qu'on ne se hâte pas de leur reprocher l'illusion dans laquelle ils ont tenu leurs semblables; peut-être n'auraient-ils pu leur être utiles sans ce déguisement de la vérité. De nos jours, ce n'est qu'à l'aide des idées religieuses que les missionnaires parviennent à déterminer les nations sauvages à accepter les vérités utiles tirées de la science, et à échanger ainsi leur vie misérable contre les habitudes plus douces des peuples civilisés; il est vraisemblable qu'il en fut de même dans les premiers âges du monde, que pour agir sur des hommes dont la raison était si peu dévoloppée, dont les habitudes étaient encore féroces, il fallut s'adresser à leurs passions en faisant intervenir la divinité.

Mais ces bienfaisants mensonges furent promptement suivis d'abus.

La science d'ailleurs étant d'origine céleste, ses enseignements devaient être invariables, et sa marche fut ainsi arrêtée de ses premiers pas. Les médecins ne pouvaient, en Egypte sous peine de mort, s'écarter des traitements prescrits par la loi religieuse. Les Indiens suivent encore l'ancienne astronomie.

Un autre obstacle à l'avancement des sciences naquit de leur hérédité, de leur concentration dans un petit nombre de familles, que l'on peut considérer comme l'origine des castes.

Toutes les vérités n'étaient pas à la portée du vulgaire; mais elles y auraient été, qu'il aurait fallu que ces familles privilégiées en cachassent quelques unes pour conserver la supériorité d'intelligence qui était indispensable au maintien de leurs hautes prétentions.

Elles ne transmettaient donc leur dépôt sacré que sous des formes et avec un langage mystérieux. De là, les allégories, les hiéroglyphes, les langues sacrées, les emblêmes, fondement et origine de la mythologie, qui, après avoir trompé et asservi les hommes, amuse maintenant l'humanité oublieuse.

Si les sciences eussent continué de passer d'une génération à l'autre, comme une propriété, l'ignorance et l'esclavage auraient pesé éternellement sur le genre humain; mais avec le temps qui amène toujours des changements, parce que rien n'est jamais parfait, les sciences trouvèrent ailleurs des dispositions plus favorables.

C'est parmi les peuples qui doivent leur origine à des colonies égyptiennes, qu'on les voit commencer à être cultivées pour elles-mêmes, sans être renfermées dans les temples et voilées sous des emblêmes.

La première de ces colonies est celle des Hébreux qui sortit de l'Egypte sous la conduite de Moïse. Cet antique législateur voulut sans doute éviter les inconvénients des allégories lorsqu'il défendit sa colonie de faire des images; et, par cette sage mesure, il aurait puissamment contribué à la propagation et à l'avancement des sciences naturelles, si son peuple eût été placé dans des circonstances moins défavorables. Mais bientôt conquis par les nations barbares qui les avoisinaient, les Hébreux ne purent prendre l'essor que la législation de l'auteur de la Genèse tendait à leur imprimer.

Les colonies Egyptiennes qui s'établirent dans l'Asie Mineure et en Grèce, furent en position de réaliser ce que n'avaient pu faire les Hébreux. Les chefs de ces colonies ignoraient le sens des emblêmes égyptiens sous lesquels ils communiquaient la science. Ils prirent ces emblêmes au sérieux, et les présentèrent à leurs peuples comme des objets réels d'adoration.

Mais, si la science des prêtres égyptiens fut primitivement ignorée, ses résultats pratiques, c'est-à-dire les arts, passèrent dans la société, et plus tard la science elle-même y reparut, sortie cette fois des sanctuaires et acquise pour toujours au genre humain.

Ce ne fut guère qu'après un laps de mille années que cette nouvelle apparition des sciences eut lieu dans la Grèce, lorsque Thalès, de retour du voyage qu'il avait fait en Egypte, communiqua sans déguisement ce qu'il avait appris dans les temples mystérieux des prêtres de ce pays. Malgré la distance des temps, les sages de la Grèce conservaient tout le respect primitif pour le savoir des prêtres de leur métropole, et ils se faisaient un devoir de les aller consulter. Ces voyages étaient même considérés comme le principal moyen d'instruction qu'on eût alors. Mais les philosophes grecs avaient moins à apprendre en Egypte que ne se l'imaginaient leurs compatriotes. La science, renfermée dans les temples, et cultivée nécessairement par un très-petit nombre d'hommes, ne pouvait y faire de grands progrès. Elle finit même par rétrograder; les prêtres qui en avaient voulu faire un mystère et un objet de monopole, perdirent eux-mêmes le sens de leurs emblêmes; ils furent dupes comme le vulgaire de leurs propres fables, et ils restèrent enfin dans une ignorance honteuse qui fut le châtiment de leur coupable ambition.

Les Etrusques et les Romains reçurent comme les Grecs, des fables religieuses qu'ils prirent pour des vérités; et ce ne fut aussi qu'après un long intervalle que les sciences leur arrivèrent dégagées des formes mystiques qui en avaient arrêté les progrès.

Il était réservé aux chrétiens de porter les sciences au plus haut degré de perfection qu'elles eussent jamais atteint. Cultivées par le clergé après l'invasion des barbares, elles étaient devenues dans la réalité son partage exclusif. Lorsque le pape Grégoire admit le célibat des prêtres, non-seulement l'hérédité des sciences fut ainsi empêchée, mais cet acte de discipline ecclésiastique contribua encore presque immédiatement à répandre en dehors du clergé les lumières, qu'il possédait seul; car un grand nombre de clercs ne pouvant obtenir d'emplois ecclésiastiques, embrassèrent une autre carrière, et ce fut celle du proféssorat qu'ils choisirent.

D'après ce que je viens de dire de la marche des sciences, poursuit Cuvier, on voit que leur histoire peut être divisée en trois époques principales.

La première est *religieuse*. La science y est secrète et est le privilège de quelques hommes qui se la transmettent héréditairement.

Cette époque obscure commence et finit dans l'Orient.

La deuxième est *philosophique*. Les sciences y sont isolées de la religion et cultivées toutes ensemble par des sages qui ne les communiquent plus comme les prêtres sous des emblêmes, mais les livrent avec franchise à tous leurs disciples. Cette époque date de Thalès, et est propre à l'Occident.

La troisième qui est celle où nous sommes, est plus particulièrement caractérisée par la *division du travail*, ou la distribution des sciences en plusieurs branches.

On pourrait faire remonter cette dernière époque à Aristote, car ce vaste et prodigieux génie a très-bien distingué les branches entrelacées des sciences; il les a classées méthodiquement avec une supériorité de vues admirable, et il a donné des règles excellentes pour leur étude. Plusieurs d'entre elles ont aussi été fort étendues par ses découvertes, et il aurait donné son nom à la troisième époque de l'histoire des sciences, s'il avait eu des successeurs en état de le suivre dans sa marche rapide.

Mais, par une fatalité qui se reproduit trop souvent, lorsqu'un homme est de beaucoup supérieur à son siècle, Aristote n'eut point de disciples capables d'achever le monument scientifique qu'il avait commencé. La secte qu'il fonda, et qui fut désignée par le nom de péripatéticiens, tomba même dans le mépris, et ce n'est qu'au XVI siècle de notre ère que sa méthode fut employée, c'est-à-dire que des hommes se consacrèrent aux mathématiques pures, à l'astronomie, à la mécanique, à la chimie, à la physique, etc., et que ces sciences malgré de fausses directions, firent des progrès assez rapides" [1]).

Ainsi plusieurs siècles se sont trouvés perdus pour les sciences et pour le progrès par le seul concours des circonstances défavorables.

En retranchant par conséquent le temps perdu pour les sciences et pour le progrès de la civilisation, toujours par la faute de l'homme, comme par son egoïsme, par sa spéculation, par sa barbarie, par les agressions et très-souvent par son apathie! il résulte 5,500 ans perdus à diverses époques depuis le dernier déluge jusqu'à nous et 300 ans seulement bien employés... *Sur 55 siècles, 3 siècles de progrès!!!* Et malgré tout cela, les sciences ont atteint chez certaines nations un si haut degré d'élévation! Que sera-ce donc dans cinquante siècles, si l'intelligence humaine

---

[1]) *Cuvier*, Cours de l'histoire des sciences naturelles et de la Philosophie de l'histoire naturelle. Paris, 1831.

va ainsi progressant sans interruption, si de nouveaux malheurs n'arrêtent pas un jour les progrès conquis surtout depuis une cinquantaine d'années dans le domaine du progrès de l'intelligence, si les siècles à venir ne deviennent pas les fratricides du dix-neuvième siècle?!

Ayant tout cela présent à l'esprit, ne perdons pas de vue, que la vraie histoire commence avec Cyrus, savoir: six siècles avant Jésus-Christ, que pourtant bien avant cette époque, au XV siècle avant Jésus-Christ, certaines tribus s'étaient déjà constituées en nations régulières sur le vaste continent de l'Asie et de l'Afrique, que de ces nations les plus anciennes étaient les Chinois, les Babyloniens et les Egyptiens.

Or, bien du temps s'est écoulé depuis la dernière calamité universelle, avant qu'on ait commencé à arrêter la pensée sur les sciences et les arts, avant qu'on ait senti le besoin de la civilisation, avant que le germe de l'intelligence, dont l'homme sortant en quelque sorte des vagues de l'océan ait été investi, se soit éveillé. — Et que d'entraves, que de malheurs dans ce singulier développement de la civilisation, dont nous retrouvons malheureusement encore aujoud'hui des traces saignantes à chaque pas, tant dans notre vie privée, que dans notre vie publique et dans nos institutions, où chaque pas était un développement naturel des dons Divins, que la méchanceté et la cruauté humaine arrêtaient sans cesse et même supprimaient et tuaient quelquefois en le vouant au mutisme des siècles!

La cruauté barbare, l'égoïsme et la stupidité de l'homme sont la cause de tous les maux sur la terre.

Les savants ont senti l'importance de la géologie avec la découverte de l'homme fossile. Les historiens, les paléontologues et les archéologues se sont jetés dans le passé anté-diluvien, et ils calculent déjà dans leur précipitation le butin de leurs conquêtes scientifiques: ainsi ils calculent déjà les dates, les époques, les années de l'existence de telle ou telle autre race humaine, parlent des Aryas, de leur civilisation, de leur manière de vivre sociale, oubliant, qu'ils ont affaire, il est vrai, à une espèce humaine, mais que cette espèce a été sauvage; oubliant qu'on n'a expliqué jusqu'à présent ni la mythologie des Indiens, ni le Brahmisme, ni la mythologie Slave, quoique Nork (F. Korn. *Sur les divinités Syriennes),* Dankowski, Goerres, Kann, Schlegel, Hammer et Hanusz *(Mythologie Slave)* en aient beaucoup parlé et que les Slaves vivent au milieu de nous, et qu'il est plus facile d'étudier la mythologie Indienne que de parler des races sauvages qui ont vécu avant le déluge. Nous n'avons donc pas expliqué les choses qui nous entourent, au milieu desquelles nous vivons et nous nous applaudissons déjà de la riche récolte faite dans la nuit des temps antédiluviens.

Nous avons même déjà reculé la civilisation primitive de quelques milliers d'années; comme si le chiffre de 8 mille ans, était plus satisfaisant que le chiffre de 6 mille ans, dans ce que nous savons et dans ce que nous ne savons pas sur le passé anté-humain de l'homme et surtout comme si la civilisation de l'homme anté-diluvien, comme si l'âge de pierre pouvait être appelé l'âge de la civilisation, comme si la civilisation de l'homme anté-historique et anté-diluvion ou de l'époque tertiaire et même de l'époque secondaire n'était pas même chose au fond?

Nous courrons ainsi après l'inconnu oubliant toujours l'éternelle vérité, qu'il ne faut pas remonter si haut dans le passé pour voir l'homme tel qu'il a été à l'époque primitive de la création, mais qu'il suffit de jeter un coup d'oeil sur certains hommes, comme sur les animaux qui nous entourent pour reconnaître non seulement l'homme pris dans son passé le plus reculé, mais encore les types les plus variés de son développement organique et intellectuel.

Après avoir signalé les causes du progrès et de la décadence de la civilisation dans le germe, nous n'allons pas parcourir les temps historiques depuis l'époque à laquelle nous nous sommes arrêtés avec G. Cuvier et qui sont connus de tous; car, ces causes s'appliquent malheureusement à l'histoire de tous les temps, sans en excepter l'époque dans laquelle nous vivons, et restent vraies tant aux individus, qu'aux familles, qu'aux nations, qu'à l'humanité entière de toutes les époques: l'espèce humaine n'ayant rien perdu de son penchant inné pour le mal, de son vieux levain de sauvage et de cruauté animale! — C'est pourquoi j'ai rapporté dans la préface de ce livre les sources dans lesquelles on peut le mieux reconnaître l'homme et les diverses époques de l'humanité; c'est pourquoi j'ai mentionné les autobiographies des hommes qui se sont rendus illustres tant par le bien qu'ils ont fait à l'humanité, que par le mal qu'ils en ont reçu en récompense, et dans lesquelles ils se sont si bien dépeints eux-mêmes ainsi que les hommes au milieu desquels ils ont vécu.

J'expliquerai seulement, quant aux invasions des barbares dans les pays voisins jouissant d'un certain bien-être, comme celles d'Attila [1]), qu'elles n'étaient pas pour la majeure partie, sans un but tracé par les lois de la nature, qui ont en vue non pas les individus mais l'harmonie de l'univers.

Nous savons par exemple, que les plantes s'améliorent par le croisement des races. Nous savons que le vent en portant le *pollen* mâle sur les organes sexuels femelles est l'intermédiaire dans cette grande oeuvre de la nature.

Est-ce que les invasions des barbares dans les pays habités par un peuple efféminé et énervé par une fausse civilisation, et l'union successive de ces peuples si différents sous le rapport physique comme moral, n'auraient pas pour but l'amélioration de leur race, savoir:

---

[1]) Histoire d'Attila p. A. Thierry. 2 vol. Paris, 1865.

le retrempement dans les générations futures de la race efféminée, ainsi que l'adoucissement de la nature physique trop brute de la race barbare? n'auraient-elles pas en vue une plus profonde métamorphose encore dans les lois universelles de la nature? Rome efféminée, dit Humphry Davy [1]), sans l'invasion des Vandales et des Goths serait-elle Rome moderne?

Est-ce que le magnifique dôme de Saint Pierre, surpassant comme objet d'architecture tout ce que Rome avait de plus sublime, aurait été érigé par la main de Michel Ange sur les ruines du Colysée païen sans l'invasion des barbares? — Aurions-nous sans la chûte de la Rome païenne des noms tels que Michel Ange, Raphaël, Machiavel, Dante, Léonard da Vinci, Tasse, Paule de Vérone, Benvenuto Cellini, Boccace, Galilée ou Vico? Aurions-nous la religion, les moeurs et les noms de l'Italie moderne? . . . qui, une fois passés, feront place à d'autres noms et à d'autres religions!

Telles sont les grandes lois de la nature; car Dieu n'a pas créé la poussière pour la poussière, ni l'homme pour son bonheur personnel; mais il a donné les larmes ainsi que le bonheur, la vie ainsi que la mort, la joie et la douleur aux individus, aux tribus, et à des nations entières dans l'intérêt de l'harmonie universelle de l'univers, dans laquelle il n'y pas de mort, dans laquelle la mort même c'est la vie, la renaissance, la résurrection!

---

[1]) Sir Humphry Davy. „Les derniers jours d'un philosophe." Paris. 1869. Didier. trad. p. Flammarion, p. 9.

Nous avons donc vu, en prenant l'époque actuelle, que l'histoire et la chronologie ne remontent pas à plus de 4,000 ans dans le passé, que les temps qui ont devancé les temps historiques sont du domaine de la fantaisie; nous voulons dire: qu'il y a des preuves que les hommes existaient sur la terre depuis des temps immémorables, qu'ils vivaient réunis sous l'empire du plus fort, sous le rapport de l'instinct et de la force physique, qu'ils pouvaient se défendre contre les invasions de leurs voisins ou contre les attaques des animaux; qu'ils pouvaient avant le déluge, étant hommes-singes, éxécuter des instruments grossiers avec des pierres ou avec des os, pour repousser leurs ennemis ou pour la chasse; que ces outils pouvaient même être marqués au coin de l'art naissant, qu'ils pouvaient nous transmettre quelques symboles de leur foi, que toutefois, tout ce qui remonte à l'époque qui a devancé les temps historiques trahit l'état sauvage de l'homme. — Est-ce que les cerfs, les chevaux et les loups, par exemple, ne vivent pas aussi en troupeaux, est-ce qu'ils n'ont pas leurs chefs, est-ce que les chevaux ne mettent pas leur progéniture entre eux à l'approche des loups, est-ce que les animaux ne se défendent pas en commun contre leurs ennemis. — Les petits insectes, comme nous l'avons vu, tels que les fourmis, n'élèvent-elles pas des pucerons auprès de leurs demeures, ne mènent-elles pas comme l'homme une vie pastorale, ne se livrent-elles pas des guerres en vrais corps d'armée?

Est-ce que les animaux comme les abeilles, n'ont pas des passions comme les fourmis, ne font-elles pas des révolutions, n'ont-elles pas leur langage, ne s'entendent-elles pas entre elles? Le castor ne construit-il pas sa demeure composée de plusieurs étages. La fourmi, l'abeille, l'araignée etc., etc., n'exécutent-elles pas des oeuvres marquées au coin de l'art?

Si donc l'homme doué de l'instinct de la société recherchait son semblable, s'il vivait en troupe depuis des temps immémorables, d'abord comme animal et ensuite comme sauvage, s'il exprimait ses pensées ou ses volontés, ses désirs sous une certaine forme de langage, et s'il faisait de grossiers outils en pierre et même en fer ou en bronze pour les premiers besoins de son existence, s'il s'entourait d'animaux utiles, cela ne prouve pas que la découverte de l'homme fossile nous ait déjà tellement éclairés sous le rapport de l'archéologie, de l'histoire, de la langue de l'homme primitif et que ces découvertes aient eu une portée supérieure à ce que nous connaissons sur l'homme des temps anté-historiques de notre époque? Car c'étaient toujours des sauvages et des souvenirs de sauvages.

Il ne s'en suit pas toutefois que nous dussions traiter légèrement les premiers pas de nos pères dans le domaine du développement de l'intelligence. — Bien au contraire, l'archéologie, la linguistique, la géologie et la paléontologie doivent faire tous leurs efforts pour éclairer les mystérieuses questions de *l'origine* de l'existence de l'homme dans la nuit profonde du passé, ainsi que pour découvrir le *germe* de sa foi, de ses habitudes, en un mot de ses premiers pas comme nous l'avons dit, dans le domaine de son intelligence; d'autant plus, que les récentes découvertes nous ont déjà fourni quelques faits intéressants sous ce rapport.

Arrivera-t-il toutefois à un Müller de trouver dans les dépôts tertiaires et d'autant plus dans les dépôts secondaires quelque chef-d'oeuvre de Phidias, ou quelques traces d'une seconde Iliade d'Homère, ou des dix comandements de Dieu d'un Moïse? Il nous est permis d'en douter.

Dans la conclusion, nous regardons comme cause principale des découvertes, du progrès et de la civilisation du genre humain [1]) *l'instinct de la nécessité*, et la multiplication du genre humain.

Aux principales causes de la décadence de la civilisation ou de l'arrêt dans le développement de l'esprit humain dans toutes les époques de son existence, nous comptons: 1°, le mysticisme et le fanatisme religieux; 2°, le monopole et la routine dans les sciences; 3°, le *barbarisme* farouche et la méchanceté de l'homme ou l'écrasement de tout progrès dans les pays civilisés par les invasions des barbares; 4°, défaut de morale, comme chez

---

[1]) Nous envisageons ici l'homme comme tel, et non pas l'homme pris dans ses états antérieurs, primitifs, lorsqu' avant de subir sa dernière métamorphose il n'était que singe, poisson, plante ou même matière première. . . .

les Romains; 6°, et dans les temps plus modernes, et même, hélas! dans les temps actuels, l'exploitation de l'homme par l'homme, et le détournement des progrès des sciences et des découvertes dans le triste but de l'exploitation mutuelle; 7°, l'emploi de la parole pour ne jamais exprimer le fond de sa pensée, ou s'en servir pour mieux tuer son prochain en cas de besoin, dans le but inique de s'enrichir en lui ôtant sa gloire et sa renommée; 8°, et enfin le manque d'harmonie entre l'esprit et le cœur ou le règne absolu de l'égoïsme sur la terre.

L'homme est *faible* en tant qu'il est matière, qu'il est animal; il s'approche en tant du but tracé par le rang qu'il doit occuper dans la création, qu'il est homme.

La chûte de l'homme vient de sa brutalité animale. Le progrès, qui est la loi de l'existence de son espèce, est souvent de l'héroïsme de sa part et toujours de la grandeur!

Il y a XXXV siècles que Moïse a fait graver sur deux tables de pierre les grands commandements, que nous pouvons résumer par ces mots: *Aimez votre prochain comme vous-même.*

Il y a bientôt XIX siècles que Jésus-Christ a résumé toute sa doctrine dans *l'amour de Dieu et de son prochain.*

Depuis bientôt dix-neuf siècles nous répétons machinalement plusieurs fois par jour ces grandes paroles de l'Homme-Dieu et depuis que nous existons sur le globe, ces paroles une fois gravées sur la pierre, une autre fois clouées sur la croix, sujettes à la raillerie de la foule, nous les prononçons sans les comprendre, ni les pratiquer!

Celui-ci n'aime que soi-même et se trompe soi-même; celui-là n'aime que sa famille et l'exploite; le troisième ne pense qu'à son pays, oubliant que le Christ ne s'est pas seulement sacrifié pour la Judée, et qu'il y a quelque chose bien au-dessus de l'égoïsme, de la famille et même de la patrie et cette chose, c'est **L'HUMANITÉ**.

TABLE DES MATIERES.

	Page.
Mention sur Bernard Palissy	7
Préface de la première édition	13
Avant-propos	27
Philosophie de l'Atome	31
Philosophie de la Force	63
Des forces de la vie et de l'intelligence	118
Des forces de la vie	123
Des forces qui gouvernent la matière	123
Des forces qui maintiennent la forme des êtres	130
De l'intelligence	145
Unité de l'intelligence. Siége de l'âme	152
L'instinct et l'intelligence. Raison de l'homme, âme des animaux, des plantes et de la matière simple	158
Mutation de la matière constituant l'âge de l'homme	225
Mutations de la matière dans les êtres vivants et dans les époques de la création. Rapport de la force à la matière dans les corps vivants et de l'âme avec le corps	227
Unité de composition organique du règne animal	258
Unité de composition du règne végétal	266
Unité de composition de la matière simple	267
Unité de composition organique de la création entière	268
George Cuvier en opposition avec E. G. Saint-Hilaire	270
§ I. Des espèces	273
§ II. Des races	282
George Cuvier et la Paléontologie moderne	308
Liaison du règne minéral, végétal et animal	311

	Page.
Etat actuel de la Physiologie Générale	352
De la conception chez les êtres organisés végétaux et animaux	362
Unité des forces simples, organiques et des facultés intellectuelles. Attraction-répulsive est l'élément de la création tant sous le rapport des forces, que de la matière	377
Définition de la Force	405
Création de la terre	411
Un mot sur le Déluge Universel	445
Création de l'homme, des plantes, et des animaux	458
Le Soleil	471
L'Univers	509
Dieu et la Nature	523
De l'Immortalité de l'âme	549
Attraction-répulsive en parallèle avec la gravitation de Newton, comme force élémentaire et comme loi générale de la nature. Synthèse de la création	575
Coup d'oeil sur la cause du progrès et de la décadence de la civilisation du genre humain	591

ERRATA.

Page	Ligne	Au lieu de:	Lisez:
11	1	Pallisy	Palissy
33	29	ou rapport	ou au rapport
37	33	divisibiltié	divisibilité
38	....	mollécules	molécules
38	10	une quntité	une quantité
49	5	même chose	la même chose
65	12	gravitaition	gravitation
92	17	esprit Créatur	esprit Créateur
107	24	trasformation	transformation
112	24	s'en suivrait-il	s'ensivrait-il
116	29	d'après les vnes	d'après les vués
123	2	maitiennent	maintiennent
124	9	norriture	nourriture
175	27	développée	développée
459	3	Esprit Cratéeur	Esprit Créateur
535	4	qui Lui est dû.	qui Lui est dû

OUVRAGES DU MÊME AUTEUR.
En vente à la Librairie de Gebethner et Wolff
à Varsovie.

ESQUISSE DE LA PHILOSOPHIE DE LA NATURE
un vol. in 8°. Prix 7 fr.

PHILOSOPHIE DE LA NATURE
dernière édition Polonaise,
un vol. in 8°. Prix 13 fr. 50.

TROIS MÉMOIRES CONTRE
L'HOMÉOPATHIE.
Prix 3 fr.

SUR LES NÉVROSES
ayant pour cause les névralgies et sur le fer rouge
comme moyen de les guérir. Travail original in 8°,
Prix 2 fr.

IMPRIMERIE
de la Gazette Médicale à Varsovie.

www.ingramcontent.com/pod-product-compliance
Lightning Source LLC
Chambersburg PA
CBHW051325230426
43668CB00010B/1151